古龍評傳

這麼精采的一個人

覃賢茂 著

目錄

近代漢語文學的大作家中，沒有誰比古龍更富於傳奇色彩了。然而，古龍是誰？他的履歷是怎麼樣的？這個問題就難住了無數的人。

中篇

生平與作品／265

這個時期是古龍的奇蹟，也是整個武俠小說歷史中的奇蹟。當時已經有了「金庸之後不讀武俠小說」的說法，古龍真正是使天下英雄瞠目結舌而後為之盡折腰。

下篇

無論在世界上什麼角落，凡是懂得說中國話的人，十有八九，都知道古龍的大名，別的作家知名度便沒有他這麼高。

江湖風月
古龍留影

圖片來源與說明：許德成

▲古龍正裝照。炯炯有神的雙眸，軒昂飽滿的天庭，是他創作力旺盛時期的造型

古龍手跡

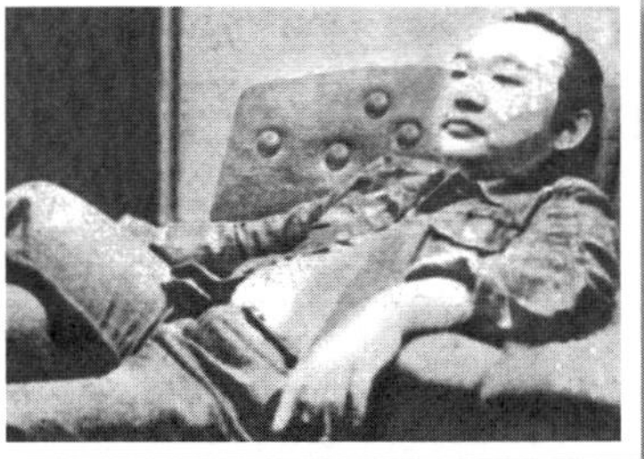

▲古龍手書「誰來跟我乾杯一朋友，情人」的問句，道盡了天地蒼茫、內心孤寂的惆悵

▲
古龍第一篇翻譯小說：〈神秘的貸款〉
刊於1954年3月1日《自由青年》11卷3期第15至16頁，屬外文翻譯作品，當時古龍就讀於師範學院附屬中學初中部三年級

▲
古龍第一篇原創小說：〈從北國到南國〉
刊於1955年11月1日《晨光》第三卷第9期第16至18頁，屬於短篇自傳型小說，當時的古龍就讀於成功中學二年級

▲
古龍第一篇論文作品：
〈孔子的軍事言行〉
刊登於1954年9月21日《中央日報》第6版軍事週刊第101期，屬於軍事評論文形式作品，文中帶有些許武俠意味，當時的古龍剛考上成功中學

▲當年古龍作品受歡迎的程度，讓出版社願意花錢請知名書畫家來對書名題字，非官方統計中，就有：臺靜農、張大千、陳定山、黃君璧、莊嚴、胡昌熾、李超哉、高逸鴻、王壯為、王王孫、陳子和、凌雲超、沈葦窗、吳平、胡正群、于大成、龍思良、陳繼龢等十八位。古龍更曾拜高逸鴻大師作畫，這時期的出版品，多為收藏家的最愛

▲照片攝於古龍甫出道不久，與同為武俠作家的好友諸葛青雲（右二）、臥龍生（右三）合影，另一位為大馬報人周瑞標（左一）

古龍、諸葛青雲、臥龍生與司馬翎被後人尊稱為台灣武俠四大家，古龍雖出道較晚，今日的成就被公認在三人之上

▲古龍出道早年常與文壇友人餐敘，照片中（由左至右）分別為歷史小說家高陽（本名許晏駢）、漫畫兼小說家牛哥／李費蒙（本名李敬光），與武俠小說家諸葛青雲（張建新）。古龍曾幫其他武俠小說家代筆，諸葛青雲即為其中一人

▲古龍還默默無名之時，最賞識與照顧他的人為牛哥／
李費蒙（李敬光）與牛嫂（李馮娜妮）夫婦
上左：牛哥、牛嫂合照
上右：李氏夫婦結婚照
下圖：牛嫂（馮娜妮）在當年是驚豔文化圈的大美女
右一為臥龍生

▲上圖：古龍與牛哥交情極好，演變到後來有了八個好友結拜為七小福。八人為何叫七小福呢？原來本是七人結拜常聚會藉酒言歡，古龍知道後，硬要加入，所以演變出老么A與老么B
下圖：古龍與推重他的牛哥豪邁合照

▲上圖：古龍為牛哥家常客，與牛嫂情同姐弟
下圖：古龍常被牛哥當成漫畫主角，甚至有取名為「龍哥哥」的漫畫

名家書房

浪子·書生·古龍

文／荻　宜
攝影／郭東泰

▲古龍作品改編電影、電視，已蔚為風尚
上圖：古龍在書房接受荻宜訪問
下圖：古龍與華視簽約前留影

▲上圖：古龍與摯友倪匡合影，攝於吟松閣事件手傷之後
下圖：風華正茂的古龍與報社主編兼好友陳曉林（左前）等人對談。陳曉林後經營風雲時代出版公司，主編及出版過古龍小說全集與相關研究著作，對一代大俠推崇備至

▲由右至左：古龍、金庸、陳怡真、陳曉林
這是金庸、古龍難得同框合影

▲由右至左：金庸、孟絕子（本名孟祥柯，作家兼政治評論家）、古龍、陳曉林。照片是由高信疆（曾任中國時報人間副刊主編）攝於希爾頓飯店，當時金庸訪台接受訪談時的留影這是金庸、古龍難得同框合影

▲由左至右：古龍與倪匡（倪聰）、農婦（孫淡寧）、
金庸（查良鏞）、蔣緯國將軍於台北圓山大飯店合
影，攝於吟松閣事件手傷之後
這是金庸、古龍難得同框合影

▲古龍作品改編的第一部電影，是1965年粵語片《千手神拳》，故事取材自《劍毒梅香》；直到1971年初，由古龍正式授權拍攝的第一部電影則是邵氏的《玉面俠》，改編自《絕代雙驕》；同年尾，邵氏《蕭十一郎》上映，是古龍第一部電影劇本早於小說先完成的電影

▲古龍與邵氏的合作相當密切，從1971年起至1982年，邵氏共拍攝過24部古龍電影，古龍原著、楚原導演、倪匡編劇的鐵三角陣容，一向是票房保證，也為人所津津樂道。2018年，曾掀起影視圈「古龍熱」的導演楚原，獲香港電影金像獎頒發終身成就獎。上圖為部份電影海報圖

▲古龍與邵氏的合作相當密切，從1971年起至1982年，邵氏共拍攝過24部古龍電影，古龍原著、楚原導演、倪匡編劇的鐵三角陣容，一向是票房保證，也為人所津津樂道

上圖為部份電影光碟封面

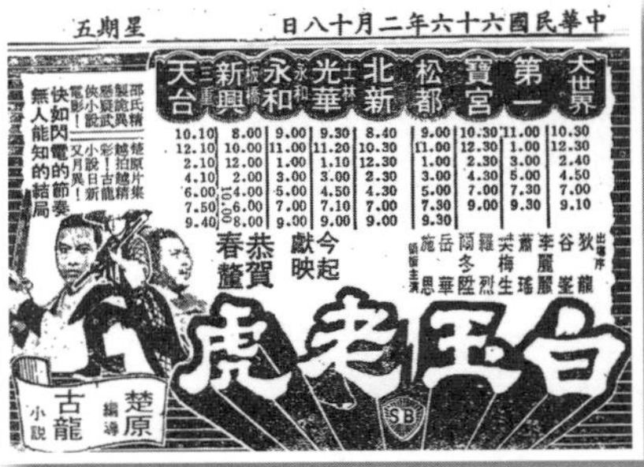

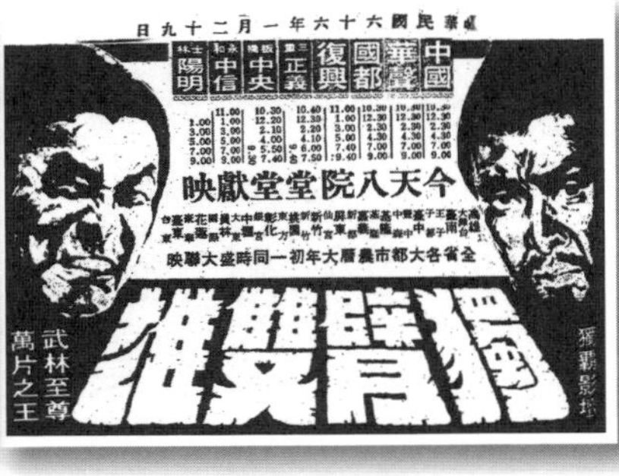

▲古龍電影的黃金年代

從1977年至1983年這7年間，古龍電影幾乎每個月一檔接著一檔上映，是古龍電影的蓬勃發展期，其後台灣武俠電影逐漸式微，更因古龍過世一度造成了版權混亂、授權無門、改編停擺的窘境。（古龍版權現已整合完成，由長子鄭小龍為代表，對外授權）

▲古龍與寶龍影業

古龍見電影版權賣座，也勾起了成立電影公司的念頭。1977年起，以自己筆名與妻子梅寶珠名字各取一字，成立「寶龍電影公司」，開拍了《多情雙寶環》、《劍氣蕭蕭孔雀翎》、《楚留香傳奇》、《楚留香與胡鐵花》、《劍神一笑》、《再世英雄》等多部影片，其中《再世英雄》為一部穿越劇，足見古龍的求新求變，除了用在小說情節的營造上，也用於電影劇情的鋪陳

▲古龍和多次參與寶龍電影演出的知名演員孫嘉林（圖左上）與劉德凱（圖右上）合影

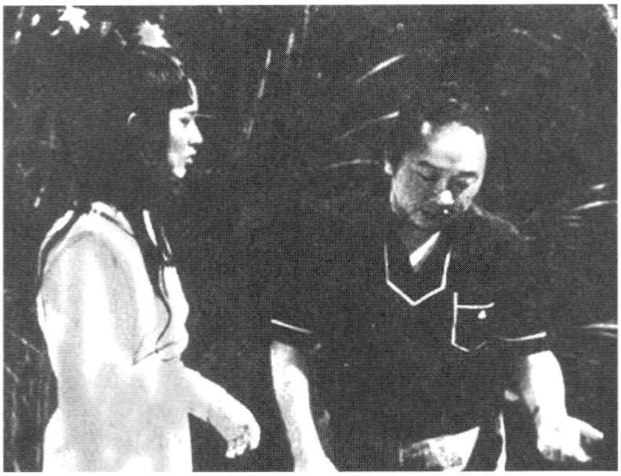

▲《七巧鳳凰碧玉刀》由孟飛、夏玲玲主演。古龍曾親自到現場指導孟飛如何演出

▲1974年古龍至華視攝影棚探班，與張宗榮、馬如龍、貝蒂等研討閩南語連續劇《英雄榜》(多情劍客無情劍)劇情

▲古龍和參與電影《午夜蘭花》演出的知名演員林青霞（圖中）與鄭少秋（圖右）合影

▲古龍電影圈的友人遍及港台，圖左為台灣六福影業老闆葉鼓星，圖右為導演李嘉

▲1982年古龍與華視單元劇《新月傳奇》眾美女（由左至右）張正藍、解淑珺、葉海芳、馬惠珍、葉嘉菱、趙天麗合影。此片因故未能上映
正是：直須看盡洛城花，始共東風容易別

民生報

中華民國七十四年九月二十二日

星期日　文化新聞・兒童親子版　第九版

古龍在暮色中步出這世界

初中首次拿稿費　悠遊武俠廿餘年
作品多喝酒也多　大俠去在昏迷中

【本報訊】因肝硬化吐血住進三軍總醫院急救的作家古龍，昨晚六時左右在昏迷中去世，得年四十八歲。古龍的親妹妹、一個在他病中照顧起居的紅粉知己、好友「小黃龍」在三軍加護病房陪伴他走完最後的旅程。

今年四月，古龍即曾因肝硬化吐血而住院治療，病情穩定後出院，最近他心情欠佳，不顧醫師的警告而再度喝酒，十九日夜裡再度由友人送醫院急救。

入院後古龍即陷入昏迷，且嚴重出血，並有肝昏迷狀態，醫生為他緊急輸血。

昨天清晨，古龍心跳一度停止，急救到四點多才穩定，但一直陷於昏迷，出血不斷，終於在晚上六點多斷氣。

古龍不曾寫遺囑，沒有留遺言，友好正商量治喪事宜中。好友倪匡將特地由香港來台北為他料理喪事。

民國廿七年出生的古龍是江西人，中學讀成功中學，並畢業於淡江英專。

初二時，古龍即以一篇翻譯文章投稿「自由青年」，賺第一筆稿費，作家李南衡前陣子還找到這篇稿子，影印給古龍，古龍很高興。

據古龍生前表示，「正式」拿稿費是一篇「文藝中篇」，名字叫「從北國到南國」，登在「晨光」上，時在民國四十五年。

古龍寫武俠小說廿餘年，可分三個創作時期。早期代表作有「蒼穹神劍」、「飄香劍雨」；中期寫的有「武林外史」、「絕代雙驕」等。

接著便是膾炙人口的「多情劍客無情劍」、「楚留香」，他自己說，一生中使他最覺痛苦，受到挫折最大的是「天涯明月刀」。

創作鼎盛之外，古龍的小說屢被搬上銀幕，他後來與影劇圈淵源亦深。

古龍興趣廣泛，喜愛書，且有藏書十萬冊以上。他的英文底子佳，不但網羅海外的英文雜誌，也不放過國內任何一本雜誌，他能速讀，每天至少看三、四小時書報，最高記錄在十小時以上。

寫作使古龍名利雙收，但他昨天走後，並沒有留下多少錢財；他嗜酒，也因酒而離開這個世界。古龍的朋友說，古龍以為自己不會死的，因為有像神一樣的醫生照顧他，可是醫生不是神，古龍還是死了。

古龍心事誰能知？

薛興國

古龍去矣！

古龍的知己倪匡說，他可以說是「求仁得仁」了！

真的，明知自己肝硬化已經到了末期，古龍還依舊喝酒，為什麼？難道是他以面對死亡的挑戰，來印證他自己的名言：「人在江湖，身不由己」嗎？

對於酒的執著，恐怕沒有人能了解為什麼古龍會痴迷到這樣的地步。

「最危險的地方，就是最安全的地方。」這是古龍的另一句名言。難道說，他不顧一切的喝酒，就是為了尋找最危險而又安全的地方？

古龍的心事，恐怕是無人能知了。

唯一令人遺憾的是，他正準備為武俠小說開拓一個新局面。他想以多篇短篇，來架構出一個長篇的「大武俠」系列。他認為現代人的閱讀習慣，多已偏向短小精悍，所以他覺得寫短篇武俠，是最切合現時社會的做法。但另一方面，他又認為短篇的氣勢不夠，所以他苦心積慮的去構思，企圖以一個中心人物為出發點，以一個一個本身就完整的短篇故事，連綴成一個一起來看又成了一大單元的「大武俠」。

可惜任憑他武功再高，也逃不出杜甫的名言：「出師未捷身先死，長使英雄淚滿襟」。「大武俠」的構想，只有留待武壇新秀去完成了。

除了「大武俠」的短篇「短刀集」（發表在聯合報萬象版）以外，古龍還有一個心願，想寫一系列文字精鍊的雜文。在民生報副刊上發表的「台北小吃」以及「不是集」，可惜都只寫了十多篇，未能成書。

古龍最喜歡的西方作家，是美國的海明威。他認為海明威的文字簡短有力，直指表達的核心。海明威舉槍自戕，古龍飲酒斷腸。是冥冥中的巧合，還是潛意識的雷同？

古龍的小說，大部改編成電影及連續劇。在香港改編的連續劇中，他最喜歡「多情劍客無情劍」的歌詞：

「無情刀，永不知錯。無緣份，只嘆奈何。面對死，不會驚怕，難別心淒楚。人生幾許失意，何必偏偏選中我？……」

古龍是不喜歡音樂的，更不喜歡聽歌。但是，每回在酒酣耳熱之際，他常常會要人唱這首歌。

他是喜歡歌曲的無奈與悲涼？還是喜歡歌詞的「面對死，不會驚怕」？

這生命的秘密，竟無人能解！

古龍今年四月所照的像片。

（聯合報系資料中心提供）

▲1985年9月21日古龍以48歲的壯年之齡離世，讓朋友心疼不已

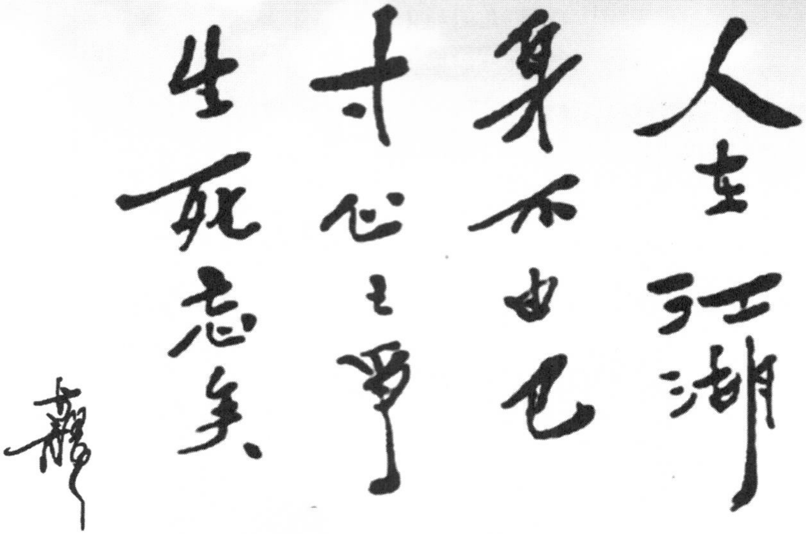

▲
古龍手書他自己的名句。人在江湖的古龍，雖時而有身不由己之慨，卻留下了多達72部光焰萬丈的武俠名著，永受萬千喜愛他作品的讀友追念

推薦序

這才是眞正的俠——覃賢茂《古龍三書》序

中華武俠文學學會創會會長・台灣佛光大學創校校長 龔鵬程

《史記》自述司馬遷「讀孔氏書，想見其為人。適魯，觀仲尼廟堂車服禮器，余低回留之不能去」。講的是他讀孔子書之對孔子的感情。古龍當然不能跟孔子相比，但一位作家能給予讀者的欽遲感動其實類似。古龍逝矣三十三年，而其形貌音聲輒與其筆下人物情境交揉錯置於吾人眼前呢！

近年我大部分時間旅居大陸，年前返台，忽想去台北陽明山下北投吟松閣住住。褰寒而去，居然斷垣殘牆，不勝滄桑。詢之，始知年久失修，日式老木屋須要整葺，已暫停營業了。無奈乃賃其旁之春天酒店住了。日於樓上近視彼閣，遙想昔年古龍在此與柯俊雄喋血飲酒之事，亦與司馬遷一樣，低回留之不能去。

吟松閣血案，使古龍傷了手，不再能稱情使刀了。筆就是他的刀。可是手已被刀所傷，乃有晚年口述代筆等事。俠客未老，而刀手不相應，無疑也是縱情麴鄉的原因之一。本來古龍之沉湎酒國，原因不止一端，但晚來情懷愈惡，必與此有關。

可是古龍做為一名真正的俠客，能不有此風波嗎？

歷來武俠文學或可別為兩類，一是紙上談兵，如明人小品說的「一切亭台樓閣皆於印章上起造」。所以千門萬戶、俠武幫會，均可縱情肆想，甚且超玄入幻、飛仙遁地。但作者之性氣、生命、經歷未必即與書中人物相關相等。文藝創作本有此一格，寫妓女當然可以不必是妓女，寫俠刺也自然未必要去殺人。但另一種類型就是人藝合一型的，司馬遷說他看了孔子的書就能想見孔子之為人，指的就是這一種。其《屈原列傳》說：「余讀離騷、天問、招魂，哀郢，悲其志。適長沙，過屈原所自沉淵，未嘗不垂涕，想見其為人。」講的也是。這種人，作品只是他的鏡子，鏡裡面顯示出來的乃是他自己。因此，前一種型態，動人者在作品，讀者猶如錢鍾書說的，只須吃蛋，不必管下蛋的雞長什麼樣或性格如何。後一種型態，動人者其實更在作者。作品不過鏡象而已，讀者常欲超以象外，得契心源，故讀其書往往想見其人，為之悲其志。

古代俠義小說，其中便不乏俠盜中人現身說法者，如《水滸傳》有孫述宇先生等研究者認為即是「強人寫給強人看的小說」（強人，即強梁耍橫之人。南宋畫家蕭照早年即參加抗金義軍，後入太行山做了強人，一次劫到畫家李唐，乃拜之為師學畫，最後竟補入畫院為待詔，又補迪功郎，賜金帶。《水滸》講的也可能是類似蕭照這樣既是抗金義軍亦是強盜的故事。）

這雖只是一種推測，但俠盜中人現身說法的，近代小說其實就很不少。眾所周知，平江不肖生早在日本留學時即浪遊於町人妓院間，所著《留東外史》便多是個中人語。後寫《江湖奇俠傳》，亦多緣於親身經歷的江湖。其後寫幫會技擊的代表人物鄭証因本身也精擅技擊。這類個中人，現身說法，對於讀者來說，自會增加其武俠作品中描寫幫會規矩、切口暗號、組織架構，江湖人行事風格、口吻性氣、舉止動作、武術技巧等等的可信度與親切感，因此紙上談兵的作家往往也要諮詢於他們，以免閉門造車，有時不免說豁了邊。例如白羽寫《十二金錢鏢》等時就常與鄭証因商量。

但我前文說的人藝合一型，卻還不是平江不肖生、鄭証因這一類的。他們固然有江湖閱歷，所交亦多俠武中人，但其知是效用於作品的。經驗之知雖不同於由書籍文獻上得來的聞見之知，然其貫注於作品，則無二致。沒這些經驗之知的人，若本領大，僅由文獻考索，參以心領神會，亦不難得其彷彿。何況，寫小說，憑虛幻構之功更甚徵實，因而是否真屬個中人，並非關鍵。

近代小說家還珠樓主、金庸便是紙上談兵、憑虛幻構的代表，只是風格上一超越現實，一擬構真相而已。至於作品與作者本人之關係，則都是鬆散乃至有隔的。作者未必俠，而作品中俠氣縱橫，久已傾倒眾生。

古龍小說寫幫派，寫武功，寫江湖人之行事，早期得諸平江不肖生、鄭証因、朱貞木、諸葛青雲、司馬翎，其後盪抉窠臼，自構格局。其實就是捨棄了歷史性、徵實性、經驗性的寫法，趨向於紙上談兵。因此他的幫派、武功、江湖人行事等，描寫常有天馬行空、不符理實之處。例如傅紅雪全身穴道可以移位一寸啦、劍每每從不可思議之角度刺出啦之類。評論者據此說他「技進於道」，不寫具體的招式動作，而寫心、寫道、寫氣氛。又說其作品模糊化時代、歷史、地理、組織，直探心曲，刻畫人物。都對。但此與金庸等人之分別仍只在「迹」上。

真正令古龍可以不朽的，或許不是這些「迹」，甚至不是那些作品，而是他足以令人「讀其書，想見其為人」的那個人。我們看楚留香、李尋歡、陸小鳳、西門吹雪、謝曉峰、阿飛，想起的常常不是楚留香李尋歡如何倜儻多情或無情，他們如何大戰水母陰姬和上官金虹，而是古龍，是令人「悲其志」的大頭酒徒。

對古龍來說，飲酒，或魏晉人所言「痛飲酒，熟讀離騷」，即其生涯。小說寫作，實等於酒後說的幾通寓言，或前言不接後語，或酒闌興盡，戛然而止；或我醉欲眠卿可去，撒手不管了；或興高采烈，縱酒酣歌，寫得暢快；或思忖再起酒局，別翻酒令。用心，也確實常是用心的，但總像菸癮人戒菸，用心不堅，故態往往復萌。他的愛情，也和小說相似，或也與酒相似，能濃烈，不能如茶般寡淡，令人清醒。小說寫女人，如醉中言事，講得洞若觀火，盡在指掌，實際「座中醉客延醒客，江上晴雲雜雨雲」，難解難辨，似夢，而可惜又並不是夢，只是局中局外誰也說不清楚。

這麼說，自非否定古龍作品的價值，其實醉中言本即真實語，且近乎詩。古龍小說不適合如金庸作品那般去分析其結構、敘事手法、人物成長歷程，他也沒機會如金庸那樣重新刪修補訂，使之經典化。事實上本來也不需要。酒中言語，多有胡塗、囉唆、錯雜、荒誕、奇詭之處，然醉態可掬，反令人愛，讀之想見其為人。《楚辭》不也如此錯落囉唆、恢奇曼衍嗎？或曰古龍小說似詩，興來無端，每有靈思，正由於此。這些奇譎的言語，也反而因此更能讓人感受或貼近作者之靈魂，激起想一探其「志」的心理。

古龍逝世如此多年了，他的友人還能如此懷念他，仍在不斷想見其為人，不斷悲其志，恐怕也與我以上所說有直接關係。其他武俠名家，不廢山河，當然也都值得憶念，但沒有誰能像他這樣令人低回不忍遽去。

我以為這才是真正的俠。俠不在事功上見，否則隱淪者便不能稱俠；俠不在紙上顯，因為豪情託諸空言，未必能見於行事。俠是氣質。行或不軌於正，言或無益於時，然嘘朋引類，人樂於交。近，喜其弗有拘檢；遠，思其略無畔岸。然後找出他的遺文勝稿來，讀兩段以當小酌。

這就是古龍的魅力。至於交誼深淺，理解多少，對其「志」又作何詮釋，卻是人人不同的。而雖不同，亦無害大家對他這個人的懷念，也是古龍魅力所在。

我由北投回到淡水時，道逢陳曉林兄。這麼些年，他是最懷念古龍，也最能不負故友，為之檢點身後遺事的人。他示我甫出版之程維鈞《本色古龍》，並說將再出版覃賢茂《評傳古龍——這麼精采的一個人》、《武學古龍——古龍武學與武藝地圖》、《經典古龍——古龍十大經典名著點評》，把稿子交我攜回北京細看。我對諸君能花那麼大的氣力來評述古龍，曉林又能如此仗義地出版，實是不勝欽仰，故歸來都詳細拜讀了。

《評傳古龍》採王國維說的「細探行年，曲探心跡」之辦法，總說其生平，以悲其志。《武學古龍》則另以兵器、人物、武功、美酒、菜譜、雋語等各角度分析古龍作品，睿見迭出。《經典古龍》細評作者心目中的古龍十大經典作品排行，而以《歡樂英雄》為第一神品，因為他認為歡樂英雄才是古龍本心及自我期許。古龍經典名著排行，素有見仁見智之別，而作者秉筆抒其所見所信，固自有其理據也。總之，此《古龍三書》整體篇幅宏大，用力甚勤，且明顯有著自己特殊的見解。

我於古龍小說，未嘗下過如許工夫，讀時隨機隨緣，僅擇所愛，故不能如賢茂兄這般全面。其中洞見勝解，尤多開豁心胸，十分欣慶古龍幸運有此讀者與評者。不過因其分析主要在作品方面，故以上補說了些關於讀古龍超以象外的部分，聆供參考，非敢言序也。

推薦序

古龍：精采絕倫的人，光焰萬丈的書

著名作家・文化評論家 陳曉林

●劍無情，人卻多情

新詩人徐志摩曾說，他自己「一生的周折，大都尋得出感情的線索」。國學大師王國維則引尼采說，「一切文學，余愛以血書者」。這些話用在曠代武俠名家古龍身上，真是無比貼切。古龍許多膾炙人口的名著，其實都是醮著內心的熱血在抒寫他深摯的感情。

當然，除了以濃得化不開的「感情」，轉化為他武俠創作的能源與動力之外，古龍作品之所以受到海內外閱聽大眾的欣賞和喜愛，也由於他在作品中所展現的驚人「才情」，以及他對現實而詭譎的「世情」之深刻洞察，都是不可忽視的要素。感情和才情是古龍作品的內在核心，對世情的洞察則是外緣助力。

古龍本名熊耀華，誕生於一九三八年中國抗戰的艱苦時刻，自幼隨父母顛沛流離，一九四九年大陸易手，其父熊鵬聲攜妻兒暫滯留於香港，隨即於次年遷往台灣。當時台灣經濟艱窘，民生凋敝，熊家亦窮困至經常無米可炊。早慧的古龍於十三歲入學台灣師範學院附屬中學，三年後進入台北成功高中就讀，其時文學才華已受到師友矚目，為了貼補家計，開始向報刊雜誌投稿。古龍十七歲時，其父拋棄家庭，與外遇女人同居，家中頓時無以為炊，陷入饑寒交迫，母親為扶養二子三女，茹苦含辛，左支右絀；古龍為減少家中負擔，毅然離家出走。後來母親心力交瘁，含淚而逝，小弟出養他人家，三個妹妹亦歷盡人生苦境。其時古龍尚未成名，除偶以微薄稿費挹注家人外，全然無能為力。但他內心對父親棄養、母親早逝，引為畢生之痛。日後在《多情劍客無情劍》中所抒寫阿飛對母親的思慕，實即反映了古龍自身的感懷。

或許正因為少小時即父去母逝、弟妹也都蓬飄星散，心懷隱痛而生性多情的古龍進入青春期之後，對於愛情的嚮往與渴望便顯得格外強烈。十六歲讀高中時便有了一段朦朧的戀慕之情，因為對方名叫「稚鳳」，他遂取筆名為「古龍」作為對仗。這段青澀的稚戀隨風而逝，但古龍銘記不忘，日後在寫作高峰期猶於《楚留香新傳之借屍還魂》中，以情景交融的成熟技法刻意提了一筆，將它純淨化、美感化；「彷彿又回到遙遠的少年時，和鄰家的小女孩偷偷約會晚上去湖畔捉魚，魚兒雖始終沒有捉到，卻捉回了無數的甜笑」。

熟悉內情的文評家們表示，古龍的主要作品背後，都有一個他當時戀慕的女人呼之欲出。這大抵不是空穴來風，但以古龍的文學才情，他不可能將交往的女性「原型」直接寫入，而必是經過了轉化和融合。

●情之所鍾，端在我輩

眾所周知，古龍的情史非常豐富，然而往往曲折多變。其實，他和他的女友、情人乃至妻子，幾乎全都經歷過從互相吸引、陷入熱戀、共築愛巢，到熱情冷卻、怨懟疏離，終致彼此緣盡、勞燕分飛的結局。究其原委，一是因為他始終在心中追尋母親的美好形象，並將之投射在每一個女友身上，一旦發現兩者的形象或感覺畢竟不可能疊合，便產生失望，開始再向另一個女性身上去追尋。試想：這樣強烈而奇異的感情，哪一個女人能夠長久承受？二是因為古龍除了對愛情的熱切追求之外，更有對友情的熾烈投入，每與二三良友痛飲狂歌，衡文論藝，肝膽相照，縱談通宵，杯盤狼藉之餘，不知東方之既白。試想：縱使欣賞古龍的驚世才情，但哪一個美女能夠日復一日地容忍獨守空閨的落寞？

對友情的抒寫與謳歌，貫穿了古龍作品的各個時期、各個系列，是不斷尋求突破與創新的古龍作品中一個永遠予人以溫暖感的題旨。事實上，正因為身世隱含難言之痛，在淡江英專讀到大二即開始自謀生計，微薄的稿費不足以維持溫飽，古龍曾多次流落街頭，甚至幾乎淪落為幫派的小弟。幸好在廿歲時結識知名作家牛哥，其文學才華深受牛哥推重，生活也得到牛哥與牛嫂的照顧，才開始擺脫噩運，步向坦途。牛哥是台灣漫畫的創始人，又以本名李費蒙撰寫社會小說、黑幫故事，當時在報界人脈頗廣，家中常有由大陸流亡到台灣的軍中作家寄食，武俠小說開始流行時，名家臥龍生、諸葛青雲等皆是牛哥的座上客；古龍開始寫作武俠小說，牛哥即認定他必將脫穎而出，一言之褒，使古龍信心倍增，日後果然超邁臥龍、諸葛，成為台灣武俠第一人。而牛嫂馮娜妮出身東北名門，明朗豪爽，人緣極佳，她對古龍特別投緣，見古龍時常落落寡合，不惜自稱「古龍的媽」，在經常出入李宅的作家群中刻意維護古龍，亦使古龍備感溫暖。

牛哥牛嫂經常周濟窮作家們，家中開伙時往往食客眾多，久而久之也會面臨經濟拮据；但在古龍看來，這是他永遠的家，而牛哥牛嫂是他永遠的朋友。他曾強調，在李宅相處時是「窮開心」的歲月，「雖然窮，但卻開心」，都是因為牛哥牛嫂的友情在照亮大家，溫暖大家。後來古龍特地撰寫《歡樂英雄》來緬懷青春故事；即是以李宅相處的歲月為藍本。古龍常說在所有作品中《歡樂英雄》是他自己最喜歡的一部，其實，說的正是李宅有眾多朋友歡聚的那段歲月，是為他一生最懷念的日子。

古龍與牛嫂的友情，以及牛嫂那明朗豪爽的俠女形象，也提供了古龍在武俠創作上某種生動、可愛而逼真的女性原型。有心的讀者不難猜到，名著《蕭十一郎》中那美麗而潑辣的風四娘，即是牛嫂的化身；乃至於《陸小鳳》中豪放可愛的老闆娘、《七種武器之霸王槍》中的女店主紅杏花，也都在摹寫牛嫂的某個側面。所以，古龍至少有一位完全不涉男女情慾、卻一直對他呵護有加、不離不棄的「女朋友」；他在《多情劍客無情劍》收尾時引用德國文豪歌德《浮士德》的名言：「永恆的女性，引導人類上升」，顯然是心有所感；而在現實人生中，身為女性友人的牛嫂確是一直在引導古龍「上升」。

●平生知己，際會風雲

當然，古龍對於友情的謳歌，更大部分是來自於他對倪匡這個平生最知己、最貼心的朋友之深摯感念。一九六七年倪匡首赴台灣會見心儀已久的古龍，當時倪匡已是名滿香江的武俠與科幻作家，主持多家報刊的武俠園地，古龍則甫以力作《絕代雙驕》、《楚留香傳奇》開始旭日東昇，但倪匡毫不猶豫地表達對古龍由衷的讚佩與傾慕，並力邀古龍在香港與東南亞華文報刊同時連載作品，後來倪匡參加香港最大華文影業巨擘邵氏電影公司的編劇陣營，更一手包辦劇本寫作，將古龍大多數名著改編為電影，推出之後果然轟動海內外，使得古龍的名聲蒸蒸日上，古龍的作品成為影視界各方爭取的熱點，更是票房的保證。客觀而言，倪匡在各方面對古龍都助益良多，但倪匡一直認為是古龍自己的才華與作品，在金庸之外為武俠創作的領域煥發了萬丈光芒，並認為無論如何揄揚古龍作品都尚不足以盡表其價值。

古龍對倪匡的知己之情、關愛之誼，當然是感念無已，而倪匡為了抬高古龍，不惜貶低自己，這對曾經飽受世態炎涼、人情冷暖的古龍而言，更是刻骨銘心的曠世情誼。他認為倪匡對自己的情誼，早已超越了古往今來所有友情的深度。古龍這樣寫倪匡對他的友情，「可以為了朋友犧牲自己的人，也許還有；為了朋友而抑低自己的人，這種人在這個世界上還有嗎？」事實上，倪匡心目中的古龍，也確是念茲在茲無時或忘的知己，古龍去世時，倪匡寫道：「感覺上，（我自己的生命）像是少了一半」，充分表述了兩人相知相契的深摯友情。對於長期來行走在寂寞的人世，以浪子孤狼自況的古龍而言，這樣的友情猶如在寒冬中點亮生命甬道的火種，助使他寫出許多感人肺腑的作品。他在楚留香故事中抒寫像胡鐵花、姬冰雁、快網張三等友人生死與共的情誼時，其實不啻在宣示自己對友情的禮讚。

●美女、美酒與寂寞

在內心深處，古龍自認是一個孤獨的人，一個沒有根的浪子，身世飄零，無親無故。但是，他的天賦中顯然有追尋美好的傾向與創造美好的才華；前者表現在他一生不斷結交美女、追求美女，後者當然就表現在他創作了那麼多探索人性深度、深具審美價值的作品，為武俠文學開展了一片新天地。既然生命中不斷來來去去的美女們最終都不能取代母親在內心中的形象，古龍每經一次戀愛與分手，自然便多感受一次無可言宣的寂寞；這種時候，便只有朋友和酒才能暫時解脫他的苦悶與抑鬱。而與朋友舉杯暢飲時，他常引李白的詩「古來聖賢多寂寞，唯有飲者留其名」。他強調，朋友就是朋友，絕沒有任何事能代替，絕沒有任何話能形容，他甚至撰文指出「世上所有的玫瑰，再加上世上所有的花朵，也不能比擬友情的芬芳與美麗」，這表示，即使身邊有美女圍繞，但當笙歌散去，寂寞襲來，能夠稍為紓解他那恒感無邊淒清蕭索的浪子孤狼情結者，只能是朋友的陪伴。

但無論牛哥牛嫂或倪匡或其他知心的友人，畢竟都有自己的事要忙，不可能時時陪伴在側。於是「舉杯邀明月，對影成三人」的孤寂情境便時常出現，喝酒，甚至成了他對抗生命中寂寞荒原的主要憑藉。也正因獨飲無味，當他因作品搬上大小銀幕而收益豐富之後，常利用各種理由與藉口邀約當時較為投契的舊雨新知聚會飲宴，也如當年牛哥家一樣，「座上客常滿，樽中酒不空」，並一再挽留在座的友人繼續暢飲縱談，陪他度過漫漫長夜。即使已憑手中一枝筆享譽華人世界，作品改編為影視更是風靡一時，炙手可熱，但古龍內心的孤寂與痛苦，仍是歷歷可睹。「兒須成名酒須醉，酒後暢訴是心言」，古龍後來在《大地飛鷹》中一再引述這兩句蒼涼的歌詞，因為這正是縈繞他一生的心曲。

●在挫折中發光發熱

當然，古龍的寂寞不止源於親情的隱痛和愛情的變幻，而且由於他嘔心瀝血所創造的作品，雖贏得大多數讀者的肯定與讚譽，卻因在文學類型上屬於武俠小說，故被自以為代表所謂菁英文化和純文學的學院中人視為不登大雅之堂的通俗作品，而不屑一顧，影響所及，連他的女友們也不認為他的創作有何文學價值可言。但古龍經過在創作上的多年探索與實踐，早已明瞭任何作品只要寫得成功，呈現出足夠的藝術美感和人性底蘊，便是好作品，並無所謂通俗或高雅之分；然而，他的這一認知，儘管如今已漸成常識，但在他生前卻屬驚世駭俗的怪論，在台港學術界、輿論界都罕見支持者。這使得古龍內心的孤寂感更為沉重。

而他在寫作上不斷追求突變與創新，有時遠超過了當時的社會水準與讀者口味，像他最卓越、最具文學美感的作品之一《天涯‧明月‧刀》在台灣重要報紙連載時，竟因讀者反應「難以看懂」而遭報老闆下令腰斬，此事對古龍的心理是一大打擊，甚至影響到他的健康。

令人驚佩的是，古龍絕大多數充滿文學美感與人性深度的名著，便是在這樣的心情與處境下創作出來的。當他的作品為廣大閱聽人口帶來意想不到的趣味與歡樂時，他自己卻可能正陷於情緒的低潮；當他寫出像沈浪、楚留香、陸小鳳、葉開、郭大路等笑傲天下、瀟灑不羈的傳奇英雄時，他自己卻可能在經濟上或情感上正處在相當尷尬的境況。然而，古龍作品的藝術奧祕正在於這個悖論中，其實，可能多數夠份量的文學名著得以產生的藝術奧祕，也在這個悖論中。

●文學的魅力驅散生命的陰霾

從高中時代開始，古龍即以博聞強記的才識和清新脫俗的文筆見稱，由於自幼熟讀歷史話本與俠義小說，加以生具豪情與俠氣，而當時台灣又正開始流行武俠寫作，古龍很自然地走上了以武俠創作的生涯。隨著他生命歷程的演進，也隨著他在武俠創作上的體悟和反省，他逐漸認知到武俠小說作為一種可以涵納或搭配眾多題材、技法的小說類型，其實可以深入地挖掘人性、詮釋人生。往往，他一面周旋於燈紅酒綠的浮華世界，一面卻在內心「念天地之悠悠」的寂寞蒼涼的狀況下振筆疾書，建構他的武俠世界。

他早期的作品，從一九五九年開筆《蒼穹神劍》起到六四年寫出《武林外史》止，大抵以文字的清麗、設想的宏富、情節的奇詭取勝，此時他才廿六歲，但儼然已是台灣武俠創作界最受矚目的明星。從一九六五到七六年，是古龍創作生涯的高峰期與成熟期，從《絕代雙驕》起，包括《楚留香系列》、《陸小鳳系列》、《小李飛刀系列》、《蕭十一郎》、《流星・蝴蝶・劍》、《天涯・明月・刀》、《邊城浪子》、《七種武器》等思精筆銳、震撼俠壇的名篇接踵推出，令人目不暇給；他的許多作品一一被各方爭著改編為電影、電視，此時的古龍，堪稱功成名就，炙手可熱。然而，他的寂寞感與蒼茫感並未消滅，他並不因作品已受到商業市場和廣大讀者的認同而沾沾自喜；反而，他對尋求創作題材、內涵、美感表達上的再創新與再突破，有了更迫切的自我期許。

●永不止息的創新突破

自一九七七到八五年他猝逝為止，是文評界認為的古龍創作後期，甚至有人指為衰退期；這段期間，古龍不斷嘗試全新的寫作手法，不斷企求拓寬寫作的境域，甚至不斷顛覆武俠寫作上某些約定俗成的概念與模式，或設法賦予這些概念或模式以嶄新的意涵。從《白玉老虎》、《三少爺的劍》的橫空出世，到《離別鉤》、《大地飛鷹》的塵世滄桑，再到《風鈴中的刀聲》、《英雄無淚》的神秘感應，乃至臨終前欲以《獵鷹》、《賭局》等短篇小說來串連為長篇結構的試筆，都是古龍在最後八年歲月中為武俠創作再探新境的艱苦努力。本來，在寫作界大紅大紫的他早已明白，只要保持成熟期的寫作手法與布局慣性，自然可以繼續寫出叫好又叫座的作品，這也正是愛好武俠的讀者所期待的盛況；可是，古龍對文學創作的自我要求非常高，對武俠內涵的提升與深化尤其懷有強烈的使命感；因此，他從不以已經寫出的作品為滿足，永遠要探尋新的途轍，新的里程。這種永不息止的創作熱情，一方面使他能夠不斷推陳出新，另方面也隨時在增加他內心的孤寂感與焦慮感。

由此看來，古龍作品之所以能夠沁人心脾，豁人耳目，且常讓讀者有驚艷之感，除了因他確有不可多得的文學天賦與美學感性，駕馭文字的功力尤其自成一格外，他能夠在寂寞與苦悶中自覺地以武俠創作來驅散生命的陰霾，在想像世界中尋求正義的實現、人生的救贖，從而引發廣大讀者的共鳴，也是主要的原因。他的創作過程是寂寞的，生命中的隱痛和孤寂不時在磨礪著他的內心，猶如海蚌的體腔不斷在遭受沙石的磨礪；然而，正如珍珠的晶瑩是來自於海蚌的痛苦磨礪，古龍作品的輝煌亦是來自他以文學的陽光與生命中的隱痛和孤寂搏鬥，永不低頭，從而結晶出一部部風格卓特的傑作。

●風格的形成和境界的躍升

古龍作品的文字之美，是許多評論家嘖嘖稱奇的現象。事實上，執筆創作時最注重氣勢和氛圍的古龍，對於每部作品開端時的用字遣詞，簡直到了字字錘煉的地步；像《多情劍客無情劍》的開場，「冷風如刀，以大地為砧板，視眾生為魚肉，萬里飛雪，將穹蒼作烘爐，溶萬物為白銀。」寥寥數語，就設定了全書蒼茫渾厚的基調，《陸小鳳之決戰前後》的開場，也是寥寥數語，「秋，西山的楓葉已紅，天街的玉露已白。」高手對決的氛圍便躍然紙上。不僅行文用字煞費苦心，古龍甚至提到，他對主要角色的取名也非常講究，像李尋歡、楚留香、陸小鳳都是再三考量後才定奪，兼取其形音義的美感，像蕭十一郎、風四娘，他反覆吟誦，才確定十一和四可以在音階上互相呼應。

進入創作成熟期之後的古龍，在句法表述上一反傳統武俠小說的敘事語言，他主要採取的新句式，一是「文風極簡，分段俐落」，猶如電影分鏡的蒙太奇；二是「行文如詩，凸顯美感」，洗淨武俠小說常見的暴力血腥，轉化為如詩如畫的心靈意境。同時，古龍自覺地揚棄近現代武俠敘事情節中最普遍流行、也最受人歡迎的「復仇」模式；他深入挖掘人性，包括人性的負面惡德和正面潛能，他仍然書寫背叛和陰謀、貪婪和昧心、權力鬥爭時的殘酷和狠毒、刀鋒相對時的兇險和冷肅，但他更著意鋪陳容忍、克制、寬恕和超越，他一再以極具說服力的人物關係和故事情節，栩栩如生地展現了這樣的人生體悟：在他所經營的武俠世界裡，正義必然戰勝邪惡，然而當事人未必需要完成報復。這樣的人生體悟，使得古龍作品中探觸的人性底蘊，顯得比許多純文學作品所要表述的更為深沉，也更富變化。

古龍筆下的楚留香是永不出手殺人的，小李飛刀出手的目的也只在救人。成熟時期的古龍作品已經自塑風格，也自成境界；他甚至明白指出：「武俠小說裡寫的並不是血腥與暴力，而是容忍、愛心與犧牲」。他以成熟時期廿餘部牽動人心、膾炙人口的武俠作品，雄辯地展現了他業已達成的風格與境界；可惜的是，多數人只喜歡看他作品中優美的文字、快速的節奏、奇詭的情節、驚人的逆轉，卻不甚關注他最在意的人生體悟與人性潛能，這也是古龍內心深處常感孤寂蒼茫的原因之一。

●博覽與消化，傳承與創新

古龍在大學時讀的是英語系，對於西洋文學的一些原典花過工夫研讀，所以相當熟悉；加以他自己對古典詩詞、歷史演義及英日文翻譯小說一向非常有興趣，經常熬夜閱覽，所以，當他開始踏入文壇準備從事專業寫作時，他所掌握的文學資源與相關知識已經非常可觀。早期他對美國文豪海明威的作品很感興趣，尤其對海氏所強調的「極簡風格」和「電報體」簡短文句頗能認同，而對海氏的中篇經典小說《老人與海》所凸顯的不屈鬥志與人性尊嚴，尤其心領神會；然而，隨著歲月的行進和閱歷的遞增，古龍對海明威的作品已作出篩選，對其後期作品的冗贅與拖沓，表明不以為然。同樣，古龍對英國作家毛姆、法國作家莫泊桑、日本的吉川英治和小山勝清等也都作過瀏覽，多少有所借鏡，正如美國通俗小說家馬里奧・普佐的《教父》也曾啟發和影響了古龍在《流星・蝴蝶・劍》中刻畫的「老伯」這個角色。但所有這些啟發、影響或借鏡，都是經過古龍對原作消化、融會、轉型之後，才用以表述他自己的意念或情節，因此，這其實是文學創作的常態現象。正如古龍所言，金庸筆下的「金毛獅王」也分明受到傑克・倫敦所撰「海狼」這個形象的影響，但金庸在消化吸收後已作了成功的藝術加工，因此「金毛獅王」自然仍是金庸的智慧財。

進入成熟期後的古龍，對於提升武俠創作的水準與格調已產生了自覺的責任感，所以，他不止一次表明對近現代那些夠份量武俠名家的肯定與認同，諸如平江不肖生、還珠樓主、白羽、朱貞木、王度廬、鄭證因等人，古龍都表明早年曾經覽讀過他們的作品，並遙致敬意；對於被公認集近現代武俠各家之大成而且更上層樓的金庸，他更是揄揚有加。

●金古訂交，互放光亮

另一方面，身為《明報》創辦人兼董事長的金庸為了招徠報紙讀者，對於武俠創作界最耀眼的後起之秀古龍也不可能不注意；一九六六年倪匡主編金庸旗下刊物《武俠與歷史》時，就向古龍約稿，《絕代雙驕》連載在香港和東南亞都掀起熱潮，於是，當金庸自己最後一部作品《鹿鼎記》在明報連載行將結束時，金庸更親筆致函古龍，希望古龍開一新稿接續《鹿鼎記》，函中對古龍的作品也是推崇備至。據稱，古龍接到金庸這封英雄重英雄的信函時正在家中浴室洗澡，朋友將信遞入，古龍立即展覽，高興之下竟從浴池一躍而起。為了回應金庸的重託，古龍閉門一週，細思新作布局，後來果然寫出令人耳目一新的《陸小鳳傳奇》接續《鹿鼎記》連載，使得明報讀者獲得意外之喜。

嗣後，金庸每至台灣，必與古龍晤面，古龍也必邀集朋友宴請金庸。由於金比古年長十多歲，席間，古龍必會先對金庸表示欽佩，然後金庸亦對古龍有所揄揚，以示有來有往。金古之交，在行禮如儀之餘，實也透顯了惺惺相惜的情誼，展示著台港兩位武俠大師的風度。

然而其實金古兩位大師的作品各具特色，金庸作品多有歷史背景，佈局閎深，行文細膩綿密，古龍作品則純屬架空的想像世界，重在刻劃人性，行文雄健明朗，兩者風格幾乎恰相對映，猶如雙峰並峙，二水分流。金庸作品的寫實功力之深教人由衷欽羨，猶如一筆不苟的西洋油畫；古龍作品則勝在寫意與美感，猶如留白甚多的潑墨山水畫。若兩相比對，確是極饒興味。

當年有一個場景頗能彰顯這樣的興味：金庸雅好打「梭哈」怡情，眾所周知。最後一次金庸在台灣與古龍餐敘後，在座有朋友便起哄要打梭哈，於是眾人湊趣，熱愛朋友的古龍當然奉陪；但雖只是極小額輸贏，金庸常作「長考」，打到深夜時慣作「長考」的金庸有副牌竟「長考」了一小時餘，猶未決定是否跟牌；古龍不耐久候，向金庸笑道：「你們慢慢玩」，隨即振衣而起，揚長而去。

金古交光對映，往往如是。

●從絢爛到殞落

古龍在世的最後幾年，先是他的著作改編為影視大為風靡，當時邵氏公司所推出「古龍原作、倪匡編劇、楚原導演」鐵三角的影片，票房之盛令人咋舌，幾乎所有的當紅男女明星都急於爭取「古龍影視」的角色，即使只是掛名古龍作品改編、實則自行杜撰故事的影視也都能創造高票房。於是，有人慫恿古龍和太太梅寶珠自行成立「寶龍影業公司」，專拍古龍影片；不料適逢景氣逆轉，連拍兩部都虧損嚴重，進而導致古龍財務崩盤，夫妻離婚。屋漏偏逢連夜雨，在這段期間還發生兩宗不幸事件：一是「趙姿菁之母控告誘拐案」，十九歲女星趙姿菁爭取演出古龍電影，與古龍相偕出遊，後來趙母逕赴兩人投宿的旅館攔截，控告古龍「誘拐罪」，目的在要索古龍賠錢消災，後來雖由牛嫂出面打折解決，但古龍身心已大受摧折。二是「吟松閣風波」，古龍與友人在北投吟松閣喝酒，碰到知名影星柯俊雄與一些幫派人物也在同一酒店聚會，柯叫其手下請古龍過去一起暢飲，由於言語不遜，古龍拒不理會，詎料對方有人悍然持刀來，古龍以手擋刀，當場血流如注，送醫後一度性命垂危。後來雖經古龍友人、知名武打明星王羽調解，對方鄭重道歉了事，但古龍因右手經絡受傷嚴重，日後運作不靈，執筆無力，使得古龍最後五年的寫作大受影響，一度改為口述而由親近的人筆錄，然而如此一來，「古龍筆法」的靈氣和奇思自然大打折扣。古龍為此也正式收徒丁情（小黃龍）及薛興國，口授故事大綱及相關情節，由兩人與古龍共同掛名，但效果顯然不如理想。

真如古龍自己的名言「人在江湖，身不由己」，由於廣大讀者聲聲呼喚，歷經大起大落，生命已將燃燒到盡頭，卻仍對武俠創作充滿雄心的古龍決定再出江湖，以迴環互攝、密集交映的短篇形式重啟「大武俠時代」的序幕；可惜，天不假年，壯志未酬，內心的隱痛與身體的傷病交相煎熬，古龍終於以「一醉解千愁」的灑脫身影，猝然告別了這個紅塵世界！

●古龍終於贏得廣大而悠久的迴響

接近最後的時刻，古龍曾向身邊親近的文學界友人提到，他心中還有三部作品已將要構思成形，而且已有了書名：第一部是《一劍刺向太陽》，第二部是《蔚藍海底的寶刀》，第三部是《明月邊城》。現在回想，人們除了感受到第一個書名的磅礴氣勢、第二個書名的美感悠揚，及第三個書名的孤寂蒼茫，或也不難猜想到：第一部是想了斷遭父親拋棄的內心隱痛，第二部是想表述對溫柔的母親永遠的追尋與孺慕，而第三部則是體認到自己畢竟是孤獨的浪子，命定會漂泊在明月當空的遙遠邊城吧。

古龍在四十八歲那年即英年猝逝，卻已寫下七十餘部、將近兩千萬字的武俠作品，其中至少半數以上已成為公認的武俠經典，且被推崇為「新派武俠第一人」「古龍之前無新派」；倘若天假以年，他不知將再寫出多少令人驚艷的作品，為武俠文學繼續綻放異彩。古龍離去時，正是武俠在台港陷入無以為繼的困境，而他本人也陷入生命最低潮的時刻。

古龍可能意想不到，他離去僅僅三年，兩岸由隔絕走向交流，然後，他的作品進入大陸，受到千萬讀者的熱愛與讚譽；時至今日，他的作品改編為電影、電視、漫畫、動畫、線上遊戲、手機遊戲的風潮，儼然席捲了神州大地，撼動了無數武俠愛好者的心靈。或許，這是上天對古龍畢生在橫逆隱痛、困心衡慮中仍能寫出偌多精采作品，所給予的回饋和報償？

●古龍三書，詮釋古龍魅力

內地文史名家覃賢茂的這三本以古龍及其武俠名著為深研、闡釋和宏揚為主軸的大作《評傳古龍》、《武學古龍》、《經典古龍》，不但運思周延綿密，行文暢酣流利，而且細讀古龍作品至於熟極而流之餘，更能旁徵博引，融會傳統文史正典與現代類型小說的理論旨趣，再從不同視角、不同層次切入，抉發古龍小說諸多隱含在文本脈絡中的意蘊與隱喻。

覃賢茂本是在中國大陸最先發表關於古龍傳記及古龍作品之審美價值的先驅之士，遠在類型小說和武俠文學尚未在內地文化界受到矚目，而內地讀書圈尚未知悉古龍其人其書的重要性之前，賢茂即已開風氣之先，出版了極有份量的相關專書和長篇論述，一石激起千層浪，始則引領了文學評論界對古龍作品的討論與品賞，繼而激發了廣大讀者對古龍小說的愛好與認同。

由於體認到古龍作品的浪漫情調應是和古龍曲折而精采的人生歷練互有關聯，故他一方面重新蒐集資料來研究古龍生平，另一方面亦從未停止過對古龍作品的探研與闡揚，將近卅年的心力薈萃，務求別開生面，為解析古龍武俠奠立里程碑，以便利廣大讀者進入古龍小說的堂奧。這次呈獻給廣大讀者的「古龍三書」，總字數將近百萬，猶是擇其精簡而已，則賢茂對古龍作品的用力之深，實不言而喻。其間，為糾正過去內地評家、作者因時間和空間的疏隔，而輕信關於古龍事蹟某些以訛傳訛的流言，賢茂在我提供了一些關鍵性的正確信息和資料之後，更不懈煩勞，煞費周章地修正本已完全殺青的原稿，在可能的範圍內力求完美無憾。在我看來，賢茂的這套「古龍三書」，應已是對精采絕倫的古龍其人及光焰萬丈的古龍作品，最摯誠且深厚的致敬之作了。

更深具意義的是，今年六月七日適逢古龍誕辰八十周年，內地喜愛古龍的廣大讀友、網友，為紀念這個特別的日子，紛紛自發性地表示要設計、策畫、舉辦一系列紀念活動。為了配合大家的盛情，也為了表達對故友古龍的追念，我社繼去年底推出古龍文本及版本研究專家程維鈞兄的大著《本色古龍》之後，現又推出覃賢茂兄一氣呵成的《評傳古龍》、《武學古龍》、《經典古龍》；對我而言，也算是為古龍的文學地位爭個歷史公道的長期努力之一。

其中，《評傳古龍》是迄今為止最多亮點、最具可讀性，且相對翔實的一本古龍傳記；《武學古龍》則對古龍作品中凡涉及武俠或武道思想、理論、創意及實踐的內容，作了畫龍點睛的分類與羅列，並提供了別開生面的引論；《經典古龍》則是對古龍十大經典名著的精闢解析和評論。三書皆扣緊古龍獨有的風格與境界。凡喜愛古龍作品的朋友，實不宜錯過如此精心撰述的「古龍三書」。

「千秋萬世名，寂寞身後事」。所幸古龍身後並不寂寞，華人世界中一代代對浪漫情懷、對俠義精神，對有靈氣、有風骨的高水準文學佳品能認同和喜愛的讀友、網友正愈來愈多，於是，在許多人心目中，浪子古龍是永遠貼心的情義朋友，代表了永遠迷人的文學魅力！如今網友們自發性的紀念活動，覃賢茂一往情深所撰述的「古龍三書」，程維鈞十年磨劍所寫就的《本色古龍》，均是古龍魅力永不褪色的鮮明例證。

推薦序

古龍，武俠就是他的詩——覃賢茂《古龍三書》推薦

台灣師範大學國文系教授 林保淳
曾任中華武俠文學學會會長，與葉洪生先生合著《台灣武俠小說發展史》

（一）

我大約是在小六時期，開始接觸到武俠小說的，起因是家中兄長也愛看武俠。當時立刻就被其中瑰奇的想像震驚了，尤其是其中遠遠超越體能局限，縱橫自如的輕功，最讓我羨慕嚮往。西風白馬，青衫紅袖，更不知在我幼齡的夢魂中出現過幾次。我記得當時偷偷喜歡一個女孩，但又因自慚形穢，不敢向她表露，只是幻想著，我橫劍立舞，為她抵禦強暴，然後壯烈犧牲，滿身血跡的躺在她溫暖的懷中，看她流淚，大有「贏得美人心肯死，項王此處是英雄」的悲壯。

於是，每有閒錢，我開始租武俠小說、看武俠漫畫，更不放過任何一部在鄉間戲院放映的武俠電影。國一時，我就召聚了一些同學，大講武俠故事，我還記得當時講的是「情斷

大別山」，這是從武俠漫畫家游龍輝的《仇斷大別山》偷來的，內容是一個「跛俠」，如何為他心愛的女子犧牲的故事，唬得周遭同學的眼神愣愣瞪瞪的。從此，我走向了武俠的不歸路，縱恣在我想像的江湖世界，千山我獨行，不必相送。

不過，真正開始讀古龍，而且是默識心通的讀，是從《蕭十一郎》、《火併蕭十一郎》開始的，書中那首蒙古人的牧歌，「天寒地凍，問誰飼狼」、「人心憐羊，狼心獨愴」，寂天寞地的孤獨，像一面鼓，輕緩而又沉重的敲震在我初識愁味的心坎上。其實，我喜歡古龍，喜歡的正是這份孤寂，這份世人皆不諒解，卻偏偏是自己一輩子最願堅守的孤寂。當然，我不是那種只肯陷溺在自憐式的孤寂中的人，楚留香的風流瀟灑，顧盼自如，有時也在我飛揚的日子裡，翩躚起舞過。只是，我還是鍾情於蕭十一郎，尤其是當我倔強的選擇了以武俠研究當成我未來志業的那段時間。

我一直在想，古龍究竟是如何的一個人？一九八〇年，我曾驚鴻一瞥的與這位神秘的大俠晤面過一次，儘管五短身材、頭大如斗的外貌，頗破滅了我原有的「香帥」幻想，但當時的他，在與談笑風生、開朗俊爽的倪匡對比下，一襲亮豔的香港衫，似乎也掩蓋不了他些許的落寞與孤寂況味。這一年，古龍是在橫遭許許多多波折後，生命逐漸開始黯淡的起點。而卻是我第一次開始動筆寫武俠評論的發軔。

這時我還是個初出茅廬的碩士班研究生，還沒能真正體會到所謂孤寂的深味，我只是愛讀武俠，金古梁溫、東方獨孤、殘陽雲中、司馬臥龍，來者不拒，見之即讀。我雖鍾愛武俠，但從未想借武俠安身立命，喜歡過金庸，然後是司馬翎，直到我博士學業完成，深思熟慮後選擇了武俠研究這條路，八方風雨，雲遮霧黯，我才真正知道什麼叫孤寂。這時再讀古龍，是真的用「心」去讀的，一匹在荒野中徬徨嗷嘯的孤狼，天蒼雪茫，何處歸止？頂著風，頂著雪，頓時覺得郭靖、蕭峰，我力有未逮；朱宗潛、羅廷玉，我智所不及。浪漫的楚香帥已遠，樂觀的郭大路不再，我又喜歡回我的蕭十一郎，那匹荒野孤狼。

年歲越長，感慨越深，對古龍的認識與了解，也彷彿越真切起來。我一直認為古龍不僅是個小說家，更是一個詩人，古龍有傳奇的一生，浪漫的一生，更有，落拓惆悵和孤獨寂寞的一生。古龍是用生命去寫武俠的，武俠就是他的詩，他是用他一生的心血、信念在寫武俠，寫他的嚮往，寫他的歡樂，更寫他的悲辛苦楚與孤獨寂寞。詩緣情言志，古龍也以情以志寫他的武俠，幾乎每一部作品中的主要人物，都是古龍因時而異的化身千萬。武俠是古龍生命的投影，是他的安身立命，是他的濃情，是他的驕傲，而最後，「當不可能驕傲地活著時，就驕傲地死去」。

我有時覺得，自己還是有幾分像古龍的，五短身材，貌不及中人，雖然頭沒他那麼大，但仗氣好友，感情澎湃，似乎也可以勉強附驥尾於他。最重要的，當然還是我所能深刻體會到的，一個人孤孤獨獨的踽行在茫無所止道途上的寂寞。只是，我沒有像他如是的有可驕傲之處，「甚矣吾衰事業空，當年意氣夢魂中；憑誰豪語揮長劍，白髮萋萋向北風」。而且，古龍有酒，我卻平生滴酒少沾。寫到這，突然有個衝動，找一杯酒，古龍先生，來，我跟你乾杯！

（二）

古龍的酒杯是常滿的，滿的不只是酒，滿的更是孤寂，即使倚紅偎翠，還是滿滿的孤寂。但我相信，古龍的武俠小說，是絕對不會孤寂的。至少，覃賢茂兄的《古龍三書》不會讓他孤寂。

《評傳古龍》是覃賢茂一九九五年《古龍傳》的擴增修訂版，增修了一半以上。非文史出身，而熱衷於國學、鍾情於古龍的覃兄，勤力蒐剔，其初版《古龍傳》在古龍仙逝十年時出版，據我所知是引起廣泛矚目與讚賞的第一本古龍傳記。二〇一八年，是古龍誕辰八十周年，在此一時刻，增修新版《評傳古龍》，且另新出《武學古龍》、《經典古龍》二書，合計近百萬字，意義當然是非凡的。

《評傳古龍》分「生平與佚事」、「生平與作品」、「綜述與評價」三篇，以古龍的生平為經，作品為緯，廣泛而又細膩的為我們展現了古龍傳奇、浪漫、孤寂的一生，以及古龍四個時期作品是如何地相應著他生命經歷的不同階段成就；最後在試圖為古龍的身前身後名作定位中，不僅凸顯了作者精到的評斷，更讓我們感受到古龍成果的非凡。儘管在部分的論述中，因見仁見智，與我個人觀點是頗有出入的，如我始終傾心於《蕭十一郎》，而賢茂兄則高推《歡樂英雄》；同時，從學術的角度來說，輾轉而來傳聞較多，訪談與實證相對不足，不免有失於精確。但是，閱讀全書，總是能深深感受到賢茂兄對古龍的深摯喜愛，筆鋒中常流洩出他對這一代大俠的崇仰與敬慕。古龍以至性為小說，賢茂則以深情作論評。至性深情，古與覃都是兼而有之的。至少，賢茂兄可當得起古龍的「身後知己」。女為悅己者容，書為知己而作，有此論評，古龍也應含笑「酒泉」，為此乾杯。

武俠界常以「金古」並稱，金庸以其透徹冷靜的眼光，摹寫可歌可泣的英雄，格局宏偉，氣勢磅礴，亦儒亦俠亦溫文，號稱正宗；古龍則以純直至性的靈魂，抒發可悲可喜的人性，境遇哀惋，情節離奇，有笑有淚有辛酸，可謂奇才。但是，雖曰並稱，學界對金庸和古龍的關注，顯然有極大的冷熱之別。有關金庸的論著、研討會，已不知凡幾，而古龍的論評，則寥寥可數；然而，誠如已有人指出的：「古龍文章在，光焰萬丈長」，古龍身後卻有無數知音、網友追思與品讀。我渴盼著，這《古龍三書》適時出版，能有驚雷破電的影響力，讓古龍永遠不會再孤寂。

古龍走了嗎？

沒走。

古龍就在武俠裡。

武俠遠不遠？

不遠。

武俠就在你心裡。

戊戌三月林保淳序於台北木柵說劍齋

推薦序

衷心的感念　無盡的俠情

鄭小龍
「古龍著作管理發展委員會」會長，古龍長子
世界警消柔道大賽四次奪冠，柔道六段，現為警專學校專任柔道教官

先父古龍雖已逝世卅年之久，但兩岸三地對武俠文學，尤其對古龍作品投契激賞的讀友卻顯然愈來愈多，而且一代又一代的讀友都能在古龍著作中，各自品讀出奇崛清新的人生體悟與鐵血激盪的俠義情懷，從而引為陪伴自己成長的重要精神養分；所以，多年以來，古龍作品成為華人世界公認的「正能量」鮮明標誌。

但縱使充分體認到各地文友、讀友恆久不息的情誼，今年因時逢先父誕辰八十周年紀念，內地竟有這麼多古龍相關網站的網友不約而同地發起隆重的紀念活動，以各種各樣形式來表達對心目中深切喜愛的一代武俠名家之追思，如此摯情厚誼，畢竟仍令身為人子的我和兩位弟弟感念不已。謹藉草此短序的機會，向廣大的「古友」們申致謝忱。

更令我們欣慰和感激的是，風雲時代出版公司為共襄其盛，適時一舉推出內地名作家覃賢茂先生三部專著《評傳古龍》、《武學古龍》、《經典古龍》，分別以古龍的生平經緯、人文內涵、作品評價為其著作主軸，相當全面地呈現了華文世界中高水準的學者型作家對古龍作

品之肯定與闡揚。

風雲時代主持人陳曉林先生是父親生前好友，據他告知，這「古龍三書」作者覃賢茂先生自少年時即深愛古龍作品，研讀無數回，對古龍小說主要的情節、內涵、人物、精神，乃至文字、風格、用典，幾乎均已到熟極而流的地步；這三部著作，總字數合計竟約近百萬，他在撰寫之際，從未考慮到是否適合如今已徹底商業化的出版市場，只秉持對古龍作品的真切認知與深刻體會，以及這樣的認知與體會在喜愛古龍的讀友間可能引起的共鳴。

覃先生本身是學者，也是內地知名的作家與評論家，對武俠文學不但熟稔，自身還曾嘗試過「古龍體」的武俠創作，足見他對古龍作品委實一往情深；當然，先父的生活和創作畢竟主要是在台灣展開，而生前因豪放多情，才華橫溢，兼且大開大闔，不拘小節，因此亦不無引致爭議之事，某些情節甚至以訛傳訛，失真已甚。覃先生雖廣泛蒐集史料著述，且訪問相關人士，而風雲時代亦曾提供若干翔實資訊，然早年若干情事因眾說紛紜，先父又不屑答理，致魯魚亥豕之訛，恐仍難免。

好在眾所周知，先父古龍畢生心志之所嚮、才思之所萃，係在於融合中華文化內涵、展現俠義不屈精神、抒寫恆久浪漫情懷的七十二部武俠作品，其中至少半數已成為公認的後現代武俠經典。覃先生的「古龍三書」，在彰顯古龍作品既浪漫又古典、既重義又多情、既深刻又複雜的獨門特色方面，確有其見人所未見、言人所未言的睿知與妙筆。像覃先生這樣在古龍生前緣慳一面，卻因作品理念、精神、風格的投契而念茲在茲、終身不渝的文友，在兩岸三地固然所在多有；唯孜孜不倦地秉筆直書，適時將「古龍三書」呈獻給有心紀念古龍的廣大「古友」，卻終究是人間罕見的情誼。願廣大的「古友」珍視！

推薦序

又見古龍——《評傳古龍》

教授，著名詩人 柏樺
成都市作協副主席

我的朋友覃賢茂的新書稿現在擺在我的面前，我不能不有許多的感概！這是賢茂多年研究古龍的成果：《評傳古龍》、《武學古龍》、《經典古龍》。三本書總計超過百萬字，其中作者的辛苦辛勤不同尋常，我當然知道。

與賢茂的認識和與古龍小說結緣，都已是三十多年前的事了。一九九五年四川人民出版社出版了賢茂的《古龍傳》，我有幸為此書撰寫了後記，在其中我已詳細地敘述了那些永值追憶的往事。陰陽浩浩轉移，往日詩人青春激昂的熱血，已譜夢成情，青絲殘雪，唯餘聊以慰藉的書卷文字。昨天賢茂來信，告訴我他研究古龍的文字將在風雲時代出版社結集出版，囑我再次為他的這三本書寫一篇推薦序，作為賢茂的詩人朋友，也是作為古龍小說的秘密愛好者，我還是非常高興能寫下幾句簡短的文字，為此盛事添花裁玉。

我很早就和賢茂討論過，我以為古龍的本質就是一個極具天才的詩人，在眾多的武俠小說作家中，我以為古龍的小說是最富有文學性和詩意的。仔細辨認，後來的網路寫作，其實是深受古龍的語言風格潛移默化的影響。這應該是古龍小說最具有文學價值之處。

《古龍傳》面世後，深受讀者好評，賢茂對古龍的認識和理解，無疑是最具有詩人文學敏感性的深刻洞見。後來我也瀏覽許多論述古龍的文字，我以為沒有能超過賢茂那種直指本質的定調和定性。其中，賢茂首創對古龍小說四個階段的劃分，乃至對他心目中古龍第一神品《歡樂英雄》的推許，以尼采的哲學深度解讀古龍，對古龍武俠小說精神俠之風流和俠的內心歷程的闡釋，對武俠小說儒俠和道俠的概括等等，至今還在深刻地影響讀者和研究者。

賢茂是一個極具才情的作家、詩人和學者。多年的寫作生涯，賢茂已經是著作等身。他的文學興趣和研究領域極為廣泛，特別是精於黃老之術，在易學研究上有獨到的見解。當然，在武俠和言情小說的評論文字中，他最喜歡談論的是古龍。

在一九九五年賢茂的《古龍傳》後記中我曾經寫到：「他曾經狂熱地投身過詩藝轉而投入武俠小說的寫作及評論，其功力自不待言。對於武俠，對於古龍，他的議論在我所遇到的人中無人匹敵，他談到古龍的悲哀，他的愛、恨、怪、僻、理想和情結以及空前的頹唐與落寞是那樣驚心動魄，彷彿我眼前的他就是一個古龍再世的化身」。現在回頭來看，我認為我對賢茂的這一段評價，依然是貼切妥當，真實不虛的。

如今，他將對古龍生平的探索擴展拓探而完成新修版《評傳古龍》，再配上論述古龍筆下武功、人物、兵器、美酒、菜譜、雋語的《武學古龍》及綜評古龍十大經典名著的《經典古龍》，可謂已自成體系。

「野馬驟塵埃，萬里刹那間，滿眼都是今昔」（我的新作《今昔，抄風》詩句），心思難任，聊以短述，再次祝賀賢茂，是為序。

引子

蝴蝶的生命雖短促卻芬芳

一九八五年，大俠古龍長辭人世。

噩耗傳來，整個華人世界都為之震驚和悲痛。古大俠為何走得這樣的急？如彗星之迅疾！

連古龍的親人，愛人和最親密的朋友都沒有想到！

古龍此時才四十八歲，時值盛年，生命和事業剛剛才達到最富創造力的巔峰！本來還有許多充滿光明和鮮花的道路可以讓他走！

港台和東南亞各大華文報紙均頭版頭條登載了這個消息，並配以大量悼念和追憶的文章。

據說一個小學生居然會這樣發問：「古大俠死去了，小李飛刀是不是也會死去？」

流傳最廣泛和最有名的兩幅悼念古龍的輓聯是：

「人間無古龍，心中有古龍」；

「小李飛刀成絕響，人間不見楚留香」

古龍雖然走了，但他卻給我們的文化留下了最為寶貴和瑰麗的一大筆遺產，他那傳奇豐富的一生和他所獲得的不同凡響的聲譽，永遠在激動著我們。

事實上在古龍辭世三十多年的今天，他的聲譽絲毫不衰，時間愈長，人們對古龍價值的認識就愈為清醒、成熟和不帶偏見。

有華人的地方就有武俠小說，有華人的地方就都知道古龍這個響亮和傳奇的名字。

今天古龍作品大量流傳，一版再版，其範圍之廣讓人意想不到。古龍的作品同時幾無遺留地被反覆改編成影視作品，連剛認識幾個字的小學生都知道「小李飛刀」和「楚留香」、「陸小鳳」。

古龍受歡迎的程度，說明了文學中的一種複雜性和深刻性，這使我們非但不因他寫「武俠小說」而輕看他，反而對武俠的精義有了深刻的理解。像古龍這樣在華文世界中擁有如此眾多讀者的作家是不多見的，因為很少有作家能把文學的深刻性和平易性如此完美地結合起來。

古龍是一個異數，也是一個奇蹟。讓我們對他輝煌的偉績致以衷心的敬意。

古龍在《流星・蝴蝶・劍》的開篇寫道：

流星的光芒雖短促，但天上還有什麼星能比它更燦爛、輝煌！

當流星出現的時候，就算是永恆不變的星座，也奪不去它的光芒。

蝴蝶的生命是脆弱的，甚至比鮮豔的花還脆弱。

可是牠永遠是活在春天裡。

牠美麗，牠自由，牠飛翔。

牠的生命雖短促卻芬芳。

只有劍，才比較接近永恆。

但劍若也有情，它的光芒是否也就會變得和流星一樣短促？

古龍的劍就是他的如椽大筆，他的筆是多情的，是不是正因為這樣，他的光芒也就像流星一樣短促而輝煌？

這短促的輝煌，卻將永遠照亮我們凡人內心最黯淡的地方！

上篇
生平與軼事

第一章 少年俠路

●古龍是誰？

在近代漢語文學的大作家中，沒有誰比古龍更富於傳奇色彩了。和古龍生活在同一個時代，雖然我們對他的作品瞭解得很多很多，但對他的生活瞭解得卻很少很少。

最簡單的一點，古龍是誰？他的履歷是怎麼樣的？這個問題就難住了無數的人。作家東方新說：「古龍是誰？這個問題說簡單也簡單，容易得連一些小學生也答得出來，說複雜又複雜，難得使有的大學教授都要搔頭皮。」

有這樣的一件事，可以說明這個問題的複雜性。

有人專程向一位潛心研究中國當代文學的教授請教有關古龍生平的一些問題，這位非常權威的專家，卻只能尷尬地「顧左右而言它」。

東方新就此問題又說：

「不少『武俠迷』也許知道『金庸』，原名查良鏞，浙江人氏……，梁羽生，原名陳文統，廣西人……；如果問道，古龍姓甚名誰，何方人氏，恐怕就沒有幾個人能答得上來了。」

武俠小說在現代的興盛，金庸和梁羽生功莫大焉，被有些人推為「新派」武俠小說的鼻祖。實際上這是很不確切的分類，台灣著名作家胡正群說：「古龍之前無新派。」這才是公允的確論。

金庸、梁羽生對當代武俠小說的發展有極其重要的作用，這是不可否認的，但他們的作品其實是舊派的改良，這點我們在本書的後面將要詳細論述。正因為這些偏見，廣大的武俠小說迷們可能對金庸、梁羽生的情況很熟悉，但對古龍的生平就不清楚了。

迄今大陸不少著名作家評論家撰文介紹古龍的生平，往往也是矛盾百出，令人無所適從。這樣的情況也是沒有辦法的事，因為古龍的一生充滿神秘和浪漫的色彩，很多資料並無法確切地提供。

大陸著名武俠小說評論家曹正文，有古龍研究專家和權威之稱，但他也沒能確切說清古龍生平問題。

古龍原名熊耀華，這一點無可疑慮。但古龍的出生時間和籍貫呢？

曹正文在《中國俠文化史》中說：「古龍，姓熊，名耀華，祖籍江西，一九三六年生於香港，屬鼠。」但是曹正文在寧夏人民出版社一九九四年版的《碧血洗銀槍》的前序中，又稱古龍是一九三八年生，屬虎。曹正文前後自相矛盾。

東方新的介紹是這樣：「古龍，原名熊耀華，祖籍江西，但他本人出生在香港。」乾脆避而不談古龍的出生時間。

著名武俠小說評論家羅立群，說古龍是生於一九三六年，終年四十九歲。

著名的武俠小說作家、評論家、中國武俠文學學會副會長江上鷗，與台港武俠小說作家、評論家聯繫極多，交遊甚廣。據江上鷗說：「古龍本名熊耀華。一九三七年生於大陸（一說一九三六到一九三七年之間）。」

所以各家的意見很不一樣。

筆者在一九九五年四川人民出版社初版的《古龍傳》一書中，因受限當時的資訊，推論傾向於江上鷗先生的說法，「因為據古龍卒年四十八歲來倒推，他生於一九三七年應該是比較合理的，古龍的籍貫在江西，也是沒有爭議的事」。

一九九五年筆者的《古龍傳》出版後，曾有很多古龍研究者對此進行了討論和質疑。

隨著可靠資料的不斷披露，特別是筆者後來得到古龍生前好友陳曉林先生的指教，陳曉林先生並惠寄了資深古龍研究者陳舜儀的研究成果〈古龍大事紀〉一文給我（此大事紀現已列入古龍散文集《笑紅塵》，古龍著，陳舜儀整理），幫助我對初版《古龍傳》進行修改，改正我書中許多訛誤之處。

此次筆者的改定稿，增加了大量的新內容，受惠於陳曉林先生甚多，在此筆者表示最為誠摯的感謝。

陳曉林先生提供的〈古龍大事紀〉一文明確指出，古龍是一九三八年六月七日生於香港（一說上海），生肖屬虎。

此可為最後的結論。

●古龍筆名的來歷

武俠小說作家都有一個比較響亮的筆名。

金庸原名叫查良鏞，筆名金庸是將他的本來名字中的鏞字一折為二，這個筆名取得雖然有些隨意，但正符合了金庸武俠小說的那種莊重而平易的風格，在不經意之中卻有許多講究，有從容和正大莊嚴之氣象。

梁羽生本名陳文統，他的筆名來歷，與他很推崇前輩武俠小說家白羽有直接的關係。

而古龍的筆名，又有什麼樣的來歷？

古龍的筆名，據說涉及到一個多情而酸澀的浪漫故事。它是古龍人生的一個紀念，與古龍珍貴的初戀情懷有關。

古龍中學（初中）的同班同學中，有一個很特別的女同學，據說她的名字叫古稚鳳。稚鳳生得嬌小玲瓏，頗有一點林黛玉式病美人的味道，一付弱不禁風的樣子，楚楚動人，惹人憐愛。

少男動情，少女懷春，花季時節中的古龍自然因為其內心特有的細膩和溫情，而比他的同齡人更早地感受到異性那種神秘魅力的吸引。

少年時的古龍，個子不高，頭還特別大，形象頗為奇特，引人注目。

由於自己個子不高，所以少年古龍很自然地注意到同班上這個嬌小可愛的女孩。看到稚鳳那嬌小美麗的身軀，如水蓮花一般不勝微風的嬌羞，少年古龍對稚鳳產生了朦朧的初戀情愫。他希望自己是一個真正的男子漢，能夠保護和憐愛稚鳳這個小鳳凰。

古龍的少年家庭生活是不幸的，這一點我們在後文中會繼續進行介紹。少年時由於家庭溫暖的缺失，造就了古龍內心的超級敏感和對愛的加倍渴望。愈是身處不幸，他就愈是要強，愈是熱愛生活，熱愛文學，希望找到自己浪漫情感的歸宿。對稚鳳的這種朦朦朧朧的初戀，使古龍更快地成熟，更多思考愛情、人生和社會，內心也獲得了許多秘密珍貴的情感體驗。

中學生早戀，在那個時代，還是比較少的事情，那時的社會風氣更為保守，更為傳統，那時的青少年也遠遠沒有現在這樣開放，所以古龍對稚鳳的這種感情，當然得不到學校、同學和社會的認可，甚至連稚鳳自己本人，也感到驚惶失措。

雖然古龍的相貌並不是人們所公認的英俊瀟灑的那種，但他卻有自己獨特的魅力。他大頭，聰明，很有文學上的才華，而且熱情，富有同情心，稚鳳的內心其實並不是沒有被古龍打動過，她經常會在嬌羞中甜蜜而複雜地感受到古龍身上那特有的才華、熱情和爽朗的魅力。古龍打破了她少女內心的平靜。女為知己者容，對於古龍愛慕的眼神，稚鳳的內心有著秘密的溫柔和甜蜜的慰藉。

然而，稚鳳畢竟是一個很正常的小家碧玉型的鄰家少女，在那樣傳統的社會風氣和道德約束的環境中，她當然不敢真的接受古龍的情感。在秘密的甜蜜中，她更多感受到的還是嬌羞、害怕和恐懼。她就像一隻羽毛未豐的小鳳凰，撞到了獵人的槍口下，驚惶失措地飛逃和躲避。

古龍對自己初戀的感情並不隱瞞，一時間在學校鬧得風風雨雨，古龍自己不僅無所謂，有時反而還有一點洋洋自得。他並沒有體會到稚鳳所受到的那些壓力。在種種莫名複雜心理的驅使之下，稚鳳沒有接受古龍，還更加刻意地疏遠古龍。她用少女的矜持，冷冰冰地對待古龍，在她和古龍之間築了一道看上去難以逾越的高牆。

對於稚鳳的態度，古龍當然非常傷心，但他卻癡心不改，仍然是非常執著地喜歡稚鳳。看著稚鳳瘦弱的身軀，冷冰冰的面容，古龍心裡不由得不感到一陣陣的疼痛，心中更加滋生出一種想去愛憐她和保護她的願望。

少年的古龍，就已經品嘗到了失戀那可怕的情傷滋味，很長一段時間，他都魂不守舍，心事重重，為伊人而消瘦憔悴。

在這次失敗的初戀中，古龍並不是完全沒有機會，甚至有一次他差點成功。大約是在他們初三的時候，稚鳳的家裡發生了一場很大的變故。

稚鳳的家境貧寒，父親常年臥病在床，只靠母親獨自支撐著。窮人的孩子早當家，稚鳳雖然外表看上去瘦弱和不成熟，但內心卻相當有主見，過早地分擔起了家庭的責任。為了替母親分憂，稚鳳把全部的精力都投入到學習中，所以在這樣的情況下，她根本不可能去浪漫，去接受古龍的情感。

不是稚鳳沒有懷春心情，而是這些風花雪月的事情實在不適宜貧賤的處境。所以只有在很特殊的情況下，稚鳳才會流露出內心最真實的柔情。

那一次是稚鳳的父親病故，就在稚鳳心情最為悲傷的時候，古龍出現在她的身邊，孤苦無依的稚鳳，這時才真情迸發，毫無顧忌地撲在古龍的懷中，嚎啕大哭，淚水沾滿了古龍的肩頭。

在這一剎那，古龍和稚鳳緊緊地依偎在一起，世俗的壓力，道德的高牆，在這一剎那間完全消失了。兩顆渴望著溫情的心靠近了，兩人似乎已經達成完全的理解和體諒。

最動情的一剎那，古龍永遠也忘不了。直到他成名多年之後，古龍還不無深情地向朋友們講起。

那種悲傷的氣氛，溫柔的憐憫，心弦甜蜜而痛苦的顫動，帶給古龍最為深刻的人生情感的體驗。似乎在那一剎那中，古龍已經領會了人性的秘密。古龍日後寫下了無數激動人心的故事，其實都有可能是古龍少年時秘密情感體驗的另一種方式的呈現。

但是最後，古龍和稚鳳還是失之交臂。在那一次的親密接觸之後，稚鳳又恢復了原來的樣子，依然是矜持淡漠，冰冷無情。

因為有了這一段經歷，古龍更感到傷心，也更為癡情，他實在不理解稚鳳怎麼會這樣。不過，不管稚鳳怎麼冷漠對待他，古龍卻怎麼也忘不了稚鳳。稚鳳那羞怯溫柔的形象，永遠留在了古龍的心中。所以，古龍後來寫武俠小說的時候，就用了古龍這樣一個筆名。

稚鳳，古龍。龍配鳳，鳳配龍，在古龍的這個筆名中，永遠的懷念和珍藏的感情，就這樣的被寄託。

●古龍的童年印象

童年時的古龍曾經在大陸生活過一段時間。〈古龍大事紀〉指出，一九四五年，古龍隨父親熊飛居於漢口。龔鵬程〈人在江湖〉一文記載：古龍「從六七歲時在漢口看『娃娃書』

起，就與武俠結下了不解之緣。」

據《中央日報》報導，古龍的父親熊飛（後改名為熊鵬聲）時任交通部特派員辦事廳採購組組長，因涉嫌某一案件而被法辦。

所以後來古龍一家離開了漢口，去了香港。古龍在香港時就讀於天主教的德聲學校，父親曾擔任大光明戲院的經理。

古龍十三歲時隨父母由香港遷往台灣定居，正值一九五〇年。

到了台灣，父親在為古龍申報戶口時，將古龍的出生年份改為一九四一年。

一九五一年（或說是一九五二年），古龍就讀於台灣省立師範學院附屬中學（今台灣師大附中）初中部三十六班。有資料說他讀過文山中學。不排除古龍來台後先讀文山再轉學進入附中的這種可能性。

古龍的童年印象，對他的世界觀和方法論的形成和影響都很大。

古龍的童年歷經槍聲炮影，有戰火血腥的時代背景，在這樣殘酷的現實中，他幼小的內心很自然地會希望有大俠來扶濟亂世，這使他從小極愛閱讀各種武俠小說。

一九四五年日本投降，一九四九年中華人民共和國成立，國民黨政府偏守台灣，古龍此時隨父母定居台灣，時局的動盪震動著古龍童年的心靈。但古龍畢竟不是親歷戰火，戰火並沒在他心中播下仇恨的種子，所以他更渴望和平安定，這在日後他的小說中表現出來的是對血腥和殺戮的唾棄，對寬容、理解、平等、自由的熱愛。

出於自己生活經歷的限制，古龍對大陸的共產主義和階級鬥爭也是不能理解的，因為這場社會變革影響了古龍的現實生活。

在台灣，古龍之父曾任台北市長的機要秘書，是官場中人，這對古龍的世界觀當然影響很大。古龍幼小的內心天真地這樣想，如果不是大陸的這場社會變革，他的家庭生活應該會更上一層吧。

後來古龍在《大人物》中，把這種階級的觀念明確表現出來了。古龍借主人公秦歌和田思思之口談到對階級和平等的看法：

秦歌道：「人本來就應該有階級。」

田思思道：「但我卻認為每個人都應該是平等的，否則就不公平。」

秦歌道：「好，我問你，一個人若是又笨又懶，一天到晚除了吃飯睡覺外，什麼事都不做，他會變成個什麼樣的人？」

田思思道：「要飯的。」

秦歌道：「還有另外一個人，又勤儉，又聰明，又肯上進，他是不是也會做要飯的？」

田思思道：「當然不會。」

秦歌道：「為什麼有人做要飯的？有人活得很舒服呢？」

田思思道：「因為有的人笨，有的人聰明、勤快，有的人懶！」

秦歌道：「這樣子是不是很公平？」

田思思釋然道：「很公平。」

秦歌道：「人，是不是應該有階級？」

田思思道：「是。」

秦歌道：「每個人站著的地方，本來都是平等的，只看你肯不肯往上爬。你若站在那裡乘風涼，看到別人爬得滿頭大汗，等別人爬上去之後，再說這世界上不平等、不公平，那才是真正的不公平。」

他慢慢地接著說：「假如每個人都能明白這道理，世上就不會有那麼多仇恨和痛苦存在。」

古龍的這種看法是直觀而天真的。但這種看法卻迎合了當時台灣民眾的一種思想傾向。然而畢竟是與古龍本人的性格有關，古龍並不是經常談論這種敏感的話題。

童年的印象，更主要的是培養了古龍對自由的熱愛，對生命的熱愛，對自由的嚮往，以及渴望人性的解放。如果古龍童年是親歷戰火，也許後來他更可能寫出像金庸筆下的救國救民的「俠之大者」的形象，但這樣一來，他的成就可能反而不及現在，試想：他怎可能甘為金庸第二？

●家庭帶給古龍的陰影

少年的古龍在現實生活和情感生活兩方面都受到很大的挫折，這直接影響到古龍日後大俠和浪子的人生道路。

生活的動盪且不去說它，因為那種亂世時局非關人力。而古龍的父母卻一直感情不諧，婚姻的裂痕直接影響到古龍的成長。

從小，古龍的內心就是超級敏感和異常豐富，因此比一般人更渴求感情上的慰藉。但是父母之間持續的不和使古龍無法得到他所需要的家庭溫暖，少年的古龍因此飽嘗孤獨和寂寞，最終使他變得孤傲和怪癖。對愛的強烈需求得不到滿足，最終演化成不滿和憤怒，這也是古龍小說中反覆描寫的細節。

古龍變得桀驁不馴，經常與父親頂撞，當然因此換來父親更多的喝斥甚至打罵。古龍的父母終於離異，使古龍很早就嘗到了沒有家的苦楚。

古龍內心的俄狄浦斯情結在增長，從小他就缺乏安全感和歸宿感，這終於造就了他的浪子情懷。少年的古龍就已經開始覺得自己與平常人不同，他是沒有人要的，如水上的浮萍，風中的樹葉，沙灘上的字跡。

這就是後來古龍小說中總是出現浪子的原因，那些浪子都是來去無蹤，沒有家庭背景的，像《西遊記》中的天生石猴一樣。

古龍寫浪子最拿手，這確實是因為他幼年生活特殊經驗的關係。

李尋歡、阿飛、蕭十一郎、王動、郭大路、葉開、孟星魂、傅紅雪……這些人物，無一不是沒有家庭的浪子。

這些浪子，都是古龍內心孤獨和寂寞的寫照。

一九五四年秋，古龍考上台灣省立台北成功中學（高中部）。但是就在第二年，一九五五年，古龍的父親拋棄了家庭。這沉重的打擊，讓古龍痛入骨髓。顯然，這件事對古龍的成長產生了很大的影響。心情已成為浪子的古龍，後來一生疏於盡責，這是不是和父親有些關係呢？

古龍看到了生活中最殘酷的一面，看到了人性的卑劣和不可靠，這種深刻的烙印，是難以抹去的。

本來，古龍可以享受到和他的同齡人一樣幸福美滿的家庭生活，他可以衣食無憂。他的父親當時是台北市市長的秘書，算是一個頗有身分和地位的人，他完全有能力給古龍安排好錦繡的人生和前程。

但父親為什麼會那樣心狠？古龍永遠也沒有想通，這造成了他內心對父親的憤恨。父親無情的遺棄，深刻刺傷了古龍脆弱的少年心靈。古龍曾發誓，永遠也不原諒父親，他一定要出人頭地，他想像會有那麼一天，當他父親老了的時候，一定會來到他的面前以請求他的原諒。

古龍的父親因為外面的女人而拋妻離子，另築香巢，將古龍的母親和孩子們（那時古龍還有三個妹妹及一個弟弟）留在了地獄般的死亡線上掙扎。為了生存，古龍的母親不得不帶著幾個孩子又嫁了人，做了別的男人的填房，古龍和三妹一弟算是做了拖油瓶。（〈古龍大事紀〉記載：一九五五年，父親拋棄家庭，母親帶著一子三女自力生活，未幾長子熊耀華逃家出走。高中未畢業）。

那樣的生活不可能有什麼幸福可言，而繼父也不可能對他們兄妹幾人有什麼好的臉色。在那個勉強成立的新家庭，古龍是不可能待下去的。他不忍心看到母親那憔悴操勞的背影，而母親也沒有能力沒有精力來管他。終於，古龍再也沒有回那個家，自己自謀生路，過上了差不多算是流浪的生活。

太早太早，古龍就學會了察言觀色，懂得了人情的冷暖，社會的殘酷。貧窮和苦難使古龍變得異常早熟，他的智力，他的心機，他的思想，早已遠遠超過了他的那些同齡人。

在一次一次慘痛的挫折和困厄之中，古龍學會了巧妙地去適應。他過早研究人性的弱點，並且適當的加以利用。那時，古龍就已經能夠勉強自食其力，他會想盡辦法去填飽自己的肚子，雖然他還是有許多時候要忍饑挨餓。

古龍總是不放過任何一個機會去掙一點小錢，去混上一頓飯吃，去找一個地方能夠睡上一個晚上。他就像汪洋中的一條小船，能停泊到那裡，就停泊到那裡。

他學會了吃苦，學會了忍耐。對於生活，他的要求並不高，粗茶淡飯足已。在車站、碼頭露宿，對於那時的古龍也是經常的事情。

那個時候，台灣的經濟尚處於艱難起步的階段，古龍要靠自己混日子吃飯，可以想像那是多麼艱難。有些資料表明，為了生存，那時古龍甚至投身過幫會當小兄弟。

在艱難困苦的環境中，毫不氣餒地奮鬥，少年古龍的勇氣、信心和努力，感動了那些善良和會帶給他幫助的貴人。古龍看到了前途的光明和希望。

●牛哥牛嫂之外，白景瑞與古龍投契

名作家牛哥（李費蒙）、牛嫂（馮娜妮）是古龍一生最感念的良師益友，名導演白景瑞也是最早和古龍投契的摯友。

多年以後，古龍曾寫過一遍文章，懷念他平生第一位結交的摯友白景瑞。

古龍稱，白景瑞先生是自己的武俠小說的第一位讀者：

白景瑞先生不但導過我的戲，還教過我圖畫，畫的是一個小花瓶和一隻大蘋果，花瓶最後的下落不明，唯一可以確定的是，蘋果絕沒有被人吃進肚子，因為那是蠟做的，吃不得。

直到現在，我還是稱白先生為「老師」，可見我們之間並沒有代溝。

我寫第一本武俠小說的時候，他在自立晚報做記者，住在李敬洪先生家裡，時常因為遲歸而歸不得，那時我住在他後面一棟危樓的一間斗室裡，我第一本武俠小說剛寫了兩、三萬字時，他忽然深夜來訪，於是就順理成章的做了我第一位讀者。

前兩年他忽然又看起我的書來，前後距離達十八年之久，對一個寫武俠小說的人來說，這樣的讀者只要有一個就已經應該覺得很愉快了。

古龍說：「我寫第一本武俠小說的時候」，其時應在一九五九年，《蒼穹神劍》、《劍毒梅香》先後於本年度動筆。不過他和白景瑞的認識，更早在古龍在台灣省立台北成功中學（高中部）讀書的時候。

白景瑞是台灣的名牌大導演，不過，在白景瑞認識古龍之時，他也還沒有發達，境況也並不是很好，那時白景瑞在台灣《自立晚報》當記者。

這是命運奇妙的安排，古龍居然和白景瑞成為了鄰居。白景瑞寄居在台北市的浦城街，古龍恰好也住在那裡。

古龍住的是一間破爛的木板簡易房。這房子雖然破舊不堪，但古龍能入住它卻並不容易。流浪漂泊的古龍，這還是第一次有了自己的家，自己的住所。

這要感謝古龍的一位好朋友，一位姓江的同學。古龍雖然困頓潦倒，但江同學卻非常看好古龍，對古龍那碩大的頭腦所擁有的才華敬佩不已。江同學家境比較寬裕，恰好有這樣一間閒置不用的木板房，於是江同學便將這間房子借給了古龍住。這對於江同學實在並不是一個什麼了不起的舉動，但對古龍卻是一件很大的事情。古龍終於可以安定下來，不用再去過露宿街邊、碼頭、車站那種乞丐般流浪的生活。

那時的古龍，已經暗自確立了自己人生努力的方向。他愛好文學，希望當一個作家，希望將他那碩大頭腦中的才華找到一個用武之地。

和白景瑞編輯比鄰而居，古龍便有了許多的機會去向白景瑞交流文學和創作中的問題。古龍求知若渴，希望走上文學的康莊大道。白景瑞自然便成了他求知和傾述的最好對象。雖然那時白景瑞也只不過是一個小小的編輯，但在古龍的心目中，那已經是一個了不起的成功人士了。

渴望著友誼，渴望著被理解，渴望著可以與之交流和溝通，渴望與之成為可以進行切磋探討的對手，古龍對白景瑞有了一種秘密的依戀和眷慕。他三天兩頭去找白景瑞，長時間待在白景瑞的住處，總能找到很多話題去和白景瑞說。

在白景瑞那裡，古龍看到了文學天空帶著光環的那小小的一角。在那裡他可以寄託自己的夢想，可以呼吸到他渴望的那種理想的氣息。

對這個熱愛文學的古龍，白景瑞不僅真誠理解和同情，他也看到了古龍身上潛在的那種文學素質，那種不屈不撓、奮發向上的精神，他也逐漸對古龍賞識起來。

白景瑞有時也到古龍住的那破舊的木板房中看望古龍。古龍生活條件的簡陋和貧寒讓白景瑞感到心驚。那一間破爛的房子真不應該是一個十七八歲的少年待的地方，那完全是不折不扣、百分之百的貧民窟。冬天，那房子不能避風寒，屋外滴水成冰，屋內同樣是寒風刺骨。夏天，那裡又悶又熱。雨季來到的時候，更是充滿了腐爛發霉的潮氣。蚊蟲、蟑螂，甚至可怕的老鼠，當然是木板房的常客。

但是在這樣的情況下，古龍居然能安之若素，並不抱怨，他總是能將房子裡打掃得乾乾淨淨。那確實是一種難得的品質。連自己的房間都不能打掃乾淨，日後何以橫掃天下？從這些小小的細節中就可以看出少年古龍內心那種奮發向上、積極進取的精神。

不言敗，不氣餒。機遇總是能夠垂青那些不屈不撓地追求著她的人。

古龍的勤學上進，與他所處的環境成了鮮明的對比。白景瑞越來越喜歡古龍，他非常願意幫助古龍。不過，當時白景瑞自己的生活也不怎麼樣，他沒有太多能力在物質上去幫助古龍，他能做的就是盡力在精神上支持和鼓勵古龍。

對牛哥及牛嫂，古龍畢生心懷感激。如果不是有這樣的良師益友給他鼓勵，古龍怎麼可能度過那一段貧困卑微的日子呢？那時他是多麼的窮，破舊的木板房裡沒有電燈，他甚至連買蠟燭的錢都沒有。貧困、孤獨、寂寞、無助，卻並沒有在古龍的身上留下畏難和灰心的痕跡，他堅信自己的理想一定能夠實現，他一定能夠成功，一定能有出人頭地的一天。

牛哥及牛嫂力所能及地支持著古龍，他手頭寬裕的時候也會資助古龍一點不多的錢。白景瑞知道古龍貧窮得連吃飯都成問題，也會經常邀請古龍和他一起吃飯。

●熱衷於演戲的經歷

古龍最初認識白景瑞的緣起，是學校（成功中學）要排演一齣話劇，學校請來了台灣省立師範學院藝術系（現台灣師範大學美術系）畢業的白景瑞來當導演。

演戲，當然不是古龍的專長，也不是他的愛好。不過，那時的古龍卻表現出非同一般的熱衷。這當然還是另有原因，那是因為古龍生活所迫。

學校宣佈，凡是能夠參加這部話劇排演的學生，學校可以提供膳食和住宿。正是這一個並沒有什麼大不了的條件，吸引了古龍。

古龍要參加話劇排演，其實只是衝著那一日三餐而去的。有地方吃到不要錢的飯，對古龍來說，這是一個非常大的誘惑。古龍的這般心思，身邊的許多人並不知道。

古龍當然也有自知之明，他那付並不討好的樣子，要想在話劇中得到一個角色，似不是一件容易的事情。不過，古龍有他自己的辦法。在對人處世和社會交際方面的經驗，古龍比他那些同齡的同學和朋友要高明許多。

古龍居然就這樣自己一個人直接去找白景瑞導演，直接向白導演相求，希望白導演能夠在話劇中為他安排一個角色。

但是這一次古龍卻並沒有成功。當時白景瑞和古龍素不相識，對古龍的情況一點也不瞭解，只是憑著外觀的印象，白景瑞婉言謝絕了古龍的要求，因為古龍的外形實在不適合。

面對拒絕和挫折，古龍早已是司空見慣，他並不會感到氣餒，也絲毫沒有受了傷害和打擊的感覺，他只是會鍥而不捨，另外想辦法。

古龍打聽到他的一位同學的姐姐是學校高年級的幹部，在負責這一齣話劇的排演工作。利用這個關係，古龍請他的這位同學幫忙。因為平時在學習上，古龍也幫助過這位同學，所以那位同學答應幫忙。同學的姐姐感到很奇怪，在學校裡參加演戲，不是什麼了不起的事情，古龍為什麼挖空心思一定要參加呢？

剛開始，同學的姐姐並沒有馬上答應古龍的要求，不過，當她從側面瞭解到古龍的艱難處境，知道古龍想來演戲只不過是為了那一日三餐而來的，不免對古龍產生了同情，最後想了辦法，為古龍在這齣戲裡安排了一個跑龍套的小角色。

歷盡周折，古龍終於如願以償。雖然只是一個跑龍套的角色，古龍卻非常賣力，排練過程中，主動幫助大家做這做那，得到了大家的好感。

古龍是一個懂得知恩回報的人，既然在這裡得到了一日三餐，他當然會以自己的實際行動來回報那些幫助他的人。

這次演戲經歷，在古龍的生活中當然只是一個很小的插曲，並不重要。不過，古龍意外的大收穫，是他由此認識了白景瑞導演，而且和白景瑞的關係逐漸變得密切起來。

古龍第一次找到了牛哥牛嫂之外的知己益友。和白景瑞在一起的那一段時光，是古龍戀戀不忘，心存感激的一段時光。在白景瑞的幫助支持之下，古龍對自己的文學才華有了進一步明確的認識，更加有了信心，目標似乎也變得更為明確。許多年之後，古龍回想起白景瑞，還是充滿了深情。

但是，那一段美好的日子並沒有維持多久，因為後來白景瑞去了義大利學習戲劇。好不容易才找到的一個投緣朋友，就這樣離開了古龍的生活，古龍的內心是多麼的不願意，但他也只能接受那樣的現實。

生活畢竟是個人的事，奮鬥和努力還要靠自己的辛勤和艱勞，沒有人可以替代和包辦。白景瑞雖然走了，古龍的眼光和眼界卻被打開了。他已經看得更高更遠。

●美麗的復興崗，美麗的浪漫

學生時代古龍參加過話劇的演出，參加過三次。後來古龍經常說，他的那三次演出當然沒有什麼了不起的事情，不過，那三齣話劇的三位導演，那真的是非常了不起。

李行、丁一、白景瑞，這三人後來都成為了台灣著名的導演，所以古龍後來經常吹牛說，這三位大導演所導的戲就有他。

古龍第一次演戲是初中的時候，那時古龍是台灣省立師院附中初中部第三十六班的學生，李行先生當初是古龍的訓育組長，那時還在和他後來的夫人談戀愛，愛得水深火熱。

那一次古龍演的角色叫作金娃，是個白癡。古龍說他演過那個白癡的角色之後，大家都認為他確實很像一個白癡，他自己也覺得自己像個白癡。

古龍第二次演的角色也不比第一次好多少，這一次古龍演的是一個小太保，一個被父母寵壞了的小太保。那時古龍已經在念成功高中，去復興崗參加軍訓。那是台灣青年救國團主辦的暑期文化訓練班，古龍他們的指導老師就是丁一先生。丁一先生那一副深度的近視眼鏡和那一臉溫和的笑容，給古龍留下了深刻的印象。

美麗的復興崗，美麗復興崗的黃昏，古龍忘不了那裡，因為那裡有他難忘的浪漫。

參加了那個訓練班，古龍就不再為衣食發愁，古龍忘不了那裡的白麵大饅頭。古龍自己說，他在訓練班裡吃的飯，要比平時多兩倍。訓練班上午早操上課，下午排戲。每一個人都非常認真。每天的每個時候，古龍都過得認真而愉快，可是古龍最忘不了的還是黃昏時分。

許多年之後，古龍回憶起那美麗虛幻而且沒有結果的浪漫，古龍寫道：

「黃昏時，你言詞優美，化做歌曲。」

有一個年紀比我大一點的女孩子，有一對小小的眼睛，一個小小的鼻子，一張小小的嘴，在黃昏的時候，總是喜歡唱這支歌。

她唱，我聽。

剛下了課，剛洗完澡，剛把一身臭汗洗掉，暑日的酷熱剛剛過去，絢麗的晚霞剛剛升起，清涼的風剛剛從遠山那邊吹過來，風中還帶著木葉的芬芳。

我陪她走上復興崗的小路上，我聽她唱，輕輕的唱。

她唱的不是一支歌，她唱的是一個使人永遠忘不了的夢。

現在想起來，那好像已經是七、八十個世紀以前的事情，卻又好像是昨天的事。

直到現在，我還不知道那時候我對她究竟是一種什麼樣的感情，我只知道那時候我們都很快樂，我們在一起既沒有目的，也沒有要求，我們什麼事都沒有做，有時甚至連話都不說。

可是我們彼此都知道對方心裡很快樂。

話劇演了三天，最後一天落幕後，台下的人都散了，台上的人也要散了。我們來自不同的學校，不同的地方，在一起共同生活了五個星期，現在戲已散了，我們一排排躺在舞台上，面對著台下一排排空座位。

就在片刻前，這裡還是個多麼熱鬧的地方，可是忽然間就已曲終人散，我們大家也要各分東西。

——那天晚上跟我一起躺在舞台上的朋友們，那時你們心裡是什麼感覺？

那時候連我們自己也許都不知道自己心裡是什麼感覺，可是自從那天晚上離別後，每個人都好像忽然長大了許多。

古龍第三次演戲的經歷還是在成功高中，那時他們的訓育組長是趙剛先生，演戲的導演卻是從校外邀請來的，就是後來在台灣鼎鼎有名的大導演白景瑞。

●十一歲就嘗試創作小說

少年古龍很早就已顯露了他的文學才情。

少年古龍超級敏感，內心孤憤，得不到家庭溫暖，這些因素造就了他對傾訴和表達的熱衷，而文學無疑則是最好、最直接傾訴和表達的方式。所以古龍很早就熱愛文學，並不是一件偶然的事。

據說古龍十一歲時就已嘗試創作小說，文學成了古龍孤寂的情感生活的寄託。這時古龍就已經開始大量閱讀，這為古龍日後的創作打下深厚的功底。

古龍各種書籍都看，愛讀歐美小說，當然武俠小說更不在話下。少年時的古龍讀的武俠小說當然是舊派武俠小說，特別是民國時期各武俠小說大家的作品。

有一部並不怎麼有名的清末民初的武俠小說《三俠劍》，給少年古龍留下很深的印象，以至於二十多年後古龍已經成名了，還專門提到了這本書。

《三俠劍》中主角「飛天玉虎」蔣伯芳用一條亮銀盤龍棍，這條棍的本身並沒有什麼奇特之處，但是卻給古龍留下極深的印象。

古龍有一次回憶到此事時說：

「二十年前我看這本小說時，只要一看到蔣伯芳亮出他的盤龍棍，我的心就在跳。」

少年的古龍個性倔強，父母也不怎麼管他，所以他有時看書往往會一看一個通宵，真正是廢寢忘食。因為這種事，古龍沒少挨父親的罵。讀中學時，古龍的文章就寫得很好，他的作文常常成了同學學習的範文，同學們也很佩服古龍。

古龍在這時就暗暗下了決心，要一輩子以筆來謀生計，獻身文學事業，成為一名人們所仰慕的成功作家。

●講故事迷住了他身邊的同學

勞其筋骨，苦其心志，少年古龍在困頓中默默鑄造著他天才的內心。雖然貧窮和卑微，但他卻充滿了自信，他相信自己的智力，相信自己的才能。在艱難的日子裡，他居然能夠在學習上名列前茅，表現出異常的天資，這也帶給他內心秘密的安慰。

古龍的內心更渴望著上進和奮發。對知識如饑似渴的欲望，是他的信念和希望所在。和他的同齡人相比，他看了太多的書，他懂得了太多的知識。

少年時代古龍就喜歡博覽群書，然而古龍最喜歡看的書卻是那些看上去不那麼正規的閒書，比如歷代的武俠小說、神話小說、話本小說，還有現代的偵探小說、科幻小說。在這些似乎是不登大雅之堂的閒書中，古龍發現了文學中一片新的天地。

從小就展現出的天才是古龍的記憶力非常之好，看完一遍的書，他總能夠添油加醋、繪聲繪色地將書裡的故事再講出來，講給他的那些同學和少年朋友聽。

當講書籍裡那些現成的故事已經覺得不過癮的時候，古龍還會自己構思和編造，進行口頭的創作。他的故事迷住了身邊的同學和少年朋友，有一段時間，古龍居然靠這種辦法，讓那些想聽他故事的同學和少年朋友，請他吃飯。每一次他總是將故事講到最關鍵最精采的時候，便打住不講。那些著迷的同學和朋友為了知道故事後面的內容，便主動請古龍吃飯。

創作的天賦，在古龍少年時的這些小小的細節中就已經表現出來，同學和朋友們不能不佩服他，不能不為他那一個碩大的頭腦感到讚歎和驚訝。

天才的武俠小說作家，在少年時就已經看到了苗頭。少年時的生活給古龍留下深深的烙痕。在他的周圍雖然有許多真誠善良曾經幫助過他的人，但是他經常受到的卻是冷眼、搶白和不公正的待遇，他經常看到的是懷疑和不友善的目光，這些屈辱苦水他只能獨自吞下。他學會了不去跟那些不公正的惡意去計較，但對那些幫助過他的人，他的內心卻充滿了感激。有一次，別人送了古龍一套舊毛衣，古龍居然感動得一個人偷偷在外面大哭了一場。

看到他的那些同學，那些少年朋友，過著幸福美滿的家庭生活，古龍內心是多麼的羡慕，命運似乎對他太不公平了。他發誓要和命運抗爭，要改變這一切，他一定要努力，要出人頭地，他一定要混得像個人樣，不能讓別人把他看扁了。

貧窮和卑微，永遠是野心最好的催生劑。

表面上，古龍和他的那些同學朋友們一樣嘻嘻哈哈，但他內心已經鑄就了無數秘密的情結，他比任何一個人都渴望成功，更渴望成名，更渴望受到肯定。

●古龍的處女作

古龍少年時候就熱衷於文學創作，早在一九五四年三月一日還就讀初中三年級時，在《自由青年》十一卷三期第十五至十六頁，發表〈神秘的貸款〉一文，屬於外文翻譯作品。又於同年九月二十一日考上成功高中後，在《中央日報》第六版軍事週刊第一〇一期，發表〈孔子的軍事言行〉一文，屬於軍事評論文形式作品，文中已帶有些許書寫俠義情懷的意味，其敏銳的文字感覺就已經讓人驚豔。

但是古龍自己認可的處女作，卻是一九五五年他發表的短篇文藝小說〈從北國到南國〉，他認為這是他職業寫作的起點。

這是一篇純文學的作品，寫情、寫景，十分優美。這篇作品在吳愷雲主編的〈晨光雜誌〉第三卷第九期上發表，頗得好評。

古龍出手不凡，立時展現出了他非凡的文學才能。

〈從北國到南國〉發表之後，大大增強了古龍在文學創作上的自信心，他覺得他完全有能力走上以文謀生的這條道路。

古龍第一篇作品出手，稿費雖不算很高，但由於五十年代當時台灣的生活水準很低，這筆錢也很可觀了，特別是對於一個還不能自立的學生來說。

●古龍避而不談往事

古龍中學畢業之後，又上了台灣著名學府淡江英語專科學校（現今淡江大學）讀書，讀的是夜間部。

（〈古龍大事紀〉：一九五七年，進入淡江英語專科學校（今淡江大學）英語科夜間部就讀。據吳佳真《七嘴八舌話古龍——大學同窗訪問錄》，同學稱古龍為「大頭」，並且「由於大一同學們感情很好，使得古龍將許多大學同學的名字放進小說，並且會依他們的形貌、性格來塑造書中人物」。）

此時的古龍已是非常成熟。父母的離異使他受到至深且鉅的重大打擊，這些痛苦、孤獨、寂寞的少年時光在他內心留下的傷痕，使他背了一輩子的包袱。

超級敏感的古龍覺得生活對自己太不公正，而他對幸福和寬容的信念也是在這個時期形成的。

父親拋妻棄子的行為大大影響了古龍，使他變得疏離，他一生都擺脫不了這種沒有愛沒有歸宿的陰影感。直到他已成名，獲得巨大的成功之後，他還是不能解開這個情結。所以古龍往往避而不談往事和歷史，所以人們不知道他那時所受創傷的更多細節。

古龍像一隻孤獨的狼，只在背人的偏僻處獨自舔著自己傷口，這個傷口已永不能癒合。

古龍對他早期的生平經歷的沉默，使不少研究古龍的作家們感到驚異，這說明古大俠也有看不開的心結。

古龍在《歡樂英雄》中有一個細節，反映了他的這種創傷。

王動小時候被一個神秘的陌生人傳授武功，那陌生人非常嚴厲，動輒一頓臭揍，其實這神秘陌生人就是王動的父親。這個細節隱喻了古龍的情結，父親畢竟是父親，是有益的，但父親又是神秘和陌生的，如仇敵一般。

王動後來行走江湖從不談家世，古龍也是一樣。

中學畢業的古龍，自覺是大人了，所以行為舉止更不受約束，微露浪子的本色。

在淡江讀書，古龍大量曠課，呼朋結友，迷戀夜生活，這樣的書終究讀不長久。古龍只讀了不到一學年，便中途輟學了。

第二章 劍鋒初試

●古龍純文學之夢的閃逝

古龍早在求學期間就有為數不少的小說、散文、新詩發表，這給年輕的古龍帶來了光榮和夢想。

最初的掌聲幾乎使古龍陶醉，他像許多少年得志的文學青年一樣，開始編織美好而瑰麗的白日夢，他暗自下了決心要獻身於文學。

無數古今中外的文學大師光輝誘惑著他，他因為有一顆超級敏感的心靈而堅信自己可以最終與這些大師們並肩站立。

這個野心勃勃的願望鼓舞著他年輕的心靈，他開始為這個夢想而奮鬥。

古龍立志寫作的另一個原因是他希望能自立，而當時低水準的生活，稿酬似乎可以期望成為他生活的來源。為了生活的獨立和光榮的夢想，古龍很勤奮地寫作起來。

古龍給人的印象是出手很快，而且他也很快發表了不算少的作品。

古龍期望很高，他以為這些很用心的、很富於思想性和創造性的文學作品，能使他名利雙收，躋身於成功作家之列。

需要特別指出的是，作為成功的武俠小說作家的古龍，一開始寫作的作品是與武俠小說沒有絲毫關係的，這時古龍寫作的完全是純文學意義上的作品。

文學界從來沒有天生就是通俗文學作家的，每一個通俗文學作家創作之初，無一不是像古龍這樣從純文學寫作入手的。

這一點在古龍尤其意義重大，因為古龍一開始就表現出文學的天才，第一篇作品發表時古龍才十八歲。

那時的古龍是絕不會把通俗文學放在眼裡的，他的夢想是文學大師，他希望通過文學來解決他生命內在的問題，且在他看來，他只能通過文學這一特殊的富於傾訴和表達的手段，來解放他的情結。

然而恰恰是這種夢想，又構成了古龍一生另一個最為重大的情結——文學之夢的情結。

在純文學圈子的奮鬥並沒有給古龍帶來成功，這種打擊對於古龍來說是難以想像的。一個滿懷光榮和夢想，且已是少年得志表現出不凡才情的文學青年，在寫作兩年後終於還是默默無聞，毫無影響和聲望，這種無情的遭遇和挫折，將會造成怎樣巨大和不足為外人道的痛苦和內心風暴！任何一個富有憐憫、同情、正直的心靈的人們都應該想像得到。

這種深重的情結，甚至不亞於古龍早年生活經歷帶給他心靈上的挫折。

在後面我們還要仔細地來討論這種挫折將怎樣地影響到古龍日後的武俠小說創作。

●古龍放下架子為錢賣文

古龍純文學夢的破滅，不僅打擊了他滿懷希望的內心，而且對於他想要自立的願望也是一個很大的考驗。

用心寫出的大量純文學作品，並沒能把古龍帶上他本以為水到渠成的成功道路上。而且純文學作品市場相對並不大，稿酬更低，即使能發表幾篇作品，也並不能靠這點稿酬自立。發表純文學作品的篇數愈來愈少，稿酬愈來愈低，古龍不能不作一點現實的考慮。古龍的海口已經誇下，他已經發誓要走上靠寫作謀生的道路，他已經不能再退。

生存是生活的第一要義，無論如何，古龍要先能解決生計上的問題。

真正的作家本色只能是賣文為生，這種真正的作家也沒有其他好的本事去經營和賺錢。古龍正是這樣意義上的真正的文人和作家。

賣文，這對於古龍來說是一種巨大的犧牲和理想的降低，這需要古龍做出非常痛苦的掙扎和鬥爭。

一個純文學的作家淪落到賣文為生的地步，那是對自身的懷疑和缺乏自信，是對自己的寫作生涯感受到的矛盾。除非一個作家已經自覺前途黯淡，心灰意懶，困頓失落，否則，他一般是不會去純粹為金錢而賣文的。

古龍只能屈服於他自身的境遇。

在成功的純文學作家或是官僚文人（在古代是士大夫文人）看來，賣文不過是一種「賤業」，是所謂壯夫不為的「雕蟲小技」，是一種生活的「下策」。稍微說得好聽點，也不過是「作無益之事、遣有生之涯」，或者「凍墨磨人，聊遣歲月」。

古龍走投無路，也顧不得這些了，這時他才開始放下架子為金錢寫作賣文。於是古龍開始嘗試寫作有很好的讀者市場、效益較好、稿酬相對較高的通俗文學——武俠小說來作為謀生的手段。

這就是古龍作為一個武俠小說作家最初的嘗試。

也許連古龍自己也沒有料到的是，他這一輩子會真正以此為職業，而且他的一切光榮和夢想，最終都是在武俠小說上實現的。

●古龍生命中的貴人

古龍生命中的貴人，對他真正有著非常大幫助的恩人，是李費蒙夫婦，即牛哥和牛嫂。李費蒙夫婦對古龍的恩惠，古龍永遠感激在心，直到古龍成名之後，他還是念念不忘。當古龍後來成為金牌大作家之後，他可以對誰都不買帳，但對李費蒙夫婦，他必須買帳，因為他知道，如果不是李費蒙夫婦對他真誠的賞識和幫助，也許他的成功，要困難得多。

（〈古龍大事紀〉：一九五八年，自淡江英專肄業，一度於美軍顧問團擔任圖書管理員。六月，淡江改制為文理學院。同年，名作家李費蒙（牛哥）和馮娜妮（牛嫂）結婚。《浪子大俠》：「我們認識了當時還一文不名的古龍，古龍是我中學的校友，他尊稱我為學姐，也叫我『古龍的媽』」。「他爽朗的性格及好酒量，與我們夫婦特別投緣，與他聊天不會感到無趣。因而他來我們家的次數也最勤，漸漸地我們夫婦把他列為共飲時的第一人選，以後我對他也有了一分特別的關照。」）

李費蒙夫婦在古龍的心目中，幾乎是再生父母一般，甚至李費蒙的夫人有著「古龍的媽」這樣一個綽號，這在台北的文學圈子裡是盡人皆知。而古龍對此不僅沒有絲毫的不滿，還為此洋洋自得。

認識李費蒙夫婦的時候，古龍已經開始在台北的文學圈子中廝混了。古龍熱愛文學，但他清楚地知道，是不可能以純文學為生的，所以古龍看中了武俠小說這條路。

那時已成名的武俠小說作家，收入非常豐厚，不能不讓古龍看得眼饞。有著太多的事例，有著太多成功的故事，古龍已經知道，寫武俠小說可以作為安身立命之道。

走上寫武俠小說這條道路，古龍開始是和諸葛青雲往來密切的。諸葛青雲是當時台灣最為成功的武俠小說作家之一，大師級人物，不管是名聲還是實惠，諸葛青雲是應有盡有。古龍能夠和諸葛青雲建立關係，時相過從，那是他樂於承受的事情。

在諸葛青雲等前輩面前，古龍一開始只不過是一個從旁學習的年輕人。但是，古龍處在這些前輩身邊，確確實實學到了許多東西。

古龍跟了諸葛青雲的一段時間，經常為諸葛青雲、臥龍生等前輩捉刀代筆，積累了不少經驗，漸漸的羽毛豐滿，想要自立門戶。畢竟老是跟在前輩們後面混不是辦法，古龍自己也想得到和諸葛青雲他們一樣的巨大成功，乃至超越他們。

表面上看不出什麼，但在私下裡古龍卻更加勤奮努力地學習和準備。要想自立門戶，那當然不是一件容易的事情，一開始當然有許多的坎坷，有許多血和淚的教訓。

最初古龍寫作武俠小說，同樣和其他許多的文學青年一樣，投稿無門，發表無門，退稿是當然的事情。要想取得真經，修成正果，不經歷痛苦的磨難，那是根本不可能的事情。

然而，也許是天才的福分，古龍很快結交了對他的事業發展有著很大幫助的恩師和朋友，那便是李費蒙夫婦。

李費蒙夫婦當時是台灣文壇的知名人物，在文壇出版界中有著舉足輕重的作用，而且李氏夫婦身上有一種特別豪爽的古風。他們的能量非常大，結交廣泛，社會關係也非常複雜，最重要的是李氏夫婦是真正識才愛才的伯樂。

偶然的機會，經朋友的介紹，古龍認識了李氏夫婦，從此古龍的人生便產生了飛躍和轉機。

雖然那時的古龍還只是一個默默無聞的人物，只不過是一個文壇上的小角色，到處是冷淡的眼光，沒有人拿他當個人物看。但李氏夫婦見到古龍之後，卻像在沙土中見到了真正的珍珠。一種對文學獨特的判斷力，使他們認識到這個樣子古怪，頭大如斗的文學青年，是一塊未經打磨的璞玉，是一塊蒙塵的金子。他們認定了古龍是一個天才，一定會有大出息，一定會寫出驚人的傳世之作。

默默無聞毫不起眼的古龍，突然得到了李氏夫婦青眼有加的賞識，他雖然沒有說出感謝的話，內心卻對李氏夫婦感謝得五體投地。

和李氏夫婦結交之後，古龍也像變了一個人一樣，他那被壓抑扭曲的天才性格，忽然被釋放了出來。有了掌聲，有了鼓勵，古龍那真實的天才性情，便可以不加保留地發揮出來。他不再像以前那樣小心謹慎，唯唯諾諾。古龍內在和外在的才華在短期間就一覽無遺地表現出來了。

這種精神上的解放，使古龍得到了很大的收益，而對自己才華的認識，古龍也比以前任何時候都很清醒。天生我才必有用，古龍自信自己一定會成功，一定不會輸給那些成名的大作家的。

自從認識了李費蒙夫婦之後，古龍便成了李家的常客。在這裡他真正找到了家的感覺，找到了知音和朋友，他越發變得自信，甚至連他的笑聲也變得爽朗和洪亮。而越是得到朋友們的賞識，古龍越是下定決心，一定要做出一番成就，一定不能辜負朋友們對他的信任。

雖然表面上古龍還是那樣嘻嘻哈哈，飲酒聊天交友，但暗地裡他卻在進行大量的積累，他在刻苦寫作學習，他比任何時候都更勤奮地博覽群書，打造和磨練著自己的才華。

不知不覺的，一個天才的作家已經成熟成形，走上了成功的道路。

●「古龍的媽」

關於李費蒙的夫人，得到了「古龍的媽」這樣一個綽號，這當然是文學圈子裡一個有名的小段子。

那是一個誤讀，英文「GRANDMA」是祖母的意思。李氏夫婦是很有來頭的人物，李費蒙原來擔任過國民黨軍中的運輸大隊長，他手下有一幫小兄弟，尊稱李夫人為「GRANDMA」，意思是祖母級的人物。不料有人聽差了，讀出諧音「古龍的媽」。

這個笑話流傳出來，有人便拿古龍取笑。古龍卻不以為恥，反以為榮，對李氏夫婦心懷感激。李氏夫婦是他的恩人，是他的再生父母。把李夫人稱為「古龍的媽」，他反而有一種說不出的親切感，他認定了李氏夫婦這對朋友，他知道他沒有交錯這對朋友。

關於李夫人被稱為「古龍的媽」，後來還真真實實的鬧出過一些笑話，甚至有一些不明就裡的人還真的認為李夫人是古龍的媽。有一次古龍和李夫人一家出去玩，由於古龍身材矮小，大頭少年的樣子，還真的被誤認為是李氏夫婦的孩子。這些小小的尷尬，古龍卻一點不在乎，他反而覺得因此他和李氏夫婦的關係更進一層，更親密，好像真的是一家人似的。

而對古龍，李氏夫婦也是真心的喜歡他，欣賞他，同情他，理解他，想幫助他。

李費蒙多才多藝，他不僅能夠寫小說，還能畫漫畫。李費蒙曾經在報紙上發表了多幅兒童題材的漫畫，人物的形象就是取材於古龍。那幅漫畫題名為《愛哭的龍哥哥》，畫的是一個大頭大肚小腿的兒童，完全是照著古龍的樣子誇張出來的，由此一點也可以看出，李氏夫婦對古龍的喜愛是發自內心的。

李費蒙在古龍小說的出版上幫了古龍不少忙，比如後來古龍的《彩環曲》在報紙上的連載，就是李氏夫婦幫的忙。認識了李費蒙夫婦之後，古龍的事業開始火紅起來。

據說後來古龍開始寫《多情劍客無情劍》，主人公李尋歡之所以姓李，是因為古龍為了紀念他的朋友李費蒙夫婦的原因。

●古龍結交三劍客

古龍賣文寫武俠小說的外部契機，是當時台港兩地深入人心的武俠小說興旺的熱潮。

民國時期的武俠小說高潮至四十年代已趨末路，五十年代後舊派改良武俠小說浪潮先是在香港這個彈丸之地興起，台灣的武俠小說狂熱也逐漸抬頭。

這個特殊的通俗文化現象的發起、變革、興盛，在中國文化史上有著非常重要和值得深入研究的文化意義。這個現象，我們在本書稍後將有專門的介紹。因為要想瞭解古龍、研究古龍，當然必須要考慮古龍試筆寫作武俠小說時的武俠小說發展狀況。

簡要地說，古龍出版第一部武俠小說《蒼穹神劍》是一九六〇年，這時香港武俠小說界已出現了金庸和梁羽生這兩位品位很高的大師，他們的作品已經奠定了他們難以動搖的武林盟主地位。

這時台灣的武俠小說發展也很興盛，整體水準卻不敵香港同行。但是由於台灣方面的政治原因，香港武俠小說不能在台灣傳播，台灣武俠小說市場處於偏安一隅的不正常情況。

一九六〇年前後，台灣武俠小說的盟主人物是人稱「三劍客」的諸葛青雲、臥龍生、司馬翎這三位成功的作家。

諸葛青雲、臥龍生、司馬翎三人於當年紅極一時，在台灣武俠小說市場上呼風喚雨，幾乎是家喻戶曉。這三人都住在台北，圍繞著他們形成了一個武俠作家的沙龍。

當時台灣的武俠小說作家多達數百人，所以武俠文學沙龍很是熱鬧。

「三劍客」的武俠作家沙龍無疑是其中高檔次的聯歡會場所。這種沙龍當然離不開鮮花、醇酒、婦人，還有英雄膽色，武林豪氣。名家們天南地北的神侃，充滿了豪邁和浪漫相結合的色彩。

當時還是文學青年的古龍不禁被名家們的風采和神侃吸引住了，這是與純文學的莊嚴氣氛完全不同的一種風格，自由、放任、不拘一格。

在台北的文學圈子中，轉來轉去的年輕古龍，偶然有幸結識了這些奇特而天份很高的大俠們。

由於才華出眾，年輕的古龍居然被接納進了「三劍客」的武俠文學沙龍，古龍此時才二十三、四歲。

古龍此時雖然年輕和沒有名氣，但卻因特異的氣質引起名家們的注意。

諸葛青雲、臥龍生、司馬翎等人接受了古龍，不僅因為古龍有很好的文學才情，還因為古龍天生的浪子氣質，還有古龍的酒量。

他們坐在一起喝酒之時，古龍總是來者不拒，一口飲一大杯，雖然話不多，卻有一種豪邁之氣，很合「三劍客」的脾氣。古龍結識了台灣武俠小說界的「三劍客」，對古龍日後的武俠小說創作有著非常重要的意義。

可以說古龍之所以寫武俠小說，與結識「三劍客」，受他們的影響有很大的關係。

誇張一點說，諸葛青雲、臥龍生、司馬翎等人最初還是古龍追隨的榜樣。

●古龍充當槍手

古龍寫作武俠小說，內因是純文學創作的失敗和灰心，外因是生存的需要，再加上結識了台灣武俠小說名家諸葛青雲、臥龍生、司馬翎等人的契機，終於一發不可收拾了。

一開始古龍尚沒有立即下海，還是站在岸上觀看，做一個內心已經在動搖的旁觀者。

諸葛青雲、臥龍生、司馬翎等諸位武俠名家可謂是名利雙收，報刊及出版社許以的重金，輿論傳媒也以如簧之舌大肆鼓吹宣傳，社會地位和經濟地位都很高。

然而寫作是一種艱苦的勞作，絕非外人所能知。已經名利雙收的這些名家們，幹勁當然不如當初創業之時那樣十足認真，時常也會偷偷懶。諸葛青雲等諸名家已經不堪忍受寫作的枯燥寂寞，他們組織的沙龍成為他們圈內人有效和深受歡迎的消遣方式。

寫作本來是一件孤獨的完全是個人的事，與這種沙龍的精神是相違背的，這種沙龍的聚會當然會影響到這些名家們的寫作。

首先是酒，飲酒誤事，酒後昏然，絕難認真下筆。

古龍一生視酒如命，但在這點上還是深知厲害，只要他寫作的時間，絕對滴酒不沾。

其次是賭。

諸葛青雲、臥龍生、司馬翎等大俠賭癮之大，尤甚於酒，這與古龍不同。

古龍雖嗜酒，但對賭之一途卻不深好。

諸葛青雲諸大俠一聚在一起，就會手癢，免不了坐下來打幾圈麻將。而他們一坐下來之後，常常就會忘乎所以，樂不思蜀，哪有功夫再去寫作？可是這些成名的武俠作家每天在幾種報刊上連載的武俠小說卻必須按時刊出，是耽擱不得的，無論如何，每天要像完成作業一樣交卷才行。

酒和賭誤事，這些名家就打上了古龍的主意。

聚會之中，古龍當然只是一個小兄弟的角色。且古龍年輕，精力充沛，寫純文學作品是一把好手，嫻熟武俠作品，出手又快，是一個很理想的「槍手」。

諸葛青雲、臥龍生、司馬翎等在分身乏術之時，便讓在一旁陪席的古龍當「槍手」為他們代筆，續寫幾段，以應付報刊的差事。

古龍當然不會推辭，話說回來，他內心還有幾分受寵若驚的感覺，畢竟是這些名家看得起他才讓他代筆的。每次諸葛青雲、臥龍生、司馬翎等有此要求，古龍必然答應，且為了不負這些名家之厚望，古龍盡心盡力，努力完成任務。

古龍出手很快，文思飛湧，且文筆奇佳，眾名家半真半假對古龍這個無名之輩的後進讚譽有加。也許一開始這些名家只是誇誇古龍而已，他們絕對沒有想到古龍最後會後來居上，遠遠超過他們。可以想像他們當時對古龍的鼓勵和表揚，是那種有著居高臨下的成功者的自得，稍許誇張卻沒什麼惡意。

然而當時正陷入困境，內心在默默捲起風暴的古龍卻因此得到了鼓勵。古龍看到這些成功的武俠小說作家們寫的東西也不過如此，並不神秘，也是人寫出來的，連他都可以冒名代寫，而且寫武俠小說又有不菲的稿酬收入和不差的社會地位，古龍動心了。

古龍就是這樣由嘗試為諸葛青雲等武俠名家代筆，而轉入自己獨立創作武俠小說的。

一九六〇年，古龍出版了他的第一部武俠小說。

這是第一出版社出版的，題目叫《蒼穹神劍》。

這是古龍一生值得紀念的日子，從此一發不可收拾，走上了武俠小說創作的這條道路。

●第一年就發表八大部武俠小說

懷著略微不安和期盼的心理，古龍第一次寫出了自己的武俠小說處女作《蒼穹神劍》，這部作品雖然不是什麼驚天動地的傳世之作，但還是很快由台灣的第一出版社出版了。

這部小說當時沒有什麼大的反響，然畢竟還是被讀者和評論家默認了，接受古龍為新進的武俠小說作家這一事實。

事實上古龍雖然是試筆，但他本來有很高的文學天分，再加上他陸續代諸葛青雲、臥龍生、司馬翎等「友情客串」代筆也有大半年時間了，他也掌握了當時武俠小說寫作的一些實用技術，所以古龍的這部處女作還是不無可觀。

小小的嘗試和成功，古龍受到了鼓舞，因為無論如何，他已嘗到了賣文的甜頭。一部《蒼穹神劍》帶給他的稿費，雖然看上去並不多，但比他以前寫的那些純文學作品的稿酬卻高出許多。

古龍感覺到靠寫武俠小說賣文謀生，不失為一條可行的道路。既然他已忍痛進入這一「賣文」的「賤業」，心理上的鬥爭之後，已有了準備。這正如處女的初次，走出了第一步，今後的事也就看開了，心安理得，在痛楚之後，甚至會品嘗出難言的快感和滿足。

生存才是人生的第一要義，古龍開始埋頭於勤奮的武俠小說創作。

此時的古龍不過才二十出頭，精力過人，年輕年盛。他本來寫純文學作品時出手就很快，此時他的創作速度更快了，快得到了讓人難以置信的速度。

僅僅是一九六〇年這一年，繼他出版了第一部處女作之後，一年之內他竟出版了八大部武俠小說（雖然只有《遊俠錄》為該年度唯一殺青的作品）。

〈古龍大事紀〉：本年度有八部作品連載或出版。

《蒼穹神劍》由第一書社開始出版，中途斷稿，後由出版社請正陽續寫。據聞曾向台灣春秋出版社投稿，遭拒。

六至七月，《劍毒梅香》由清華印行、國華出版四集。因要求提高稿費未果，毀約斷稿。

《殘金缺玉》在香港《南洋日報》開始連載，一度斷稿。

秋，《劍氣書香》完成並出版一集，斷稿。真善美出版社請陳非續寫。

《月異星邪》在香港《新聞夜報》開始連載。

九月廿二日，《湘妃劍》在香港《上海日報》開始連載。

十月，《湘妃劍》和《孤星傳》開始由真善美出版。

十一至十二月，海光出版《遊俠錄》，為該年度唯一殺青的作品。

十二月，清華出版社請新崛起的上官鼎三兄弟續寫《劍毒梅香》，大為暢銷。

年底，據龔鵬程《人在江湖》：「買了一輛車，開著去撞個稀巴爛，臉摔壞了，書也不寫了，等錢用完了再寫。」

這幾乎是一個奇蹟，平均兩個月不到就一本，這當然反映了年輕的古龍的某種心態。做一件事就要力爭是最好的，這也許是有才華的二十來歲年輕人的一般情形。

古龍既然已經放下架子下了海，當然就想在這一行當出類拔萃，何況少年時的古龍內心充滿了驕傲，天生我才必有用，古龍把對純文學的情結，不知不覺中轉移到武俠小說的創作中來了。

古龍要想證明自己的人生價值，證明自己超級敏感的驕傲是有道理的，所以他幾乎一開始嘗試寫武俠小說之時，就力爭出奇招，寫出過人之處來。

一九六〇年第一年發表的八部武俠小說，幾乎都是很用心、很有想法的。當時諸葛青雲、臥龍生、司馬翎還是把他當作「小輩」的朋友來獎掖的，古龍當然也不能讓他們把他看扁了，他當然想要做出一些成績來給這些「大腕」們看。

當然也不排除另一個原因，就是錢。

古龍當時自立的心情非常迫切，他很希望有點錢能保障他對家庭的割離和自立。

一年八大部小說，古龍的確付出了許多心血和汗水。這種辛勤的勞作還有另外一層意義，就是古龍對內心痛苦的逃避。

尼采說過：「勞作需要耗費絕大的精神，從而排除了沉思、苦想、夢幻、憂愁、愛戀、憎恨；而時時在眼前樹立一個小目的，保持著輕微的規則的安慰。」

這時期也許是古龍一生最為苦悶的時期，這時的苦悶是最為表面化，也最直截了當的。

二十多歲的古龍面臨著一系列讓他頭大如斗的煩惱。童年的挫折，文學夢的幻滅，身分的卑微，捉襟見肘的窮困，還有性的問題。

關於性的問題，我們還有專門的章節談到，但是古龍一開始無疑是很難解決好這個問題的。古龍其貌不揚，此時又沒有名氣沒有地位沒有金錢，性的苦悶不可否認地佔據了他當時很大的位置。

寫作，寫作，還是寫作，只有這樣，才能暫時使古龍從這些現實的問題中逃避出來，得到內心秘密的安慰。

●迷武俠，是從看小人書開始

少年時代的古龍就博覽群書，古龍說他少年時代最喜歡的五位作家便是鄭證因、朱貞木、白羽、王度廬和還珠樓主。關於這些武俠小說作家對古龍的影響，後面還有專門的章節詳細介紹，這裡要說的是，古龍這個武俠小說迷，是從看小人書開始的。

古龍回憶說：

沒有寫武俠小說之前，我也像倪匡和其他一些武俠作者一樣，也是個武俠小說迷，而且也是從小人書看起的。

「小人書」就是連環圖畫，大小大約和我現在的卡式錄音帶相同，一本大約有百餘頁，一套大約有二、三十本，內容包羅萬象，應有盡有，其中有幾位名家如趙宏本、趙三島、陳光鎰、錢笑佛，直到現在我想起來印象還是很鮮明。

陳光鎰喜歡畫滑稽故事，從一隻飛出籠子的雞開始，畫到雞飛、蛋打、狗叫、人跳、碗破、湯潑，看得我們這些小孩幾乎笑破肚子。

錢笑佛專畫警世說部，說因果報應，勸人向善。趙宏本和趙三島畫的就是正宗武俠了，《七俠五義》中的展昭和歐陽春，鄭證因創作的鷹爪王和飛刀談五，到了他們筆下，好像都變成活生生的人。

那時候的小學生書包裡，如果沒有幾本這樣的小人書，簡直是件不可思議的事。

不知不覺小學生都已經長大了，小人書已經不能再滿足我們，我們崇拜的偶像就從趙宏本轉移到鄭證因、朱貞木、白羽、王度廬和還珠樓主，在當時的武俠小說作者中，最受一般人喜愛的大概就是這五位。

然後就是金庸。

金庸小說結構精密，文字簡練，從《紅樓夢》的文字和西洋文學中溶化蛻變成另外一種新的型式，新的風格。如果我手邊有十八本金庸的小說，只看了十七本半我是絕對睡不著覺的。於是我也開始寫了。

●對自己的處女作不滿意

古龍坦率承認，最初他開始寫武俠小說原始的動機，並沒有什麼冠冕堂皇的理由，只是為了賺錢吃飯。

上面提到，他寫的第一本小說叫《蒼穹神劍》，那時他才十八、九歲。《蒼穹神劍》是一九六〇年由台灣第一書社出版的，確實是古龍的處女作。一九六〇年，從時間上來看，古龍寫《蒼穹神劍》應該是二十三歲的樣子，古龍說十八、九歲，有人認為大概是記憶上有些偏差，但其實可能是古龍按照戶口登記的一九四一年出生的年份計算的。

古龍在一九七八年為他的新作《七種武器》之《離別鉤》寫序時談到過他的這部小說《蒼穹神劍》，他對自己的處女作非常的不滿意，他稱之為一本破書，內容支離破碎，寫得殘缺不全。古龍說那是認識問題，那時他還沒有把寫武俠小說當作可以安身立命的正事來做。成熟期的古龍通過對自己早期作品的批判和反思，表達了他觀念的轉變和對武俠小說新的認識。

古龍這樣寫道：

如果連寫作的人自己都不重視自己的作品，還有誰會重視它？

寫了十年之後，我才漸漸開始對武俠小說有了一些新的觀念、新的認識，因為直到那時候，我才能接觸到它內涵的精神。

一種「有所必為」的男子漢精神，一種永不屈服的意志和鬥志，一種百折不回的決心。

一種「雖千萬人吾往矣」的戰鬥精神。

這些精神只有讓人振作向上，讓人奮發圖強，絕不會讓人頹廢消沉，讓人看了之後想去自殺。

於是我也開始變了，開始正視我寫的這一類小說的型態，也希望別人對它有正確的看法。

武俠小說也是小說的一種，它能夠存在至今，當然有它存在的價值。

最近幾年來，海外的學者已經漸漸開始承認它的存在，漸漸開始對它的文字結構思想和其中那種人性的衝突，有了一種比較公正客觀的批評。

近兩年來，台灣的讀者對它的看法也漸漸改變了，這當然是武俠小說作者們共同努力的結果。

可是武俠小說之遭人非議，也不是完全沒有原因的，其中有些太荒謬的情節，太陳舊老套的故事，太神話的人物，太散漫的結構，太輕率的文筆，都是我們應該改進之處。

要讓武俠小說得到它應有的地位，還需要我們大家共同努力。

從《蒼穹神劍》到《離別鉤》，已經經過了一個漫長而艱苦的過程，一個十八、九歲的少年，已經從多次痛苦的經驗中得到寶貴的教訓。

可是現在想起來這些都是值得的，無論付出多大的代價都是值得的。

因為我們已經在苦難中成長。

一個人只要能活著，就是件愉快的事，何況還在繼續不斷的成長。

所以我們得到的每一次教訓，都同樣值得我們珍惜。都可以使人奮發振作，自強不息。

一個人如果能時常這樣去想，他的心裡怎麼會有讓他傷心失望、痛苦悔恨的回憶？

第三章　初戀純情

●古龍一出道就表現浪漫任性

一九六〇年古龍以他天賦的才情和驚人的勤奮，一口氣發表了八部書（本年度有八部作品連載或出版），但是他的內心並不如人們所想像的那樣堅定。彷徨、猶豫、懷疑，內心的搖擺，一不留神就會將一個天才扼殺在搖籃之中。

古龍的內心實在還是忐忑不安，拿不準自己這些巨大的犧牲和勤奮到底會不會得到善果。這一年他出版的八大部書，真正完成的其實只有一部。

這是他一開始就在內心動搖的明證。

根據程維鈞先生著《本色古龍——古龍小說原貌探究》（風雲時代出版社二〇一七年版）一書考訂，《劍毒梅香》大部分由上官鼎續完。而《劍氣書香》只出版一集就斷稿，後來由陳非續寫出版。

雖然當時確有一種朋友客串代筆的時尚，但畢竟都是偶爾為之。凡是約人代筆的作品，作者內心必然不會十分看重。何況古龍這時還一點名氣都沒有，正需要潛心刻苦創作以求能一鳴驚人，振聾發聵，卻已有了讓他人代筆的先例，這絕對不是一個正常現象。

古龍一開始就有了這樣的先例，日後還有不少這樣的情況。

考查這種情況，基本上存在於古龍試筆的初期及成名的晚期，這是一個值得研究的對稱現象。此時年輕的古龍因為內心的浮躁、懷疑，時常表現出任性和不負責任的衝動。

如《殘金缺玉》一書，以懸疑入手，一開始很吸睛，最後卻草草收場，結尾令人扼腕。書中大布疑局，鋪展懸念，一開始讓人如墮五里雲霧，倒是令讀者想去看看如何收場。但到底誰才是真正的「殘金毒掌」呢？最後此書的收尾卻實在令人費解，寫到突然出現的三個身著金衣的「殘金毒掌」之時，全書就結束了。

此書顯然與古龍最初的構思脫節了。

當時台灣武俠小說出版市場，多是分期出版小冊子連載。據說古龍因迫於生計，常有對出版社違約的舉動，往往先以一個很好的構思賣給出版社，帶去前幾章，出版社感興趣之後，先付給古龍酬金，古龍卻如神龍見首不見尾，拿了錢之後，卻久久不見了下文，出版社只有大呼上當。

香港報人燕青（劉乃濟）在《初見古龍》中，介紹到古龍這段時間有對出版社不負責任的情況。

燕青說：

據說那時市面流行薄本的武俠小說，每本只刊登三四萬字售價低廉，頗適合當時讀者的購買能力。武俠小說大多長達數十萬字，所以一本小說，往往有十多二十本續集。

那時候，古龍還出道不久，卻已非常機巧。他先寫了十多萬字，便拿去賣給出版社。古龍畢竟是個有料的人，小說開局非常精采，出版社看了便中意。古龍提出要求，先拿二十集的稿費，以便更安心續寫下去。一來是古龍的小說寫得精采，使出版社愛不釋手；二來當時出版社之間競爭很激烈。古龍就看中對方的弱點，他要求預支稿費，當然是有求必應的。

拿到了稿費，古龍便變成了神龍，小說也是見首不見尾。害得那個出版社拿著那十多萬字，印又不是，不印又不是。

後來，出版社吃虧多了，大家都不肯再上當，迫使古龍只好修心養性，埋頭苦幹。形勢的轉變，對於古龍來說，卻是一件好事，古龍這個名字，就是在這時打響起來的。

燕青介紹的是古龍的表面違約現象，其實正是古龍內心猶豫和懷疑的煩躁表現。像古龍這樣至情至性的人，是有可能做出自暴自棄的事情來的。其實出版社可以說是他的衣食父母，古龍根本沒有理由得罪他們，之所以如此，實是古龍內心灰心頹廢之極。

如果我們不去理解古龍內心那種因超乎常人的敏感而帶來的非人痛苦，我們當然想不通古龍那時為何常幹沒名堂的任性之事。

●古龍創作狀態遇到瓶頸

新出道的古龍那時恐怕還不能被稱為「古少俠」，雖然他擠身於台灣當時的武俠小說作家圈子中，但還是沒有什麼名氣，最多是一個「小」作家。

當時台灣的武俠小說作家多達百餘人，古龍險些湮沒其中，很難有所作為。最主要的是諸葛青雲、臥龍生、司馬翎等作家紅極一時，深受讀者和評論界的好評，其武林盟主的地位幾乎是無可爭議和無可動搖的。

古龍不能不感到巨大的壓力。這種壓力時時與古龍驕傲的內心發生衝突，幾乎使他想再一次放棄。但是一旦已踏上了這條江湖道路，古龍就有了「身不由己」的感覺。

一九六一年，即是他入道武林的第二年，他的收穫就明顯地不如第一年的強勁鋒頭了。這一年他只發表了五部作品。華源出版《飄香劍雨》、《神君別傳》，明祥出版《失魂引》、《劍客行》。《彩環曲》在《自立晚報》開始連載。二月，華源出版《神君別傳》前兩集。五月，華源出版《神君別傳》第三集，即結束全書。

《神君別傳》的寫作緣由見〈古龍大事紀〉記載：

林慧峰：《劉兆玄的一段武俠緣》：「當時，他以『上官鼎』的筆名續寫『劍毒梅香』，出版後大為暢銷。激得古龍一肚子不服氣，也轉移陣地，再續舊作寫成『神君別傳』，準備還以顏色。但銷路證明，『神君』終不敵『劍毒』，雙包案遂立有勝負之別。」

但事實上，日後《神君別傳》重新出土，識者多認為其水準在上官鼎續作之上。

然而這一年，古龍顯然不如上一年那樣勤奮和充滿「初生之犢不畏虎」的勃勃生氣了，他只是在維持，為了「賣文」，為了生活在維持。雖然他好像在寫作上更有想法，更用心，更想把作品寫得很好而大獲成功，他對小說的構思章法甚至比上一年還要講究，但他還是有力不從心的感覺。

一九六二年，古龍的情況實在還是很不好。也僅僅是勉強維持，沒有突破，表現了古龍的信心不足和猶豫、煩躁的心態。

是年實際新書只有一部。這就是台灣春秋出版社出版的《護花鈴》。

《護花鈴》又稱作《諸神島》，是古龍小說創作中經常被人拿來攻擊的話柄，以此來證明古龍缺乏一個負責任的作家所應具有的責任感和嚴肅性。

《護花鈴》開篇倒是詭奇精采，線索懸念展開頭頭是道，到了中篇仍是很有創意，結尾卻對開篇鋪陳的種種人物及線索無完整交代，使人難以滿意，甚至難以接受。其原因，實際上是古龍根本就沒有把小說寫完，寫了五分之四，拿了稿費，就撒手不管，去當見頭不見尾的「神龍」去了。

年輕新進武俠小說作家古龍確實面臨著很大的危機，他的創作狀態很不穩定，此時他的困難主要是來自於他自己，他要戰勝的也首先是他自己。

此時外部的形勢實在不錯，台灣武俠小說市場正處於蓬勃興旺之初始，市場對武俠小說的需要量很大，所以儘管古龍創作心態不佳，還是能傾而不墜。

這是古龍的大幸，只要他還在維持武俠小說的創作，以他的天才，他終會成就起來，終會抓住機遇，獲得巨大成功的。

●戀愛挽救了古龍

現在，超級敏感的古龍必須坐下來仔細反思一下自己了。

古龍以天才卓異的眼光看到，他不能再這樣浮躁下去了。此時他需要清醒、冥想、反省、退隱。

退一步便會有海闊天空。

古龍當初的那種浮躁心態，實在是與他當時在台北的社交圈子有關。日日身不由己地參加台北武俠作家沙龍，諸葛青雲、臥龍生、司馬翎等名家占盡風騷，弟輩的古龍實在是被壓抑得喘不過氣來。

一想到這些大腕已經創下的輝煌戰績，古龍就不由自主地變得不耐煩和心浮氣躁。諸葛青雲的霸氣，臥龍生的梟鷙，司馬翎的深沉，都是當時的古龍所不能企及的。

古龍和他們的差距還是太大了。

而且古龍一進入寫作狀態，就會滿腦子都是這些大腕們的武俠小說模式、技術和語言。古龍寫的武俠小說，不自覺地就會有了那些成名武俠小說家的影子，古龍有時竟不自覺地進入了模仿、因襲的創作誤區。

但就在這時，卻有了一個很好的契機，使古龍離開喧囂浮躁的台北，可以仔細思考一下自己的人生道路和寫作道路，過上一段怡適的田園詩般的隱居生活，這個契機，便是下面我們要談到的古龍在一九六四年與鄭莉莉（鄭月霞）一見鍾情的狂熱戀愛。

（關於古龍與鄭莉莉的戀愛時間，有不同的說法。〈古龍大事紀〉記載：一九六四年，據翁文信《古龍武俠的轉型創新》，本年度與鄭月霞同居於瑞芳鎮。另據胡正群《神州劍氣生海上》，一九六〇年即已同居。瑞芳在台北縣郊區，瀕山臨海，因煤、金衰竭而沒落，其邊城意象化用於古龍各作品中。兩人未登記結婚的理由，是因為古龍逃避兵役而沒有了身分證。）

本書根據古龍的創作狀態，以及傳言他在瑞芳鎮隱居三年的說法，並考慮古龍長子鄭小龍於一九六七年度出生的記載，傾向於古龍是在一九六四年與鄭莉莉戀愛。

當時古龍已是許多人公認的才子了，發表了不少作品，鄭莉莉雖然並無顯赫背景，但卻有小家碧玉般的田園美質，可以算是佳人了。

才子佳人，正是一段浪漫的佳話。

熱戀完全是二人世界的事，最怕有他人的干擾，所以古龍趁機名正言順地帶著鄭莉莉去了瑞芳鎮隱居，體面地退出了諸葛青雲、臥龍生、司馬翎等大俠的武俠沙龍。

此時古龍已經能夠靠「賣文」為生，雖然稿酬不算多，但在當時低生活水準的情況下，古龍還是可以過上清貧但絕不是拮据的日子了。

就這樣諸多的因素，造成了古龍暫時退出江湖。

後退一步自然寬。後退一步，並不是逃避，古龍是想更上一層樓。

這次古龍的隱退，給古龍帶來了許多意想不到的好處。

古龍開始成熟，正是以這次隱退作為契機的。

●古龍青春浪漫的隱居生活

這是古龍第一次浪漫的戀愛。

這位古龍的第一位情人名叫鄭莉莉，爽朗可人，是古龍在某一處交際場合認識的。

古龍和鄭莉莉一見鍾情，兩情相悅，竟是如膠似漆，難分難捨。

從門第觀念上看，古龍也算是上層人物的子弟，鄭莉莉卻家世寒微，但一生追求幸福和自由的古龍卻毫不在乎這些，不顧朋儕的反對，社會的壓力，輿論的不利，毅然和鄭莉莉相戀而同居。

這是古龍第一次表現出來的英雄膽色和武林豪氣。

得不到家庭溫暖的古龍，此時尤其渴望家庭的溫暖。古龍自己組織家庭，想從愛人的身上得到這種家庭的溫暖，以補償幼年精神生活的貧乏。

古龍攜鄭莉莉在瑞芳鎮上共同生活，組織了一個二人世界的小家庭，開始了他的浪漫隱居生活。

此時的古龍已經完全脫離了他的父母家庭，經濟上也已完全獨立，且不時接濟弟妹了。

其實，誠然上述，早在古龍讀書時，他就已嘗試著寫作投稿賣文賺錢。

香港報人燕青介紹這段時間古龍的生活時說：

他出身於台灣著名學府淡江英專，這家學院讀書風氣極盛，古龍讀書時手不釋卷，但看的卻是課外書，尤其是從西洋文學翻譯過來的小說。他寫的武俠小說與眾不同，不落俗套，便是受到西洋文學的影響。

讀書時，他已到處投稿，賺些稿費來彌補生活費用。從淡江英專畢業後，同學投身於教育界最多，古龍卻薄教師匠而不為，也不贊謀差事，寫寫稿，讀讀書，過著陶淵明一般的隱士生活。

那時候，台灣生活程度低，古龍依賴低微的稿費，便可過著清淡的生活。他住在清靜的台北瑞芳鎮，每個月到台北走走，領到稿費之後，便買幾瓶好酒，和一大疊新書，返回鄉下過他隱士一般的生活。」

古龍在求學時代即喜讀閒書，掙稿費，古龍此時就是靠稿費和鄭莉莉共同生活的。

●古龍愛上杯中之物

古龍在瑞芳鎮的這段日子，也許是他一生中過得最為恬靜自適的日子。沒有交際，沒有打擾，只有心愛的情人靜靜相伴，看一點書，寫一點文字，喝一點茶，飲幾杯酒。

這真是如夢幻一般的神仙生活。

鄭莉莉是一個清瘦而小巧玲瓏的麗人，有一種小家碧玉的氣質，其實與古龍是很相配的。古龍後來私下裡承認鄭莉莉留給他許多美好的回憶。

在這個清靜而古樸的鄉野小鎮，他們一起編織一個溫馨、甜蜜而纏綿的綺夢。古龍幾乎是很滿足了。

這樣美好的環境和生活，古龍面對戀人，面對好書，有時也喝上兩杯來增加生活的情趣。何況歷來的隱居都是離不開酒的，陶淵明成了古龍飲酒的第一位老師。

古龍就是在這樣的環境，這樣的時候，迷戀上這杯中之物的。古龍很快就品嘗到酒的好處，最後樂此不疲。古龍一生對酒的迷戀就是開始於此的，可以說酒既造就了古龍，也折磨了古龍。

古龍一開始就註定了與美酒的結緣。

醉是一種「神秘的自棄」狀態，古龍在醉酒、青春、戀愛和春天來臨之時，感到了一種飄然欲仙、隱然忘饑的優美境界，這種境界給他的寫作帶來了靈感。

古龍將那種醉的情結轉換成了文學和語言上的節奏和旋律，也許這就是古龍後來獨創了一種寫作文體的秘密原因吧。

其實，從古龍的寫作伊始起，酒就一直再沒有離開過古龍了。

●擺脫兵役那個惡夢

古龍和鄭莉莉在瑞芳鎮的隱居生活，據說還有另一個原因，那就是有關兵役的問題。

那時的台灣，政治氣氛依然非常緊張。政府有規定，年滿十八年的青年人，只要身體沒有殘疾，就有義務去服兵役。只有等到服過兵役回來之後，才能拿到身分證。如果沒有身分證，很多事情都辦不起來，比如出國、護照等等。

內心一直嚮往自由的古龍，對兵役這個問題，一直非常頭痛。古龍的骨子裡一直是一個追求個性解放的人文主義者，對政治他不僅厭倦，而且頗有反感。想到要去服兵役，那對於他是一件非常恐怖的事情。他希望過的生活，是像他在武俠小說中寫的那些俠客們的生活一樣，自由無拘。為了迴避這一矛盾，他離開了台北市，選擇了鄉村的隱居生活。在瑞芳鎮，他一待便是三年。

三年磨一劍，在瑞芳鎮，脫離了喧囂的紅塵都市，脫離了烏煙瘴氣的文壇的薰染和矛盾，古龍的創作果然大有起色，寫出了驚人的傳世之作。他沒有辜負自己，也沒有辜負朋友對他的希望，他終於成功了。

過了兩年，關於身分證的問題，據說古龍的朋友替他在其中耍了一個小小的滑頭。他通過鄭莉莉家中的關係，托了一些人情，辦理了身分證遺失的證明，這樣，他終於擺脫了兵役那個惡夢。

在瑞芳鎮這個小地方，古龍作為一個新進的武俠小說作家，還算得上是一個人物，他也很快處理好了和當地的一些有頭面的政府員警的關係，沒有人再來找他的麻煩了，也沒有人再來揭他的這一個短處。這樣大的一件事情，居然就這樣被古龍解決掉了。而到了後來，古龍功成名就，成了可以翻雲覆雨的金牌大作家，也沒有人對這件事向他追究。古龍年輕時這小小的把戲，瞞天過海，居然完全成功了。

在瑞芳鎮隱居寫作，古龍唯一與外界保持聯繫的，便是李氏夫婦。這樣古龍一舉兩得，既不影響他的寫作，也可以通過李氏夫婦瞭解台北文壇的動向，而且有什麼機會，他也不會錯過，李氏夫婦自然會告訴他的。當然，隔三差五的，古龍也會到台北和李氏夫婦會面，參加李氏夫婦那個小圈子的文學沙龍活動。

古龍隱居的那一段日子，外人根本不知道他的去向，很多朋友都以為古龍真的失蹤了。如果有誰真的想找古龍，也只有通過李氏夫婦才可以。

有李氏夫婦這樣一對知心知底的朋友，真是古龍的一個大幸運。

這幾年中，古龍銷聲匿跡，但古龍的武俠小說卻在一本一本的出版，這種距離感和神秘感，同樣給古龍帶來了好處。

古龍變得高深莫測起來，已經不是給諸葛青雲等人端茶倒水的文學小弟。古龍已經自己開山立派，自創門戶。他的聲名漸漸出來了，已經可以和諸葛青雲等當代名家一爭高低。

●浪子薄倖是宿命嗎？

古龍浪子薄倖，離開了鄭莉莉和他的兒子。這一幕，與他的父親遺棄了他的母親和他自己是何等的相似。

當初他的父親遺棄他們母子的時候，古龍是多麼的痛恨，而現在呢？他卻走上了和他父親一樣的道路，難道這裡面有遺傳因素嗎？難道天才的內心真的有和凡人完全不同的地方？

不管怎麼樣，事情發生了，古龍也不管那麼多了。

古龍是一個追求內心真實和聽從本能驅使的浪子，他浪子的性格早已在童年時代就已注定，他內心的複雜遠遠比我們猜想的還要複雜得多，只不過他有他自己的原則，不為外人所理解的原則。也許終其一生，古龍都沒有擺脫他童年時遭受的陰影。

對於古龍生活中的這些無情和不負責任的行徑，李氏夫婦當然也看得很清楚，他們也經常就這個問題對古龍提出嚴厲的批評。但古龍總是表現得那樣的率真和無辜，讓李氏夫婦也對他狠不下心來。

人無完人，天才可能比常人有更多的缺點。

對於古龍和鄭莉莉之間感情的裂痕，李氏夫婦從中也進行過多次的調解，當然都毫無作用，李氏夫婦也只好聽之任之了。

而鄭莉莉是一個非常簡單質樸的女人，缺少心計。或許她根本就不適合古龍，她沒有能力也沒有辦法去抓住古龍。儘管鄭莉莉曾想盡辦法去配合古龍，也沒能挽回古龍的心。

在古龍和鄭莉莉之間，古龍是大男人，是家長，是大作家，而鄭莉莉則是溫婉質樸的女伴，平時任勞任怨。古龍甚至都不帶鄭莉莉參加他的那些文學沙龍的活動。不管鄭莉莉怎麼表現得勤勞賢慧，最終都沒有能留住古龍。

特別是當古龍功成名就，開始大把大把掙錢的時候，鄭莉莉反而更沒有了保障。

鄭莉莉對古龍是又愛又怕，她根本不知道她的丈夫是怎樣的一個有天才的大人物，她在古龍的面前總是非常委屈。夫妻之間的事，畢竟是兩個人之間的事，外人難以知道。

婚姻終於不可維持，終於破裂。

李氏夫婦，還有古龍出版界的一些朋友都很同情鄭莉莉。據說在那些朋友的干預之下，他們為鄭莉莉爭取權利，讓古龍將一部分武俠小說的稿酬和版稅歸屬到鄭莉莉和古龍長子小龍名下，作為古龍對孩子的撫養和教育基金。但這在古龍生前並未落實。

●她沒能拴住這顆浪子的心

世上沒有不散的歡宴，但古龍與鄭莉莉間的分離還是宗憾事。

古龍有一顆異於他人的超級敏感和孤獨寂寞的內心，當初他與鄭莉莉結合，是因為他想找回那一份他童年沒有得到的家庭溫暖。詩意的愛情雖然浪漫而動聽，但卻是脆弱和不穩固的。只要現實的石頭輕輕一磕，這枚夢幻的蛋殼就會粉碎。

現實不是夢，古龍卻是追求完美的人。瑣碎的生活和油鹽柴米的日常小事，終於使古龍暴露出了他那天生的浪子性格。

鄭莉莉為古龍生了個兒子後，古龍為兒子取了個有紀念性質的名字，叫熊小龍。但是古龍忍受不了生活的平靜、乏味、枯燥、寂寞，最後終於離開了鄭莉莉，重入江湖，回到了台北。

幼年的挫折使古龍內心的情結深重，因此他對感情溫暖的要求超乎常人，他的內心暗藏著一種理想模式，而這種理想模式是不可能在現實中出現的，這就是古龍的婚姻一再破滅的內在原因。

幼年情結主宰了古龍一生的道路，家庭拋棄了他，反過來他也在拋棄家庭，背叛家庭。寫作對古龍來說已變得必不可少，成為了古龍生命的一部分。

早在求學期間，古龍就對此生作了抉擇，「不寫作，勿寧死」，這與對文學的喜好完全沒有關係。

寫作使古龍成為生活的旁觀者，使他可以與慘澹的現實生活保持距離，以醫治自己內心的創傷。

寫作可以使他暫時擺脫那種深重的沒有家、沒有根、沒有歸宿的寂寞感和孤獨感。

寫作使得古龍從童年家庭的陰影中解脫出來，處理他內心的疑問，破譯生命的秘密，返回人生的本質，消解他對家庭婚姻以及與人世之間的隔膜感。

但是寫作最終還是不能解決他最內在的情結，他愈是寫作，對理想的渴望就愈高，就愈是容易對現實不滿和產生浮躁情緒。

浪子的情懷與平易的家庭幸福和田園生活，是不能相一致的。

古龍終於厭倦了，他離開了鄭莉莉這樣一個具有田園美質的小家碧玉，又開始浪跡江湖了。

古龍雖然離開了鄭莉莉，但他內心還是很感謝鄭莉莉帶給他的這一段美好恬靜的田園生活，鄭莉莉給古龍留下了非常美好的形象和溫柔的回憶。

哀怨的鄭莉莉帶著兒子獨自生活，後來他們的兒子跟了鄭莉莉姓，叫鄭小龍，長大後成為了台灣有名的柔道高手，成了真正的武林人物，這也許是古龍料想不到的。

鄭莉莉並沒有忘情於古龍，只不過是古龍傷透了她的那一份癡心。

當一九八五年古龍過世的時候，她讓兒子鄭小龍披麻戴孝，表現出真誠的哀痛心情。

古龍是個浪子，鄭莉莉最終在心底還是原諒了古龍的薄倖。

第四章　一飛沖天

●古龍的事業撥雲見日

古龍在瑞芳鎮隱居的日子，是古龍一生中難以忘懷和有著重大意義的時光。

首先這幾乎可以算上是古龍的第一次婚姻（雖然只是同居，沒有正式登記結婚），而且在這段時間中古龍第一次為人之父，有了一個兒子。

其次是古龍創作上的逐漸成熟，經過瑞芳鎮隱居的這段時間，古龍最終找到了適合於他自己走的路，他自己天才獨特的風格。

這一段時間古龍雖然隱居，但卻並沒有放棄武俠小說的創作，因為他還需要靠「賣文」來維持他的愛情小巢的生活。但由於離開了台北喧鬧的社交圈子，古龍暫時擺脫了那種無形的壓力和諸葛青雲、臥龍生等「大腕」的陰影，可以心平氣和地進行自己的創作，按照自己的想法，走自己的路子了。

這段時間古龍的創作明顯要平穩正常得多，對整體結構的把握以及語言風格上，古龍都顯得成熟冷靜得多了。顯然現在還不是真正的古龍時代的到來，但古龍沉著的魄力，已經表露出來了，作品的氣派也開始變大起來，有了一點大家風範。

這種內省隱居的生活，使古龍大受益處，在離開瑞芳鎮後，這種益處將古龍造就成了一個突發奇招一鳴驚人的大師。

隱居生活使生命的節奏變得緩慢，古龍不再那麼因失意帶來的急功近利而煩躁。被動搖和猶豫蒙蔽住的內心天才的光輝開始漸漸撥雲見日，閃耀出瑰麗神奇的光輝來了。

當古龍最後重入江湖之時，已寫出了奠定他大師地位的，天才而神奇的作品《絕代雙驕》和《鐵血傳奇》（即《楚留香傳奇》）。

至此，古龍足可以和當代的任何一個武俠小說大師相提並論，古龍因此而攀向巔峰，名利雙收，逐步構造武俠文學世界中一座巍然聳峙的絕頂奇峰。

●古龍開始有了巨大聲譽

古龍一生離不開醇酒和美人。

醇酒和美人既給他寫作的靈感，造就了他輝煌的事業，但也在身心兩方面給他創下了巨痛。

從瑞芳鎮隱居三年之後重出江湖，與鄭莉莉分手之後，古龍又恢復了浪子的風流。

此時古龍已於一九六六年發表了《絕代雙驕》，一九六七年發表《鐵血傳奇》，這兩大部作品在台灣、港澳引起空前的轟動和巨大的成功，古龍一下子功成名就。巷尾街頭都在談論著小魚兒和楚留香這兩個精采的人物，古龍的武俠小說風行一時，大大暢銷。

有一天古龍和朋友們去飯館吃飯、喝酒。飯店的廚師服務員不知道他們的客人便是大名鼎鼎的古龍，他們正在飯店中為楚留香這個人物爭論不休。

有一派人說：楚香帥會和蘇蓉蓉結婚。

另一派人卻說：楚香帥應和沈慧珊（電視劇中角色）結婚。

廚師服務員們爭來爭去沒有結論，爭得面紅耳赤，唾沫橫飛，彼此都很認真，像在對待一件很嚴肅的事。

飯店經理最後過來說：「古龍先生在這裡吃飯，我們何不去問他？」

這是一則很有名的軼事，確實反映了古龍當時是個轟動一時的熱門人物。

成功之後的古龍，僅僅是《絕代雙驕》和《楚留香傳奇》這兩部書就給他帶來了巨大的收益。當然金錢和美女也就像影子一樣跟隨而來，擋都擋不住。

一九六八年，古龍攜帶一位名為千代子的「東洋美女」搬進台北永和的「三福公寓」中住下來。

據稱這位名為千代子的東洋美女美豔非常，古龍對她異常的迷戀。古龍的武俠小說中經常出現日本的武士、忍者和美女，恐怕與古龍這段時間的生活有很密切的關係。從來沒有一個武俠小說作家的筆下像古龍那樣頻繁地出現「東洋」人物，這與古龍對異國情調的切身感受也一定有關係。

古龍和這位東洋美女的關係斷續維持了四年左右，約一九七二年，古龍與日本女友千代子分手。

〈古龍大事紀〉：一九六七年，《聯合報》一九八五年四月十日轉述古龍說法，稱母親於十七年前過世，推算為本年度。《多情劍客無情劍》中阿飛對母親的思慕，應當反映了古龍自身的感懷。據胡正群《神州劍氣生海上》，一九六八至一九七二年與日本女友千代子同居於三福公寓。

另外，又據〈古龍大事紀〉：一九六六年，《台灣武俠小說發展史》引用于志宏說法，本年或前一年開始與日本留學生交往，即荻宜《浪子．書生．古龍》所稱之千代子。《時報周刊》二五〇期《古龍的武俠和感情世界》：「他又認識了一個中、日混血的女孩子，這個女孩子隻身在台灣，她的父母卻派人嚴格監護，幾乎寸步不離。然而，古龍畢竟是古龍，什麼樣的辦法想不出來……兩個人快快樂樂的到花蓮玩一趟回家後，寫下了『流星．蝴蝶．劍』。」

考慮到古龍長子是於一九六七年度出生，『流星．蝴蝶．劍』又是一九七一年由台灣春秋出版社出版，所以本書採信一九六八年古龍與千代子同居的說法。

●三福公寓多福

古龍在「三福公寓」中居住了很長的一段時間。

據古龍的朋友介紹，這段時間是古龍一生中最快樂，創作力最為旺盛的時期。古龍的第三階段輝煌時期的作品，幾乎都是在這「三福公寓」中完成的。

從一九六九年出版的《多情劍客無情劍》到一九七五年出版的《三少爺的劍》，都是如此。

看來「三福公寓」的「福」的確給古龍帶來了福氣和運氣。

在此之前或之後，古龍都並不那麼如意。

在此之前，古龍還未真正成名，內心忍受情結折磨，鬱鬱不得志，為諸葛青雲、司馬翎、臥龍生諸大俠扮「劍童」的小角色。

在此之後，古龍的創作時呈力不從心，且婚姻破裂，身體欠佳，酒病磨人，也實在多有不如意之處。

所以在三福公寓居住的這段時間，古龍有美酒，有美人，身壯如牛，酒量如海，呼朋結友，佳作不斷，真有神仙一般得意快樂的時光。

準確地說，古龍這個時期雖然廣有朋友（大多數的朋友總是隨著一個人的成功而湧現出來的），但為了專心寫作，他還是基本息交絕遊的。他只是很密切地與少數的幾個朋友相往來，寫作之樂，縱酒暢談，也有利於他的思路開闊。

當時與古龍時常同進同出的寫作界朋友有高庸、于東樓（于志宏）、倪匡等。

高庸也是新進的很有才氣的武俠小說作家。

于東樓有「天下第一槍手」之稱，也是一個武俠小說作家，又投身於出版事業，後來古龍不少的作品都是由于東樓出版的。

倪匡以科幻小說享譽香港，也是一個大作家，路數極多，既寫武俠小說，又寫武俠評論。評論界稱倪匡寫的科幻小說與金庸的武俠小說一樣好看。

古龍和這些朋友頻繁往來，白天寫作，晚上則暢談縱酒，指點江山，激揚文字。

三福公寓果然是有福之地，古龍和他的朋友們都在此得風水的滋養，養成王氣，最後各成一番霸業。

古龍在此寫出約三十多部的武俠小說，開新派武俠小說天地，扭轉舊派武俠小說乾坤，創文學之奇蹟，奪天地之造化。古龍最終穩穩坐上新派武俠小說開山祖師和掌門人的位置，執天下武林盟主之牛耳。

高庸也在此三福公寓寫出了《紙刀》、《旋風十八騎》等重要作品，漸受電視界的重視，終成台灣最負盛名的編劇之一。

于東樓投身出版事業，創辦漢麟出版社，地址就在三福公寓樓下，借此風水寶地，于東樓的出版事業也雲起風生。後來漢麟出版社把古龍的小說改變版式，精版精印，大受市場歡迎，掀起武俠出版高潮，一戰成功，創下輝煌成果。武俠名家繼古龍之後，臥龍生、柳殘陽、獨孤紅、慕容美、司馬紫煙、秦紅等人一時盡歸漢麟出版社旗下，大有一統武林之勢。

三福公寓因這些大俠的俠跡也增色不少，這個名字也因為大俠們的關係，將被記載入武林小說發展的歷史之中。

●古龍的事業如日中天

古龍在三福公寓中完成了他一生中最為輝煌燦爛的天才作品，他的事業、名聲，也是在這段時間達到他自己人生道路的頂峰。

從瑞芳鎮隱居出來之後，《絕代雙驕》、《鐵血傳奇》的寫作，雖然使古龍大獲成功，但那種成功只是使古龍穩穩佔據了武俠小說名家的寶座，還不是古龍最輝煌的時候。

古龍真正的大成功，是《多情劍客無情劍》、《蕭十一郎》、《歡樂英雄》、《流星・蝴蝶・劍》等的發表，時間上大約是一九六九年到一九七一年左右。至此，古龍一舉完成了新派武俠小說風格的創造工程，古龍真正是事業如日中天，超群脫俗了。

本來古龍只是諸葛青雲、臥龍生、司馬翎「三劍客」的劍童，但是現在古龍竟大幅超越了這些武俠小說名家，穩穩坐上了台灣武俠小說作家中的第一把交椅，成為公認的武林盟主，這是「三劍客」們根本沒有想到的！但是由於古龍的天才太突出了，古龍的成績太輝煌了，連這些武林前輩們都不能不甘拜下風，承認古龍是盟主。

從古龍寫第一部武俠小說起，到真正的大成功約莫是十年左右。古龍真正是「十年磨一劍」！

古龍神功修成，聲譽鵲起，甚至已經直逼當世絕頂高手金庸和梁羽生了。

一九七二年金庸封筆，隨即親自向古龍約稿，將本來是自己的「家天下」的《明報》副刊，拱手讓與古龍。

古龍為金庸的《明報》寫了六大部的《陸小鳳傳奇》。

《明報》的武俠小說版面並沒有因金庸的封筆而遜色，古龍的小說讓金庸的《明報》也大賺了一筆。

古龍在一九六九年到一九七五年期間，完成了他最輝煌的作品，幾乎篇篇是精品。

關於古龍生平中涉及到作品的部分，我將在本書的中篇「生平與作品」中詳細討論。

讀者要想仔細瞭解古龍創作上的變遷，如何從練筆，到成熟，到輝煌，到衰退，就請耐心看下去。本書的「生平和作品」部分，將按古龍創作的編年史，對古龍的作品一一進行分析和述評，其中同樣涉及大量古龍的生平事蹟。

●超越老牌武俠小說作家，成為第一高手

古龍的成名還與電影有關係。

古龍的小說改編成電影和電視劇的數量之多，恐怕只有金庸一人可比。

古龍最成功的電影大概要算邵氏一九七一年韋弘版《蕭十一郎》。

古龍先是為拍電影寫了《蕭十一郎》的劇本，該劇本由香港大導演徐增宏先生拍成電影。該片大獲成功，票房價值極高。

〈古龍大事紀〉：一九七〇年一月廿五日，小說《蕭十一郎》連載於香港《武俠春秋》創刊號。〈寫在《蕭十一郎》之前〉：《蕭十一郎》是先有劇本，在電影開拍之後，才有小說的，但《蕭十一郎》卻又明明是由『小說』而改編成的劇本，因為這故事在我心裡已醞釀了很久，我要寫的本來是『小說』，不是『劇本』。……就因為先有了劇本，所以在寫《蕭十一郎》這部小說的時候，多多少少總難免要受些影響。

古龍又將《蕭十一郎》的劇本改寫成同名的小說，這部小說也深得好評。

台灣《聯合報》主筆，武俠小說著名評論家葉洪生甚至力推《蕭十一郎》為古龍小說中的第一部。

徐增宏導演的《蕭十一郎》成功之後，接下來另一名大導演楚原又連續把古龍的小說搬上銀幕，同樣也大獲成功，票房價值劇升。古龍小說的流行和迅速成功，確實與這些電影和票房價值有點聯繫。

古龍由此在極短的時間裡，超越了諸葛青雲、臥龍生、司馬翎三劍客的老牌武俠小說作家，而成為第一高手。

緊接《蕭十一郎》的，是對古龍隨後出版的小說《流星・蝴蝶・劍》的改編。這部電影大獲成功，被譽為武俠片中的《教父》。

《流星・蝴蝶・劍》改編成電影的成功，帶來了古龍式武俠片的風潮。以古龍原著改編或掛古龍名字的武俠片，就多達數十部。

胡正群介紹說：

在此期間，古龍的名著如《風雲第一刀》、《流星・蝴蝶・劍》、《蕭十一郎》、《楚留香傳奇》、《陸小鳳》等，都被香港邵氏公司以大手筆的氣魄一一拍成電影。台、港兩地的電視台也把他的小說搶拍成連續劇，一時街頭巷尾所看到的都是他的電影海報，聽到的都是影視中的主題曲，形成了一股強大的「古龍旋風」。

古龍影視作品中的插曲，最有名的要算是一曲〈小李飛刀〉。

〈小李飛刀〉一曲由歌星羅文原唱，在香港和東南亞唱到了家喻戶曉的地步，受歡迎的地步聳人聽聞。據說有一段時間，台灣歌星在東南亞登台表演，若不唱這首歌，觀眾便會大喝倒采，所以台灣歌星再疲再累，也要連夜趕練，即使口音不正，也要唱出這首粵語歌曲。

古龍武俠電影的風行，又影響到了武俠小說出版業。

當時的武俠小說出版業漸漸出現低潮，與武俠電影的興盛成了鮮明的對照。

台灣漢麟出版社和桂冠圖書公司看準了古龍武俠電影風靡的勢頭，大膽進行出版業的改革，大獲成功。他們把古龍的小說改變為二十五大開本，並且重新打字排版印刷，大受歡迎，為市場掀起再一次高潮。為了配合這種版本，租書店都不得不改製書架。古龍武俠小說的文化檔次大大地提高了。過去不屑銷售武俠小說的各大書局，甚至連鐵路公路車站的小賣部和機場的書廊都爭相銷售。

這次武俠小說的高潮，確是與電影業上武俠片的興盛大有聯繫的。

然而任何輝煌都有黯淡下來的時候，古龍後來也嘗到了他自己的武俠片不賣座的苦頭。

古龍因為看到電影製片商大賺其錢，不免自己心癢，終於自己投資去拍武俠片。

可惜古龍天生是個不善經營的人，當然他也可以怪自己的運氣不好，投拍武俠片之時，武俠電影業已滑向低潮。

古龍後來說：

說到武俠片的式微，那是必然的，電視劇每天都是一片刀劍聲，誰會跑老遠去電影院看同樣的東西！而且，錄影帶一窩蜂的製作武打劇，只注意武打噱頭，而不重俠的內涵，依我看，武俠劇才會式微，武俠小說是不會式微的，只不過是沒有新銳的人寫出新銳的作品來而已。武俠小說的文字世界，是電影不能取代的，文字的魅力，文字所提供想像馳騁的天地，俠的意境，俠的精神，再昂貴的電影道具也拍不出來。

古龍當然是想通了，他不再去管電影，又投身於自己拿手的專業，寫起武俠小說來了。文字有文字的魅力，事實上古龍小說的那種神韻和精髓，電影是永遠不可能拍出來的。

●造就了武俠電影的一個新時代

有段時間，古龍的事業如日中天，而電影的參與更是推波助瀾。在港台的武俠電影史中，古龍已經成為了一個不得不提的名字。李翰祥在《銀海生涯》一書中就談到：

「如果我們說張徹、胡金銓啟蒙了邵逸夫先生所理想的新式武俠片，羅維和吳思遠將之光揚光大，至楚原和古龍的合作這一轉……。」

古龍的武俠小說造就了武俠電影的一個新時代，而反過來，武俠電影也同樣成就了古龍在武俠小說中的名氣和地位。

導演楚原是古龍人生事業中的另一位大貴人，當然，這件事與香港邵氏公司方逸華的策劃是分不開的。

香港邵氏公司在香港電影界的地位實不在話下，在二十世紀七十年代，邵氏公司已經成了華人電影世界的一個龐大王國，公司的老闆除了邵氏兄弟之外，還有一個至關重要的人物，便是當時年已四十的方逸華女士。

方女士是邵氏公司的主管，她的敬業精神和卓越的才華，眾口交譽，得到老闆、同事和下屬的一致好評，大家都習稱方逸華女士為方小姐。

方小姐確實有獨特不凡的眼光，她的嚴格，她的品味，確實讓邵氏公司的事業大放光彩。方小姐慧眼看中了古龍的武俠小說，她從古龍的那些武俠小說中看到了巨大的商業機會和一種新武俠電影的無限可能。為了慎重其事，方小姐甚至一再親自飛抵台灣，要找古龍談古龍小說的電影版權問題。

此時，古龍的行蹤有時隱秘不定，外人並不容易找到他，要找他也只有通過李氏夫婦。邵氏公司的人員經過多方打探，通過諸葛青雲找到了李氏夫婦，這才輾轉找到了古龍。

李氏夫婦對待古龍果然是真心誠意，沒有話說。

遇到了這個機會，這麼好的一個機會，他們甚至比古龍還要著急。當時古龍並不在台北，他們催促古龍馬上到台北來。雖然事情有些突然，但從電話中聽到李氏夫婦慎重的口氣，古龍也知道這是一件大事，是他事業上的一個轉捩點。

古龍趕到了台北，和邵氏公司的方小姐會面。

方小姐是一個性格爽快的人，正投古龍的脾氣，因為古龍也是一個做事不喜歡拖泥帶水的人。雙方一拍即合，立刻簽訂了合作的合同。邵氏公司首先購買了《流星‧蝴蝶‧劍》的電影版權，據說古龍這部小說的電影版稅拿到了十萬元台幣。古龍看出了方小姐和邵氏公司的真誠，在版稅方面倒沒有怎麼討價還價，雙方的第一次合作都非常愉快。

《流星・蝴蝶・劍》由香港的大導演楚原執導，上映之後獲得了空前的成功，果然開創了新武俠電影的一代先河。

〈古龍大事紀〉記載：

一九七六年，三月和七月，邵氏分別推出電影《流星・蝴蝶・劍》和《天涯・明月・刀》，開創古龍原著、楚原導演、狄龍擔綱的輝煌時代。薛興國《古龍十章》：「他之所以能有積蓄，買下天母的房子和富貴豪華轎車，完全是拜《流星・蝴蝶・劍》帶來的電影票房數字。」詹宏志《第一件差事》：「連不愛看國片的大學生都染上瘋狂，說話也模仿起電影的對白。不用說，本來已經有點落寞的武俠小說原著作者古龍，一夜之間鹹魚翻身，重新成為最熱門的作家。」胡正群《神州劍氣生海上》：「漢麟出版社和桂冠出版社乘機把古龍的小說改變版式精版精印，大受歡迎，為市場掀起再一次高潮。」「過去不屑銷售武俠小說的各大書局，甚至連鐵路、公路車站的小賣部和機場的書廊都爭相銷售。」

從此古龍的名字更是不脛而走，古龍已經成為了台灣金牌武俠小說作家，而前輩諸葛青雲、臥龍生等人，已經被他比了下去。

楚原對古龍事業上無形的幫助，使古龍內心深懷感激。

《流星・蝴蝶・劍》在電影和文學兩方面都引起了巨大的反響，而且漂洋過海，日本、東南亞等所有華人聚集的社區，都產生了熱烈的反響和震動。

●古龍開始春風得意

《流星・蝴蝶・劍》在商業上獲得的成功，促使邵氏公司繼續與古龍進行緊密的合作，古龍其他的武俠小說，不斷的被邵氏公司以重金購買電影改編權，拍成電影，連續在世界各地的華人圈子裡放映，產生了巨大的好評，古龍的名字也已經有了國際化的影響。

古龍真正的出人頭地了，真正的大把大把的賺錢了。一下子他的錢來得太容易，他的生活也變得非常的豪華奢侈，儼然是揮金如土。

據說有一段時間古龍每天的開銷，相當於他還沒有發跡時一個月的開銷。

在那一段最為輝煌的歲月裡，古龍兩個字本來就是金字招牌，就是金錢。錢來得確實太容易了，他也開始盡情的享受美酒美女，在那上面他不知道花掉了多少冤枉錢。

而前來找古龍簽約的影視公司、出版社，他已經應接不暇，這時又發生了這樣一件有趣的事情。

有一家台灣的影視公司，居然公開在報紙上招募古龍，要求古龍加盟，在電影中扮演一個角色，最低的酬金是一百萬元。當然如果古龍不願意，價錢還可以談。

此時的古龍已經懂得愛惜羽毛，當然不會去幹這樣的事情。不過，他越是拒絕，報紙上的炒作就越是厲害。到後來甚至傳出這樣的消息，只要古龍願意上鏡頭，不管他演任何一個角色，一個鏡頭就付給他一百萬。

這些荒誕的鬧劇，雖然非常荒唐，不過卻在另一方面推波助瀾，繼續讓古龍大紅大紫，讓古龍成為了超出一般意義上的大名人。

●寶龍影業公司

古龍是一個善於觸類旁通的天才，許多論者認為古龍受到過影視方面的影響，特別是西方一些電影的影響。

事實上確實是這樣，而且古龍自己也非常坦白的承認了。比如說他寫作的《楚留香》系列，楚留香的身上便有著西方電影〇〇七系列主角龐德的影子。他寫《驚魂六記》中的《血鸚鵡》，也是因為看了西方一些恐怖電影而產生的觸動所引發的靈感。

古龍不太喜歡看電視，但卻非常喜歡看電影，他的書房中也收集了大量的錄影帶。除了西方的電影，古龍還喜歡看日本的電影。

薛興國說：

近年，他連電視都很少看，只喜歡看錄影帶。錄影帶中，他最喜歡看日本的「時代劇」古裝武俠。「時代劇」之中，他最喜歡「必殺仕事人」，那是講日本一個暗殺集團的故事。這個集團是收錢殺人，但殺的都是大壞人。

古龍的空前成功和大紅大紫，其實和影視是密不可分的，如果僅僅是出書，古龍不會掙那麼多的錢。

香港邵氏公司成功的投拍了古龍的幾部電影之後，開創了一種嶄新的武俠電影的格局，古龍在電影界變得炙手可熱，僅僅是他的名字就能賺一大筆錢。

古龍在電影上賺的錢，當然遠比他在小說上賺的錢還要多。

後來古龍看到自己的武俠小說改編成電影，替那些電影公司賺了那些多的錢，自己也投資成立了一家，取名為寶龍影業公司。龍當然是古龍，寶則是梅寶珠。

〈古龍大事紀〉記載：一九七九年一月，擬成立寶鵬電影公司，「寶」字取自妻子梅寶珠，「鵬」字取自事業夥伴田鵬。其後定名為寶龍影業公司，「龍」字取自古龍，由梅寶珠掛名負責人。

寶龍影業共拍了《多情雙寶環》、《劍氣蕭蕭孔雀翎》、《楚留香傳奇》、《楚留香與胡鐵花》、《劍神一笑》、《再世英雄》等六部電影。（前兩部為張鵬翼主導，後四部才是由古龍出資拍攝的。）

古龍的寶龍影業邀請了他的朋友兼拜把兄弟魯平來擔任總經理兼製片，而且寶龍影業公司中魯平自己也參加了投資，也是股東。

魯平是當時台灣頗有名氣的一個演員，在電影界的圈子裡有一定的份量，也很有經驗，他曾經擔任過多部電影的製片工作，最主要的是他和古龍有過飲醉酒不打不相識的友誼。

●過過導演癮

事實上古龍對電影界的那些事情並不熟悉，他這個導演也僅僅是掛名而已，另外還請了執行導演來負責這部片子的執行工作。

一開始古龍還頗有興趣，還能指指點點，說三道四，對電影的投拍工作說上一些有用的建議。到了後來，古龍便厭倦了，將那些細節煩瑣的工作全部交給別人來承擔，自己則負起了手，樂得個清閒，當起了他的掛名老闆。每日裡古龍守著公司的這個大攤子，卻還是只顧飲酒作樂，呼朋結友。

有人說古龍的影業公司簡直就是一個喝酒公司，公司每天的工作似乎拍電影倒是其次的，喝酒倒成了正事。

對朋友古龍一向是慷慨大方，古龍這個天才的作家，對生意之道卻實在不怎麼精通。他缺乏商人的精明和斤斤計較的頭腦。

按照一般的常理，一般的規矩，朋友之間喝酒的費用當然不應該算作公司投拍電影的費用，但古龍卻不管這些，他大筆一揮，就簽字買單。到了後來，古龍每天在喝酒上的花銷已經與在製片上的花銷相差不多了。

這哪是做生意？生意哪能這樣做？

對一個商業公司來說，必須核算成本和利潤，只有最大的壓縮開支，減少成本，才可能最大限度的獲得利潤。然而對這些，古龍卻從來不想、不管，他只要自己高興、開心就好。

因此，古龍不僅沒有賺到錢，而且還要賠錢。

古龍也灰了心，就此罷手，還是繼續他的寫作舊業。

●秘密的刻苦和勤奮

有人說，天才是九十九分的勤奮加上一分的機遇，這句話確實在某種程度上道出了一個真理。

天才的成功絕不會如我們表面上看去的那樣輕易，古龍也是這樣。人們更多看到的是古龍那種不費吹灰之力便得來的靈感和才華，卻不知道古龍也有他秘密的刻苦和勤奮之處。

雖然古龍在生活上放浪無形，喝酒、追女人，呼朋喝友的夜飲、作樂、聊天。但就在古龍夜飲最厲害的時候，他都保持了每天至少兩個小時的看書時間（一說每天閱讀四小時），有時達十個小時。他有一間十分考究的書房，藏書最多的時候達到幾萬冊。沒有學習，沒有思考，靈感便是死水一潭。沒有活水源頭，天才也會枯萎，也會江郎才盡。

古龍博覽群書，他的學識遠比人們想像的要多得多，高得多。古龍看書基本上沒有什麼挑剔，古今中外，天文地理，什麼書都看。古龍看書的方式也比較獨特，有他自己獨到的訣竅。他看書非常快，經常是一目十行，但他看到最精采的地方，便會停下來，反覆的揣摩。

古龍曾經說過，只要他在每本書中都能學到一句兩句的精華，能夠吸收到一滴兩滴的趣處，日積月累，無數的書籍堆在一起，那他的受用就是無窮的。

什麼是真正的作家，毛姆曾作過這樣的表述：只有每天堅持寫作的作家，才是一個真正的作家。

古龍正是這樣一個真正意義上的作家。

不管他再怎麼貪玩，再怎麼頹廢，許多年來，他都堅持每天寫作兩、三個小時。

古龍一生出版了七十二部作品，累積兩千五百萬字以上，這個讓人驚心的數字，其實才是最能說明問題的。

很多人都迷惑不解，他們都只看到古龍表面的現象，只看到古龍放任無形的荒唐，似乎他把所有的時間都用在了喝酒和追女人上面。

其實，那遠遠不是古龍生活的全部。

讀書、寫作，是每天的功課，那才是古龍生活真正的依託，那才是古龍真正天才的所在。

古龍的成功決不是偶然的，絕不僅僅是運氣。他生命中那些堅實厚重的部分，永遠值得人們以敬意對待，更值得人們去學習，去深思。

●古龍調侃金庸

古龍內心對於金庸的態度是矛盾的。

一方面金庸幾乎是他的上一輩，金庸的成就早在古龍文學風格成熟之前就已經完成了，古龍在這一點上不能不佩服金庸。另一方面，古龍又是暗暗把金庸當作武俠文學上的敵手，把金庸作為趕超的唯一目標，古龍對金庸又是不服氣的。

這種不服氣，古龍不一定表現在嘴上，但是我們從古龍有時特有的幽默和調侃上，還是可以清楚辨出蛛絲馬跡。

古龍完成了他的第三個階段即輝煌階段的作品後，聲譽鵲起，直逼金庸，金庸也不禁要對這個「後生小輩」另眼相看。

金庸公開承認過他對古龍的作品很感興趣。

金庸甚至親自向古龍約稿，將《明報》的武俠小說陣地拱手相讓。金庸無疑是認識到古龍的價值的，不管是從純學術上還是商業上的考慮，金庸都願意對古龍另眼相看。當然，金庸一直願意與古龍以朋友相待。

古龍無疑對能與金庸作朋友這一點表示出相當的興奮，還有一種「金庸總算是有眼光的」自負和竊喜。

古龍在後期的作品《劍神一笑》中，於小說行文之間忽然插曲了一大段與小說完全沒有關的旁注。

這是一段很有意思的調侃妙文。

從這段文字中，可以分辨出古龍那種「天下英雄，唯使君與操耳」的竊喜和幽默心態。

古龍說：「這兩個當然都是我的朋友，這兩個人當然就是金庸與倪匡。」

請注意古龍行文的語氣，古龍在這裡略為解放了他心中的「金庸情結」。

現在他已經從仰視金庸的位置上升到平視和對視金庸的位置了，他可以毫無愧色地與金庸並肩而立。

在這段《劍神一笑》的旁注中，古龍說了一件軼事，是他難住了金庸。

古龍出了一個絕對，上聯是：「冰比冰水冰。」

沒有人對出下聯。

金庸也沒有。

金庸看到這個絕對時說：「此聯不通。」

古龍卻因為金庸的這句話而大笑，開心已極。

古龍認為難住了金庸。

古龍的高興並不只是因為他以半聯絕對難住了金庸。他內心一定還有更隱秘的原因，這個隱秘的原因就是古龍的「金庸情結」。

古龍平時認為，詩有別才，武俠小說如詩，也需要一種別才，而古龍自己正是這種天賦難得的「別才」。古龍的這段題外旁注，是不是也想露一露他的別才呢？

現在筆者把古龍的這段「注」引在下面，讀者可以按照筆者的提示，仔細玩味古龍特有的調侃和幽默。

如果有人能對出這一絕對，我相信古龍的在天之靈也一定會發出爽朗的一笑的。

附古龍《劍神一笑》中的注如下：

寫武俠小說寫了二十四五六七年，從沒有寫過「注」。

可是我從小就很喜歡看「注」，因為它常常是很妙的，而且很絕，常常可以讓人看了哈哈哈大笑。

譬如說，有人寫「XX拔劍」之後，也有注，「此人本來已經把劍放在桌上，等他吃過飯之後，又帶在身邊，所以立刻可以拔出。」

看了此等注後，如不大笑，還能怎樣？哭？

「注」有時也可以把一個作者的心聲和學識寫出來，注出一些別人所不知而願聞的事，有時甚至就像是畫龍點睛，無此一點，就不活了。

才子的眉批，也常類此，金聖歎之批四才子書，更為此中一絕。

我寫此注，與陸小鳳無關，與西門吹雪更無關，甚至跟我寫的這個故事都沒有一點關係，可是我若不寫，我心不快，人心恐怕也不會高興。

因為在我這個鳥不生蛋的「注」中出現的兩個人，在現代愛看小說的人們心目中，大概比陸小鳳和西門吹雪的知名度還要高得多。

這兩個人當然都是我的朋友，這兩個人當然就是金庸和倪匡。

有一天深夜，我和倪匡喝酒，也不知道是喝第幾千幾百次酒了，也不知道說了多少鳥不生蛋讓人哭笑不得的話了。

不同的是，那一天我還提出了一個連母雞都不生蛋的上聯要倪匡對下聯。

這個上聯是：「冰比冰水冰。」

冰一定比冰水冰的，冰溶為水之後，溫度已經升高了。

水一定要在達到冰點之後，才會結為冰，所以這個世界上任何一種水，都不會比「冰」更冰。

這個上聯是非常有學問的，六個字裡居然有三個冰字，第一個「冰」是名詞，第二個冰字是形容詞，第三個也是。

我和很多位有學問的朋友研究，世界上絕沒有任何一種其他的文字能用這麼少的字寫出類似的詞句來。

對聯本來就是中國獨有的一種文字形態，並不十分困難，卻十分有趣。

無趣的是，上聯雖然有了，下聯卻不知在何處。

我想不出，倪匡也想不出。

倪匡雖然比我聰明很多，也比我好玩得多，甚至連最挑剔的女人看到他，對他的批語也都是：

「這個人真好玩極了。」

可是一個這麼好玩的人也有不好玩的時候，這麼好玩的一個上聯，他就對不出。

這一點一點也不奇怪。

奇怪的是，金庸聽到這個上聯之後，也像他平常思考很多別的問題一樣，思考了很久，然後只說了四個字：「此聯不通。」

聽到這四個字，我開心極了，因為我知道「此聯不通」這句話的意思，就是說：「我也對不出。」

金庸先生深思睿智，倪匡先生敏銳捷才，在這種情況下，如果能有一個人對得出「冰比冰水冰」這個下聯來，而且對得妥切，金庸、倪匡和我都願意致贈我們的親筆簽名著作一部，作為我們對此君的敬意。這個「注」，恐怕是所有武俠小說中最長的一個了。

第五章　浪子風流

●古龍的相貌

古龍的作品中幾乎無一不涉及到酒和美女，這也是古大俠浪子的自況。

前面我們就談到過，古龍一生內心的情結很多也很重，這造成了他與眾不同的天才和怪癖。

古龍實在是貌不驚人，為此古龍的內心有很大的情結，只不過因為他的驕傲而表面上很少流露出來。

古龍的身高才僅僅一米五六，按照一種流行的調侃說法，幾乎是「矮腳虎」。

身材矮小且不說，古龍又是頭大如斗，學生時代就被人戲稱為「熊大頭」，眼小嘴大，中年後又微微發福，被熱愛他的人們稱為「矮肥而富有魅力的身材」。

古龍對於外貌不揚的情結，在《大人物》這本書中完完全全地表示出來了。

在《大人物》中古龍塑造了一個真正的英雄形象，而楊凡的外貌，古龍大抵完全是按照自己的形象來寫的：一個頭大如斗的矮胖子，而且還不是一般的矮。

一個「矮矮胖胖的年輕人，圓圓的臉，一雙眼睛卻又細又長，額角又高又寬，兩條眉毛間幾乎要比別人寬一倍。」

「他的嘴很大，頭更大，看起來簡直有點奇形怪狀。」

據古龍的朋友描述，古龍貌不驚人，唯一引人注目的地方就是他的眉宇間十分開闊。所以我們可以看出，上面引用的對楊凡的描寫，幾乎是一點也不改的照寫古大俠自己的相貌。

楊凡和古龍自己一樣貌不驚人，但楊凡卻是真正的大英雄，真正的大人物。

《大人物》一書寫得相當精采，水準很高，無論如何也可以在古龍的小說中排名前十位，是一部相當值得重視和研究的精品和傑作。

小說中那個美麗天真而任性的「大小姐」田思思，一開始殺了頭也不願意嫁給「大頭鬼」楊凡的，但是天長日久，田思思才真正認識到楊凡出眾的天才和內在美，才認識到「人不可貌相」這句老話，田思思終於主動向楊凡投懷送抱，鐵下心去愛楊凡了，認識到楊凡才是真正值得女人去愛一輩子的英雄。

拋開這本書的藝術價值不說，在這裡我們卻看到了古龍的情結。

古龍驕傲的內心不會為女人而自慚形穢的，寫《大人物》一書，便是他情結的解放。

也許是因為古龍自己的相貌情結帶來的超級敏感，他在小說中總是愛描寫一些「長腿細腰」的美女，而那些與他的身形更相稱的嬌小玲瓏的美女，在他筆下出現的機會就相當少了。

古龍在《午夜蘭花》中寫了一個個子非常高挑的美女，更是值得研究古龍的評論家注意，其中隱秘地透露了古龍內心難以釋懷的情結。

古龍寫道：

一個女人。

一個一定要集中人類所有的綺思和幻想，才能幻想出的女人。

她很高，非常高，高得使大多數的男人都一定要仰起頭才能看到她的臉。

對男人來說，這種高度雖然是種壓力，但卻又可以滿足男人心裡某種最秘密的欲望和虛榮心。

——一種已經接近被虐待的虛榮的欲望。

她的腿很長，非常長，有很多人的高度也許只能達到她的腰。

她的腰纖細柔軟，但卻充滿彈力。

她的臀是渾圓的，腿也是渾圓的，一種最能激發男人情慾的渾圓。渾圓，修長，結實，飽滿，給人一種隨時要脹破的充足感。

古龍已經說得很明白了。

古龍一生所經歷的美女無數，他尤其喜好身材高眺而美好的女人，這難道不是古龍所說的那種已經接近被虐待的虛榮和慾望嗎？這難道不是古龍內心隱秘怪癖的情結嗎？

未成名之前的古龍深受種種情結的壓抑，他的審美和欲望又是超常的高，而以他的相貌、地位、名望和金錢都不足以招來能解放他的情結的美女。可以想像早年的古龍內心所具有的性挫折感。因為內心天才的高傲，古龍將這種挫折感轉化為對女人的矛盾性向。

古龍養成了一種在肉體上渴望女人的性和美而又在內心上俯視女人的習慣，這個習慣是很多大作家大文豪都具有的習慣。

●古龍的美女情結

古龍在肉體上熱愛女人的性和美，在精神上俯視女人的這種習慣，體現在生活中實在是一種非常危險的習慣。精神和肉體上的矛盾會使男人急躁不安而感到絕望，對現實生活缺乏耐心和信心，這或許也是古龍浪子情懷的由來之一。

這種精神和肉體上的分裂，會使男人在不耐煩和缺乏安全感之時，比較殘忍地對待經常和他生活在一起的女人。因為他會帶著徒勞而又無限柔情的依戀，去追求一個永遠也不存在的理想中的情人。

這也是古龍一生愛情生活和婚姻生活一再破裂的原因。

古龍一生不斷追逐新的情人，與其說是他濫情，不如說他內心的幻滅，他總是因內心過高的期望而去追尋夢想。也許每一次他都以為他找到了夢中情人，他卻每一次都失敗了。

最後這成為了一種惡性循環的習慣。

最後他更是變本加厲。

最後他甚至會否定自己內心的那一種天真，然而純情的夢想。

最後他甚至也會認為自己好色而以好色自居了。

其實古龍真正的朋友們都知道，古大俠其實是一個最重感情的人。

他對女人的追求絕不單單是性的方面，性只是一個方面。

據古龍的朋友說，古龍每一本書的背後都有一個女人的故事，正是女人給他的創作生活帶來了心理動力。

僅據此點就可以看出，單單是好色和性是不可能激發古龍小說創作的靈感的，其中一定還有很多不為人知的秘密動情的戀愛故事。也許有時候古龍自己也搞糊塗了，他經歷了那麼多的美女，到底是為了情還是為了性呢？是不是他自己真的是個好色之徒呢？

古龍自己承認，沒有女人，他就無法生活。

古龍的情結確實太過深重，以至會引起他人和他自己對自己的誤會。

●古龍把友情的位置放得比女人高

古龍在精神和肉體上對待女人不同的態度，當然會反映到他的小說創作中去。

女人在古龍的生活中非常重要，古龍也承認他離開女人就生活不下去。

但這種需要，對於古龍來說只如吃飯的需要一樣，是物質的。

沒有飯吃，生活不下去，但是生活卻不是為了吃飯。

沒有女人古龍無所適從，但是古龍的生活卻不是為了女人。

美女對古龍來說，正如酒對於他一樣。

古龍愛女色，卻全不致重色輕友。

據古龍的朋友介紹，古龍常常為了朋友而捨棄他心愛的女人。

古龍把友情的位置放得比女人更高。古龍信奉的是一句老話：兄弟如手足，女人如衣服，衣服破了尚可補，手足斷了安可續？

女人可以再找，知己的朋友卻是難以尋覓。

古龍的這種態度，當然要得罪他生活中的不少女人，據說這也是不少女人怨懟古龍的原因之一。

古龍有一句名言是：

「白馬非馬，女朋友不是朋友，女朋友的意思通常就是情人，情人之間，只有愛情，沒有友情。」

在古龍的世界裡，（除了極少數的特例）女人就是女人，是和男人完全不同的類別。

古龍很欣賞這樣的說法：

「女人是一種動物，她一天排尿一次，一星期排便一次，一個月排經一次，一年增產一次，若是逮著機會，絕對增肥無誤。」

在古龍的武俠小說中，女人甚或缺乏主體性，所以李尋歡可以把自己的愛人轉達讓給自己的朋友，而自食苦果。

李尋歡把林詩音讓給龍嘯雲時，如果他把林詩音作有主體性的人，他應該尊重林詩音自己的願望。

所以像楚留香和陸小鳳這樣的大英雄，女人就可以召之即來，揮之即去。

古龍認為像楚留香這樣的人是人類共同的財富，所以不應該屬於一個女人，而是讓他可以擁有很多女人。

古龍在哲學思想上，得益於尼采之處很多，尼采對女人的看法，古龍幾乎也全盤接受了過來。

●古龍對女人的看法師法尼采

古龍有一大套古龍式的對女人的看法，雖然很狂傲，很偏頗，但卻很有趣。

古龍對女人的看法，當然要受到他的大男子主義的影響。

這種影響的老祖宗在尼采那裡。

古龍對尼采的哲學思想學積極的一面，也學到了尼采哲學消極的一面。

古龍對女人的看法和尼采如出一轍，有人諷刺古龍和尼采關於女人的話題上「可以一直說到天亮」。

尼采說：

「你是一個奴隸？那你不能成為朋友。

「你是一個暴君？那你不能有朋友。

「奴隸及暴君的素質在女人中潛伏得太久了，所以女人還未能有友情，她只會戀愛……」

「女人仍像貓或雀。」

古龍在《歡樂英雄》中有一大段關於貓和女人的妙論，足可博人一燦：

動物中和人最親近的，也許就是貓和狗。有些人喜歡養狗，有些人認為養貓和養狗並沒有什麼分別。

其實他們很有分別。

貓不像狗一樣，不喜歡出去蹓躂，不喜歡在外面亂跑。

貓喜歡耽在家裡，最多是耽在火爐旁。

貓喜歡吃魚，尤其喜歡吃魚頭。

貓也喜歡躺在人的懷裡，喜歡人輕輕摸牠的脖子和耳朵。

你每天若是按時餵牠，常常將牠抱在懷裡，輕輕地撫摸牠，牠一定就會很喜歡你，作你的好朋友。

但你千萬莫要以為牠就只喜歡你一個人，只屬於你一個人。

貓看來當然沒有狗那麼凶，卻比狗殘忍得多，牠捉住老鼠的時候，就算肚子很餓，也絕不會將這老鼠一口吞下去。

貓一定要先將這老鼠耍得暈頭轉向，才慢慢享受。

牠的「手腳」很軟，走起路來一點聲音也沒有，但你若惹了牠，牠那軟軟的「手」裡就會突然露出尖銳的爪子來，抓得你頭破血流。

貓若不像狗，像什麼呢？

你有沒有看過女人？有沒有看過女人吃魚？有沒有看過女人躺在丈夫和情人懷裡的時候？

你知不知道有很多男人的臉上是被誰抓破的？

你知不知道有些男人為什麼會自殺？會發瘋？

那麼我問你：貓像什麼？

你若說貓像女人，那就錯了。

其實，貓並不像女人，只不過有很多女人的確都很像貓。

古龍在這一點上可以說是得到了尼采的精髓。

尼采又說：

「你到女人那兒去？別忘了帶鞭子！」

古龍在《流星・蝴蝶・劍》中有一段話也是差不多的意思：

「女人就像是核桃，每個女人外面都有層硬殼，你若能一下將她的硬殼擊碎，她就絕不會走了，趕也趕不走。」

古龍說：

「小孩子有點地方就跟女人一樣。」

「小孩子都不會很講義氣。」

古龍又說：

「男人天生就看不起女人，女人也天生就看不起男人，這本是天經地義的事，幾千百年前如此，幾千百年後一定還是這樣。」

這是典型的古龍情結在作怪。

古龍因為自己相貌不揚的情結，潛意識中生怕女人看不起他，所以他有了這套哲學，用來看不起女人，以補償內心的不平衡。

●古龍一生經歷的女人

古龍雖然其貌不揚，一生卻是豔福不淺，他所交往過的女人真是不計其數。他是一個大俠，也是一個浪子，他的心中有無數難解的情結，無可挽救的孤獨。

在《流星・蝴蝶・劍》中古龍對孟星魂的描寫，不少地方流露出自己的影子。

古龍寫孟星魂「狂賭，酗酒」。

他嫖，在他生命中，曾有過各式各樣的女人。

他甚至殺人！

但只要有流星出現，他都很少錯過，因為他總是躺在這裡等，只要能感覺到那種奪目的光芒，那種輝煌的刺激，就是他生命中最大的歡樂。

他不願為了任何事錯過這種機會，因為他生命中很少有別的歡樂。

他也曾想抓一顆流星，當然那也是很久以前的事了。現在他剩下的幻想已不多，幾乎已完全沒有幻想。

古龍何嘗不是這樣追求一種短暫的輝煌刺激的歡樂，他在激情又短暫放縱中燃燒自己。

古龍有過無數的一夜風流，追求自毀式的刺激，是不是因為他太孤寂，內心太慘苦，

「因為他的生命中很少有別的歡樂」。

寫作的傷神和艱苦是不足為外人道的。作家們知道那幾乎是一種重體力活，一種勞役。古龍二十五年的武俠小說創作，寫了兩千五百萬字以上，每年最少寫一百萬字，其工作量之大是可想而知的。

寫作是一件完全個人的事，絕對孤獨的事，古龍因此發展了他的怪癖。與生命中命定的孤寂相反，古龍喜歡狂歡，他必須在狂歡的狀態下從毀滅式孤獨中甦醒過來。

每一次古龍經過一段時間的潛心和艱苦的寫作之後，一旦小說脫稿，古龍立即就要去狂歡。古龍把筆一丟，似乎要永遠擺脫「文字勞作」的惡運，去尋歡作樂去了。

鮮花、美酒、女人，當然是必不可少的。

古龍自己也承認他要上館子、喝酒、坐車、交女朋友、看電影、開房間。

成名後有錢的古龍買了華宅，但卻常常以旅館為家，不與美妻相守。因此古龍的婚姻不斷破裂，因為他即使家有嬌妻，也常常出去尋花問柳，追求新奇刺激。

古龍的弟子丁情就直言不諱地說過：「古大俠生性是個浪子，所以很不適合婚姻生活。」

古龍豔遇極多，不少的人都很奇怪，以他的相貌，何以能吸引許多的美女呢？

難道真是郎才女貌，美人愛英雄？

不能否認這是一方面的原因，還有的原因是丁情所說：「古大俠對美女的魅力就在於他的『寂寞』。」

古龍有才有名，又孤獨和寂寞，又肯花錢，自然會引起美女的喜歡，這種喜歡中當然還帶著一些好奇。

也就是說，古龍的神秘增加了他的魅力。

●在古龍生活中最重要的幾個女人

古龍一生中的美女難以詳證，與他的生活緊密相關的女人有以下幾位。

鄭莉莉，一九六四年，古龍第一次同居的女人。一九六七年，鄭莉莉為古龍生下了長子鄭小龍。

一九六八年到一九七二年，古龍和「東洋美女」千代子交往大約四年，然後又迷上了另一位美女葉雪。

葉雪與鄭莉莉的情況差不多，也是一位美女，豔麗迷人。《陸小鳳傳奇》系列的《幽靈山莊》女主角就叫葉雪，可以看出，那時的葉雪很讓古龍迷戀。

古龍與葉雪也同居了一些時間（或稱結婚但未登記）。一九七三年，葉雪也為古龍生下了次子葉怡寬。

據〈古龍大事紀〉：一九七二年，同年，據翁文信《古龍武俠的轉型創新》，古龍結識葉雪，與鄭月霞母子漸行漸遠。在稗官野史中，葉雪被稱為「安娜」或「皇后酒肆的小葉」。或稱即臥龍生求之不得的美女，而與古龍同居於基隆；或稱否。

古龍與鄭莉莉正式分手，大概應該是一九七三年前後（按照鄭小龍曾經說古龍擔任父親這個角色只到六歲為止來推測）。

古龍在一九七四年離開葉雪母子（不過據葉怡寬自己說，古龍和他母親在他出生前就已經分開）。〈古龍大事紀〉記載，據聞曾以暴力相向。葉怡寬回憶記得聽母親提過一次，「有天看到父親買了很多XO回家，看到父親又買酒，她一氣之下就把這些酒全部倒進馬桶，都快把父親氣死了」。古龍好酒如命，把那麼貴的酒倒馬桶，可能他真會失控。

結束了與葉雪的這段情感之後，才有了第一次正式登記結婚的婚姻。

這是因為古龍遇上了梅寶珠。

古龍愈是成功，愈寫出光輝燦爛的名篇，在生活中就愈是放縱，愈是變本加厲而不加節制。雖然古龍長相奇特，說實在的，可以用其貌不揚來形容，但古龍追求女人卻確確實實很有一套，這不能不讓他周圍的文學圈子、朋友圈子大感佩服。

當這樣的事情發生時，幾乎所有的朋友都想不通，古龍身上到底有什麼奇特的魔力？古龍身邊總是有非常漂亮的女人，而那些女人總是像走馬燈一樣不停的更換。而這些生活上的小節問題，朋友們也不能和古龍較真。

往好處想，古龍身邊的朋友總是以為古龍真正的緣份未到。

古龍身邊那些花瓶般的女人，沒有高明手段，沒有能鎮住古龍的底氣，所以只能讓古龍見一個愛一個，然後再離開一個。也許真的有那麼一天，古龍會遇到一個真正能讓他心動，能讓他收心的天作之合的美滿姻緣。到那時，也許古龍就不會再像這樣胡鬧下去了。

這樣的想法似乎有幾分道理。

有一天，古龍好像真的收了心，他好像碰到了他生命中的真命天女，這個有福氣有運氣的女人便是梅寶珠。

古龍果然改變了，他似乎真的被梅寶珠迷上了。

在梅寶珠的身上，古龍發現了她與其他女人不同的優點和特質。梅寶珠青春美貌，高華的風韻和嬌羞中卻又有著難能可貴的樸實無華。這種天真的氣質完全征服了古龍，古龍一時間真的收起了花心，一心一意的對梅寶珠。

當時梅寶珠還是一個純樸典雅的高中生，古龍一見之下深深迷戀上了。

與古龍以前的情人相比，梅寶珠純情可愛，身世更好，一對才子佳人，正為良緣，所以作為浪子的古龍也肯正式與梅寶珠結婚。而梅寶珠則是崇拜古龍當時盛極一時的名氣，也愛古龍的文才，嫁給古龍，臉上也是非常的有光彩。

古龍和梅寶珠結婚，大約是一九七五年的事（或稱是在一九七六年）。（〈古龍大事紀〉：一九七五年　翁文信〈古龍武俠的轉型創新〉稱本年度與梅寶珠結婚。劉亞倫〈身世迷離，玩世不恭——熊大頭古龍這個人〉中稱一九七六年與梅寶珠結婚，由諸葛青雲主婚。）

結婚之時，文藝界名流紛紛來相賀，都以為是天作之合，一對璧合玉人。

古龍交遊廣闊，騷人雅士都視他為同道中人，古龍這次結婚，眾人自然有所表示。

古龍的書房中，就掛有兩幅賀聯，是台灣文壇名宿陳定山所寫的。這兩副對聯流傳很廣，因為其中、下聯各將古龍和他的嬌妻名字嵌了進去。

對聯是這樣寫的：

古匠龍吟秋說劍，寶簾珠卷曉凝妝。

寶靨珠鐺春試鏡，古韜龍劍夜論文。

僅從這兩副對聯，就可以看出古龍和梅寶珠當時的兩情相悅，恩愛甜蜜，如膠似漆。梅寶珠時值青春年少，天生麗質，楚楚動人，對古龍更是柔情似水，百般體貼。然而即使這樣，梅寶珠還是沒有拴住古龍那顆浪子的心。

古龍和梅寶珠真的結婚了，他們的結合甚至成了當時文壇中的一段佳話。古龍山盟海誓，承諾以後要負起責任。

這樣的場景甚至連古龍的朋友都感動了，他們認為古龍這次是真的改變了，古龍真的學會了好好做人，學會了負責任。

和古龍以前相處的幾十個女朋友不同，梅寶珠有一種大家閨秀的氣質，迥異於那些歡場中的風流女人。也許正是這一點，深深的打動了古龍，使古龍浪子回頭。有一段時間，古龍和梅寶珠如膠似漆，古龍到哪裡去都要帶著梅寶珠。

朋友們真的改變了對古龍的看法，真的認為古龍不再花心了。

然而，所有的人都錯了，包括古龍自己。他那浪子薄倖的天性，還是遮掩不住。

一開始古龍是日日與嬌妻相廝守的，但時間一長，古龍就坐不住了。他的那些毛病又犯了起來。

他的生活依然是那些的荒唐，那些的不可救藥。

一九七七年，梅寶珠為古龍生下了三子熊正達，此時古龍已不耐家庭的單調平靜，頻頻外出不歸。

古龍每一完成新稿，便擲筆出去另尋新歡，在外面開房間，住旅館，時常一連數日不見蹤影，害得年輕的梅寶珠空房獨守。

薛興國回憶說：

除了睡眠的時間，古龍待在家裡的時間並不多。就連喝酒，他也喜歡到外面，有時候是北投，有時候是飯店。在飯店裡他喜歡找有客廳的房間，與三五好友在客廳杯酒言歡。一年總有一兩回吧，朋友會忽然接到他的電話，說他逃家了，事實上，家裡除了他以外，就沒有別人了。然而，他說逃家的時候，他真的就會在飯店一待十來天，每天都找一大堆朋友去喝酒聊天，直至興致盡失，才又返家。

平心而論，婚姻的破裂，當然不能怪梅寶珠，古龍只是自作自受。

當時香港報人燕青在一次訪問古龍時談到：

「家庭雖然佈置得瑰麗堂皇，古龍留在家中享受的時間卻不多。他寫完稿，把筆一丟，人已跑到屋外去了。他喜歡呼朋引伴，尋歡作樂，時常以旅館為家，兩三天都不回去。他的太太寶珠習慣了從不過問他的蹤跡，因為他在外面玩到興致索然時，便會返回家裡。」

古龍的朋友薛興國寫過紀念古龍的文章，也談到古龍「愛盡天下美女、無意白頭偕老」的生活：

古龍的一生，與女性結下了不解之緣。

和古龍一起生活的紅顏很多。第一個為他生下的兒子，已經二十歲，現讀台北體專。

古龍是一個永遠都在追求突破的人，對小說如是，對女性也如是。他恨不得愛盡天下美女。

所以他根本就是一個不適宜結婚的人。

然而他還是結了，雖然都以分手結束，但是，不可否認的，婚姻生活甜蜜寧靜的一面，也溫暖過古龍好漂泊的浪子情懷。

所有和古龍交往過的紅顏知己，都只是古龍生命中的過客，一個一個的在他面前歡笑、黯淡，而消失。這些女子，很多都被他寫在小說之中。

最後一次失敗的婚姻，古龍說對他打擊和影響最大。他為了這次婚姻，曾經消沉過，憂鬱過。

好在他最後的兩年，遇到了他生命中最後的一位紅顏知己。尤其是最後這一年，他得了肝病，半夜吐血時，如果沒有這位紅顏的照顧，那真是昔不堪言的事。

古龍一生未曾做過壞事，假如有什麼不對的地方，恐怕也只有他的紅顏知己能訴說他的不是。因為他個性上最大的毛病，就是不甘於被一個女子束縛住。這個性，直到他離開人世前，從來都沒有改過。

儘管這樣，古龍卻有一個很好的地方，那就是每當聊起以前的女友，在古龍的口中回憶的，都是美好的。他從來也不曾說過他女友的壞話。

燕青以為寶珠是習慣了，然而寶珠只是忍耐。

而忍耐卻是有限度的，寶珠忍受不了之時，便宣告了她和古龍婚姻的破裂。

然而梅寶珠的決裂，是古龍沒有想到的。

一九八〇年年底，古龍與梅寶珠離了婚。

古龍和鄭莉莉之間同居關係的破裂，當然不僅僅是因為兩人之間志趣難以相投，性格不能相容，還因為其他的一些原因。對於新鮮、刺激的渴求，對於美麗女人永無止境的追索，也許這才是真正最重要的原因。

與寫作中必須忍受的孤寂相反，在寫作之餘，古龍以加倍的熱情追求著情色的狂歡，似乎他需要在那種狂歡的狀態下，從絕對的孤獨中恢復過來。

僅僅一個女人，當然不可能滿足古龍這樣一個天才的心理。在與鄭莉莉分手的前前後後，古龍又不知遭遇了多少美女，鬧過多少次風花雪月荒唐的戀愛鬧劇。

這次婚姻的失敗讓古龍很受打擊。古龍好一陣子都沒精打采，恢復不過來。

而且在這之前又有吟松閣風波。

這兩件事真是從身心兩方面給了古龍以重創，以至直接影響了古龍的創作，使古龍在第四階段衰退期的小說創作上一次次地滑坡。雖然，天縱奇才的他仍屢有突破之作，但終究時不我予了。

而古龍畢竟是古龍，他在女人問題上當然不會就此寂寞。

事實上古龍的名氣、地位也達到了前所未有的高峰，對他紅袖相憐的女人還是大有人在。

大約是在一九八四年前後，步入中年的古龍終於再一次墜入情網，這次他又是和一個漂亮年輕的女高中生相戀。女高中生名叫于秀玲，于秀玲文靜脫俗，愛好文學，很有氣質。于秀玲成了古龍最後一位紅顏知己，也是古龍最後一位同居的女友。于秀玲陪伴著古龍度過了古龍最後的一段時光，給了古龍許多的溫柔和安慰。

古龍很感激于秀玲，臨終前還向于秀玲表示過歉意。

于秀玲與古龍有一段美好的日子，但古龍帶給她的卻是另一種陰影——死亡的陰影。

古龍的最後幾年多次住院，疾病纏身，虧了于秀玲細緻溫柔的呵護。古龍的追悼會上，于秀玲哭得死去活來，那場面真是淒慘。

于秀玲也是真正愛古龍的女人，然而古龍並沒有真正給她帶來快樂，甚至古龍連一個兒子也沒有給于秀玲留下。

古龍一生女人雖多，但都不如上述的幾位女人與他關係緊密。

古龍一生，正式結婚一次，共有三個兒子，卻均是異母同父，其他的春風一度，就不及詳細考證了。

古龍的朋友說古龍每一本小說的背後，都有一個女人的故事。

古龍一生七十二部作品，他究竟有多少浪漫豔情的事？

●桃色糾紛案件弄上了法庭

天才的古龍，浪子薄倖。

他天才的成就和閃光，看花了人們的眼睛。但他生活中不負責任、浪漫和任性，也同樣讓人歎息和驚心。

古龍身上的那些世俗一面的缺點，是真實的，沒有人去誇大，也沒有人去迴避。

一九九五年，我初撰的《古龍傳》出版之後，一些資深的武俠小說研究家、作家和評論家，如大陸江上鷗（李榮德）先生，和台灣的于東樓先生，都和我談起過，在我的那本傳記中，對古龍正面的東西，似乎強調的更多。雖然這理所當然，但也許還不夠全面。

許多讀者給我來信，有人也指出，有時候他們感到，我寫出的古龍，和他們所知道的那個浪子薄倖、沒有責任感的古龍，有一些奇怪的差異。

我知道情況的確是這樣，在《古龍傳》的最後，我也寫過，古龍的一生充滿痛苦，激情和寂寞的焚燒，他的行為怪癖而超乎常規，他甚至經常幹自毀清譽的事。

從我個人的偏好上來說，我理解這種天才的怪癖和痛苦，但我更希望我們不能因為古龍身上的這些缺點，而減少我們對他這種天才的尊重和敬意。

成名之後的古龍，確實是做出了不少讓人不可思議、讓人側目的荒唐事情來。

一九七七年，古龍又捲入了一宗桃色糾紛案件，這個案件弄上了法庭，並於當年九月開庭審理。

這是一件親者痛仇者快的事情，可以想像，以古龍當時在台灣大紅大紫、如日中天的名頭，在媒體和民眾中，掀起了怎樣的軒然大波？

對這樣的熱點新聞，傳媒怎麼可能輕易放過，當然更要大炒，以提高報紙發行量和電視的收視率。一時間台灣的各大報紙和媒體對這個案件進行了連篇累牘的跟蹤報導，古龍和當事人的照片也頻繁上鏡曝光。

而對普通的讀者來說，古龍這樣一個大名人，鬧出這樣一個事件來，當然成了他們茶餘飯後最方便的談資。人們對這件事表現出強烈的關注和好奇心，街頭巷尾一時流言紛紛。

對這件普通意義上的醜聞，雖然一開始古龍也不太自在，不過他很快就不放在心中了。對於這樣有著超極悟性、對人生和社會有著超極洞察的天才來說，他內心平靜自洽，根本不可能受到根本性的影響。

當然也不免有記者對此進行批評和諷刺，認為古龍毫不在乎，反而藉此產生轟動效應，鞏固和擴大他的超凡知名度。

古龍捲入的這宗桃色糾紛的案件，其實只是一場鬧劇。

年近不惑的古龍，居然與一個年齡比他小一半的小影星趙姿菁有了糾葛。本來在古龍那無數的風流豔事中，這並不稀奇，問題在於趙姿菁的家人非同小可，抓住這件事想趁機敲古龍的竹槓。

古龍只不過約趙姿菁出去玩，開了房間，不料趙姿菁的家人卻早已虎視眈眈，在暗中佈置好圈套，找了一幫人將古龍堵在飯店的房間中，現場捉姦，並有計劃的拍下了許多用以要脅的照片。女方的家庭顯然是有備而來，並且有一些黑道的人物為之撐腰。他們給古龍定下的罪名是誘姦未成年少女，如果古龍不想上法庭，想這件事私了的話，他們就要索取一個天文數字的價格：五百萬，而且口風咬得很緊，一點也不能少。

這一次古龍的狼狽是可以想像的，如果不是古龍的朋友李氏夫婦等人出面營救古龍，古龍真的是收不了場。而且以古龍當時大紅大紫的身分和地位，也不乏一些有能力有臉面能管事的朋友援手。但女方家庭卻氣勢洶洶，擺出了誓不甘休的架式，顯然這件事是不可能善了的。

在古龍的那些朋友周旋之下，還是讓警方介入了此事。

幸好趙姿菁倒不是一個沒有良心的壞女人，而且她和古龍在一起，其實也是因為她傾慕古龍的才華，她表示她確實是自願的，古龍根本沒有強迫過她。趙姿菁的證詞對古龍非常有利，因為趙姿菁堅持說她和古龍並沒有發生肉體上的關係，她和古龍的那種感情，並沒有人們想像的那種骯髒齷齪在裡面。

古龍雖然荒唐，但卻是吉星高照。當事人沒有控告他，而且還極力的為他辯護，這使他在這個案子中處於極為有利的位置。再加上他的朋友李氏夫婦的大力周旋，事情終於大事化小，小事化了地解決掉了。

古龍雖然沒有表示什麼，但他的心裡一定還是非常感念他的這位紅顏敵友。

從這一點也能看出，正像許多人看到和知道的那樣，古龍對於女人確實是很有一套。那些女人跟著他，都是自覺自願的。他的那種奇特的天才氣質，確實讓很多的女人為他心醉神迷。

對於一個男人來說，長相並不是最重要的事情，重要的是他的內涵，是他的氣質。在古龍身上，我們再次應證了這個道理。

不可否認，古龍這些荒唐的事情，確實給他的聲譽帶來了許多負面的影響，但這卻更讓古龍顯得奇特神秘，超越了世俗價值的評判。儘管他有諸多的不良紀錄，但他的名字卻依然是出版界的奇蹟，他的名字依然對讀者有著不可思議的號召力，他的作品依然成功暢銷，依然有無數的讀者為之迷醉。

二〇一二年三月的一天，我曾經有幸在成都近郊的龍泉和陳曉林先生見面，並結識龔鵬程、林保淳、陳廖安諸大俠，真的是莫大的榮幸。在龍泉山上，桃花叢畔，把酒論劍，我聽到諸位大俠講起對古龍的認識以及當年和古龍相識相知的軼事。對於古龍的這件荒唐事，我也向他們求證，傳言確實是不虛，但古龍也確實是有可能被設計。

陳曉林先生提供給我的陳舜儀〈古龍大事紀〉中記載：

> 一九七七年八月十九至廿二日，（古龍）與十九歲女星趙姿菁到北投、石門水庫、台中等地遊玩，投宿新秀閣、芝麻、鴻賓等飯店，被家長在台北世紀大飯店攔截，控以誘拐罪。當時趙氏於台視《絕代雙驕》中飾演鐵萍姑。廿六日，演藝人員評議委員會通過制裁案，新聞局決定收到正式公函之日起，一年內對古龍的劇本不予受理。
>
> 九月七日，古龍《妨礙家庭》案開庭審理。十五日，檢察官因罪證不足不予起訴，僅在道德上稱其可鄙。

●既有現在，何必當初

古龍的荒唐無行，梅寶珠當然也經常有所耳聞，不過她更多的時候是睜一隻眼閉一隻眼。眼不見心不煩，誰叫她愛上了這樣一個特異的天才人物呢？誰讓她選擇了這樣的人生，這樣的婚姻呢？

在古龍捲入了這一場桃色案件之前，梅寶珠和古龍之間雖然經常發生糾紛、爭吵、冷戰，但那還只是一些陰雨的天氣，還不是真正暴風雨的來臨。但是這一次古龍鬧得實在太過分了，報紙上超大的對古龍桃色新聞的報導，讓梅寶珠再也承受不了了。對於她和古龍之間那所剩無幾的希望，現在也完全破滅了。

傷心、怨恨、絕望、羞愧，複雜的感情壓力，終於將梅寶珠擊倒，她再也無法承受。

梅寶珠是一個外表柔順但內心卻非常剛烈的女人，這樣的女人其實非常容易走極端，這樣的女人一旦夢想破滅，她的人生沒有了支柱，就會做出自虐的傻事來的。

極度的頹廢和絕望，生活已經完全沒有了生趣，梅寶珠選擇了最激烈最極端的方式——自殺。她給古龍留下了憤怒和指責的遺書後，將家中所能找到的全部安眠藥都吞了下去。

幸好她的這次自殺發現得早，被及時送到醫院。梅寶珠到地獄的門口走了一圈，又走了回來。

這一次梅寶珠雖然自殺未遂，可是卻已經心如死灰。她被救活過來之後，整個人都變了，沉默寡言，沒有了歡笑。沒過多長時間，她便選擇了離家出走，和古龍一刀兩斷，並且向古龍提出了離婚的要求。

覆水難收，古龍也沒有了辦法。雖然對這段婚姻古龍還非常留戀，畢竟他和梅寶珠之間有過一段非常難得的真情，他們的結合也曾經一度讓他收心改變。有一段時間，人們都在羨慕他們，覺得他們是郎才女貌，天作之合，可就是這樣讓人羨慕的婚姻最後還是失敗了。

接到梅寶珠離婚的要求之後，古龍還是做了一番努力，想挽回梅寶珠的心，但卻太晚了。

事已如此，古龍只好接受了現實，古龍和梅寶珠之間的人生道路也就此分道揚鑣、恩斷情絕。

梅寶珠離開古龍之後，古龍很長一段時間都悶悶不樂，有時候喝醉了酒，真情流露，還會痛哭流涕，呼喚著梅寶珠的名字。古龍對梅寶珠，內心其實還是非常在乎和依戀的，不過，他沒有充分珍惜那一段珍貴的感情。苦果是他自己種下的，他也只能無奈的品嘗那痛苦的滋味了。

第六章　天才怪癖

●古龍不把錢當回事

古龍對待錢的態度很像對待女人的態度。

古龍賣文為生，當然不能不看重錢，有時他自己也公開承認寫作的一個方面是為了錢。但是古龍內心實在又看不起錢，不把錢當回事。古龍出手大方，揮金如土的時候很多。

古龍成名之後，錢也來得容易，稿費和版稅都很高，足以使他過上富豪的生活。功成名就之後，古龍在台北市天母買下了兩層式華廈，一層是家人居住，另一層是他的天地。

古龍錢越多，越不把錢當回事。

有一次一個出版商在酒店中約晤了古龍，出版商很不客氣地把古龍罵了一頓。古龍無話可說，因為他常常拿了人家高額的稿酬，卻不交卷。

書還沒寫出來，這筆錢古龍早已不知花到哪裡去了。所以當出版商罵他時，古龍只有老老實實聽著。

出版商罵完了，罵累了，脾氣發完了，古龍卻上前在出版商耳邊輕輕說了幾句話，出版商立時火氣冰釋，臉上露出像被催眠了的笑容。出版商不僅不生氣，反而像中了魔似的，從口袋中拿出支票簿來，寫了一張四萬元台幣的支票給他。

古龍這時的錢就是這樣的來得容易。

古龍走出了門之後，出版商卻向另外的人說：「我敢打賭，明天晚上，古龍的口袋裡剩不了一千台幣。」

古龍的濫用錢也是出了名的，所以那個出版商才會有此一說。

要想瞭解古龍是怎樣揮金如土，我們需要對這四萬台幣有一個概念。

那時的四萬台幣，現在看來不算什麼，但在當時的台北卻是一個不小的數目。

這筆錢如果在台中、台南的鄉村地方，甚至能買到一間很像樣的小屋。然而古龍卻有本事在一天之內把這筆錢花光，當然不是花在投資上，或是有意義的用途上，而是純粹花在一次性消費上。

那位出版商是個有名的「鐵算盤」，古龍是拿了錢不交稿在先，這位「鐵算盤」居然不僅不追究，反而當古龍在他耳邊低語了幾句話之後，又心甘情願服服貼貼地掏錢給古龍，豈不是一件很怪的事？

難道古龍真的會催眠術？

當然不是。

鐵算盤的算盤精明著呢，這就是他做生意眼光高明的地方。

古龍在武俠小說市場上大紅大紫，非一般人所能想像。對於出版商來說，古龍無異於一隻會下金蛋的鵝，出版商當然不會做殺鵝取卵的蠢事。他知道只要古龍把小說稿交來，他立即就能財源滾滾，再多的損失也賺回來了。

那個出版商害怕把古龍這隻天鵝驚走，所以發脾氣只是做做態度，擺個姿態而已，全是虛招，等到古龍稍一表態，他就軟了下來，俯首貼耳，有求必應。

●古龍也有拮据的時候

功成名就的古龍，錢來得實在太容易了，現在他「賣文」已經不僅僅是為了生計，而是為了生活得更好，過古龍自己願意過的浪漫日子。

與錢來得容易的一個相反方面的事實是：古龍經常並不是那樣有錢。古龍甚至經常會有拮据的時候。

這是一般人難以想通的問題，實際上也很簡單。只要你想到古龍一個晚上為了女人就能花掉半部書的版稅這樣一個事實，你就會理解他為什麼功成名就之後，還會時常有捉襟見肘的窘況。

古龍的開銷非常之大。不僅是女人，古龍在江湖上交朋結友，尋歡作樂，出手也是極為大方，幾萬台幣在他手上是過不了夜的。

古龍極重朋友之誼，只要朋友開口，他往往是有求必應。即使自己身上沒有錢，也會想方設法為朋友去籌錢。

「賣文」成了真正「賣文」，就像是寓言中的西西弗斯神話，他把巨石推上了山，然而巨石又滾了下來，他又要重複一次次往返去推。

古龍的寫作也就像這個西西弗斯神話。

古龍早年自己說過他自己：

「一個破口袋通常是連一文錢都不會留下來的，為了要吃飯，喝酒，坐車，交女朋友，看電影，開房間，只要能寫出一點東西來，就馬不停蹄地拿去換錢。」

古龍的這種「賣文」的換錢方式，真如同「賣血」。

他一方面辛辛苦苦地寫作，用血汗精髓去換錢，一方面又胡亂糟蹋自己來之不易的稿費和版稅。古龍短短的一生創作了七十二部作品，都是其心血鑄成的。

寫作本來就是一件很傷神的事，古龍為此耗乾了心血。

榮格說，藝術家的作品如同生長在藝術家心靈上的一棵植物，那植物長得愈茂盛，花開得愈鮮豔，所需要的養分就愈多，而這養分正是藝術家的心血。藝術家的心血用完了，培養出豔麗的花朵，自己的生命也就走到了盡頭。

古龍豈不正是如此！

後期的古龍因為太費心血的創作而身心俱疲，已經不能像當初牛一樣地寫作勞動了。但是他還要賣文去換錢，去緩解因自己的放縱和不節制而造成的生活拮据。而且他的生活排場已經鋪開，要再縮小、儉省是一件談何容易的事。所以古龍偶而又出現了找人代筆續書的情況，他開始吃自己名譽的老本了。

這是一件非常危險的事，弄不好會使一個作家身敗名裂，數年的艱苦奮鬥毀於一旦。

古龍已顧不得許多。他只能儘量把好關，掌握好總體佈局、構思和感覺。他的代筆當然盡可能找一些高級的槍手，如司馬紫煙、于東樓這樣的大寫手。

古龍又培養學生，收弟子，有好幾部作品是他口述，他的弟子完成，署上他的大名。

在他因吟松閣風波受了腕傷之後，有一段時間他試嘗口述由秘書記錄整理。

這些還算好的，最差的情況是古龍賣名。

古龍過世後，坊間書肆還有大量署上古龍大名的偽作。以前大陸的市場也是如此。

大家都明明知道古龍一生只完成了七十二部作品，但市面上還不斷出現大量署古龍之名的武俠小說。許多正規的出版社也是大量出署名古龍但卻是偽作的書籍，出版社對此卻無動於衷，因為當時大陸的著作權法律還不完備。

古龍生前因生活的拮据而賣自己的署名權，造成了一段時間出版界的混亂情況。

當然其中也有大量不法書商的混水摸魚，使人不易去追究責任。

古龍賣名的結果當然產生了若干不良的後遺症。

這是一個讓人心酸刺骨的悲劇。

●偽古龍書目現已釐清

一九九〇年以前，對絕大多數的讀者來說，古龍是一個模糊的影子，一個謎樣的人物。署古龍名的小說太多了，古龍一生究竟寫了哪些小說，哪些小說是真品，哪些是偽品，有段期間很少有人分得清。

這個原因，其實古龍自己是難辭其咎。

古龍是個浪子，有著浪子的任性和頹廢。在生活拮据之時，他就會自毀清譽——賣名。古龍的名字是個金字招牌。隨便什麼武俠小說，只要是署上了古龍的名，保證會「老母雞變成鴨」，銷路大增。

對於出版商來說，這是一件求之不得的大好事。

一九九〇年代大陸上流傳的古龍小說，起碼有一百好幾十種以上，其中許多是不法書商冒古龍之名製作的，也有少許是由於古龍的「賣名」造成的。

直到現在，古龍已去世三十幾個年頭了，但坊間書市偶而竟還推出各種古龍新書系列。古龍生前的版權早就賣光了。現在若仍有署名古龍的偽作，從法律意義上說，已不容許。經過了以鄭小龍為代表，整合了鄭小龍、葉怡寬、熊正達、古龍弟妹及陳曉林等人權益而組成「古龍著作管理委員會」的合法授權，大陸現行的「古龍作品集」（讀客版）終於清除了全部的偽作。

●古龍的生活怪癖

古龍天賦異稟，與常人不同，有很多特殊的怪癖。

古龍為人隨便，不拘小節，有浪子的落拓風度。

古龍常常穿西裝，但永遠不結領帶，別出心裁。

古龍的穿著上講究的是簡便舒適，以自適為度。

所以很看重形象的古龍在穿衣服上，從不去考慮什麼名牌之類，也不去趕穿著的時髦。

甚至古龍連衣服的質地是否高級也不講究。古龍認為穿著是純粹個人的事，為他人而打扮是最為愚蠢不過的了。

古龍的這種風範頗有魏晉風度，放浪形骸，不拘形跡。

晉人劉伶《酒德頌》就是古龍所欣賞的：「有大人先生者，以天地為一朝，萬朝為須臾，日月為扃牖，八荒為庭衢。行無轍跡，居無室廬，幕天席地，縱意所如。」

古龍常常這樣「幕天席地」，正如劉伶在家喜裸體一樣，古龍在家最愛上身赤膊，只留一條內褲，任性自適。

從這一點上，也可以看出古龍是一個絕對追求天性自由的人。

古龍寫作的習慣也很奇特。

作家東方新介紹古龍的這一怪癖時說：

古龍習慣在晚餐後到衛生間，把手洗得乾乾淨淨，然後用修甲工具把十個手指的指甲，一個一個剪得十分齊整。修指甲的時間，他在構思小說情節。女傭一見他修指甲，就知道他不會出去了，肯定會留在家裡寫稿子，於是趕緊到書房去把一塊黑板擱在地上，收拾好各種用具。古龍寫稿時有個特殊習慣，他不愛坐在書桌前，而喜歡坐在地上，用黑板當桌子，他覺得這樣就能靈感洶湧而來。

古龍走進書房，立即把衣服脫光，只留一條內褲。他認為這樣可以不受任何束縛，最自由自在。他看到黑板角上擺著煙灰缸和兩包「五五五」牌香煙，立即感到一陣衝動，飛快地啓開煙盒，取出一支煙點燃，然後左手持煙，右手握筆，寫個不停。格子一面接一面地爬，香煙一根接一根地抽，一個晚上，兩包香煙抽完了，一個精采的章節也寫好了。而平時古龍雖好酒，卻絕不抽煙，即使別人敬煙，他也不接。

倒是寫稿時，他又滴酒不沾，真是怪癖！

古龍寫作之前，也不是每次都像上面所說的「走進書房，立即把衣服脫光」，但古龍肯定會換上他自己認為最輕便、舒適的衣服，他認為這樣才能讓他的靈感毫不受障礙地流出。他的小說寫的是對俠之風流和自由的追求，所以他一定要讓自己放鬆，感到毫無拘束。

據說古龍有一盒很精美華貴的修甲工具，專門備來寫作前修他的指甲用。

古龍的書房與他的穿衣隨便相反，是頗為講究的。

他的書房佈置得很用心，漂亮而有書卷氣，牆上的字畫都出自名家手筆，題名都是稱兄道弟，可見古龍交遊之廣，名氣之大了，騷人雅士都爭相把他引為同道中人。

古龍的書房中除了字書外，還有古龍自用作調劑生活的玩意，高級的有HIFI錄放音機，錄放影機，電動遊戲機和西洋飛鏢。

古龍不喜歡古董，卻喜歡新奇的東西，這恐怕與他超人的創造力有關。

●古龍的寫作習慣

東方新說古龍寫稿時滴酒不沾，恐怕說得有些絕對。也許更準確的意思是說，古龍寫作的時候不喝酒或者很少喝酒而已。

關於古龍的寫作習慣，古龍的好友薛興國，卻有另外不同的描述。薛興國說，古龍寫稿的時候，必須要有三種東西：一杯白蘭地、一包香煙、一瓶綠油精。

古龍平常是不抽煙的，但是在寫作的時候，就會將綠油精抹在香煙的紙上面，點上火，吸入一口清涼的氣味，看著嫋嫋上升的白色煙霧，啜一口白蘭地，開始沉思，然後再下筆如有神的進行寫作。

一點點酒，一小杯白蘭地，也許是古龍寫作靈感的催化劑。

古龍一天寫作兩三個小時，寫作的時間不長，但他寫作的速度很快，據說一個小時能寫三四千字，也許這是古龍多產的原因之一。

不過，據薛興國說，古龍雖然寫作很快，但偶爾也會有一個小時連一個字也寫不出來的時候。

這樣的描述無疑是最為真實的，這是有過寫作經驗的朋友們，應該體會得到的事情。據說古龍寫不出東西來的時候，便會一個勁的抽煙，大口的喝酒。

那種內心的痛苦、猶豫和矛盾，那種冷暖自知的滋味，外人是很難領會的。

這時候古龍會做出許多怪癖的舉動，比如他會將耳朵貼在牆上，似乎在專注的聽冥冥中的什麼啟示，似乎他在與另一個世界上的幽靈溝通，似乎那堵毫無知覺的牆壁會告訴他，他的寫作應該怎樣進行。

古龍的寫作多數在下午，當然，習慣了夜生活的古龍，睡覺的時候不可能很早，第二天上午他也不可能很早起床。

往往是古龍頭天晚上喝酒，第二天上午睡懶覺。醒來後看看書，等到下午較晚的時候，他磨蹭一會之後，才開始寫作。

而他在寫作之前，似乎還要計畫晚上舉行一場什麼樣的聚會。有時候他的寫作還沒有進行，便會先打電話給朋友，約好朋友到家裡來找他，一起去喝酒。

等他將晚上的約會安排好了之後，他這才會靜下心來，奮筆書寫。等他寫完之後，他約的朋友已經在等著他了，於是他將筆一丟，和朋友出去，開始了歡樂的聚會。

此時的古龍完成了一天的寫作任務，心情更為放鬆，喝起酒來也更為帶勁。

古龍的這種寫作習慣、寫作方式確實是有些奇特。

薛興國說，因為這樣一來，古龍的寫作便有了壓力，有了壓力，古龍的文思便會向上湧，古龍下筆也會很順暢。

也許這是古龍的聰明之處，他知道自己性格上的懶散，知道自己內心那種猶豫和浪漫不羈的習氣，他巧妙的給自己製造這些壓力，逼著自己完成每天的功課，他許多的作品就是這樣完成的。不過，這種外在的壓力也不是一直都靠得住的。

有時候古龍任性起來，也會什麼都不顧的突然失蹤幾天，這才是古龍內在性格的真實流露。天大的事情先擺在旁邊，任性起來誰也拿他沒辦法。

當這樣的事情發生的時候，最叫苦連天的便是報社的編輯群。他們本來等著古龍交稿，特別是古龍的小說正連載的時候。報紙脫稿一天，對讀者也交代不過去。在這樣的情況下，編輯沒有辦法，只好找槍手，替古龍捉刀，而古龍自己則樂得偷幾天的清閒。

不過，並不是誰都可以代替古龍幫他當槍手的。

編輯找來的槍手，一定要經過古龍的同意。古龍雖然浪漫不羈，但他還是知道要珍惜羽毛，愛惜自己的名譽。別人代他寫作的那些文字，不能過分的失去水準。而且等他有情緒繼續寫下去的時候，才容易接手，不會出現不連貫的情況。

●藏書最多的時候達到幾萬冊

古龍的作風比較西派，但他骨子裡卻還是一個非常典型的舊式文人。愛酒和愛書，這是中國舊式文人生活中的兩件大事，古龍也是這樣。他縱情聲色之餘，並沒有將讀書荒廢下來。

古龍後來買書置業的時候，自己有一間很大的書房，他藏書最多的時候達到幾萬冊，古龍也以此為自豪。

古龍那幾萬冊藏書中，不乏精品，有許多古代的善本書，古龍對此非常珍愛，並不輕易示人。

古龍的書多，但他的藏書也非常雜，因為他是一個喜歡看雜書的人。據說他的藏書中，居然連天文台的日曆都有收藏，正所謂處處留心皆學問。

正因為古龍這樣不拘一格的閱讀方式，造就了他寫作的獨特才華，使他在他的武俠小說中，編織出一個精緻巧妙，甚至是真實可信的架空世界來。

古龍的書房中掛著一幅很大的條幅，上面書寫著「浪子」兩字，也許這是古龍的夫子之道。

「浪子」兩個字，確實可以概括古龍人生的大部分軌跡。他的生活是浪子的生活，他的內心也是動盪不安、漂泊不定的內心。

●喜歡書法和國畫

古龍武俠小說中的行文比較西化，他很注意吸收西方文化中的一些先進的理念，注重緊的貼近時代。但他自己的國學根基卻非常深厚，這從他熱衷於收集古代的善本就可以看出來。

同時，古龍也非常喜歡書法和國畫，他曾經拜台灣的著名畫家高逸鴻先生為師，學習畫畫。當然寫字繪畫，那只是古龍的業餘愛好。但古龍寫的書法，在當時的台灣，卻頗有人賞識，據說當時台北的幾家大餐館，不惜重金，請古龍為他們題字。

古龍的墨蹟現在已經成了瑰寶，為那些餐館確實收攬了不少生意。

古龍卻不輕易為人寫字，一般是他喝酒喝得高興，別人瞧準了機會，代他鋪好紙，磨好墨。等古龍興致來時，左手拿著盛滿酒的酒杯，右手拿著毛筆，信手而作。

據行家說，古龍寫的字，居然還有幾分獨特的風骨。

在古龍生活的最後一些歲月裡，因為生病住院，當然還有內心落寞的心情，這時古龍經常拿起毛筆寫字。

古龍的書房中，還掛著另外一幅字，上面有四個字：「緊握刀鋒」，這幅字是古龍自己寫的。

據薛興國回憶說，那是古龍第一次肝病吐血住院之後，古龍回到家中，將息養病，即時在書房中寫下的。對於這四個字，古龍自己覺得非常的滿意，所以他就叫人去裱裝起來，然後掛在書房的牆上，每日面對。

古龍寫出「緊握刀鋒」這四個字，很顯然是內心激情的一種催迫，在其中我們可以看到他不願對壓力屈服、堅持迎難而上的豪情，但同時也可以看出他內心的猶豫和不安。緊緊的把握刀鋒的邊緣，這需要膽識和膽氣，這需要有向危險挑戰的勇氣，這需要有一種深刻的人生洞察，一種藐視死亡的大無畏精神。

在古龍最後的那些歲月裡，他的內心依然是那樣的不平靜，他的激情焚燒到生命的最後一刻都還沒有停止。

●小賭怡情，賭品一流

古龍浪子行徑，好酒好色，但他卻有一個好處，他不喜歡賭博。

薛興國回憶說：

古龍不好賭，在家裡打打羅宋，也是十塊十塊的小玩玩。打麻將嘛最大是打三十、十塊。他最得意的是，有一回和倪匡等打十塊五塊的十六張麻將，打得一樣盡興愉快，誰贏了誰請客，贏的錢絕對連一道菜的錢也不夠。那一天是倪匡贏了一百多塊，輸家的古龍說，他要吃日本料理，說完就哈哈大笑起來，得意無比。

豪賭的場合，大概只有在過年的時候，影劇圈的朋友到他家，賭得才會比較大。大概是三四年前吧，古龍生日，邀了一票朋友到他家吃自助餐。

小賭怡情，大賭傷性，古龍賭博最多也是小玩玩，不過也有例外的時候：

朋友多賭起錢來還挺麻煩的，除了推牌九之外，鬧作一團的賭法就找不到了。可是推牌九輸贏又會很大。這個時候，古龍都會出來做莊。要不，朋友做莊就限定數目，不得超過三千等等。

吃飽以後，大家就玩牌九。玩了一半，他的好友王羽來了。進門第一件事，就是問自助餐花了多少錢，他說他要付，古龍不肯，幾經推辭，王羽也不堅持，就坐在牌桌上，那一晚，王羽輸了二萬給古龍，剛好是自助餐的費用。

古龍大俠身分，賭品很好，絕不賴帳。

●越是到節日，越是要找朋友聚會

古龍有許多怪癖，比如怕黑、怕高、怕孤單、怕寂寞。

越是怕寂寞的人，越是歡樂熱鬧。平時還好，一到了過節的時候，古龍就會變得緊張、有些神經質。

每逢佳節倍思親，過節的日子，本該是親人們聚在一起，盡享快樂的日子，但古龍呢？

古龍渴望親情，但因為早年生活受到的傷害，使他的內心扭曲，使他又逃避親情，節日古龍很少是在家裡和家人一起過的。越是到節日，古龍越是要找朋友聚會。為了怕找不到朋友，古龍甚至在節日的一個星期前就打電話和朋友約定好，一定要在過節的那一天在一起喝酒。到了過節的那一天，看到很多朋友都前來助興捧場，古龍便會變得非常高興。

古龍是在一九八五年九月廿一日辭世的。一向喜歡熱鬧的古龍卻在病房中度過了他一生中最寂寞的一個節日，就是中秋節。那時，他已經病得很重，在台北的中華開放醫院六樓住院。

這一天，雖然有很多朋友都帶了禮物到醫院去看望他，但最讓古龍感動的是當時《聯合報》綜藝組的主任唐經瀾為他帶去的一鍋雞湯，是唐經瀾自己家裡熬的一鍋雞湯。

還有那麼多人記得他，這讓古龍的心裡稍感安慰。

不過，沒有了往日那種歡樂的酒宴，那種放縱的狂歡，古龍還是很不習慣，他的情緒不能不變得低落，但他沒有辦法，這是多麼無可奈何的事情。

●懼高症和恐水症

天才的古龍還有其他的怪癖，這只有和他親近和瞭解的朋友才知道。

古龍有懼高症和恐水症，這顯然和他童年的創傷有深刻的聯繫。

有一次，一幫武俠小說作家相約去山中打獵，去登山遊玩，古龍死活也不願意去。後來實在推不過，去了之後卻找了藉口躲在車上睡大覺。第二天古龍勉強跟著大家上山的時候，卻遇到了一個吊橋。古龍硬撐著上了吊橋之後，一看到吊橋下的深淵，古龍的懼高症便一下子發作了，當場腿就軟下去，再也站不起來。

這時，他的這幫朋友才知道，古龍真的患有懼高症。古龍的這幫朋友七攙八扶，連忙把古龍弄過了吊橋，從此之後再不敢和他在這方面開玩笑了。

古龍患有恐水症，這是一次古龍醉後自己吐露出來的。他談到他小時候大概只有四五歲的樣子，他的父母吵架，父親拿他做出氣筒，把他高高舉過頭頂，要把他丟進河裡去，那一次把古龍嚇得差點癱了過去。

古龍自己分析，大概就是從那個時候開始，他患上懼高症和恐水症的。古龍自己知道這是一種病態，但他也沒有辦法。

天才的古龍，內心有許多不為人知的傷痛，他的那種怪癖，也只是他生命中痛苦的另一種表現而已。

●荒唐的減肥

梅寶珠絕然的離去，使古龍受到了很大的打擊。古龍內心的頹廢與日俱增，他變得更為任性，更為荒唐，他的那些天才的怪癖變本加厲、連續不斷的上演。

古龍消沉了很長一段時間，深居簡出，似乎厭倦了社交活動，在自我封閉的孤獨中反省、痛悔。

當有一天古龍突然出現在朋友們的面前之時，卻又讓朋友們大吃一驚，他的荒唐和任性又變了新鮮的樣子。

朋友們發現他瘦了，面容變得憔悴而疲倦，還有一些病倦之意。然而，古龍的興致卻非常高，他似乎變成了另一個人，重新活了過來。

古龍居然向朋友們宣佈和吹噓，他在減肥，他要過一種全新的生活，開始一種新的人生，而且他的減肥計畫似乎已經收到了效果。

與以前那個矮肥的古龍相比，古龍確實是瘦了一圈，古龍到底有什麼減肥的靈丹妙藥，或者找到了什麼奇妙辦法？但當朋友們知道真實情況之後，都不禁搖頭，不以為然。

古龍的怪癖越來越走極端了，為了減肥，他居然只喝酒，不吃東西，難怪古龍看上去氣色是那樣的差。

當朋友們勸說他，告訴他這種方法是完全行不通，完全不應該的時候，古龍卻有一套振振有詞的歪理。

他也知道喝酒不好，喝酒會傷身體，會傷肝，會降低人體的免疫能力。不過，他卻以為自己喝的不是一般的酒，他喝的是好酒。現在他已經不喝一般的酒，只喝他喜歡的酒——軒尼詩白蘭地。他認為這樣的好酒，本身就有豐富的營養，完全能夠滿足他身體的需要，不會像一般的酒那樣對他的身體產生危害作用。

這種幼稚的自欺欺人的想法和說法，本來完全是不值一駁，沒有任何道理可言。

古龍卻非常固執，顯然，那是他內心矛盾的交戰。

一方面他想擺脫那種頹廢病態的生活，想開始一種全新的人生。可另一方面，那種天才內在深刻的痛苦和寂寞，使他又完全擺脫不了對酒精的依賴。只喝好酒，他以為使他可以繼續依賴酒精的麻醉和刺激，又使他能心安理得。

聰明絕頂的古龍，在生活的常識和細節上卻表現得如此幼稚，朋友們也拿他沒有辦法。這分明是他離婚的後遺症。

靠飲酒來節食減肥，本來已經犯了大忌。而與此同時，在女色上的縱慾，使古龍的身體更快的虛弱下去。

古人說，酒是穿腸毒藥，色是刮骨鋼刀。古龍同時犯了兩大忌，他生命的火焰怎麼可能再像以前那樣熊熊的燃燒？

這種病態和怪癖的生活方式，很快就讓古龍自食苦果，他的身體日復一日的虛弱下去。他經常感到頭昏目眩，終於認識到了自己日常操練的那種怪癖，其實是在害自己。

古龍的那些朋友們看不過去了，開始嚴詞厲色的批評古龍，這才讓古龍逐漸醒悟，古龍荒唐的減肥就此才告了一個段落。

雖然古龍最終醒悟了過來，不過他的身體已大不如前。禍根已埋下，悲劇已注定發生。

●侮辱與藐視，古龍不會忘記

古龍說過，人類所有的情感中也許只有仇恨才是最不易擺脫的。

現在生活中的古龍，也同樣是一個愛恨極為分明的人。

對朋友，他有永遠的感激和真情的回報。但是對於他曾經受到的那些不公正的待遇，那些侮辱與藐視，古龍也同樣不會忘掉。雖然古龍心中有著最為深刻的仁慈和憐憫，但他絕不是一個沒有原則的人。

古龍還說過，仇恨是一株毒草，雖然能毒害人的心靈，卻也能將人的潛力充分發揮，使他的意志更堅強，反應更敏銳。

未成名之前的古龍，飽嘗了世事的艱辛，人情的冷暖。

在他奮鬥的艱苦道路上，也會遇到一些惡意的鄙視和嘲弄的眼光，這些對於古龍善感的內心，衝擊非常的強烈。

不過，也許正是因為這些痛苦的刺激，才使古龍更加的發奮，更加的堅強和有勇氣，使他走向了成功的巔峰。

香港有一家頗有名氣的報館《新報》，老闆是羅斌。羅斌是一個很有生意頭腦的聰明人，他的生意很成功，辦報紙賺了錢，後來又辦了一本《武俠世界》雜誌。這本雜誌銷量奇好，又賺了錢。

羅斌的生意越做越好，越做越大，後來又成立了電影公司，打算將生意做得更大。

羅斌確實是一個人物，他的電影公司開拍的第一部電影便是《仙鶴神針》，這部電影是改編於台灣著名武俠小說作家臥龍生的武俠小說《飛燕驚龍》。《仙鶴神針》首映之時，搞了一個首映儀式，宴請有名人士，當時台灣有名的武俠小說作家也被邀請了。

羅斌一方面是為自己的電影作宣傳，另一方面也趁此機會和武俠小說作家拉近關係，為自己《武俠世界》雜誌拉稿源。在這一次盛大的首映式舉辦期間，羅斌還和臥龍生、諸葛青雲等多位武俠小說作家簽訂了版權合同。

古龍當時還未成名，但也出版了幾部武俠小說，在圈子內也算混了個人頭熟，羅斌也將古龍請到了現場。

羅斌雖然請了古龍，卻沒有和古龍簽訂任何合同，似乎將古龍忘了，根本沒有將這位天才的武俠小說作家放在眼裡。

盛況空前的聚會中，可以想像，古龍那超級敏感的內心受到了多麼大的傷害。眼看其他的作家是如此的風光，而自己又是如此的備受冷落，古龍的內心真是氣憤極了。他冷眼旁觀，控制著自己，沒有將自己憤怒的情緒表現出來。

這件事情，雖然在羅斌來說也許只是無意的，但對古龍卻感覺是受了莫大的侮辱，他絕不會原諒，也不會忘記。

古龍暗中下定決心，一定要發奮成功，一定要混出個樣子給那些小看他的人瞧瞧。

時過境遷，古龍果然實現了他的願望，他開始大紅大紫起來。不知不覺之中，古龍已經成為台灣武俠小說第一人。古龍成名之後，羅斌並沒有意識到當初他對古龍的傷害，還多次上門拜訪，向古龍約稿，希望能夠得到古龍的作品。

現在是古龍揚眉吐氣的時候了，他的報復非常巧妙，也非常有風度。

羅斌前來找他，他總是客客氣氣的，他還經常和朋友一起與羅斌喝酒、夜飲，但繞來繞去，古龍卻從來不落在實處，總是找藉口推託，就是不將自己的作品交給羅斌出版，不將自己作品的版權賣給羅斌，直到後來羅斌鄭重道歉為止。

對於冷遇和不公平對待過他的人，古龍決不會原諒，這只是其中的一個例子，這樣的事情其實還有很多。

在古龍成名前，一次在和朋友的聚會上，座中有一位小有名氣的大學教授。那位教授自視清高，看不起武俠小說，不屑與古龍為伍。

當古龍向他敬酒之時，他竟斷然拒絕，給了古龍一個冷臉。

這位教授的舉動確實有些過份，當時在場的朋友都有些看不過去，古龍卻一笑了之，表面上沒有追究，但內心受到的傷害和憤怒，卻是誰也沒有想到的。

後來當古龍功成名就之後，那位教授卻想來巴結古龍，托了古龍的朋友李氏夫婦來找古龍，賠禮道歉，希望和古龍和好。但古龍怎麼可能忘記那種恥辱給他帶來的傷害？無論朋友們怎麼勸說，古龍就是不肯原諒那個教授。

這種事情其實還算溫和的，古龍甚至還有一些做得更為過分的地方。

在古龍成名前，曾經受到過一位姓卓的花花公子侮辱，古龍發誓不會原諒這傢伙。

後來古龍在寫武俠小說之時，許多反面人物，如一些妖道、採花賊，古龍都以卓姓來命名。

圈內的朋友一看到這部小說，就知道這是古龍在報復和嘲弄姓卓的花花公子。

朋友們看到古龍做這樣的事情，又是好笑，又是好氣。

不過，話又說回來，誰讓當初那個姓卓的花花公子去招惹古龍、侮辱古龍呢？

●一意孤行的「犯忌」

古龍大紅大紫的時候，錢賺得太容易，真可以說是日進斗金。不過，古龍的花銷也是相當的大。揮金如土，毫不節制，那種浪子的性格暴露無遺。一個人有了名有了錢，身邊總會出現一些混吃混喝、吹牛拍馬的小人，那些不良朋友的引誘，更易使古龍胡亂花銷，不把錢當錢用。

有時候心血來潮，一天晚上古龍可以為一個女人花掉半部書的稿費。古龍的這些行為舉止讓古龍的那些真正的好朋友們看得心痛不已，搖頭不止。

真正關心古龍的那些朋友，如李氏夫婦等，這時對古龍提出了勸告，希望他眼界放長遠一點，學會節制、積蓄和投資。花無百日紅，如果他現在不知道節制和積蓄，一旦他不再像現在這樣大紅大紫，賺錢不再這樣容易，那時後悔就來不及了。

對於李氏夫婦這樣知心的朋友的話，古龍還是能聽進去幾分的，他果然動起了買房買車的主意。那時古龍還在租房住，租房交房租的開銷，不僅是無底洞，而且房租也很貴。

正好那時古龍對新婚的妻子寶珠正寵愛有加，再加上寶珠不斷的在枕邊對古龍吹風，要他置業安家，圖個長久之計，古龍這才動了心。

古龍花了大價錢，去買了一套豪宅。買房子總是一件正經事，朋友們鬆了一口氣，古龍總算聽了大家的勸告。不過，古龍的天才怪癖，在房子的選址、建造和裝修上面卻非常別出心裁，又讓很多人搖頭不已。

台灣的一些文人們總喜歡談玄，特別是在古龍四十八歲時英年早逝之後，有關古龍購買這處房子不吉利的話更是非常的流行。

竟然有這樣的說法，說古龍買房子買得不對，沒有看好風水，他房子的選址居然是風水書上所說的「三煞地」。

這本來是一件令人忌諱的事情，古龍對此卻毫不在乎。對這些迷信的一套，古龍是看不上眼的，但古龍死後，這種謠言卻流傳了出來。

謠言說古龍的房子不僅位於「三煞地」，而且裝修的時候為了安全起見，古龍自行設計，將房子裝修得與外界完全隔絕，因此吸收不到天地之靈氣，日月之精華。

文壇上便傳說這是古龍犯了兩大風水的忌諱，古龍後來才倒了楣。

這樣的傳說根本是無稽之談，不過，從另外一方面我們卻看出，古龍天才浪子的性格是一意孤行，絕不聽人勸說的。他自己看定的事情，根本不願顧忌別人的想法，他相信自己的頭腦，相信自己的判斷。

古龍不僅買了房，而且還買了車。

古龍買了一部六門大禮車，那種高級大型的轎車，即使在美國，也只有少數的大老闆才會購買使用。古龍居然做出了如此暴發戶般的舉動，其實只是因為心血來潮。

其時古龍已經功成名就，事業蒸蒸日上，日進斗金，錢似乎根本花不完。他的那一幫酒肉朋友便給他出餿點子，慫恿他去買六門大禮車，以體現他功成名就的身分。那時恰好有一部六門大禮車要拍賣，那些朋友拉著古龍前去看看。不料這麼隨便一看，竟讓古龍一時衝動，做出了購買這部大禮車的決定。

說實話，這部六門大禮車確實非常氣派、豪華，六扇門，三排坐，超長度，裡面居然酒吧、廁所齊全。古龍一看之下，心中對那六門超級豪華的大禮車便有所觸動，再加上那些酒肉朋友的慫恿，他便當場決定買下了這部車。

古龍的任性由此又可見一斑。

這種車其實根本不適合他，而且說實話也太奢侈太騷包了。而且古龍還為了這部六門大禮車請了專門的司機，租了專門的停車房。據說古龍那時在這部車上的費用每日居然達到三千台幣以上。

天才的古龍，居然也有這種無聊淺薄的虛榮心。

古龍他哪裡是真正覺得這部六門大禮車好，只不過是想向別人炫耀，顯示他此時非同一般的實力，那是其他的武俠小說作家不能和他相比的。

古龍四十八歲過世之後，有關這部大禮車又出現了一種荒誕的謠傳。

有人說這部大禮車是一部不吉祥的車輛，古龍之所以早逝，之所以倒楣，其實是買車買錯了。

據說這部六門大禮車在古龍購買之前，原來是一家水泥公司的老闆所購買的。那位老闆也是一位非常有錢有勢力的大老闆，在他購買這部六門大禮車之前，身體本來很好，可當他付清了購車的鉅款之後，卻突然發病，不治身亡，那位大老闆甚至連一次都沒有來得及享受他的大禮車。

而且重病之時那位水泥公司的大老闆，從樓上的窗戶中看到停在樓下的六門大禮車，忍不住感歎：「這麼一輛長長的車子，只能運我的棺材用麼？」

最後確實是這樣，那位大老闆很快死去，他的親屬為了滿足他的願望，真的是用這部車運走了他的棺材。

此後，那位大老闆的兒子接管了公司，但他已經將這部六門大禮車視為不吉祥之物，拒絕使用，於是才將這部大禮車進行了拍賣。

當然古龍買下這部六門大禮車時，並不知道這裡面居然還有這樣一件離奇的故事。

雖然關於這部六門大禮車的傳說無法確證，但不管怎麼樣，古龍購買這部六門大禮車確實沒有必要，確實不應該，是多事之舉。難免又有許多人看不順眼，要講他的壞話。

●朋友們學會容忍古龍

古龍天才的怪癖和任性，他的朋友們已經習以為常。

愛戴、敬佩他的那些朋友，免不了有遷就古龍的時候，特別是古龍成名之後，他的任性也變得變本加厲。當他敬朋友們酒的時候，朋友們是不可能說不的。有時候朋友們對待他，就像對待一個被寵壞的孩子。

除了像李氏夫婦那樣的朋友能夠管一管古龍，勸一勸古龍，其他的許多朋友都知道古龍是不能勸的，古龍的事情勸也沒有用。

當那些朋友越來越認識到古龍的天才的時候，對古龍越來越充滿了敬意和憐惜的時候，他們對古龍的理解和諒解，也就更加的深刻。

有些朋友甚至在背後說，古龍喜歡做什麼，就讓他去做吧，只要他還能寫東西，還能為這個世界留下天才的文字，這一點才是最重要的，其他的一切都已經無關緊要。對於天才的怪癖，能包容能接納的時候就儘量的去包容去接納，不要去大驚小怪。

不過，在古龍生命中的最後幾年，古龍的心性也改變了許多。梅寶珠的離去，吟松閣風波，這些重大事件的發生，似乎使古龍變得稍微清醒了一些，對人生和社會的認識也更現實了一些。

當朋友們學會容忍古龍的時候，古龍也學會了容忍朋友們的苦心，他在為朋友們改變，為朋友們盡可能做得好一些。

●一生要求新求變

文學是古龍一生追尋的目標。

古龍雖然寫武俠小說出了大名，即使這樣，他還是秘密地因為自己的成名不是因為寫純文學得來的而引為憾事。

武俠小說的地位，在當時的確是不入自命高雅人士之目，武俠小說的文學價值也因為世人的偏見而往往受到忽略。古龍很希望通過他天才的努力來改變這一事實，因為這樣也可以釋解他內心的文學情結。

古龍成功之後，大量作品被搬上了影視。

有一天，古龍在台灣電視公司看由他的小說改編的戲。

古龍的交遊很廣，和這些排戲的演員都很熟。其中有一個朋友，既是演員，也是一個優秀的劇作家，優秀的導演，而且這位朋友還執導過一部出色而不落俗套的影片，得到過不俗的好評。

也就是說，這位朋友是文化精英層人物，很有智慧，很有文學修養。

這位朋友突然對古龍說：「我從來沒有看過武俠小說，幾時送一套你認為最得意的給我，讓我看看武俠小說裡寫的究竟是些什麼。」

古龍笑笑。

古龍只能笑笑。

古龍的這一笑中包含了自嘲，無奈，寬解，甚至還有了一些辛酸。

古龍當然懂得這位朋友的言外之意。

這位朋友認為武俠小說並不值得看，現在要看，只不過因為古龍是他的朋友，他有點好奇罷了。這位朋友根本就沒有看過武俠小說，根本就不知道武俠小說寫的是些什麼。他嘴裡說要看看，其實心裡卻早已否定了武俠小說的價值。

古龍後來說他並不怪這位朋友。

古龍說，我不怪他並非因為他是我的朋友，而是因為當時的武俠小說本身的確有叫人瞧不起的地方。老模式，老套路，閱讀上的簡單，境界上的缺乏，當然那些精英文人就不屑於去看了。

古龍雖然說不怪這位朋友，但這種事對他的刺激很深，也可以說是很傷了他的自尊心。

古龍暗暗下了決心，一定要把武俠小說寫得更好、更絕，讓這些有偏見的人，最終沒有話說。

這也許是古龍一生永不停止的「求新求變」的動力之一。

又有一次，古龍遇見了一個他很喜歡的女孩子。

當這位女孩子知道了古龍是個「作家」時，她的眼睛裡立刻發出了光，充滿了敬慕的激情。

這位女孩子馬上問古龍：「你寫的是什麼小說？」

古龍幾乎被難住了，他又感覺到了一種難以言傳的羞辱和隱痛。

古龍承認自己有過說謊的時候，但他卻不願在他喜歡的人面前說謊。

古龍後來說：「因為世上絕沒有一個人的記憶力能好得始終能記得自己的謊言，我若喜歡她，就難免要時常和她相處，謊言就一定會被拆穿。」

古龍實在不願意在這個漂亮女孩子面前，說自己寫的是武俠小說，但他還是承認了。

古龍說：「我寫的是武俠小說。」

這一句話果然印證了古龍隱約的憂慮和痛心。

這位漂亮女孩子聽到古龍這麼一說之後，眼睛裡的那種興奮而美麗的光輝立即消失了。

古龍甚至不敢去看她，因為古龍早已猜出了這位漂亮女孩子會有什麼樣的表情。

這位漂亮而聰明的女孩子後來當然發現了古龍的失落感，於是她才帶著幾分歉意告訴古龍說：「我從不看武俠小說。」

古龍卻無言以對。

直到後來古龍與這位女孩子很熟之後，古龍才敢問她：「你為什麼不看武俠小說？」

這位女孩的回答使古龍很意外。

她說：「我看不懂。」

古龍對這個回答想了很久，才想通那女孩的意思。她看不懂的是武俠小說中那種「自成一格」的對話，那種繁複艱澀的招式名稱，也看不懂那種四個字一句，很「古風」的描寫字句。

這位女孩感到奇怪，武俠小說為什麼不能將文字寫得簡單明瞭些？為什麼不能將對話寫得比較生活化些，比較有人味些？

古龍只能解釋：「因為我們寫的是古時的事，古代的人物。」

她立刻追問：「你怎麼知道古時的人說話是什麼樣子的？你聽過他們說話嗎？」

古龍怔住了，不能回答！

這位女孩又說：「你們難道以為像平劇和古代小說中那種對話，就是古代人說話的方式？就算真的是，你們也不必那麼樣寫呀，因為你們寫小說的最大目的，就是要人看。別人若看不懂，就不看，別人若不看，你們寫什麼？」

她說話的技巧並不高明，卻很直接。古龍認為，她說的道理也許並不完全對，但至少有點道理。

寫小說，當然是給別人看的，看的人越多越好。

武俠小說當然有人看，但武俠小說的讀者，幾乎也和武俠小說本身一樣，範圍太窄。不看武俠小說的人，比看的人多得多。

這件事對古龍的觸動非常深刻。

古龍想通了這裡面的道理，他如果要爭取更多的讀者，就要想法子使不看武俠小說的人也來看武俠小說，想法子要他們對武俠小說的觀念改變。

所以古龍必須要求新、求變。

第七章 飲者留名

●兒須成名酒須醉

古龍的天才和恣意，有如唐詩中的李白。古龍的性格也有很多方面與李白相似。

李白性豪爽，喜說劍，更喜在詩中寫劍客俠士。

古龍也是一個豪氣干雲的大俠。

古龍和李白最相像的地方無疑是好酒一途。

李白斗酒詩百篇，古龍也是嗜酒好命，下筆千言。

古龍好酒的地步，到了無以復加的地步。

後期的古龍一頓能喝上七八個小時，飲酒時間遠多於寫作時間，已是到了酗酒的地步而不能自拔。

嗜酒最後成了古龍的悲劇。

李白最後是醉酒墜江而死，古龍也是差不多，因飲酒而英年早逝，乘酒歸去，古龍簡直就像是李白的轉世投胎。

古龍成名之後，幾乎每天是無酒不歡，而且都不是喝一點，而是無醉不歸。

在《大地飛鷹》中，古龍借小方之口唱道：

兒須成名，酒須醉……

很有英雄落寞的意味，正是他自己的寫照。

古龍很好客，他的好客還是他喝酒的一個藉口和理由。

他藉口的理由，便是要客人陪他喝上幾杯。

古龍好酒，卻又天生海量，常常把客人灌醉，自己則喜形於色。

古龍是一個寂寞的浪子，內心無數情結無以排遣，連寫作也不能充分排遣情懷。

也許是因為酒能使他忘憂，忘記內心的痛苦和寂寞，他才這樣沉迷於酒。

燕青在一次談到他初次見到古龍之時，有這樣對古龍飲酒的描述，可以幫助我們對飲酒的古龍之理解。

與古龍相識，已有許多年了！初見古龍之時，是陪一位香港出版家到台北去，由於這位出版家經常介紹台灣武俠小說的版權到香港，十幾位武俠小說家聯合作東道主，在梅子餐廳吃宵夜，我也添陪末席。

在這一群武俠小說家中，有諸葛青雲、臥龍生、蕭逸、孫玉金、高庸、憶文、曹若冰、慕容美等等。他們在席上談笑風生，語驚四座，有一個人卻默不作聲，只是酒來必乾，自得其樂。這個沉默的人，引起我的注意，因為他長得五短身材，卻是頭大如斗。尤其是喝酒時，頭一仰，便是一杯，那種豪邁酒量，使我看得暗暗心驚。

●第一次大醉的情景

還是在少年的時候，古龍就養成了結交朋友和喝酒的習慣。很多年以後，古龍還能隱約記得他第一次喝酒大醉的情景。

那時海闊天空，古龍已經有了無窮的夢想，已經有了指點江山激揚文字的豪邁情懷。友誼和交友妝點的青春，使青春變得更加美麗。

有一天晚上，古龍和朋友們聚在一起。是什麼緣由使他們聚在一起，古龍已經記不起來了，他記得的只是那種青春和歡樂的情緒。青春的豪情需要燃燒，在這時候酒應當是一種適當的催化劑。總之一句話，同學們聚在一起，提議要喝酒，而且要喝個痛快。

古龍第一次的豪飲就此開始了。雖然那個時候古龍很窮，而且他的那些同學也不可能有什麼錢，但要喝酒，大家總歸有辦法。

酒量是不是天生的，是不是不需要學習？

第一次喝酒雖然只有五六個人，每人都去想辦法找酒，最後居然拿來了七八瓶不同的酒，所以酒的種類也是五花八門，有國產酒，有西洋酒，有紅露酒、烏梅酒、老米酒，雜七雜八，反正是一大堆。他們又用有限的錢，去買了一些廉價的大眾食品，如鴨頭、鴨腳、花生米、豆腐乾，最簡單的酒宴卻製造了最歡快的氣氛，他們在一起熱烈的交談、討論，暢談人生理想，對未來滿懷朦朧的憧憬。

在那個時候，誰能想得到古龍會成為天才的武俠小說大作家呢？

雖然是第一次喝酒，古龍的好酒和善飲就已經初露苗頭。他們先是在古龍的同學用一百二十元錢租來的小破房子裡喝，等喝到差不多有七、八分酒意的時候，情緒更加的高漲和熱烈，又轉移了陣地，到淡水河邊的防波堤上去喝。

古龍還記得那一天晚上，沒有月亮，滿天的繁星，天空深遂而遙遠，他們提著酒瓶，躺在冰冷的水泥堤上，躺在閃爍的星光之下，感受著海風那清涼的吹拂，遙望著海浪優美而輕柔的搖動，聽著海濤輕拍堤岸的美妙聲音。

他們繼續喝著酒，把酒瓶輪流傳遞，一人喝一口，一輪一輪的傳遞下去。

古龍回憶當時他們幹了一件荒唐的事情，他們喝醉的時候，居然開始比賽放屁，誰要是放不出屁來，誰就要被罰喝一大口。

隨時都能夠把屁放出來，絕不是一件容易的事情，能夠這樣做的似乎只有武俠小說中的高手。比如金庸的武俠小說中的歐陽鋒，打賭打輸了，便會使用自己的高明內功，放出一個屁來。

但讓古龍他們想不到的是，他們之中的一個同學，竟然身懷如此的絕技，說放就能放出來，而且絕對沒有一點拖泥帶水的情況發生。

古龍回憶說，那個同學拚命放屁，他們就只有拚命喝酒。那一天他們酒喝得痛快的要命，但第二天也難受得要病。

醉後難受的感覺，古龍在許多小說中都提到過。

古龍說：「通常只會感覺你的腦袋比平常大了五六倍，而且痛的要命，尤其是在第一次喝醉的時候，更要命。」

這是古龍少年時一次很獨特的經驗。酒醉難受的感覺早已過去，往事也是渺不可追，但那一天晚上的歡樂和友情，那一天晚上的海浪和繁星，古龍卻永遠都不會忘記。

「好像已經被小李的飛刀刻在心裡，刻得好深好深。」

不如意事十常八九，人生的苦難已經夠多了，為什麼還要自尋煩惱？這就是古龍從此之後一直沉醉在酒中，如此好酒的原因。

這個世界是沒有意義的，人活著必須自己給它尋找出意義來。

古龍絕不自尋煩惱，當他對世界進行徹底的洞察和把握之後，他便率性而為，試圖達到一種徹底的自由。該歡樂的時候便歡樂，今朝有酒今朝醉，痛苦的往事把它放到一邊，只要有朋友，有友誼，人生就還會有希望。

古龍是這麼說的，也是這麼做的。

●古龍被酒和女人所誤

古龍愛美人。

古龍也愛酒。

酒和女人都是古龍的風流，也是他致命的弱點。

酒能娛人，更能誤事。

古龍被酒和女人所誤，讓人痛惜。

且不說古龍的飲酒影響他的創作，對於他的身體更是一劑毒藥。

古龍軼事中有名的吟松閣風波，就是因酒誤事。

著名武俠小說評論家江上鷗先生介紹古龍的「吟松閣風波」時說：

「古龍嗜酒如命，發展到後來，便常常酗酒。朋友知道古龍善飲，邀古龍到吟松閣酒樓，杯斟樽滿，酒菜擺開，喝個高下。古龍去了，他心高氣傲，覺得拚酒乏味，於是拒絕，朋友覺得不夠面子，一言不合爭吵起來，對方拔刀便刺，古大俠在書中雖然叱吒風雲，面對鋼刀卻無了套路，臂上中刀，鮮血直流。」

吟松閣風波的發生在肉體上沉重地打擊古龍，使古龍幾乎為此送命。而其時，梅寶珠與古龍離婚，古龍拍《劍神一笑》又賠了錢，心靈也受重大創傷。如此一來古龍是身心受傷，身心俱疲，事業上的下滑路更剎不住車了。

台灣作家林清玄寫了一篇文章，記載了古龍吟松閣風波之後那段時間走的人生下坡路。這篇文章叫〈他的心被砍了一刀〉。

文章寫道：

幾年前，他在吟松閣被砍了一刀，腕上鮮血，如泉噴湧，一個人身上有兩千八百ＣＣ的血，他竟噴掉了兩千ＣＣ，躺著的時候，聽到醫生說：「可能沒救了，我們盡力試試。」

不久後，他的心裡被砍了一刀，妻子帶著小孩離開，古龍如同死過一回，他說：「每天好不容易回到家裡，總是轉身又出去，每天做的只有一件事：喝酒！」

吟松閣風波差點要了他的命，而離婚也幾乎使古龍一蹶不振。

一位朋友來看望古龍，古龍卻撩起腕上一道鮮紅的刀痕，哈哈大笑，說：「我受傷的時候，家裡賓客盈門，朋友都來看我，真是一段快樂的日子。」

古龍真的快樂嗎？只怕他只是說說而已。

這是古龍特有的風格，任何事成為過眼雲煙，在他也只是一杯酒，一串笑聲。

有人說能把這些事看淡，是一種藝術。

古龍就是這樣的藝術家。

●北投吟松閣，古龍血濺當場

一九八〇年初秋的一天，古龍在北投吟松閣挨刀受傷，這就是有名的「吟松閣風波」。這件事第二天就上了報紙頭版頭條，標題便是「北投吟松閣，古龍血濺當場」。

那時的古龍已經是大名人，古龍出這樣的事情，媒體當然要熱炒一般，而讀者對此也津津樂道，樂此不疲。

新聞捅了出來，標題也聳人聽聞，但內容卻並不詳細，只是報導了武俠小說大作家，當時的寶龍影業公司的老闆古龍，和他的朋友在北投吟松閣飲酒尋歡之時，與另一個電影公司的男星發生了衝突，古龍被刺傷，胳膊上的大動脈血管破裂，當場昏死，如此等等。

一時間古龍的吟松閣風波一事被炒得沸沸揚揚，其實那件流血事件的發生卻真的有些莫名其妙，真的有些不值。

新聞報導中的那另一個電影公司的男星姓柯，其實就是台灣著名的影星柯俊雄。古龍和柯俊雄也是朋友，其實並沒有矛盾，問題的出現，其實是緣於古龍身邊的那一幫酒肉朋友，還有柯俊雄手下的一幫朋友。

當時大家酒都喝得很多，情況的發生完全是意想不到的，一些毫無意義的爭執，一些沒有任何實際意義的吵鬧，衝突便莫名其妙的發生了。

向古龍動手的確實是柯俊雄手下的那幫人，但據說後來才發現，那人根本和柯俊雄不認識，只不過是他手下朋友的朋友，是跟出來白吃白喝的，完全是一個江湖中的小混混。

越是這種不入流的小混混，越是想在這種場合下表現一下自己。以為老闆看著古龍不順眼，小混混二話不說，上去就給了古龍一刀。當然，這或許只是柯俊雄方面的推諉之詞。

所以整個事情的發生非常的無聊，非常的莫名其妙。但重要的是那一刀正好刺在了古龍手腕的大動脈上，古龍頓時血如泉湧，昏倒在地。那個江湖小混混見了事，立即便丟下刀，逃之夭夭。

柯俊雄見古龍倒在血泊之中，真是吃驚萬分，當時，古龍的徒弟連忙為古龍包紮傷口，並派人聯繫救護車，將古龍送往醫院。

這一次古龍真的是在地獄門前走了一遭，他失血過多，差一點就沒有救了。

〈古龍大事紀〉：十月廿二日，夜飲吟松閣，因敬酒問題遭友人柯俊雄的食客砍殺手臂，一度性命垂危。雙方一度動用幫派關係圍事，後經牛哥、牛嫂等人居間協調而和解。

●古龍不能不買牛嫂的帳

這次血案的發生，雖然柯俊雄聲稱自己非常的無辜，但動手的畢竟是他帶來的那一幫酒肉朋友，這一下柯俊雄惹上了麻煩。而且警方也介入了此事，給柯俊雄施加壓力，讓柯俊雄交出巨額保費，隨時聽候傳令，甚至連他的自由也被限制，不能離台出境到香港拍片。

惹上了這麼一場大禍事，柯俊雄當然是非常的著急。

不過，解鈴還需繫鈴人，要想這件事平安解決，當然還要古龍發一句話，要請古龍原諒。但古龍吃了這麼一個大虧，捱了這麼一個大苦頭，一口怨氣豈會不出在柯俊雄的頭上。

柯俊雄沒有了辦法，著了急。柯俊雄在台北也是一個場面上混得開的名人，於是便請出圈內有頭有面的朋友，尋找各種關係，希望能勸說古龍回心轉意，放他一馬。

古龍這一次的氣卻很大，他乾脆閉門謝客，連人都找不到，根本沒有和解的意思。

最後，終於有人給柯俊雄出了主意。

在古龍身邊的圈子裡，有誰能勸得服古龍？當然只有李費蒙夫婦。圈內人都知道，古龍是什麼人的帳都不買的，唯有李費蒙夫婦的帳他是要買的。

柯俊雄便託了人，親自到李費蒙府上拜訪，希望李氏夫婦能幫他這個忙。

李氏夫婦是爽快人，歷來都是古道熱腸，看到這樣的情況，瞭解了事情發生的大致經過，也明白這其實也不是什麼大不了的事，於是便答應了柯俊雄幫他調解。

牛嫂──「古龍的媽」便找到古龍，勸說古龍，對他分析了其中的厲害關係。

古龍也已是江湖中的一個大俠了，應該明白冤家宜解不宜結的道理。賭氣認死理，對自己是沒有任何好處的。得放手時且放手，要給別人留一條路，這對自己也是有好處的。

牛嫂確不愧是「古龍的媽」，幾句話一說，便將古龍說得心平氣和。

古龍不能不買李夫人的帳，畢竟，在這個世界上，李氏夫婦是最親近最真誠的朋友和恩人。最後古龍長歎一口氣，同意和解，委託李氏夫婦處理這件事情。

而事情都是兩方面的。一方面是古龍買李氏夫婦的帳，另一方面也是李氏夫婦真心對古龍好，給古龍一個台階下，李氏夫婦其實也是真心在幫古龍的忙。

一九八五年古龍去世之後，台灣的報紙連篇刊登了紀念古龍的專刊，其中有一篇報導，標題是「掀起豪情，文藝圈陪思前緣」。這篇報導中，有記者採訪了古龍生前的好友，其實也是古龍寫作上的前輩諸葛青雲。

諸葛青雲曾經說了這麼一句話：古龍假如死過一千次，牛嫂一定救過他九百九十九次。

這句話雖然有些誇張，但也充分說明任性的古龍，不知道闖過多少禍，也不知道有多少次是李氏夫婦幫他擺平的。

吟松閣風波之後，古龍好一段時間沒有恢復過來。

後來古龍的弟子丁情回憶說：

古龍在北投吟松閣挨刀受傷後，給逞強好勝的古龍無疑是沉重的打擊，加上連續的婚變，使古龍的心情產生極大的轉變。他經常借酒澆愁，成箱成箱地買酒，大把大把地花錢，生活上時常拮据。他輸血無度，竟致患肝疾。他時常想念離去的妻兒，他對人好的時候，恨不得將所有的家產、把整個心都掏給你。可是脾氣上來，卻砸東西，打人，讓你又難以忍受。

●古龍喝酒也忘不了武俠小說

古龍雖然是浪子，有內心寂寞的一面，但他的交遊還是很廣泛的，當然這與他的巨大名望有關。

許多初次見面或仰慕古龍而來的後輩，談不上與古龍有什麼交情，但是只要古龍高興，就非要留客不可。如果別人不好意思留下的話，古龍會代客人找很好的理由，這個理由就是：要客人陪自己喝酒。

古龍家裡的酒宴不斷，未離婚時，太太也常年準備一些拿手的小菜，以供留客下酒用。古龍家裡的酒宴都是很熱鬧的。喝酒，划拳，還行酒令，做遊戲。行酒令做遊戲，有時還會啟發和觸動古龍的靈感。

古龍在寫《風鈴中的刀聲》之前，就行過和他的小說有關的酒令。

有一夜，很多朋友在古龍家喝酒。其中有作家、有導演、有明星、有名士、有美人，甚至還有江湖豪客，武術名家。

古龍提議玩一種遊戲，一種很不好玩的遊戲。古龍提議由一個人說一個名詞，然後每個人都要在很短的時間裡，說出他們認為和那個名詞有關的另外三個名詞。

譬如說，一個人說出來的是「花生」，另外一個聯想到的三個名詞就是「吉米・卡特」、

「青春痘」、「紅標米酒」。

那一天古龍提出的是：「風鈴」。

大家立刻聯想到的是：秋天、風、小孩的手、裝飾、釘子、等待、音樂匣、悠閒、屋簷下、離別、幻想、門、問題、伴侶、寂寞、思情、警惕、憂鬱、回憶、懷念……

在這些回答中，有很多很容易就會和風鈴聯想到一起的，有一些回答卻會使別人覺得很突兀，譬如說釘子。

「你怎麼會把釘子和風鈴聯想到一起？」

古龍問那個說出這個答案的人。

這一次那人的回答更絕：「沒有釘子，風鈴怎麼能掛得住？」

小孩的手呢？小孩的手又和風鈴有什麼關係？

回答的人說：「你有沒有看見過一個小孩在看到風鈴時不用手去玩一玩的？」

「你呢？」他們問古龍：「你對於風鈴的聯想是什麼？」

「我和你們有點不同。」古龍說：「大概是因為我是一個寫小說的，而小說所寫的總是人，所以我對每一件事情每一樣東西聯想到的都是人。」

「這次你聯想到的是一些什麼人？」

「浪子、遠人、過客、離夫。」古龍突然又說：「這次我甚至會聯想到馬蹄聲。」

「馬蹄聲？風鈴怎麼會讓人聯想到馬蹄聲？」

古龍給他們三行在新詩中流傳極廣的名句：

「我達達的馬蹄，

是美麗的錯誤，
我不是歸人，是個過客。」
對酒當歌的時候，古龍還念念不忘他的武俠小說，所要呈現的詩意。
古龍的一生，就獻給了武俠小說的事業，武俠小說已成為古龍生活不可分割的一部分。

●古龍的酒量到底有多大？

古龍好酒，古龍天生海量。
可是古龍的酒量到底有多大呢？
據古龍的朋友介紹，當年古龍如錚錚鐵漢子一般，一口氣可以喝上一整瓶的白蘭地。
古龍一次最多能喝多少酒呢？
古龍自己說：
「我喝得最多的一次，是一夜裡喝了二十八瓶白蘭地，但不是我一個人喝，是五個人一起。」
那麼就是一個人平均喝了五瓶白蘭地了。但對於與古龍相熟識的朋友來說，這也不是一個大數目。古龍過去在身體好的狀態下，平均每天都要喝兩瓶。後來古龍的酒量當然下降了，這個原因也是可想而知的。
這一點古龍自己也有說法：
「我的身上有兩千八百ＣＣ的血液，在吟松閣一刀以後，恐怕有兩千ＣＣ是別人輸的血，別人的血怎能像我一樣會喝酒呢？」

這當然是古龍解嘲的說法，真正的原因當然是他的身體已經大大不如從前了。

古龍飲酒無醉不歡，他當然最瞭解醉的感受。

他在小說中也經常非常傳神逼真地寫到酒醉的感覺，絕不像一般作家的膚淺輕易之談。

《碧血洗銀槍》中有這樣的描寫：

「玉玲瓏同意道：『有的人一喝醉就會胡說八道，亂吵亂鬧，有的人喝醉了反而會變成了木頭人，連一句話都不說，有的人喝醉了會哭，有的人喝醉了會笑，我覺得很有趣。』

「她忽然問馬如龍：『你喝醉了是什麼樣子？』

「『我不知道。』他是真的不知道，一個人如果真的喝醉了，記憶中往往會留一大段空白，醒來只覺得口乾舌燥，頭痛如裂，什麼事都忘了——把不該忘的事全忘了，應該忘記的事也許反而記得清清楚楚。」

古龍當然是切身體會這種宿醉的可怕，所以才寫得這樣傳神。

在《歡樂英雄》中，有一段古龍寫各種醉態，也是因為他的經驗而來：

郭大路弄錯了一件事——人清醒時有很多種，所以喝醉了時也並不完全一樣，並不是都像他自己那樣，只要一喝醉，就把心裡的話全說出來。

有的人喝醉了喜歡吹牛，喜歡胡說八道，連他自己都不知道在說什麼，等到清醒時早已忘得乾乾淨淨。

還有人喝醉了根本不說話。

這種人喝醉了也許會痛哭流涕，也許會哈哈大笑，也許會倒頭大睡，但卻絕不說話。他們哭的時候如喪考妣，而且越哭越傷心，哭到後來就好像世上只剩下了他這麼樣一個可憐人。

你就算跪下來求他，立刻給他兩百萬，他反而會哭得更傷心。等他清醒時，再問他為什麼要哭，他自己一定會莫名其妙。

他們笑的時候，就好像天下忽然掉下了滿地的金元寶，而且除了他之外，別人都撿不到。

就算他的家已被燒光了，他還是要笑。你就算「劈劈拍拍」給他十幾個大耳光，他也許笑得更起勁。

他們只要一睡著，那就更慘，就算全世界的人都來踢他一腳，也踢不醒，就算把他丟到河裡，他還是照睡不誤的。

古龍好酒，家中珍藏著許多好酒。

在他那豪華的寓所中，最引人注目的就是那只酒櫃，裡面世界各地的名酒應有盡有，叫酒徒們看了直吞口水。

一次，江湖上朋友幫他搞到了兩瓶當時台灣市面上根本買不到的大陸名酒——山西名酒「竹葉青」。古龍接到酒二話不說，立即灌掉一瓶，贊口不絕：

「酒，還是大陸的好！」

後來古龍重病不能飲酒之時，一位作家朋友（林清玄）去了古龍家裡不禁感慨道：

依然是滿架的酒，瓶上微布著灰塵。
當年我到古龍家，總是走著進去，躺著出來，大醉一天。
依然是滿架的酒，架前的吧台冷清。
當年我到古龍家，不論何時總有人坐在吧台放飲高歌。
依然是滿架的酒，卻沒有可口的小菜。
當年在古龍家比酒，總有一些可口的小菜，如今做小菜的女主人早就離去了。

從這裡可以看出當年古龍飲酒的盛況和歡娛。

●古龍收弟子也因酒的機緣

丁情是一個很女性化的名字。

這個名字一開始在台灣武俠小說界出現，許多讀者都以為這是一個女性。而當時的出版商並不去糾正這個看法，反而加以誤導。

如《那一劍的風情》的前序中，就有這樣的誤會出現。

古龍有幾個弟子，但丁情是古龍最寵愛有加的，也是古龍在寂寞時最常陪伴他的人。

這一對師生感情很好，丁情在古龍逝世前常侍於他左右。

據丁情說，古龍臨終前的最後一句話，就是對著丁情講的。

丁情本名蔣慶隆，師從古龍前是台灣電影圈內人，藝名是小黃龍。

丁情也是個浪子，古龍曾撰文介紹丁情說：

有一個人從小就不是一個好孩子，不念書，不學好，愛打架，又愛惹事生非，後來竟然就跑進了是非最多的電影圈。挨了餓，吃了苦，受了氣之後，忽然有一點發奮圖強的意思，後來果然出頭了。可是毛病又復犯，而且還有了一種新毛病。

——不愛做事，只愛花錢。

所以只要是見到他的人，人人都頭大如斗。

這個人卻是我的朋友。

這個人不但是我的朋友，而且是一個我非常喜歡的朋友。

因為我瞭解他。

他不念書，他真的沒有念什麼書。

——如果你生長在一個他那樣艱苦辛酸的家庭，你就知道他為什麼不念書了。

他不學好，不去練鋼琴，不去學聲樂，不去學畫，反而去打雜工，他是不是個混蛋？他是不是瘋子？

一個人如果不能瞭解另一個人，最大的原因，只因為他根本不願去瞭解。

丁情認識古龍，是在一次他參與拍攝古龍小說改編電影，片名《七巧鳳凰碧玉刀》時。

古龍與丁情也很有緣，一見面就喜歡上了丁情，再加上丁情也是好酒，兩人天天在一起喝酒，於是兩個成了好朋友。

古龍喜歡丁情，還因為丁情和古龍一樣，身世飄零，滿懷悲憤。古龍說丁情「身世孤苦飄零，性格孤獨複雜，有時候真不好玩，有時候又好玩極了」。

古龍以他的智慧和天才吸引了丁情，丁情又以他的年輕熱情和對生命的熱愛反過來吸引了古龍。

古龍喜歡丁情，所以當古龍聽到有人說丁情像他的弟子，更有人說丁情像他的私生子之時，古龍非常地開心。

丁情很聰明，但是卻沒念過什麼書，連初中都沒有畢業。

但是丁情好學，他在古龍身上學到了很多的東西。

古龍稱讚丁情「我的一舉一動，言語機智，他幾乎都已青出於藍了」。

丁情可以說完全是古龍造就出來的，但是丁情的成長當然也是由於他自己的認真和好學。丁情和古龍在一起時，把古龍家裡的武俠書都看完了，有的甚至看了三五遍。當然丁情看得最多最認真的是古龍的小說，深入地研究古龍小說中的文字、造句，情節的變化。

有一段時間古龍因為吟松閣風波的腕傷，不能動筆，古龍就口授，讓丁情筆錄、整理，再由古龍校訂。丁情通過為古龍筆錄小說，也學到了古龍不少東西，親自看到了古龍是怎樣構思，怎樣遣詞造句的。

最後丁情自己能動筆了。

丁情創作極認真嚴肅。

有一次寫一本書甚至寫了十一二遍，寫了又改，改了又抄，抄了再寫再改。

古龍看到丁情這樣賣力，和他開玩笑說：「你那部《戰爭與和平》寫好了沒有？」

古龍自謙說自己並沒有教丁情什麼，古龍說：

我只是告訴他：「你不寫，怎麼能知道你不會寫呢？」

我給了他一張桌子，一張椅子，一疊稿紙一支筆，將他的屁股放在椅子上，將筆塞在他右手，將稿紙攤在他的面前。

於是他就開始寫了。

於是就有了《那一劍的風情》、《怒劍狂花》、《邊城刀聲》這些小說。

於是在武俠世界裡，又多了一位「俠客」。

丁情寫的這三部小說尚很青澀，但有古龍的創意加持，被有些評論家美譽為古龍的嫡系親傳。正是因為古龍為這幾本書出謀劃策，貢獻了許多意見，所以古龍的創作年表中，多是把這幾部書也收入，作為古龍的作品看待，這當然是在刻意拉抬丁情。但日後丁情的寫作，卻因常大幅抄引古龍的原作，而引起一些批評。

古龍的生活中，丁情因此占了一個很重要的位置。

●古龍最喜歡做的事情便是留客

喜歡朋友，喜歡熱鬧，這從另一方面說明古龍天才的內心是如何的孤獨，如何的寂寞。

和朋友聚會，歡宴總有散去的時候。古龍卻希望每一次歡宴都不要散去，希望每一次的歡宴都能夠延到永遠。

古龍最喜歡做的事情便是留客。

薛興國回憶說：

醇酒、佳餚，博學多聞的見識，幽默而帶譏諷的對話，想不快樂都不可能。假如有些微不愉快的話，那是回家以後的事了。因為面對一個遲歸而又滿身酒氣的人，太座難免會嘮叨幾句的。

古龍留客很有一套，夜深了，朋友要告辭，古龍說，現在還早嘛。早？都二點了，二點還不早？才一天的開始而已。

於是朋友又坐下，四點了，該走了吧？古龍說，再坐五分鐘嘛！好，又坐了半個鐘頭了，可以走了吧？古龍說，我不是說再坐五分鐘嗎？怎麼現在就走？

這五分鐘，有時候比五小時還長。

當然，在愉快的氣氛下，五十個小時也不會嫌長的。但是，每天都這樣，哪一個朋友受得了？尤其每天都是不醉無歸。

所以，古龍的朋友，大多和他交得比較遠，畢竟，每個人有每個人要過的生活，不可能以相同於古龍的方式來進行。

很多朋友都勸古龍少喝一點，結果都是勸的人不比古龍喝得少。

古龍總是能找到留客的理由。

古龍不願朋友離去，他害怕朋友離去後那孤獨難耐的時光，他的內心有著常人難以理解的寂寞和痛苦。

雖然理智上他知道這一切他無法迴避，但他在感情上卻無法面對。

●最知心的朋友是倪匡

古龍的朋友很多，但古龍最知心的朋友則是香港知名的作家倪匡。

古龍曾經說過，有朋友的人確實比有錢的人更富有更快樂。和朋友在一起的時候，也是古龍最歡樂的時候。

倪匡先生也寫武俠小說，但讓他名動天下的卻是他寫的那些科幻小說。

和古龍一樣，倪匡也是一個天才型的人物。也許正是這樣的原因，兩人旗鼓相當，是交談和切磋的對象，彼此也惺惺相惜。

朋友再多，但是如果沒有真正能夠理解自己的朋友，數量多又有什麼意思。

倪匡曾經給金庸代筆，在金庸有事不能分身時代替金庸寫《天龍八部》，把阿紫的眼睛寫瞎了。

其實倪匡也給古龍代過筆。

〈古龍大事紀〉中記載有此事：一九六六年，二月，《絕代雙驕》於香港《武俠與歷史》和台灣《公論報》同步連載。倪匡《我唯一可以謀生的手段就是寫作》說到：「他寫了一段就斷稿，我幫他續了很多。」《龔鵬程講座：司馬翎——武俠小說的現代化歷程》：「當年古龍就曾跟我講，他寫《絕代雙驕》，寫到小魚兒被打落山谷，被很多高手追捕。這時候古龍有事情不能寫了，而報社很著急，於是就找倪匡代筆。……結果一寫，寫了十萬字。古龍回來以後，不知道故事發展到哪裡去了，不知從何寫起。於是古龍就說，小魚兒做了一個『夢』，這樣一來，那十萬字就『沒有』了。」

古龍和倪匡其實並不經常見面，因為倪匡在香港。但是他們兩人，常常在夜裡，兩人有了七、八分酒意的時候，互通電話，述說自己的思念，傾吐內心的憂鬱，渴望對方的撫慰。

有一個故事，說明了古龍和倪匡之間的感情是如何的深厚，說明了倪匡在古龍的心目中作為朋友的位置是如何的重要。

有一次，也是在酒後，古龍和一位交往了十來年的朋友發生了激烈的爭吵，兩人搞得不歡而散，而那位朋友十分的後悔，無論如何，他不希望失去古龍這樣一個天才的朋友。

沒有想到的是，古龍自己也非常的後悔。第二天，古龍居然打電話給在香港的倪匡，希望倪匡為他們調解此事。

接到了古龍的電話，倪匡處理好自己手頭上的事，居然親自從香港火速趕到了台北，為古龍和那位朋友調解此事。倪匡把古龍的事情當成自己的事情，可以看出倪匡對古龍是多麼的古道熱腸。同樣也可以看出，古龍對倪匡是如何的信賴，如何的寄予厚望。

倪匡趕到台北之後，將古龍和那位朋友約到了一起，大家杯酒言歡，那場不愉快的事情就此揭了過去。

雖然古龍對女人的事情上是喜新厭舊，但對朋友他卻非常的念舊，古龍一生中最為珍惜的，便是朋友的感情。

●最喜歡喝的酒是白蘭地

古龍最喜歡喝的酒是軒尼詩白蘭地，而白蘭地之中，當然是越陳年的越好。

他一生中喝得最多的酒便是軒尼詩ＸＯ白蘭地。白蘭地這樣名貴的西洋美酒，並不是一般的人能隨意喝的，這當然是在古龍成名、有錢之後的事情。

在古龍成名之前，在古龍還沒有大把大把的賺錢之前，古龍同樣喜歡喝酒，但卻沒有那麼多講究。

據說那時古龍喝得最多的是當時台灣生產的一種清酒，那種酒價廉物美，很不錯，是仿照日本產生清酒的工藝而釀造的，據說香味很濃，裡面還添加了味精勾兌。

那時候，酒是什麼牌子並不重要，關鍵是要有酒。其他的一些普通的酒，如紅露、米酒、太白酒，還有高粱酒等等，古龍他們是有什麼酒就喝什麼酒。

但當古龍真的有錢之後，他基本上都是喝白蘭地了。

不過，後來當古龍因肝病吐血住院治療之後，醫生告誡古龍不要再喝酒了，可是這對古龍來說怎麼可能？

古龍便退而求其次，雖然不再喝白蘭地這樣的烈性酒，但卻不能不喝酒，古龍才開始改喝酒精濃度較為平緩的葡萄酒和啤酒。

不過，這些酒酒勁不大，古龍就喝得更多了。

●古龍善於喝急酒

古龍喝酒歷來都非常豪爽，對這樣的場面，很多朋友都進行了記載。

本來像喝白蘭地這樣的西洋美酒，應該是淺斟慢啜，細細的品味，古龍卻不是這樣。古龍喝白蘭地，往往是先倒半杯，再加半杯冷開水，然後一口氣喝乾。

飲者留名，古龍酒量大的名氣在文藝圈內四處傳播後，經常就會有人來找古龍比酒。有人說古龍酒量大，也不是大得那樣的可怕和離奇。

但古龍喝酒，有一個一般人很難和他相比的特點，便是古龍善於喝急酒。

古龍和人拚酒，總是二話不說，端起一大杯酒就猛乾。

一杯乾下去，也不吃點菜壓一壓，又開始乾第二杯，古龍能夠這樣三下兩下連乾十來杯。這樣拚命一樣的拚酒，很多人都受不了，往往是別人都倒了下去，古龍卻還是坐在椅子上，很清醒，一付冷眼旁觀的樣子。其實古龍此時也喝得差不多了，只是他的醉意發作得要比別人慢一點。也有人說是古龍的意志力特別堅強，他能夠撐到等別人都倒下，才慢慢的回去。等到家中沒有人看見之後，他便倒頭就睡，不省人事。

●高陽喝酒的作風和古龍不同

在台灣的文藝圈中，卻有一個我行我素，不和別人拚急酒的人，便是著名的歷史小說作家高陽。

高陽也是古龍的朋友，兩人的交誼很不錯。

古龍對高陽非常的佩服，因為也只有像他這樣的人，才能認識到高陽獨特的價值所在。高陽在寫歷史小說中的名氣，和古龍在武俠小說中的名氣差不多，兩人都是他們那個領域中的大師級人物，兩人都寫過幾千萬字的作品，惺惺相惜，意氣相投。

古龍是非常喜歡和高陽在一起喝酒的，不過，高陽喝酒的作風，卻和古龍完全不同，他喜歡的是慢飲，從來不會和別人拚急酒乾杯。但他的那種慢飲是二十四小時的、持續不斷的、馬拉松式的，誰要想讓高陽一口乾掉一大杯，那可是難上加難的事情。

在古龍的朋友中，高陽是唯一一個有著特權，可以慢慢喝酒的人。

古龍從來不會去勉強高陽喝酒，因為古龍知道，高陽好酒，但確實喝不得急酒。非常偶爾的情況下，實在是推脫不掉，高陽如果一口氣乾下去一大杯，馬上就會醉倒。高陽這種立馬倒下的醉法，卻無傷大雅，他只不過是能立即就在椅子上睡著，甚至會睡得打起呼來，鼾聲大作。但高陽的這種醉意並不需要很長時間，過一會兒，他便會醒來，醉意便過去了，他又會開始繼續他那種馬拉松式的慢飲。

高陽喝酒也偏好喝烈性酒，如高粱酒、白蘭地、威士忌等等，但他喝酒卻不太講究，如果讓他喝像紹興黃酒或者是清酒之類的低度酒，他也能喝得下去。

高陽和古龍還有一點不同的是，古龍平時是不抽煙的，而高陽卻是整天煙不離手，一根接著一根的，似乎他從來沒有停止抽煙的時候。

和喝酒不太講究牌子一樣，高陽抽煙也不講究牌子，不管什麼牌子的紙煙，只要是煙就行。只要有一支煙燃在手中，高陽便會神態瀟灑，思緒飄逸，一付神仙得道般的感覺。

●古龍花在酒上面的錢不計其數

古龍喜歡拚酒，經常會把朋友和他自己都灌醉。

薛興國回憶說，經常會有一些朋友醉倒在古龍的家裡。他自己認識古龍的那一天晚上，就被古龍灌醉了，睡在了古龍家的沙發上。

薛興國還看見過台灣著名的副刊編輯高信疆，也因為被古龍灌醉，在古龍家的地毯上睡過一個晚上。

古龍花在酒上面的錢是不計其數的。

薛興國回憶說，在古龍的電影《流星‧蝴蝶‧劍》上映不久，他曾經親眼看見過古龍付了十七萬台幣的酒帳，而那十七萬台幣只不過是古龍一個月喝酒的酒錢而已。而且這十七萬台幣，還不算古龍和朋友到其他的酒廊、酒店的花銷。

十七萬台幣，在當時是一個非常大的數目。不過，對於已經開始大紅大紫的古龍來說，這點錢已經不再是什麼大問題了。

能掙就敢花，千金散去還復來。

古龍買酒的這種感覺，完全是當初李白寫〈將進酒〉時的感覺。

●古龍的話，成了古話

人在江湖，身不由己。

這句話現在幾乎是眾人都耳熟能詳的了，誰也沒有想到去查一查這句話的出處，總以為是哪位古人說的什麼古話。

不過，看了古龍的弟子丁情寫的一篇文章，我們這才驚奇的發現，原來「人在江湖，身不由己」這句話，居然是由古龍發明的，或者說是由古龍原創的。

在丁情的那篇文章中，記述了古龍最後的那段日子裡，依然飲酒不止，不醉無歸的場景。古龍生前最後幾天，曾與丁情談到，希望他能寫個專欄，叫「古龍古話」，將一些古龍作品中的句子作個詮釋，沒想到只寫了這一篇，古龍就去世了！

丁情寫道：

那一夜，我和古大俠和幾位好友，還有一位名教授，共「醉」晚餐。菜是一道一道的上，酒是一杯一杯的盡，話是一句一句的說，不到半個小時，菜已上了八道，卻沒怎麼動。

酒呢？眾人皆有醉意。所以，豪性皆已上湧，一場混戰從此展開，我灌你，你灌他，他灌他的灌個不停，每個人都灌的跟個烏龜一樣。當然呀，在這一場混戰中，古大俠是獨有的勝利者，他笑嘻嘻地看者眾「醉龜」。他那獨特的笑聲又響起，響遍這一屋，響透這一餐廳，響散了夜空的浮雲。

古大俠的酒量是眾人皆知的，可是我很不服氣，那一天我非把他灌個大醉不可。只是這一天，唉！彷彿還很遙遠喔。酒在瓶中消失，豪氣在每個人心中上湧。

這時，一向比較寡言的名教授忽然歎了一口氣，忽然訴説起他工作上的苦悶，工作上的無奈，工作上的種種是非。等他的聲音在每個人耳邊消失時，他又歎了口氣，又説：「有一句古話，用在我身上雖不恰當，卻滿貼切的。」

於是有人就問：「什麼古話？」

名教授先將眼鏡拿了下來，一邊擦、一邊説：「人在江湖，身不由己。」此話一出，眾人皆訝然了。這句是古話嗎？是古時候哪位名人説的？我轉頭看了看古大俠，他對我聳了聳雙肩，苦笑一下。不錯，這句是古話，只是少了兩個字而已，「古龍的話」。當然了，沒有人會去糾正他這句話。身為教授的人通常都比較固執的，也比較愛面子，既然都是好朋友，又何必為這麼一點小事情，大家爭個面紅耳赤的？

回到天母後，一想到這件事，我和古大俠不禁扶肩大笑。可是笑聲中，卻又帶著些傷感，帶著些無奈。世上的確有許多事，都是這個樣子的。明明是你的作品，明明是你苦心創造出的，但是享受成果的卻是別人。明明是「古龍的話」，卻變成了「古話」。

醉吧！這一夜，我和古大俠當然又醉了。

第八章　乘酒歸去

●終日飲酒的古龍，乘酒而去

終日飲酒的古龍，終於走向最後一程。

古龍才不過四十多歲，正是不惑的盛年，本來應是年富力強，還有很大創造力的時候。縱觀文學界的多少偉人，四十多歲正是出輝煌巨著的時期，而古龍卻已因酒（還有情與色？）而重病纏身了。

也有一種說法，是一次意外的醫療事故，使古龍的身體中輸入了帶有肝炎病毒的血液，從此種下了肝病的禍根。但不管怎樣，酒是難辭其咎的。

古龍大約在四十歲時就得了肝病（〈古龍大事紀〉記載是一九七七年）。一九八四年中秋節前夕，又因肝病嚴重發作住進中華開放醫院。

此時肝病嚴重，是肝硬化的晚期發作，古龍這才戒酒半年。

這時古龍的吃飯時間才由七八個小時變為半個小時，別人喝酒時，他也忍著，以茶代酒。

肝硬化發作的外因，是前面講述過的吟松閣風波和離婚事件。

此時古龍身心兩方面受到巨大的創傷，喝酒就更變本加厲，他已是無酒不成眠了。

更可怕的是，他喝完酒還要吃鎮靜劑才能睡著，醒來時又要吃興奮劑才能清醒。平時古龍都是以酒代飯，有很長的時間，吃得最多的是酒、鎮靜劑、興奮劑。

這樣下去，最後便是肝硬化的發作，是脾臟腫大，是胃出血。

古龍第一次住院就吐了兩臉盆的血。出院三個月後，古龍又感覺良好，以為沒什麼事，於是積習難改，又開始喝起酒來。

古龍先是喝少量的「玫瑰紅」，後來又將小杯改為大杯，再現「神勇」。古龍終因肝昏迷而再次入院，三天三夜的挽救，古龍才甦醒過來，于秀玲急得眼都哭紅了。

古龍再喝，再住院。

推進醫院時醫生量血壓，看了血壓後搖頭道：「沒有救了，推到別家去看！」

再出院四個月，忍不住又喝，又住院時，一口血吐出來竟把整張病床滿滿的染紅了，護士都被嚇得跑出來了。

後來醫生對古龍說：「沒看過人一口吐出像你這麼多的血！」

古龍此時內心變了許多，他說他這幾年，不只是身體，連心情都是在生死邊緣上掙扎。

「一個人死一兩次再活過來，還有什麼事看不開呢？」

古龍雖然這麼說，他卻並沒有真正看開，他似乎已看到了自己生命的盡頭，他的心中更充滿蒼涼和落寞。

古龍這時說：

「其實，我並不是很愛喝酒的，我愛的不是酒的味道，而是喝酒時的朋友，還有喝過了酒的氣氛和趣味，這種氣氛只有酒才能製造出來！」

古龍是驕傲的，他不願承認他喝酒是為了逃避——對寂寞和內心痛苦的逃避。

古龍總是喜歡給自己製造一點奇蹟。他認為自己喝了二十多年的酒，竟沒有酒精中毒。「醫生覺得是奇蹟，因為我腦子還這麼清醒，手也不抖。」

古龍真正戒酒的時候，又覺得日子漫長難捱：「原來一天有這麼長！」

過去除了睡覺，他大部分時間在喝酒，每天有二十小時泡在酒裡，現在不喝酒的時候，古龍說：

「好像一天多出了二十小時，長得不得了！」

●「我希望至少再活五年」

古大俠臨死前一段時間的心情是非常的平淡，在平淡中卻透著真正的滄桑和落寞，那種淡淡的悲哀，更讓人扼腕心痛。

數次住院，大病之後，他實在不能再像以前那樣的浪漫和瘋狂了，他過了一段並不長的平淡而安靜的生活。養心養病，這是他在無奈下唯一的選擇。

這段時間，他的生活比較有規律。他每天五點半起床，看過早報，再喝杯牛奶，吃幾片餅乾，休息一會。

但他還是閒不住，他還想突破，還想寫小說。

寫作早已經不僅僅是為了「賣文」換錢，而已經成為了他生命的一部分。

到了八點，他竟然就去伏案寫作。他要寫一個上午，一直寫到十二點，工作四個小時，然後中午到外面去吃飯，當然不喝酒了，以茶代酒而已。

午飯後古龍散步一個半小時，下午是古龍靜養或讀書的時間，偶爾有朋友來陪他聊天。

古龍晚上就練練毛筆字。

這份作息時間表，在幾年前對於古龍都是不可思議的。

一個最清心寡欲的隱士生活也不過如此而已。

古龍自己說：

「我現在的生活與和尚沒有兩樣。酒色財氣，吃喝嫖賭，聲色犬馬，這些我過去最喜歡的東西，現在都戒掉了，現在連脾氣都不發，你信不信？閑來無事，讀讀禪宗的書，看一點佛經，這不就是和尚的生活嗎？」

古龍自己認為，他回到這樣單純寧靜的生活，反而找到真正心靈的平安，即使有寂寞的時候，也感覺是充實的，尤其是腦筋清晰明淨，可以寫出真正有代表性的，完美的武俠作品。古龍內心一輩子都是寂寞的，但是他要進行創作和求新求變的心情，卻永遠都是那麼按捺不住。

他的身體已是這個樣子，他還在想寫出更好更完美的作品。因為他暫時心情歸於平靜，他對自己小說的反思和審視更多了。

像古龍這樣一生都在求新求變的作家，世上是不多的，古龍表現給我們看了他真正的藝術家良心。

生命不息，求新求變不止。

古龍臨死前最後一個很有創意的求新求變的構思，是計畫寫一系列短篇。

薛興國回憶說：

……唯一令人遺憾的是，他正準備為武俠小說開拓一個新局面。他想以多篇短篇，來架構出一個長篇的「大武俠」系列。他認為現代人的閱讀習慣，多已偏向短小精悍，所以他覺得寫短篇武俠，是最切合現時社會的做法。但另一方面，他又認為短篇的氣勢不夠，所以他苦心積慮的去構思，企圖以一個中心人物為出發點，以一個一個本身就完整的短篇故事，建構成一個一個一起來看又成了一大單元的「大武俠」。可惜任憑他武功再高，也逃不出杜甫的名言：「出師未捷身先死，長使英雄淚滿襟」。「大武俠」的構想，只有留待武壇新秀去完成了。除了「大武俠」的短篇《短刀集》（發表在聯合報萬象版）以外，古龍還有一個心願，想寫一系列文字精練的雜文。在民生報副刊上發表的「台北小吃」以及「不是集」，可惜都只寫了十多篇，未能成書。古龍最喜歡的西方作家，是美國的海明威。他認為海明威的文字簡短有力，直指表達的核心。海明威舉槍自盡，古龍飲酒斷腸，是冥冥中的巧合，還是潛意識的雷同？

古龍自己是這樣說的：

「我計畫寫一系列的短篇，總題叫做『大武俠時代』，我選擇以明朝做背景，寫那個時代裡許多動人的武俠篇章，每一篇都可以獨立起來看，卻互相間都有關連，獨立的看，是短篇，合起來看，是長篇，在武俠小說裡這是個新的寫作方法。」

古龍的小說已經寫得太多了，他一定要改變。

他臨死前想到的這種寫系列短篇的改變，在客觀上有兩方面的原因。

一是他自己的身體不行了，他沒有精力和耐力去熬著寫幾十萬字的長篇。

二是當時武俠小說市場再次退潮，時代變了，人們的生活節奏加快，因電影電視這一新的藝術形式的衝擊，現代人的生活已經使他們不像以前那樣有耐心來看連載的長篇小說了。

古龍就此問題說：

「以前寫連載，有時寫到八百多天才登完一個故事，寫的人有稿費可拿都很煩了，何況是看的人呢？武俠小說不得不變，短篇可能是一條路，它可以更講結構，更乾淨，更俐落。」

當時有的評論家就古龍寫短篇的這一變化給予稱讚，講古龍的境界和層次在上升，文字的使用更醇了，沒有了幾年前的那種煙火氣。

古龍覺得他是刻意使文字平淡單純一點的。

他說：「我十七歲開始做職業作家，到現在三十年了，什麼文字不會耍呢？但是三十年了還要耍文字有什麼意思呢？文字技巧還是有的，只是爐火更純青了。」

古龍這時的想法確是大有轉變。

他似乎在懷疑自己，他已經有了衰老的跡象，猶豫和信心喪失的跡象。

以前古龍有感於武俠小說中武打設計繁複無趣的弊病，而將武打設計改為簡潔明快，一招見效，注重的是武打氣氛的營造，與這時的想法是有區別的。

古龍最後的三部作品《短刀集》、《大武俠時代》和《財神與短刀》，與古龍以前的想法是有區別的。

古龍對自己的這些「短篇武俠」自我感覺良好。

事實上古龍確是寶刀未老，這系列作品也確有可取之處，文字和技巧確是給人以爐火純青之感。

但時不我予，古龍這時已經預感不祥了。

他似乎隱隱約約感到自己生命的道路走得差不多了。

古龍感慨地說：

「我希望至少能再活五年的時間，讓我把『大武俠時代』寫完，我相信這會是提升武俠小說地位的作品，也會是我的代表作之一。」

古龍對生命的奢望的確並不高。

他只想要求再給他五年。

但是命運是無情的，上天並沒有再滿足古龍的這一願望。

如果古龍果然有五年的時間，他是不是真會留下讓我們震驚的、最後傳世之作呢？

●去世前的雄心

古龍去世之前，還有轟轟烈烈幹一番大事業的雄心。

古龍的短刀出鞘，顯示了不凡的功力。故事自成段落，情節鋪陳跌宕起伏、懸念不斷，前呼後應，最重要的是，他筆下的人物性格迥異，有血有肉。

從當年的三月一日起，分別於《聯合報》、《時報周刊》、《大追擊雜誌》，發表「短刀集」、「大武俠時代」和《財神與短刀》等新作。其中「短刀集」包含的四篇《賭局》、《狼牙》、《追殺》、《海神》均已完成；「大武俠時代」包含的三篇中，《獵鷹》、《群狐》已完成，第三篇《銀雕》與《財神與短刀》雖然問世，病入膏肓的古龍，再也拿不起筆了。儘管人們喝采似地注視著、談論著古龍新作，然而，等待古龍的卻是走向最後一程的死亡之路……

古龍好友薛興國回憶說，就在古龍去世前的十天，古龍還向他提到過，他要做新的連續劇，而且要一網打盡，同時和三個電視台做連續劇。

他說他最近已經送件的一部電視劇名字叫《邊城刀聲》，是以《天涯・明月・刀》的傅紅雪、萬馬堂主人以及《邊城浪子》裡的葉開做主角，架空佈局出另一個曲折離奇的故事來。

古龍說，在《天涯・明月・刀》裡，寫到萬馬堂堂主死去就已經結束，而在《邊城刀聲》一開始，是傅紅雪和葉開又回到了那個落寞的小鎮，讓傅紅雪和葉開吃驚的是，小鎮居然又繁榮起來了。更讓他們驚訝的是，他們又收到了一張請帖，而且是萬馬堂的請帖，然後他們又發現，萬馬堂的堂主並沒有死。於是，調查開始了，一個大陰謀終於在他們的調查之下被揭開。

●古龍對殘障孤兒有最為深切的同情心

雄心勃勃的古龍希望重新鑄造出他事業中一個新的輝煌，然而還沒有等到《邊城刀聲》這部電視劇正式開拍，古龍就去世了。

這成了古龍和他的朋友們一個共同的遺憾，為了紀念古龍，為了完成古龍的心願，也為了寄託朋友們對古龍的思念之情，古龍的朋友們決定要促成電視劇的拍攝，而且希望將這件事做得轟轟烈烈的，讓古龍在九泉之下有知也會感到安慰。

古龍生前的好朋友著名台灣影星王羽，也決定要親自參加演出。

這件事情最重要的部分，是他們決定要將電視劇獲得的所有收益，依照古龍生前的心願，捐贈給殘障孤兒院。

古龍是一個非常有愛心的人，事實上在他生前他曾經多次默默的捐錢給慈善事業和殘障孤兒院。古龍對殘障孤兒有最為深切的同情心，這當然與他早年流浪的少年生活是有關係的。少年時的流浪漂泊，使古龍飽嘗了人世間的冷暖和殘酷。

古龍曾經和朋友談起過，當他看到那些殘疾的孤兒們時，就會想起自己少年時候那些苦難的日子。

古龍少年的時候，艱難到連一雙鞋都買不起，他曾經的夢想便是要買一雙最好的鞋。但時過境遷，當古龍已經有足夠的錢可以買無數雙鞋的時候，有一天他居然看到了一個斷腿的殘疾孤兒，這件事情讓他感觸很深。

幸福和苦難都是在比較中發生的，這個世界上還有很多不公平的事情，還有很多悲慘的人生，悲慘的遭遇，這個世界遠不是像我們看上去的那樣美好、風光。

古龍去世之前，還曾與出版他的著作最多的萬盛出版社，簽下了幾部武俠小說的合約。除了大武俠時代，還有《楚留香新傳》的續篇，還有《菊花之刺》，這些作品僅僅只是有個名字，古龍根本還沒有來得及寫，或者只是寫了一個開頭。

不過，古龍已經將他的這些小說的大意和情節講給了他的朋友們聽，現在這些作品或將由他的朋友們代替他完成。

古龍的治喪委員會在古龍的家中，曾經徵得了代表家人處理後事的古龍妹妹的同意，完成這些故事之後的收益，一部分用作他父親的醫藥費，一部分捐給殘障孤兒院。

古龍的愛心，是古龍人性中最為燦爛最為輝煌的地方，他的朋友，他的親人，當然不會辜負古龍的這一願望。

在這一點的表現上，古龍的親人、好友們也同樣讓人感動。雖然古龍做的有些事情他們並不以為然，但他們還是無怨無悔理解古龍，他們要幫助古龍完成最後的心願。古龍雖然過世了，但他還是會盡一分力，幫助那些有著悲慘人生和悲慘遭遇的殘障兒童的生活。

薛興國這樣說：

「古龍已去，他生前的恩怨是非，已不復存在。但他留下的作品與對殘障孤兒的愛心卻長留人間。能這樣子來世上走過一遭，也算是完滿的收穫吧?古龍應該可以安息了。」

●古龍落寞而淒美的晚景

古龍戒酒養病期間，一次朋友去看望他，看見他的桌子上擺著一幅昨晚練的字。這是古龍臨終前經常寫的兩句。

上面寫道：

陌上花發，可以緩緩醉矣！
忍把浮名，換了淺斟低唱。

這幅字的最下方蓋了一個古龍自刻的印章，上刻「一笑」兩字。古龍說，這個印章很久以前送給另一位武林朋友倪匡，最近突然覺得自己的心情很到了「一笑」的境界，才向倪匡要了回來。

「其實，這幅字很能表現我現在的心情轉變，過去痛飲是要掩飾內心的空虛，是『忍把浮名，換了淺斟低唱』裡面有忍才能換，後來不能喝酒了，是看到陌上的花也可以醉了，境界高了一層。現在呢？現在只有一笑，對任何事都一笑置之。」古龍說。

古龍這是以柳永自喻。

古龍的這個自喻非常的貼切。

柳永是北宋著名詞人，稍有點文學常識的人都知道柳永的知名度，和他的名句「楊柳岸，曉風殘月」。柳永一生以詞為業，以詞成名，除此之外再沒有值得誇耀的地方。古龍一生的事業也專注於武俠小說，以武俠小說成名，除此之外也沒有其他可以傲人的東西。

在柳永的時代，詞乃是通俗文學，不登大雅之堂，靠此「雕蟲小技」成的名，真是「浮名」。

而古龍寫的武俠小說再好，再有創意，當時在正統的文藝界還是被排斥的。

古龍和柳永在天才的失落這一點之上是相同的，所以柳永懷著深重失意和落寞唱出了「忍把浮名，換了淺斟低唱」。

古龍則是以他人之酒杯澆自己的塊壘。

相傳北宋的宋仁宗留意儒雅，深斥柳永這種通俗文學的浮豔虛華之文。宋仁宗讀到了柳永這首《鶴沖天》中的「忍把浮名，換了淺斟低唱」一句，龍顏不悅。及臨軒放榜之時，故意不取柳永，說道：「且去淺斟低唱吧，何要什麼浮名。」

古龍內心的這種失意和痛苦，實是與柳永相近。

前面我們談到過，古龍對於純文學上的不得其門而入是耿耿於懷，有大情結的。

古龍現在來看自己的這種武俠小說的成就，柳永的這句詞，正中他下懷。

《鶴沖天》詞的後段寫道：

煙花巷陌，依約丹青屏障。

幸有意中人，堪尋訪。

且恁偎紅依翠，風流事，平生暢。
青春都一餉。
忍把浮名，換了淺斟低唱。

古龍的才子風流堪比柳永，由此可見其傳奇的一斑！

●古龍以「一笑」看淡人生

古龍臨終前戒酒養病的那一段時間，發生了一件讓他沒有想到的事。

古龍是個浪子，沒有歸宿的浪子。

他早年父母離異使他幼稚的內心很受傷害。成年後，古龍與家庭脫離關係，賣文自立，此後一直與其父沒有聯繫。就在這時，在古龍已經成了大名，且又快走完人生之途的時候，他離散了三十年的父親居然登報來找兒子，真讓古龍大出意外。

古龍內心當然十分的激動，因為這也是他一生難解的情結。

但古龍表現出來卻是相當的淡然。

古龍說：

「要是以前遇到這樣的事，一定激動不已，喝幾天幾夜的酒，幾天幾夜睡不著覺，哪裡還能靜靜地坐在這裡聊天呢？」

古龍現在以「一笑」的禪意來對待人生。

古龍為自己現在能這麼平靜而頗有欣慰之意。

「一笑」不只是那時他的心情，幾乎也是那時他的人生態度。

但古龍「一笑」的態度已解決不了他的根本問題。他很清楚他的遺憾。

「有了這麼高的心性境界，有這麼深刻的徹悟，唯一遺憾的是失去了健康。」

這實在是他無可奈何的解嘲說法。

但是據古龍的朋友說，這時他雖然身體大虧，比舊日清瘦，精神上還是很健旺，笑起來還是聲震屋瓦，依然有舊日的氣概和豪情。

古龍說：

「我自己也離過婚，深知破碎的婚姻都有苦衷，經歷婚姻的失敗，每個人都會痛苦。那麼做兒子的，有什麼資格對上一代人的婚姻提出看法或評論呢？」

人之將死，其言也善，古龍這段時間的談話都有一種不祥的寬和。

但古龍只是這樣說說而已，在他的內心，似乎並沒有接受他的父親。

《古龍大事紀》記載：一九八五年，四月九日，《中央日報》頭版刊登一則啓事：

「古龍親父熊飛（鵬聲）覓獨子熊耀華到仁愛路四段仁愛醫院訣別，千祈仁人君子緊催古龍立救父命料理人事以盡孝道。」當時熊飛已自東吳大學退休，罹患帕金森症。次子熊小華已過繼他人，因此啓事中稱熊耀華為獨子。

四月十日，到仁愛醫院短暫探望昏迷中的父親。當時古龍已由圓滾身材轉而骨瘦如柴，未幾即因舊疾復發，住進三軍總醫院。

●父親並沒有能最後看他一眼

當年，古龍的父親遺棄了古龍，給少年古龍內心留下深深的傷害。從內心來說，古龍對他的父親非常憤怒。他曾發過誓，一定要出人頭地，混出個名堂，等他父親老了之後，讓他的父親來到他的面前以請求他原諒。但當這一天真的到來之時，古龍卻無法再堅持他的這種恨意了。

按照古龍自己本來的意思，他是絕不會理會他的這個絕情絕義的父親。但現在不同了，他已經是一個大名人，他要顧忌方方面面的影響。特別是李氏夫婦中的牛嫂，那個「古龍的媽」，前來告誡古龍，一定要顧忌自己的身分，自己的影響，不要做任性之舉，要顧全大局，不要留下話柄落人口實。

古龍這才回心轉意，做做樣子，勉強去醫院看望了自己住院的父親，並且為父親付清了四十萬台幣的醫療費。

當他探望他的父親之時，他的父親並沒有能睜開眼睛看他一眼，因為那時他的父親已經昏迷不醒了，但後來他的父親卻比古龍活得久，古龍去世時他的父親兀自在世。

當時的出版媒體《大華晚報》報導了這件事。

武俠小說作家古龍（熊耀華）之父熊飛覓子之事，今天上午經由報紙刊載，古龍才獲知。

古龍說，他一定會去醫院探視這位分別二、三十年的老父。

古龍現在也是生病在身。

本名熊耀華的古龍，自幼因父母之間感情不合，早在三十多年前就因父母離異，與三個妹妹由母親獨力撫養長大。他們並且為求學，照顧家庭，家中四兄妹都是在半工半讀中完成學業的。

古龍是家中長子，對父親熊飛為了另一女子而拋棄家庭，內心不免生怨。古龍的母親雖在十八年前過世，但古龍對於此事仍耿耿於懷。

尤其，古龍一度病重住院，三個妹妹聞訊從美國、香港回來探病。而熊飛雖明明知道，卻未曾來看過他。

不過，當今天上午，古龍在獲悉父親病危後，仍頗表關心。他說：儘管自己也是重病在身，還在打點滴、吃藥，但是，仍然會抱病前往仁愛醫院探望父親，以盡「人子之道」。

古龍這一年多來，因肝硬化而導致肝機能失調及黃疸，並曾引發食道破裂，還常到醫院輸血。一次都要輸一、二千西西，每天都要靠打點滴補充營養。

今天上午，本報記者與古龍聯繫時，古龍正躺在天母的家中打點滴。不過，父子天性，當古龍聞知父親病危，嘴裡雖對父親以前拋棄妻兒不顧之事，難免有些怨言，但還是很關切父親的病情。他表示等打完點滴後，想辦法去仁愛醫院探視父親病況。

●不肯原諒父親

古龍不肯原諒他的父親當初拋棄妻兒的行為，當他的父親患了帕金森症，在報上刊登尋找古龍的啟示，把古龍早年的身世秘密在報刊媒體上披露了之後，古龍一度還是不理睬他的父親。

為了這件事，倪匡從香港專程來到台北，居然都沒有把古龍勸說動，為此倪匡也非常惱火，和古龍大吵了一場。

當時古龍辯解說，他可以答應倪匡做任何「古龍」可做之事，但絕不做「熊耀華」的事，由此可見古龍對往事是如何的怨憤。他甚至已經不願做「熊耀華」這個人，他只想做古龍，他想和他早年的那種人生經歷一刀兩斷，徹底劃清界線。

即使對朋友，古龍也閉口不提自己的身世，自己家庭的秘密。

古龍成名之後，許多人對古龍的身世都非常好奇，由於不知道古龍的來歷，簡直以為古龍是從石頭中蹦出來的一樣。甚至當時的文藝圈中有這樣的一個謠傳，說古龍是一個來自於香港的孤兒。

當古龍身世的秘密被披露出來，大家才知道古龍並不是孤兒，他有親人，而且他的父親還是和他一樣同住在台北。

古龍有三個妹妹。倪匡從香港專程到台北來勸說古龍，據說是受到了古龍的大妹妹熊小雲的委託。

雖然古龍最後還是到醫院去看望了他的父親，但那時他的父親已經昏迷不醒了，他的父親到此時都沒有得到古龍說出原諒的話，這不能不說是一個很大的遺憾。

可是古龍他自己呢？他不是也做了和他的父親一樣無情的事嗎？他的下一代會不會原諒他呢？

不過，古龍的兒子表現卻要比古龍溫和得多。古龍病故之後，出殯的那一天，兒子披麻戴孝為古龍送別，但是兒子們的內心是不是都真正原諒了他們的父親呢？

●古龍生前最喜歡的一首歌

古龍愛讀書，愛好書法，愛好繪畫，愛好看電影。但對音樂，他卻不怎麼熱衷。他從不喜歡聽流行歌曲，他的家中也沒有擺設音響，只有電視機和錄影機。

不過，古龍平生卻最喜歡一首歌，那就是一曲《小李飛刀》。

《小李飛刀》當然是由古龍武俠小說改編的影視劇中的插曲，也是古龍影視作品中最有名的一首插曲。這首歌曾在台灣、香港、東南亞唱到了家喻戶曉的地步。

有一段時間，所有的演唱會中，這首歌曲是必唱的曲目。如果有哪位歌星不會唱這首歌，就會被觀眾喝倒彩。

這一首打動了千萬人的歌曲，也同樣打動了古龍自己。

歌中唱道：

難得一身好本領，情關始終闖不過。
闖不過，柔情蜜意，亂揮刀劍沒結果。
流水滔滔斬不斷，情絲百結衝不破。
刀鋒冷，熱情未冷，心底更是難過。
……
無情刀，永不知錯，
無緣份，只歎奈何。
面對死，不會驚怕，
離別心淒楚。
人生幾許失意，何必偏偏選中我？
揮刀劍，斷盟約，相識註定成大錯。

這首歌似乎影射了古龍心中的一些秘密情結。

多少次每當古龍酒酣耳熱之際，他常常就會點這支歌，或者讓他的朋友為他唱這支歌。不愛聽歌的古龍，居然對這首歌如此的迷戀，這裡面到底有什麼樣的秘密？

這首歌是不是古龍自己的寫照？

「一身好本領」，是不是說古龍那令人驚異的天才？

「情關闖不破」，是不是說他自己浪子在情場上的薄倖和失意？

「面對死不必驚怕」，是不是那時古龍已經有了預感，和死神已經有了約會？

是不是他預先知道他人生的道路已經不會太長？

是不是他早已有含笑赴死的決心？

●「求仁得仁」，古龍的死是不是自殺？

古龍去世之後，他的好朋友倪匡曾經說了一句令人感慨而意味深長的話，倪匡說古龍是「求仁得仁」了，倪匡是不是知道什麼秘密？在生命最後一段日子中的古龍，他是不是對生命已經有了徹底的洞察？

古龍生前的另一個朋友兼徒弟薛興國說，古龍明明知道自己肝硬化已經到了末期，但他還依舊喝酒。對於酒的執著，古龍怎麼會到了如此癡迷的地步？他的內心是明白還是糊塗？

很早以前，古龍在《楚留香傳奇》的開場白中就寫道：

「別人越不瞭解他，他就越痛苦，喝的酒也就越多。他的酒喝的越多，做出來的事也就更怪異，別人也就更不瞭解他了。」

這句話用在古龍自己的身上，竟然是如此的恰當，喝酒成了惡性循環。一方面他要在酒中逃避，另一方面喝酒又讓他更為怪癖，最後他終於為自己選擇了一條奇特的不歸之路。

關於古龍的死，現在有最新的說法，說古龍是自殺的。

曹正文先生在〈台灣走筆（一）：在古龍讀書的地方〉一文中，介紹了這一說法。

我在《古龍小說藝術談》一書中指出：古龍死於「酒」、「色」兩把刀，後評述古龍的文章都持這一觀點，但陳曉林懷疑古龍是自殺的，聽他婉婉道來：

（一）古龍走紅時，隨口說一個書名，可賣三十萬台幣。但古龍一生都在求新求變，他給報社寫連載《天涯·明月·刀》，因文風跳躍，讀者大惑，（武俠作家）東方玉等人趁機向老闆施加壓力，報社被迫腰斬古龍，請東方玉另撰連載，此事對古龍刺激頗大。

（二）因古龍名氣大，追他的女人很多。有一個趙姓女孩與古龍同居過，古龍後與她分手，趙與其母都是厲害的女人，大肆撒潑，把古龍告上法庭，古龍朋友都認為，趙未必勝訴，但古龍因年輕時逃避服兵役，他一直沒有身分證。他作品紅遍東南亞時，不少人邀請他出國，古龍拒絕，其實是出不去。因此他也無法請律師出庭，只能讓趙敲了一大筆錢，這是古大俠心中永遠的痛。

（三）古龍恃才傲物，一次在北投喝酒，遇上一群幫會中人，他們想請古龍同飲，古龍瞧不起，結果導致口角，繼而動武，古龍右手手腕被砍了一刀。自此，古龍有了構思，只能口述，對於一個作家來說，是何等痛苦的事。

（四）古龍中年經濟潦倒，他籌畫的電影公司破產，每天給報社寫連載雖說一月也有五萬台幣收入，但他三天兩頭請人喝酒，喝的是XO，每瓶三千台幣，一次要喝好幾瓶。古龍逝世，追悼會很風光，但門口聚集一幫人提刀弄槍，想衝進來討債。陳曉林說到這裡，歎口氣說：「古龍曾戒了酒，後來又豪飲不已，其實他是以一死來了其心願。」

古龍好友于志宏，淡江學院中文系教授林保淳也認為此說頗有道理……

古龍是不是真的自殺？這已很難確證。但毫無疑問，在古龍最後的那一段日子裡，他是經常在思考死這個問題。只要認真讀一讀古龍最後的幾部小說，就可以看出古龍的一些秘密的心思。

最起碼來說，古龍對他的死，是有所準備。

古龍在他最後的一部小說《海神》中寫到：

聽說一個人在臨死之前，總會想到一些他最親近的人和最難忘的事，在那一瞬間，卜鷹想到的是些什麼人和什麼事呢？

他什麼都沒有想。

在那瞬間，他的胸中是一片空白，整個人都是空的，什麼都沒有了，什麼都不存在。

難道那就是死的滋味？

那一瞬間的事彷彿就是剛才一瞬間的事，其實也不知道過了多久了。

泛動著白色泡沫的浪濤，好像還有些天鷹號的殘骸在翻滾。

卜鷹直挺挺地躺著，上面是青天白雲，下面是柔軟的沙灘。

他忽然想起了胡金袖，想到了寶貝公主，甚至想到了白荻花、程小青和關二。

直到現在才想起這些人，倒真是件奇怪的事。

現在他們是不是已經聽到了他的噩耗？是不是已經認為他已死了？是不是已經開始在籌備他的葬禮？

卜鷹忽然笑了。

他忽然想到，一個人如果能自己親身去參加自己的喪禮，那會是件多麼有趣的事？

在喪事中，他能夠親眼看到他的朋友為他傷心流淚，也能看到一些假作是他朋友的人，在暗中為他的死而偷笑。

在他活著的時候，那些都自稱是他朋友的人，到底有幾個是他真的朋友呢？

等他們發現他並沒有死的時候，他們的臉上會是什麼樣的表情？

古龍是不是也想能自己親身去參加自己的喪禮，也能夠親眼看到他的朋友為他傷心流淚，也能看到一些假作是他朋友的人，暗中為他的死而偷笑？是不是他也想知道，在他活著的時候，那些都是他朋友的人，到底有幾個是他真正的朋友呢？

●一顆最為輝煌的流星劃過了夜空

當初，古龍重病之後，在醫院住了一個多月，經醫生的精心治療，使他的病情有所好轉，病情緩解。

醫生本來要古龍在醫院多住一段時間，好好治病。可古龍卻耐不住寂寞，堅持要出院，主治醫生拗不過古龍，同意了古龍出院，但再三叮嚀古龍說：「你最好不要吃酒了，實在熬不住，一天最多只可以吃一小杯。」

古龍點頭稱是，回去後倒是堅持戒酒了一段時間。

但是古龍終究還是古龍，終於故態復萌，又喝起酒來。雖然于秀玲再三勸阻，但是古龍的飲酒量還是逐日猛增。古龍先是喝少量的「玫瑰紅」，後來小杯又改成大碗，終於因「肝昏迷」而再次入院，三天三夜搶救才醒過來。

〈古龍大事紀〉記載，九月十九日，由於數日前和演員徐少強拚酒，導致食道大量出血，送往三軍總醫院。

古龍病情惡化，食道破裂，大出血後，依然豪情不減當年，連醫院中的小護士也驚嘆「古大俠」好神勇。

古龍高興地笑了。

古龍永遠是驕傲的，小護士面前更不能差了形象。

但是古龍自己卻心中有數，知道自己的生命已走到盡頭。

「小烏龜，你猜我死了，有沒有人為我落淚？」

九月廿一日，古龍看見守護在他病床前的丁情心情不好，故意這樣逗著問。

古龍的樣子是嘻嘻哈哈的，好像無所謂的樣子，但大家都看得出來他的神情是帶著一種難言的淒然。

古龍又看著于秀玲。

他帶著歉然和愧色說道：

「真對不起你，也對不起那些愛過我的女人。」

于秀玲忠實地伴隨著古龍走完了他人生的最後一段路，給了古龍以溫情和藉慰，古龍的內心是很清楚的。

于秀玲說：「只要你病好了，今後我們會生活得很愉快的。」

旁人見古龍神情興奮，以為古龍身體開始康復，可以因此度過難關，哪裡知道這是古龍的迴光返照。

古龍又昏迷了過去。

古龍再沒有甦醒！

古龍臨終前的最後一句話是：

「怎麼我的女朋友都沒有來看我呢？」

一九八五年九月廿一日晚六時零六分，古龍在台北市三軍總醫院告別文壇與人間，終年四十八歲。

一顆流星劃過了夜空。

「流星的光芒雖短促，但天上還有什麼星能比它更燦爛，更輝煌！」

●他安眠在美酒的芬芳之中

古龍大俠「乘酒而去」了！

噩耗傳來，整個華人世界無不震驚！

港台、東南亞各大華文報紙，均以重版發佈了這個消息。

熱愛古龍小說的人們無不為一個天才的過世而痛心。

古龍的追悼會由古龍生前的好友，著名作家倪匡主持，諸葛青雲、百里奚、高庸、喬奇、吳濤等知名作家都參加了古龍的追悼會。

古龍的弟子丁情與薛興國更是披麻戴孝，以傳統的大禮來表達他們心中的哀思和悲悼。

于秀玲則是哭得像淚人兒一般，痛不欲生。

古龍的兒子鄭小龍雖已改跟了母姓，但這時在鄭莉莉同意下也是披麻戴孝，在這樣悲痛的時刻，他們已原諒了古龍的薄倖。

古龍和梅寶珠生下的兒子，也來參加了追悼會。

在古龍的靈前，各路作家朋友和武林豪傑都獻上了花圈和輓聯。

輓聯中後來流傳廣的有兩副。

一是倪匡題寫的：

人間無古龍，心中有古龍。

另一是作家喬奇題寫的：

小李飛刀成絕響，人間不見楚留香。

喬奇以古龍小說中著名人物作題，正是恰如其分，因為古龍寫李尋歡，寫楚留香，其中都有古大俠自己的影子。

古龍的親朋好友用了一種最獨特的方式紀念了古龍，表達了他們對古龍的悲悼和懷念的心情。

在葬禮之時，古龍的親朋好友一人帶了一瓶酒來，但王羽另訂了四十八瓶，那是古龍生前最喜歡的酒——軒尼詩白蘭地（XO）。下棺之時，人們依次默默地把四十八瓶美酒放置在棺木的內側，放在古龍遺體的身前身後，身左身右。

古龍享年四十八歲，所以放了四十八瓶美酒。

古大俠將永遠安息在美酒芬芳馥鬱的氣息之中。

古大俠將在美酒中得到永生。

中篇
生平與作品

第一章　總述：古龍小說的四個創作階段

第二章　古龍試筆階段尚未脫青澀

第三章　成熟的古龍已穩坐武俠名家交椅

第四章　古龍天才燦爛的光芒看花了所有人的眼睛

第五章　英雄末路的古龍力不從心

第一章　總述：古龍小說的四個創作階段

古龍在瑞芳鎮隱居三年之後，寫出《絕代雙驕》、《鐵血傳奇》。這兩大部作品奠定了他在台灣武俠小說界中的地位，此時的古龍已是大出風頭，巨大的成功使他足以與當時的幾位武林老霸主相提並論，並且已有後來居上的銳氣。

《絕代雙驕》和《鐵血傳奇》是古龍武俠小說創作上的一個至關重要的里程碑。這兩部作品雖不是古龍登峰造極之作，卻標誌了古龍作為一個天才武俠小說家的成熟。

古龍自一九六〇年發表第一部武俠小說《蒼穹神劍》，至一九八五年完成最後一部作品《財神與短刀》，創作年限共二十六年，創作字數達兩千五百萬字以上，平均每年百餘萬字，共計發表七十二部作品。

這七十二部作品，其中《鐵血傳奇》（又稱《楚留香傳奇》）又分為三部作品，即《血海飄香》、《大沙漠》、《畫眉鳥》，而港版《多情劍客無情劍》又分為《多情劍客無情劍》和《鐵膽大俠魂》兩部。所以計算古龍一生共發表七十二部作品，也是有道理的。

古龍的這七十二部作品，其風格隨著時間的推移是有很大差別的，研究古龍一生作品風格的變化，也就可以看作古龍創作思想方法和心態的變化。

曹正文在《中國俠文化》中將古龍的作品分為三個階段。

曹正文說：

其作品可分三個階段，第一個階段是一九六〇年至一九六四年，共出版十六部武俠小說，包括《月異星邪》、《劍氣書香》、《孤星傳》、《失魂引》、《護花鈴》、《劍玄錄》、《浣花洗劍錄》、《情人箭》等。這個階段古龍的作品雖然引人注目，但在藝術上不夠成熟，情節落俗套，語言欠老練，明顯尚有台灣其他武俠小說家的影子。

第二個階段從一九六五年至一九六八年，這是古龍武俠小說的一個飛躍階段，他先後寫出了《大旗英雄傳》、《武林外史》、《名劍風流》、《楚留香傳奇》、《蕭十一郎》等，這些武俠小說已顯示了古龍獨特的藝術風格和革新武俠小說的新技巧。他在武俠世界的地位已經要和諸葛青雲、臥龍生、司馬翎並列，並後來居上，名列台灣十大武俠小說家之首。

第三階段是一九六九年到一九八四年，古龍憑藉其超人的才氣與新穎的構思，寫出了令武俠文壇震驚的《多情劍客無情劍》以及《大人物》、《流星・蝴蝶・劍》、《七種武器》、《九月鷹飛》、《陸小鳳》、《白玉老虎》、《英雄無淚》、《歡樂英雄》、《天涯・明月・刀》等。這時的古龍的影響已經超越了台灣文壇，其影響與聲譽已在梁羽生作品之上，並以不可阻擋的氣勢直逼金庸。港台新派武俠小說家的排列是金庸、古龍、梁羽生，喜歡古龍小說的讀者大可和金庸的擁護者匹敵。

曹正文的這種粗線條勾勒，可以說明讀者對古龍作品的整體理解，是有其見地的。

但是筆者以為，這種劃分法還不夠嚴謹、細緻，還沒有把古龍一生的七十二部作品風格的變化走向描述得很透徹。

準確地說，古龍一生的作品應該分為四個階段：

第一階段是試筆階段（一九六〇至一九六四年）；

第二階段是成熟階段（一九六五至一九六八年）；

第三階段是輝煌階段（一九六九至一九七五年）；

第四階段是衰退階段（一九七六至一九八五年）。

這樣的四個階段，比較準確地描述了古龍畢生作品的風格和水準的變化趨向，使我們更容易把握和理解活生生的、有血有肉的古龍武俠小說的內涵與境界。

一個優秀作家的生平總是不可分割地與他創作的作品聯繫在一起，要想瞭解古龍，我們不能不先敘述一下他的作品變化的這四個不同的階段。

第一個階段是試筆階段，時間約是一九六〇年至一九六四年。這個時期古龍小說的創作還處於試筆的狀態，總體水準尚可，但已有明顯的特色。

這個時期的作品一共十七部，計有：

《蒼穹神劍》、《劍毒梅香》、《殘金缺玉》、《月異星邪》、《湘妃劍》、《劍氣書香》、《孤星傳》、《遊俠錄》、《飄香劍雨》、《神君別傳》、《彩環曲》、《失魂引》、《劍客行》、《護花鈴》、《情人箭》、《大旗英雄傳》、《浣花洗劍錄》。

第二個階段是成熟階段，時間約是一九六五年至一九六八年（《武林外史》開始連載一九六四年九月十四日，可以算到下一年度）。

〈古龍大事紀〉引古龍自述《轉變與成型》：「一直到《武林外史》，我的寫作方式才漸漸有了些轉變，漸漸脫離了別人的，然後就開始寫自己的小說了。」

這個時期古龍的小說風格一變，已臻上乘境界。《武林外史》可以看作是古龍成熟階段的里程碑作品。

這個時期的作品一共六部，計有：

《武林外史》、《名劍風流》、《絕代雙驕》、《血海飄香》、《大沙漠》、《畫眉鳥》（《血海飄香》、《畫眉鳥》、《大沙漠》又合名《鐵血傳奇》）。

這個時期作品的水準雖不是古龍的頂峰之作，但卻已熟透可玩，水準上已能與任何一位武俠小說大家的作品相提並論。

〈古龍大事紀〉引胡正群〈《名劍風流》創作前後〉稱《名劍風流》出版後聲譽鵲起，與「武壇三劍客」並列。

這個時期，古龍僅憑《絕代雙驕》和《鐵血傳奇》兩大部作品，就足可以「笑傲江湖」。

但是這一時期的作品並沒有代表古龍天才和輝煌的頂峰創作，也還不能真正反映出古龍所創的「新派」的藝術風格和獨特境界。

這個時期的作品雖然已將新派風格初露端倪，但總體上還不脫舊派武俠小說的套路：從語言到武打設計、江湖騙局，有些還是容易與金庸、梁羽生那種集大成的舊派武俠小說套路相混淆。

第三個階段是古龍作品的輝煌階段。時間約為一九六九年到一九七五年（《多情劍客無情劍》首載一九六八年十二月廿八日，實際上應該算到下一年度）。

這個時期是古龍創作上的黃金時期，分算有二十九部之多，幾乎部部為精品，字字是珠璣，其品質之高，數量之多，皆足驚人。

古龍的事業到這個時期才算真正達到完滿的高峰，古龍在這個時期才算功德完滿，修成金身正果。

古龍之前無所謂武俠小說之新派，而古龍武俠小說新派的風格和水準，也是在這個時期才完成。

這個時期的作品才真正表現出了古龍卓爾不群、傲視群雄的天才。因為古龍在這個時期一手創立了新派武俠小說，古龍已經足可以與新武俠小說改良舊派的集大成宗師一較雄雌。

這個時期的古龍作品輝煌燦爛，從語言突破了舊派武俠小說的敘述修辭和敘述技術，從武打設計上突破了舊派武俠小說的虛擬寫實招式，從江湖格局上突破了舊派武俠小說的幫會體系，從境界上突破了舊派武俠小說集大成宗師金庸筆下的「俠之大者」形象，闡述了一種審美意境上的「俠之風流」。

這個時期是古龍創作的奇蹟，也是整個武俠小說歷史中的奇蹟。

當時已經有了「金庸之後不讀武俠小說」的說法，古龍的這一變，這一奇招，真正使得天下英雄瞠目結舌而後為之競折腰。

這個時期古龍的作品計有：

《多情劍客無情劍》、《借屍還魂》、《蝙蝠傳奇》、《蕭十一郎》、《歡樂英雄》、《流星・蝴蝶・劍》、《大人物》、《桃花傳奇》、《邊城浪子》、《長生劍》、《孔雀翎》、《陸小鳳傳奇》、《絕不低頭》、《九月鷹飛》、《碧玉刀》、《繡花大盜》、《火併蕭十一郎》、《七殺手》、《決戰前後》、《劍・花・煙雨江南》、《多情環》、《銀鉤賭坊》、《霸王槍》、《幽靈山莊》、《天涯・明月・刀》、《鳳舞九天》、《拳頭》、《血鸚鵡》、《三少爺的劍》。

第四個階段是古龍創作上的衰退和疲乏時期。

古龍不是一個能以常人心態來衡量的人。

古龍是個大俠，是詩人，也是內心寂寞超常的浪子。生活的變故以及內心鬥爭的消磨，使他的身心兩方面都有很大的創傷。

從一九七六年開始，他寫作《白玉老虎》之時，已經開始顯露出創作上的疲乏和衰退之相。

古龍一生求新求變，總想不斷超越自己，不斷創造出人間奇蹟，總想超越一個極限。他的小說中經常有「這一劍已經超越速度的極限」「威力的極限」這樣一些類似的話，他總想製造神話。

然而這在現實中是不可能的，因為這必須受到現實中創作的心態、精力以及人文背景、讀者的理解力等一系列問題的限制。

古龍寫《白玉老虎》之時，就是想再創奇蹟，然而他已不能得心應手。

《白玉老虎》的一個開頭就寫了六十萬字，只完成上篇，卻被有些人批評為「幾乎打回了《絕代雙驕》的水準」。

此時的古龍已經表現出創作活力的衰滅和疲乏，對結構和語言把握，已不如全盛期那樣爐火純青了。故而我們以《白玉老虎》的創作為界，將其劃入古龍的第四個階段的作品。

第四個階段的衰退之中，古龍有時故態復萌，多次出現別人續筆的現象，這在古龍的第三個階段輝煌時期是絕不可能發生的事。

《圓月彎刀》一部分由司馬紫煙續筆。

《飛刀，又見飛刀》由古龍口授他人記錄而成。

《風鈴中的刀聲》結尾由于東樓續完。

僅以上羅列種種事實，就已說明古龍在這段時期確是處於創作力的衰退時期。

儘管古龍的第四個階段也有好幾部水準極高的精品出現，但總體水準上給人的印象卻不免是在滑坡和衰退。

這個時期古龍則自認「我的編織力，我的想像力，我對文字的領會，都比以前更進步」，但他卻也承認「因為身心所遭受到的打擊，體力已經大大不如前」。

古龍四十八歲「乘酒歸去」，最後的十年即他創作的第四個階段，計有作品二十部：

《白玉老虎》、《圓月彎刀》、《碧血洗銀槍》、《大地飛鷹》、《七星龍王》、《離別鉤》、《英雄無淚》、《新月傳奇》、《飛刀・又見飛刀》、《劍神一笑》、《風鈴中的刀聲》、《午夜蘭花》、「大武俠時代」（包含《獵鷹》、《群狐》、《銀雕》），「短刀集」（包含《賭局》、《狼牙》、《追殺》、《海神》）、《財神與短刀》。

第二章　古龍試筆階段尚未脫青澀

●古龍試筆階段的壓卷之作是《浣花洗劍錄》

一個真正的天才作家的生活史，實際上很大一部分是他的創作史。生平和創作的關係，就像是一張紙的正面反面那樣。

在本書上篇中，著重的是對古龍生平和生活軼事的描述，而從本節開始，我們將較為詳細地考查古龍的創作史。從作品這一個角度，我們將對天才作家古龍有著進一步的瞭解。

古龍最初是一個有理想有抱負的文學青年，然而命運和機遇卻把他推到了武俠小說創作的這條道路上。

從古龍正式創作第一部武俠小說《蒼穹神劍》的一九六〇年算起，到古龍過世的一九八五年，古龍共有二十六年的武俠小說創作歷史。古龍四十八歲短短的一生，竟一大半的時間奉獻給了武俠小說創作事業，並且在創作開始之後，平均每年要寫作多達一百多萬字。

古龍的創作歷史如前已述，應分為四個階段，即試筆階段、成熟階段、輝煌階段、衰退階段。

第一個階段為試筆階段。這五年的試筆時間，古龍的創作熱情還是非常之高的。古龍在創作的第一年就一口氣推出了八部作品，雄心很大，但是連古龍自己都要對這個階段的作品感到失望。很多不明真相的讀者在讀到市面上出版的古龍這個時期寫的小說時，常會懷疑有些可能不是古龍的手筆，是偽作。

實際上這些作品的的確確是古龍親筆所寫。

大概還很少有作家像古龍這樣，創作的各段時期風格和水準相差如此巨大的。可以毫不誇張地說，古龍這個階段的作品大多是「文以人傳」，其實有些是不太好看（當然，這只是指相對於古龍後來的作品），有些則不免青澀。這個時期古龍的作品大多尚無自己的特色，偶而尚模仿諸葛青雲、臥龍生、司馬翎等當時在台灣紅極一時的知名武俠小說作家的風格和套路。

取法其上，得乎其中；取法其中，得乎其下。諸葛青雲、臥龍生、司馬翎的作品，公允看來，其水準不過「其中」，古龍若未盡脫他們套路，當然他此時的作品尚不能完全令人耳目一新。

當金庸、梁羽生的作品偷偷流傳到台灣的武俠小說圈子內時，古龍才開始受金庸、梁羽生吸引，「取法其上」了，寫出的東西才算不時有亮點了。

這時古龍已開始寫作《浣花洗劍錄》和《大旗英雄傳》，境界開始高了，從此便一步步走上了修成正果之路。

但是古龍畢竟是古龍，古龍畢竟有不同於諸葛青雲、臥龍生、司馬翎等的天賦異稟之處。這一階段古龍的小說雖然尚未成熟，但是常常別出心裁，頗有巧思，比一般的武俠作品又大有高明之處。

這種差別在於古龍的文字駕馭功力，加以注重於小說的謀篇佈局，將情節安排得詭異離奇，又比較善於設置一個又一個的懸念，所以還是能使讀者讀下去（特別是當時讀者的口味較為粗疏），有些作品更頗有撼動內心之處。

但是總的說來，這些小說都尚缺乏深度，缺乏對人性的深刻理解和闡發，缺乏一種看待世界的方法論，缺乏風流和瀟灑的雅望。

這個時期最值得提起的作品當推《浣花洗劍錄》。

可以說是從這部書的寫作起，古龍的武俠小說的創作才具有真正意義上的「自覺」意識。

在此之前古龍雖然變著法子想玩出點花樣，但尚無自己獨特的境界和風格。

《浣花洗劍錄》幾乎接近了古龍第二階段（即成熟階段）的水準，甚至有的評論家將這部作品歸入古龍第二個階段的作品中去。

如台灣《聯合報》主筆武俠評論家葉洪生就這樣說：

「作為一個改革傳統的急先鋒，古龍汲取了日本名作家吉川英治《宮本武藏》所彰顯的『以劍道參悟人生真諦』，戰前氣氛一刀而決，會通了金庸《神鵰俠侶》的『無聲勝有聲』之劍說，而發『無招破有招』，於是寫《浣花洗劍錄》便與眾不同，境界自高。」

葉洪生將《浣花洗劍錄》評得很高，認為是古龍寫作歷史的第一個轉捩點。

中國武俠文學學會副會長，武俠小說作家評論家江上鷗也認為古龍的小說是從《浣花洗劍錄》開始，而境界一步步提高的。

連古龍自己都有過類似的分類法。

古龍在漢麟版《大旗英雄傳》的前言中這樣說過：

> 早期我寫的是《蒼穹神劍》、《劍毒梅香》、《孤星傳》、《湘妃劍》、《飄香劍雨》、《失魂引》、《遊俠錄》、《劍客行》、《月異星邪》、《殘金缺玉》等等。
>
> 中期寫的是《武林外史》、《大旗英雄傳》、《情人箭》、《浣花洗劍錄》，還有最早一兩篇寫楚留香這個人的《鐵血傳奇》。
>
> 然後，我才寫《多情劍客無情劍》，再寫《楚留香》，寫《陸小鳳》，寫《流星・蝴蝶・劍》，寫《七種武器》，寫《歡樂英雄》。而一部在我一生中使我覺得最痛苦，受挫折最大的便是《天涯・明月・刀》。

古龍也是把他的創作歷史分為三個階段的（那時他當然還沒有認識到他第四個階段——衰退階段的到來）。

古龍把《浣花洗劍錄》歸入第二個階段，那是因為這部作品已具有他在創作上明顯的自覺意識。

在上面所引古龍的自述中，其作品的順序排列也不很嚴謹，大概是因古龍這段時間作品寫作時多有交錯，寫寫停停，未以最後截稿為準。

《浣花洗劍錄》最為成功之處，便是書中創造了類似「迎風一刀斬」的招數，之後廣為流傳，差幾分就與「小李飛刀」齊名了。

這部作品寫的是一個日本劍客特意到中國來求證武道的不平凡經歷，最後終於證得「無招勝有招」的武道。書中又借書中人紫衣侯之口，闡釋無上劍道之理，禪意和哲理氣氛都很濃厚，境界上確是不同流俗。

但是我覺得，此書還是歸入古龍的第一階段作品比較合適。古龍的創作史上第一個轉捩點應該是《武林外史》，由《武林外史》而進入第二個階段即成熟階段，這也是古龍非常明確地承認過的。

古龍第二個階段的作品其實從數量上說並不多，但部部都是大部頭，其重要的共同特徵是場面大，人物多，頗有金庸武俠小說的那種江湖大格局的模樣，氣勢宏偉，情節緊湊。而以這些特徵來要求，《浣花洗劍錄》顯然在總體上達不到這種水準。

這就是我將《浣花洗劍錄》歸入古龍創作歷史第一階段的原因，我認為這樣的分類更為合理和準確。

●《孤星傳》代表古龍最初的創作特色

古龍試筆創作武俠小說的第一年就發表了八部作品，其中《蒼穹神劍》後半部由正陽續筆，《劍氣書香》第二冊起由陳非續筆，《劍毒梅香》大部分由上官鼎續筆。

按照〈古龍大事紀〉記載：

稿。

本年度至少有八部作品連載或出版。

《蒼穹神劍》由第一書社開始出版。據聞曾向台灣春秋出版社投稿，遭拒。

六至七月，《劍毒梅香》由清華印行、國華出版四集。因要求提高稿費未果，毀約斷稿。

《殘金缺玉》在香港《南洋日報》開始連載，一度斷稿。

秋，《劍氣書香》完成並出版一集，斷稿。真善美出版社請陳非續寫。

《月異星邪》在香港《新聞夜報》開始連載。

九月廿二日，《湘妃劍》在香港《上海日報》開始連載。

十月，《湘妃劍》和《孤星傳》開始由真善美出版。

十一至十二月，海光出版《遊俠錄》，為該年度唯一殺青的作品。

十二月，清華出版社請新崛起的上官鼎三兄弟續寫《劍毒梅香》，大為暢銷。

年底，據龔鵬程《人在江湖》：「買了一輛車，開著去撞個稀巴爛，臉摔壞了，書也不寫了，等錢用完了再寫。」

這一年中的作品，真正用心落筆的不多。

《蒼穹神劍》為處女作，是試筆中的試筆，而且沒有寫完，但已初露頭角。

到了是年年底發表的一部《孤星傳》，比較能代表古龍的特色。這個特色也就是奇詭、離奇、劍走偏鋒，在後來的成功作品中，古龍把這個特色發揮到了極致。

《孤星傳》據古龍自稱內中含有一個「很荒唐」的故事。

一個男孩子和一個女孩子，在他們去捉蝴蝶的時候，他們的家忽然被毀滅，等他們帶著美麗的蝴蝶回去時，他們的父母親人都已慘死，他們的家已變成一片廢墟。他們的年紀還小，但世界上卻已沒有他們可以依靠的人，他們只有靠自己。

從此那男孩就用盡一切力量，來照顧那女孩子，他吃盡了各種苦，受盡了饑寒的折磨，有了吃的和穿的，他總是先給他的小情人。在這種情況下，他的發育當然不能健全。到後來他們終於遇到救星，有兩位世外高人分別收容了他們。

男孩子跟著一個住在塔上的孤獨老人走了，收容那女孩子的，卻是位聲名很顯赫的女俠。

他們雖然暫分別，但他們知道遲早總有再相聚的一天，所以他們拚命努力，都練成了一身很高深的武功。

男孩子練的武功屬於陰柔一類的，而且大部分時候都待在那孤塔上，再加上他發育時所受到的折磨，他長大了後，當然是個很矮小的人。那女孩子練的功夫卻是健康的，發育也很健全。等他們歷盡千辛萬苦，重新相聚的時候，他們的滿懷熱望忽然像冰一樣被凍住了。

那男孩站在女孩面前，簡直就像是個侏儒。

這個佈局可以說是很古龍化的佈局，寫的故事都是極端情景下人物極端的衝突，在離奇中卻又帶著合理的因素，發人深省和引人回味。

《孤星傳》的結局也是非常獨特的古龍風格，如果換了一個作家來寫，可能絕對是另一番糾纏。

古龍說自己從小就不喜歡悲劇，不愛看結局悲慘的故事，所以古龍自己寫的小說，基本上都有一個很圓滿的結局。拒絕悲劇——作為一個作家來說是需要冒著相當大的危險的，這可能引起眾多評論家的口誅筆伐。

但古龍的這種偏好卻又出自於他的深刻！

古龍說：

「我總認為人世間的悲慘不幸的事已夠多，我們為什麼不能讓讀者多笑一笑？為什麼還要他們流淚？」

古龍深知「雅到極處便是俗，俗到極處還是雅」的這一常人難以理會的道理。

古龍的天才就在於「法無定法」，敢於藐視一切既有的觀念。

古龍不在乎作為故事的傳奇性太濃，「不切實際」，他認為寫作為傳奇文學，愛情故事本來就應該是充滿幻想和「羅曼蒂克」的。

所以古龍要別出心裁，反對「悲劇的情操比喜劇高」的說法。

古龍說：

「我總希望為別人製造些快樂，總希望能提高別人對生命的信心和愛心。」

從寫《孤星傳》開始，古龍都是遵循這一原則的，寫歡樂，寫信心。

《孤星傳》這種故事的結局，本來應該是個很尖酸的悲劇，是「充滿對人生的諷刺」。

但是古龍卻不肯這樣來處理。

最後古龍還是讓男女主角結合了，暗示他們成為江湖中最受人羡慕，最受人尊敬的一對夫妻。

古龍說：「因為他們的愛情並沒有因任何事而改變，所以值得受人尊敬。」所以這個悲劇最後變成了喜劇。

●《失魂引》開詭奇佈局先河

在古龍創作史的第一個階段中，《失魂引》無疑是一部比較特別的作品。這部小說發表於一九六一年，其缺點和優點都很具有代表性。首先是作品的語言是缺乏特色的，且不乏套語，司空見慣，並無新鮮之感，大抵混同於臥龍生水平的武俠小說。

但古龍卻能在情節和懸念上作文章。凶案，疑案，以及追查，求證和破案，在此已經可以看出古龍後來引人入勝的「推理武俠小說」的雛形了。

故事講京城才子管寧夜遊四明山，投宿四明山莊之時，突然遭人襲擊，見證了山莊內十多名武林高手的神秘遭害，四明山莊莊主「四明紅袍」夫婦也受害。唯一活下來而可知道其中秘密的高手西門一白，這時卻又失去記憶，成為白癡，又成為凶案的嫌疑犯。然後管寧便費力追尋真凶原委，其中又穿插管寧與戀人凌影的互動情節。

種種離奇費解之事不一而足，管寧也是歷盡驚險。最後的結局是出人意外的，原來是「四明紅袍」夫婦故布疑陣，亦即「四明紅袍」夫婦才是真正的元兇。

從上面簡單的介紹，讀者已經可以看出古龍編故事的天才了。從編故事來說，這時的古龍其實已經走向成熟了。

這時古龍所缺乏的是形式的構造和特色的語言，以及對境界的提高，人性的挖掘。這篇故事的結構還是很不錯的，但實際上讀起來卻並不那麼迷人。這其中的原因，除了上面已述之外，還有是對人物描寫的簡單化與浮面化。

主角管寧沒有一種像古龍後來的小說人物那般的人格力量，所以缺乏深度。管寧的形象單純善良，卻蒼白無力，不脫舊武俠小說那種酸溜溜「文武全才」的調子，讓人膩味。

還有較大的缺點是，《失魂引》的佈局懸念雖詭奇，卻偶有顧前不顧後，照應不周的毛病。有的情節是故弄玄虛，有的地方又經不起推敲。

這說明古龍此時還缺乏一種充分駕馭形式的能力，雖甚奇詭，畢竟仍有些青澀。

●《遊俠錄》開始注重寫人格力量

古龍早期作品中，《遊俠錄》這部作品確是值得一提的。

《遊俠錄》的寫作，可以看出古龍創作的另一種發展和變化。

這就是在情節和佈局的詭奇之外，力圖以人物本身的人格力量，來達到小說的深度和境界的高度。

所以說《遊俠錄》是《失魂引》的另一種有機補充，當古龍將這兩種嘗試發展和成熟之後，古龍小說的獨特風格便形成了。

從故事情節上來看，《遊俠錄》比《失魂引》可讀性要差些，缺乏特殊精采動人之處。

在故事的結構上，這部作品甚至相當老套和傳統。

故事講的是天龍門掌門之子雲龍白非出道江湖，巧遇無影人丁伶的千金石慧，二人一見情投意合。石慧奉母命毒殺遊俠謝鏗，以阻止他向黑鐵手童瞳復仇，但童瞳卻於無意中救了中毒的遊俠謝鏗。

謝鏗為父報仇仍手刃童瞳，後得知其父當年因先中丁伶的無影之毒才被童瞳所殺，他即自斷雙臂以報童瞳救命之恩，但發誓要用雙腳去報丁伶殺父之仇，遂苦練絕招，歷盡千辛，終於殺了丁伶。

而雲龍白非則遇高人指教，獲得奇功，除掉了妄圖獨霸武林的千蛇劍客，成為功蓋江湖的頂尖人物，可是他卻暗自仰慕行俠仗義的遊俠謝鏗。

正當一對戀人將結眷屬，彌留之際的丁伶卻要女兒石慧離開雲龍白非……

這個故事沒有結局，大概是古龍寫到這裡難以定奪，乾脆留下問號，讓讀者自己去想像。

這種做法不免有偷工減料之嫌，美其名曰是「留白」。

早期古龍的作品頗多此類作法，如《殘金缺玉》最後的處理也是如此。

《遊俠錄》之所以值得一看，是因為古龍在這裡注意了對「俠」而不是對「武」看重和闡發。

古龍通過小說中人物謝鏗與白非兩個人物的人生經歷來證實：俠客不是以武功超絕而是以人格高大，才能贏得人們的敬重。

謝鏗因為行俠仗義，扶弱濟貧，快意恩仇，而活得自在自如，受人尊敬。而武功更高的白非卻因自己的感情糾紛，而自感活得不如意。

此書的寫作技巧上，古龍也是下了力氣，想求新求變。

古龍自稱這部書「是一個嘗試，裡面有些情節轉承的地方，是仿效電影『蒙太奇』的運用」。

但是古龍自己也發出了疑問：「這嘗試成功嗎？」

天才的古龍並不是每一種求新求變的嘗試都獲得成功的。

《遊俠錄》的寫作技巧確是下了番功夫，側寫，組合，跳躍等等嘗試都可以看到，但卻太形式，不明顯，反而顯出技巧的青澀，情節上的不連貫。

小說的雙線敘述，也不乏破綻。

雖然這樣，但研究古龍的作品，這部書還是引人注目的。

曹正文的《中國俠文化史》中，就專門把《失魂引》和《遊俠錄》兩篇單獨提出來加以強調。

●《殘金缺玉》表現了古龍創作上的游移

在古龍早期的武俠小說中，《殘金缺玉》顯示了古龍在創作上的游移不定和缺乏耐性。

古龍從一九六〇年開始寫作武俠小說起，當時的情況是，武俠小說作家群雄並起，百家爭鳴。

諸葛青雲、臥龍生、司馬翎執當時台灣武俠小說之牛耳，並稱「三劍客」，古龍這時尚無資歷和地位可言，有幸與「三劍客」訂交，不過是「劍童」一類角色。

古龍雄心勃勃地寫起武俠小說，但他面前卻聳立著看上去不甚可能超越的大家。一開始古龍「初生之犢不畏虎」，接連拋出了一部部作品，想在此領域有巨大建樹。但十部小說出台，古龍還只是「新秀」，雖能分得一杯羹，但還是遠遠不能與「三劍客」之類大師相提並論，缺乏自己的亮點。

古龍生性是個驕傲之人，這時當然開始失去耐性，也開始忐忑不安，對自己懷疑起來。

《殘金缺玉》發表於一九六〇年，是最初期的作品，而發表於一九六二年的《護花鈴》也暴露了同樣的毛病。

《護花鈴》基本上並未從容收尾，展開的線索未充分交代，便戛然而止。

《殘金缺玉》也有頭無尾。《殘金缺玉》最後莫名其妙收了尾，相府牆頭上竟然躍出三名身著金衣的「殘金毒掌」來。

古龍此時喜歡玩把疑問留給讀者想像的把戲。到底誰是真正的「殘金毒掌」，古龍當然不加交代，匆促收場了事。整篇小說中令人迷惑的情節層出不窮，讓讀者越讀越亂，卻沒有合理的收束。

古龍的一生經歷很有戲劇性和傳奇色彩，性格層次也豐富深刻，但在初期作品往往毫無遮掩，讓人一覽無遺。

比如在《殘金缺玉》這本書的創作中，我們就可以看出古龍任性和急躁的一面，他當時內心的混亂，竟完全反映到創作上來了。

古龍第一階段的作品，因此顯得尚屬青澀，不夠成熟。而這十六部小說之中，又多有任性之筆，草草收尾，或是他人代筆。

《殘金缺玉》的結尾草草收場，尚屬可以自我解嘲，而《護花鈴》的故事甚佳，卻分明沒有寫完，最後五分之一內容儼然只求交代結局，流於粗疏。其他的作品，古龍即使沒有寫完，還是要約請信得過的槍手代為完成，而《護花鈴》古龍似是完全不管續寫者的筆法了。

《護花鈴》情節尚未充分展開，不少人物的下落沒有交代，牽繫全書的那個處心積慮要稱霸武林的帥天帆還沒有在書中正式出現，而全書已經結束了。最後一章則是「群奸授首」，根本沒有交代如何「群奸授首」。

古龍對這些視而不見，令人有些悵惘。

古龍第一階段作品不算少，比很多作家一生的作品還要多。但對這些作品，我們只能說是文字清新優美，不需太費口舌評述，前面舉了這幾部具有代表性的例子，讀者觀其大略便可見其餘。

由於本書篇幅的關係，我們還是將對古龍作品評述的重點放在他後面精采的作品上。

●《大旗英雄傳》有了大家風範

古龍創作的第一個階段，另外一部值得稱道的作品是《大旗英雄傳》。

《大旗英雄傳》受金庸的影響很大，古龍通過這種對金庸的消化和吸收，培養了自己的底氣，眼界、心胸、氣勢上都變化很多，變得開闊多了。

古龍要超越金庸，當然只有先學習金庸，模仿金庸。這就是所謂「知己知彼」，古龍只有洞察金庸是怎麼回事，才可能突破和超越。《大旗英雄傳》氣勢宏偉，情節緊湊、連貫，語言上一氣呵成，氣脈貫通。一般對《大旗英雄傳》的批評是「寫馬背上的廝殺多了一點，寫得不夠玲瓏，氣氛也嫌太悲涼」（曹正文）。

這是很有見地的說法。從這一點可以看出古龍尚有青澀之處。《大旗英雄傳》中塑造了鐵中棠這樣一個較為豐滿的大俠形象的人物，這個人物是古龍自己所偏愛的。古龍說自己寫過的武俠小說的人物中較滿意的有三個：一個是李尋歡，另一個是郭大路，還有一個就是鐵中棠。

鐵中棠不是一個喜歡流血的人，他寧可自己流血，也不願別人為他流淚。他的滿腔熱血隨時都可以為別人而流，只要他認為他自己做的事有價值。

但是他不是神，也有缺點，有時也受不了打擊，也會痛苦、悲哀、恐懼。

鐵中棠沉默寡言，忍辱負重，就算受了別人的冤屈和委曲，也從無怨言。他為別人所做的犧牲，他從不會去張揚，別人也從來不會知道。這種人的眼淚是往肚子裡流的，是硬漢性格。

古龍自寫武俠小說以來，第一個真正寫活了的人物，便是鐵中棠，所以古龍對鐵中棠特別偏愛。

第三章 成熟的古龍已穩坐武俠名家交椅

●《武林外史》成熟可喜

一九六四年底開始發表的《武林外史》，開了古龍創作成熟階段的先聲。《武林外史》，長達一百萬字，氣勢非凡。

一九六五年古龍又一鼓作氣開始了另一大部頭《名劍風流》的創作。

一九六六到一九六九年結集出版的《絕代雙驕》，則把古龍成熟階段的境界推到了這個階段的最高峰。

一九六七到一九六九年結集出版的楚留香系列《鐵血傳奇》三部，風格上已是第三階段輝煌階段的先聲，是轉型的試驗作品，也相當值得重視。

古龍第二階段的作品，都頗有可觀之處。僅憑古龍第二階段的六部作品，也就可使古龍在現代武俠小說史上寫上風格鮮明的一筆，將絕大多數武俠小說作家比下去了。但這個時期的作品，還不能代表古龍最獨創最天才的風格。

第二階段的作品，在境界上總是要比第三階段的作品遜色一籌。所以真正對古龍的研究，還是集中在古龍的第三個創作階段上來研究的。古龍第三階段的作品，無論從數量還是品質上來看，都是第二階段尚無法比擬者。

古龍第二階段的作品，《武林外史》為承上啟下的第一部。如果說《浣花洗劍錄》是古龍第一個創作階段的壓卷之作，那麼《武林外史》則是古龍第二個創作階段的開山之作。

《武林外史》真正讓我們看到了古龍的成熟可喜之處。《武林外史》長達一百萬字，整個故事曲折起伏，驚心動魄，而細節上又是細膩精緻，處處出現閃光之點。

這時古龍已經顯示出了他對長篇結構的天才駕馭能力。這時已經可以看出，古龍也會寫出像《笑傲江湖》這樣的高級作品來。

〈古龍大事紀〉中記載：

一九六五年二月，春秋開始出版《武林外史》。古龍《轉變與成型》：「一直到《武林外史》，我的寫作方式才漸漸有了些轉變，漸漸脫離了別人的，然後就開始寫自己的小說了。」《時報周刊》二五〇期《古龍的武俠和感情世界》：「在寫『武林外史』之前，古龍和他的一個好朋友，都有女朋友，四個人經常玩在一起。他的好朋友出國了，他當然得照顧、照顧好朋友的女朋友，偏偏這一照顧，兩個人竟『來電』。」

古龍後來作品中擅長寫的一些東西，在這部小說裡也已經出現。

比如寫朋友間的忠誠，友情的可貴，寫英雄和浪子的寂寞，寫生離死別，寫人世滄桑，都已有可觀之處。

曹正文對此書有精采評述：

《武林外史》卷首就殺氣重重，寫武林中曾發生一場血腥慘禍，為了爭奪七十二種內功秘笈『無敵寶鑑』，在衡山發生了一起爭奪和殘殺，一流高手傷亡殆盡，但秘笈的存在原來是一個騙局，而那些高手生前留下的珍寶與本門武功秘笈也神秘地失蹤了。十年後，那幾個在慘禍中得以生還的武林前輩建立了『仁義山莊』，以懸賞來吸引武林中人去剷除江湖上的惡人，又傳出製造十年前那場慘禍的元兇，是當年俠名卓絕的萬家生佛柴玉關。這天，『仁義山莊』請來了武林七大名家，還有少年遊俠沈浪與武林富豪朱七七，於是發生了一連串奇事。沈浪與朱七七在沁陽城外發現了一座鬼窟之稱的神秘古墓，沈浪又結識了江湖奇男子熊貓兒，但任性的朱七七誤入用毒高手雲夢仙子的別墅，雲夢仙子的兒子王憐花又是一個陰險狠毒的高手，王氏母子設下圈套，欲置沈浪於『武林公敵』的位置。善良的沈浪以其智慧與俠義精神化險為夷，終於查出雲夢仙子是柴玉關的同謀，沈浪最後脫離魔窟，並與朱七七結百年之好。

小說中的俠士沈浪，是古龍武俠小說中的主要藝術典型之一。他善良而懦弱，可以反襯朱七七的敢作敢為，任性嬌氣。從人物形象分析，沈浪確有典型性，但比之後來的李尋歡、葉開，就顯得大為遜色，因為沈浪有可愛之處卻不是一個頂天立地，力挽狂瀾的大俠，他的成功是借助於運氣，這當然也是一種寫法。

《武林外史》的寫作，還是明顯受到金庸的影響。

金庸、梁羽生作為舊派武俠小說的集大成者，再造高潮，別開生面。這種成功的模式，顯然吸引了尚還年輕的古龍。這時的古龍也想創造出像金庸、梁羽生那樣的大書來，追求一種外在化的龐大和難度。

然而模仿、吸收與消化畢竟需要過程，取法其上只能得乎其中。古龍的《武林外史》，比金庸的大部頭仍不免差了一截。

《武林外史》語言雖流暢，卻缺少一種總括的文體風格，行文有時也過於典雅。而《武林外史》的場面大，篇幅長，古龍駕馭人物和結構的能力此時尚沒有爐火純青，難免有照顧不到的地方，不夠細膩深入。

一句話，《武林外史》好看歸好看，卻尚不是經典名著，缺乏藝術上的獨特魅力。

●《名劍風流》注重推理懸念

古龍寫完《武林外史》後，又推出《名劍風流》，真是前浪推後浪，一浪比一浪高。

《名劍風流》又是一個轉折，這個轉折開始使古龍逐漸脫離金庸小說的影響。所以在這個意義上說，《名劍風流》是比《武林外史》前進了一大步。

《名劍風流》中有很多新和變的地方。

古龍一生以劍走偏鋒取勝，《名劍風流》就是劍走偏鋒的先聲。

在《名劍風流》中，古龍特有的詭異結構和玄秘推理的手法，第一次正式登台亮相。

《名劍風流》的故事一開始就撲朔迷離，令人一讀不忍釋手。

武林世家弟子俞佩玉親眼看到父親俞放鶴被人暗害，並從未婚妻林黛口中得知，岳父林瘦鵑與數位武林前輩均被害死。但在一年一度的武林黃池會上，「俞放鶴」、「林瘦鵑」居然出現在會上，並借助其聲譽登上了武林盟主的位置。

俞佩玉又氣又怒，向眾人揭露這是一個騙局，但居然無人相信，反而被假冒其父的「俞放鶴」逐出會場。俞佩玉逃出黃池大會後，便發覺有人跟蹤追殺自己。他逃入殺人莊，遇到種種怪事，殺人莊老僕高老頭為俞佩玉易容，使他變成一個美男子。

從此，俞佩玉歷經磨難，決心查清疑案。

經過鳳三先生、布袋老人的幫助，俞佩玉練成無相神功，終於查清是他叔父漠北大盜俞獨鶴假扮他父親，並與殺人莊姬悲情、姬苦情聯合，奪取武林盟主之位，從而控制武林。

俞佩玉最後以正克邪，揭穿陰謀，被眾英雄推為武林盟主，重新整肅江湖。

從這裡我們可以清楚看到，後來古龍運用得心應手的迷案，推理，層層剝筍的手法，在此書中已經正式初具規模。

這與金庸小說的結構已經有很大的不同。正因為古龍先寫出了《名劍風流》，才會由此而進一步寫出《鐵血傳奇》、《多情劍客無情劍》這些作品。

《名劍風流》是古龍發揮他獨特天才的先聲。而《名劍風流》這種以懸疑推理為故事脈絡的方法，最早已在《失魂引》中出現過。只不過此時古龍藝術境界大大提高，寫得更高明而已，境界已非昔日可比。

《名劍風流》大為成功，一出版就受到了讀者的歡迎。但是這種成功只是初階的成功，離古龍的真正輝煌還有一段距離。與古龍第三個創作階段的作品相比，《名劍風流》尚是有一定距離。

首先是風格，《名劍風流》沒有形成獨特的藝術風格和語言風格。

其次是人物的藝術形象，主角俞佩玉的形象，還是不夠生動豐滿，當然不能與李尋歡、楚留香、郭大路這樣的人物相提並論。

再次是《名劍風流》的懸念、推理尚不夠純粹，許多人物和情節都只是走過場，點到為止而已。

還有，小說的結構佈局鋪得過大，許多情節的鋪陳上不夠嚴謹，經不起推敲。

《名劍風流》的藝術價值甚至不如《絕代雙驕》，因為它缺乏一種寫作的從容和優雅，尚難謂已臻大家風範。

這些說法也許是苛求，是因為古龍後來寫出更驚天動地的作品。

實際上，當時《名劍風流》一出版，就已經使古龍的名氣大增，一躍而穩佔了台灣著名武俠小說作家的交椅。

●《絕代雙驕》是古龍小說的一個里程碑

古龍在武俠小說上的成功，無疑是從《絕代雙驕》開始的。《絕代雙驕》雖然是一九六九年結集出版完畢，其實最早在一九六五年已經動筆。

〈古龍大事紀〉記載：

一九六五年，本年度《名劍風流》由春秋開始出版。胡正群〈《名劍風流》創作前後〉稱出版後聲譽鵲起，與《武壇三劍客》並列。此時與香港邵氏的導演徐增宏訂交，又接受倪匡邀稿，為香港《武俠與歷史》撰寫《絕代雙驕》。倪匡《小憶古龍》：「他寫絕代雙驕是一九六五年，二十七歲。」胡正群〈《名劍風流》創作前後〉亦稱《名劍風流》出版時《絕代雙驕》即已動筆。

曹正文稱《絕代雙驕》為中國武俠小說史上一部舉足輕重的傑作，確有其見地。在古龍寫出《絕代雙驕》之前，古龍還不過是當時台灣武俠小說界的一名新秀，而寫出了《絕代雙驕》，古龍則一舉成功，一躍而成為大師級的名家。《絕代雙驕》的確是一部非常優秀的鴻篇巨制，其氣魄之大，場面之廣，出場人物之眾多，結構之完整和嚴謹，都是罕見的。小說中人物形象塑造也很見功力，且不談主角，連很多配角人物也給人留下很深刻的印象，栩栩如生，呼之欲出。

曹正文說：

《絕代雙驕》的成功，主要表現在兩個方面。一是氣魄宏大，在大起伏中塑造眾多各具面目的人物形象，全文中的江小魚、燕南天、江別鶴、江玉郎、蘇櫻、軒轅三光、南宮柳、顧人玉、李大嘴、杜殺、鐵戰、屠嬌嬌、白開心、陰九幽、蕭咪咪，或義薄雲天，或卑鄙無恥，或奔放多情，或孤僻古怪，或仁慈寬厚，或歹毒殘忍。正面人物江小魚天良未泯，快意恩仇，但他又有刁鑽古怪，既幫助人又會捉弄人性格特徵。也正因如此，江小魚的形象不是平面的而是立體化的，因其不高大而越發令人感到可愛。反面人物江氏父子也塑造得入木三分，江別鶴的偽善，江玉郎的忍耐，都讓人體味到奸詐、偽善、陰險、狠毒。古龍寫人注意細節描寫，他們笑裡藏奸，暗下毒手，讀了叫人毛骨悚然。但古龍寫大奸之人，又寫出了江氏父子應變的機智和假充斯文的舉止風度。由此可見，《絕代雙驕》在中國武俠小說史上以擅長塑造人物典型取勝，決非虛言。

然而《絕代雙驕》的成功性和重要性，在古龍作品中，卻遠不是獨創和頂峰之作。古龍的第二階段即成熟階段以《絕代雙驕》為總結，而古龍真正具有創造性的輝煌，卻是在第三階段上表現出來的。

許多讀古龍的讀者沒有認識到這一點，還以為《絕代雙驕》的水準就可以代表古龍的風格和水準，這是一種誤解。

與古龍第三個階段的作品相比，我們可以明顯看出古龍在《絕代雙驕》中的不足之處。

首先是《絕代雙驕》中的江湖格局還不脫舊派武俠小說的江湖格局，其小說的結構，起承轉合，雖有創意，但還是沒有脫出像金庸小說中的大江湖模式。

其次是武打設計，《絕代雙驕》仍多舊派武俠小說中武打過招的模式，一招一式的描寫還很多，還未出現像「小李飛刀」這樣簡潔明快而充滿禪意的新派武打設計的寫作方式。

再次是語言，《絕代雙驕》總體上還是先前武俠小說的語言，真正古龍式詩意武俠小說語言還沒有正式出現。

在這種老派的寫作上，古龍此時已只略遜金庸一籌，《絕代雙驕》的總體水準雖不如《笑傲江湖》。但其創新突破的企圖心，已呼之欲出。

古龍真正能脫穎而出的作品，還是只能是他自己特有獨創風格的作品。古龍真正的成功，也是因為他走了一條全新而又屬於他自己的路。

古龍在第三個階段的很多作品水準，都遠遠超過《絕代雙驕》的水準。台灣的武俠評論家在談到古龍後期作品的衰退和滑坡時，就指出過，比如《白玉老虎》的寫作，就幾乎「打回到《絕代雙驕》的水準」。

《絕代雙驕》也許可以稱為古龍小說中的「妙品」，卻絕不能稱之為「神品」。但在《絕代雙驕》中，古龍的天才卻已經很清楚地表現出來了。

此時的古龍不過三十歲左右，正是年輕有為，前程無量的時候。

《絕代雙驕》在總體水準上雖然不是古龍最具有特色的作品，但其中許多細膩之處，卻十分精采閃光，與後來古龍創立的新派語言風格有許多相通之處。

這種細微的地方，便是古龍特有的語言上風趣、幽默和調侃。

好些評論家都注意到了《絕代雙驕》中有一段精采的對話，即江小魚與蘇櫻抬杠：

小魚兒怔了怔，忽然一鬆手，將蘇櫻拋在石頭上，大聲道：「我問你，你這究竟是什麼意思？我和你根本連狗屁關係都沒有，你為什麼要為我死？難道你要我感激你？一輩子做你的奴隸？」

蘇櫻悠悠道：「我也不想要你做我的奴隸，我只不過想要你做我的丈夫而已。」

小魚兒又怔了怔，指著蘇櫻向胡藥師道：「你聽見沒有？這丫頭的話你聽見沒有？臉皮這麼厚的女人，你只怕還沒有瞧見過吧？」

蘇櫻笑道：「無論如何，他現在總算瞧見了，總算眼福不錯。」

小魚兒瞪著眼瞧了她很久，忽然嘆了口氣，搖頭道：「我問你，你為了一個男人要死要活，這男人卻一見了你就頭疼，你難道竟一點也不覺得難受麼？」

蘇櫻嫣然道：「我為什麼要難受？我知道你嘴裡雖然在叫頭疼，心裡卻一定歡喜得很，你若一點也不關心我，方才為什麼要跳起來去抱我呢？」

小魚兒冷冷道：「就算是一條狗掉下來，我也會去接牠一把的。」

蘇櫻笑道：「我知道你故意說出這些惡毒刻薄的話，故意作出這種冷酷狠毒的模樣來，只不過是心裡害怕而已，所以我絕不會生氣的。」

小魚兒瞪眼道：「我害怕？我怕什麼？」

蘇櫻悠悠道：「你生怕我以後會壓倒你，更怕自己以後會愛我愛得發瘋，所以就故意作出這種樣子來保護自己，只因為你拚命想叫別人認為你是個無情無義的人，但你若真的無情無義，也就不會這麼樣做了。」

小魚兒跳起來道：「放屁放屁，簡直是放屁。」

蘇櫻笑道：「一個人若被人說破心事，總難免會生氣的，你雖罵我，我也不怪你。」

小魚兒瞪眼瞧著她，又瞧了半晌，喃喃道：「老天呀，老天呀！你怎麼讓我遇見這樣的女人。」他嘴裡說著話，忽然一個觔斗跳入水裡，打著自己的頭道：「完蛋了，完蛋了，我簡直完蛋了，一個男人若遇見如此自作多情的女人，他只有剃光了頭做和尚去。」
蘇櫻笑道：「那麼這世上就又要多了個酒肉和尚，和一個酒肉尼姑了。」
小魚兒也不禁怔了怔，道：「酒肉尼姑？」
蘇櫻道：「你做了和尚，我自然只有去做尼姑。我做了尼姑，自然一定是酒肉尼姑，難道只許有酒肉和尚，就不許有酒肉尼姑麼？」小魚兒呻吟一聲，連頭都鑽到水裡去。
胡藥師瞧得幾乎笑破肚子，暗道：「這小魚兒平時說話簡直可以將人氣死，不想今日也遇著剋星了，這位蘇姑娘可真是聰明絕頂，早已算準一個女人若想要小魚兒這樣的男人對她服貼，只有用這種以毒攻毒的法子。」
只見小魚兒頭埋在水裡，到現在還不肯露出來，他似乎寧可被悶死，也不願被蘇櫻氣死。
蘇櫻也不理他，卻問胡藥師道：「你現在總該已看出來，他是喜歡我的吧！」

這段語言，的確很能代表古龍特有的一種幽默犀利的語言風格，古龍後來的作品中也多見這種風格。這種風格卻是個人的，天賦異稟，很難模仿。

古龍創出了新派武俠小說風格之後，步其後者的模仿者相當多，有的作家可以相當逼真的模仿古龍的風格。如香港作家龍乘風的《快刀浪子》有段時間署古龍之名，結果很多人一時竟未看出這不是古龍的作品。

古龍的這種筆法格式可以模仿，然而上面所舉江小魚與蘇櫻抬杠的情節中，這樣的筆調才情，卻是沒有人能模仿的。

古龍畢竟天縱英才，有常人難以企及的境界。

第四章　古龍天才燦爛的光芒看花了所有人的眼睛

●《多情劍客無情劍》是古龍的脫胎換骨

古龍寫出《絕代雙驕》和《鐵血傳奇》之後，境界突然拔高到一個輝煌的高度，他的創作進入了第三階段，即輝煌階段。

物理學博士歐陽瑩之，後研究科技與哲學，曾對古龍小說做以下評述：說：

「古龍的作品到了《大旗英雄傳》、《武林外史》、《絕代雙驕》等，已可與港台任何一位武俠小說作家的作品並列比較了。」

這種說法，平心而論是誇張了一點，但並不離譜。

僅憑《大旗英雄傳》、《武林外史》、《絕代雙驕》這些古龍第二階段的作品，要想與金庸這樣的舊派集大成者的武俠小說大宗師相比，還是嫌嫩了點。

古龍真正成為古龍，成為真正天才的巨星，還是要靠他創作史上第三階段的作品。在這個輝煌的時期，古龍經過了像蛹化蝶那樣痛苦的蛻變，終於在煎熬中得到了一種突破，變成了一隻美麗的蝴蝶。

大約在一九六九年前後，古龍不論在意境或風格上，均發生了出人意料的大突破，從此他的小說進入了一個海闊天空的全新境界。

古龍的創作進入第三個階段，在這個階段的第一年，就發表了一部幾乎是他一生寫得最精采的重要作品。

這就是一九六八年開始連載的《多情劍客無情劍》。

許多的讀者和研究者，也都幾乎習慣於把古龍的這部《多情劍客無情劍》看作是古龍的代表作。甚至許多人還公推它在古龍七十二部作品中排名第一。

這些看法當然都很有道理，也很有見地。但是如果一定要這麼堅執一面，卻未免有些失之偏頗了。

在這部書中，我將要在很細緻的地方講清楚我的意見，讀者當然可以見仁見智。

《多情劍客無情劍》，最初是分為兩部分發表的，一部是《多情劍客無情劍》，另一部是《鐵膽大俠魂》。現在流傳的《多情劍客無情劍》版本，基本上都是將這兩部合起算一個大部的。

《多情劍客無情劍》和《鐵膽大俠魂》的故事有很強的連續性和繼承性，所以合在一起出，也理所當然。這兩部作品的主人公都是「小李飛刀」李尋歡，以及阿飛、林詩音、林仙兒、龍嘯雲、龍小雲等。

《多情劍客無情劍》的故事是寫破獲梅花盜疑案；《鐵膽大俠魂》則主要寫李尋歡戰勝金錢幫幫主上官金虹，正義戰勝邪惡的故事。

這兩部作品的故事情節，則是以李尋歡與林詩音的愛情悲劇為線索而展開的。

李尋歡早年在一次身臨險境中被龍嘯雲所救，兩人惺惺相惜，結為兄弟。不料龍嘯雲卻愛上了李尋歡的未婚妻林詩音。李尋歡發現這個秘密後，為了友情而忍痛割愛，故意放浪形骸，令詩音死心，然後將全部家財贈給他們，自己離家出走。

這是前話，小說中真正的故事，是十年後李尋歡重返家園後發生的。

龍嘯雲表面上很歡迎李尋歡，其實是假仁假義，屢設陷阱，又利用其他的惡勢力來達到陷害李尋歡的目的。在《多情劍客無情劍》中，龍嘯雲是借用林仙兒的惡毒和陰謀，在《鐵膽大俠魂》中，則是投靠上官金虹，想借刀殺人。

《多情劍客無情劍》細膩地寫盡了情感糾葛，恩恩怨怨，曲曲折折，古龍因此也被人看作是寫情聖手。其實縱觀古龍總體的作品，並不是都像《多情劍客無情劍》這樣淒愴動人，這樣纏綿悱惻。

李尋歡這樣一個人物，是古龍小說中的特例。

《多情劍客無情劍》讀起來很感人，很動情，我們仔細分析，就能看出古龍在這部作品的寫作時，是充滿了自哀自憐的自戀情結。

古龍簡直是照著對自我美化的形象去塑造李尋歡這樣一個人物的。古龍將自己的情結、寂寞和痛苦寫進了書中，書中很多描寫李尋歡的話，實際上是古龍的自況。

比如一開始寫李尋歡的寂寞：

> 他不但已覺得疲倦，而且覺得很厭惡，他生平最厭惡的就是寂寞，但他卻偏偏時常與寂寞為伍。

人生本就充滿了矛盾，任何人都無可奈何。

古龍自己又何嘗不是這樣疲倦和寂寞呢？李尋歡「是個很孤獨很可憐的人」，李尋歡的愛喝酒，都是古龍的自況。

古龍寫李尋歡「每個練武的人，武功練到巔峰時，都會覺得很寂寞，因為到了那時，他就很難再找到一個真正的對手」。古龍此時境界奇高，內心感受到一種超越眾人巔峰狀態，和李尋歡這種「獨孤求敗」的感受又是一致的。

小說中借孫老先生的口說：

一個真正的高手活在世上，必定是寂寞的，因為別人只能看到他們輝煌的一面，卻看不到他們所犧牲的代價，所以根本就沒有人能瞭解他。

這正代表了古龍在這一段時間奮發向上的思想狀態，古龍自己在鼓勵自己「要好好的活下去」。正因為古龍有這種要好好做人的慘澹勇氣，才會創造出他創作史上的輝煌階段。

《多情劍客無情劍》無疑具有極高藝術價值，因為這部小說中有古龍砥礪向上的激情。我認為《多情劍客無情劍》有以下幾方面既有的武俠小說不能企及的地方。

首先是語言上，古龍真正創造了一種全新的寫作方法。

古龍寫武俠小說，幾乎像是在寫詩了。而且所有詩意描寫的地方，都是情景交融，非常貼切地和小說的故事有機結合在一起。

對於有人批評古龍這種獨特的行文和排列方式，胡正群先生有一段話為古龍辯解：

有人批評他行文和排列的方式。

但我卻認為這些地方正是他的「變」和「新」所在。在此試舉《多情劍客無情劍》第四十五章《千鈞一髮》中的一段：

他希望郭嵩陽沒有遇到荊無命和上官金虹。

他只希望自己趕去還不太遲。

現在的確還不太遲。

秋日仍未落到山後，泉水在陽光裡閃爍如金。

金黃色的泉水中，忽然飄來一片楓葉，接著是兩片，三片——無數片。

楓葉紅如血，泉水也被染紅了。

秋尚未殘，楓葉怎麼會落呢？

這種寫法，已冶景於化境。你能說他沒有「詩意」嗎？

這樣的排列，又有什麼不好？

而除了古龍，誰有如此匠心妙筆？誰又作過如此的嘗試？

古龍真的是開創了一種新的寫作文體，在古龍之後，不僅是武俠小說的作家，許多純文學的作家，都開始學習和吸收古龍這種文體的寫作技巧。

古龍從《多情劍客無情劍》的寫作開始，可以說是在寫作的文風上影響了整整一代人。比如現在在大陸很流行的一個寫純文學的作家林清玄，他就崇拜古龍，公開承認自己的語言風格完全是受古龍的影響，得到古龍很大的益處。

僅就這一點來說，我們無論如何給古龍以重要的評價也不過分。有一句形式主義的老話說：重要的不是表達什麼，而是怎樣表達。

對語言的掌握上，古龍的確是華人文學界的一個大天才。

《多情劍客無情劍》的第二個獨創之處，是寫出了一種文化中的「俠之風流」，直接繼承了中國古代俠文化中的這一傳統，具有能動的自覺意識。

李尋歡這樣的大俠風采，是金庸小說中絕對沒有出現過的。而李尋歡這樣俠的形象卻是平民化的，表現是個體的覺醒，對自由的追求，對人性枷鎖的解放。

李尋歡無疑有種種缺點，不能與郭靖這樣的理想化大俠相比，但李尋歡卻更讓我們覺得親切，有一種缺陷的美感。

換一句話說，金庸筆下的大俠表現的是「階級的理解」，而古龍筆下的俠開始出現了一種更能撫慰人民大眾受創心靈的「個人的雅望」。

僅僅是金庸的那種大俠形象是不夠的，殘缺的。

自有古龍起，中國文化上俠的含義才真正地充實自洽起來。

我一直感到奇怪，許多文化人極高地推崇金庸，卻輕易地看過古龍，他們難道沒有認識到金庸的那種局限性？如果是那樣，這些人對金庸的推崇就要打上個問號，他們的推崇就有媚俗之嫌了。

《多情劍客無情劍》的第三個獨創點，是打破了金庸小說的那種大一統的江湖格局。自金庸獲得巨大成功，金庸小說的那種江湖格局成了一種模式，東南西北，大一統江湖，面面俱到。從《射鵰英雄傳》一直到《笑傲江湖》，金庸的小說幾乎都是這種寫法。而金庸的這種寫法，又是上承平江不肖生、王度廬、李壽民等民國武俠小說路子並加以改良發揚光大的。

古龍寫《大旗英雄傳》、《武林外史》、《絕代雙驕》，還是不脫金庸的這種大江湖格局。到了《多情劍客無情劍》，古龍已經另闢蹊徑，已開始脫離東南西北中的面面俱到的寫法了，因此《多情劍客無情劍》顯得尖銳、生動、精緻、細密。

《多情劍客無情劍》的第四個獨創之點，是武打設計的大變化。

在此之前，包括金庸的那些武打場面，實在是已經氾濫了，金庸只不過是以他博大的才氣掩飾了這一點。

古龍曾調侃地摹寫了金庸式的武打設計：

「這道人一劍削出，但見劍光點點，劍花錯落，眨眼間就已擊出七招，正是武當『兩儀劍法』中的精華，變化之奇幻曼妙，簡直無法形容。」

「……」

「這大漢喝一聲，跨出半步，出手如電，一把就將對方的長劍奪過，輕輕一拗，一柄白練精鋼製成的長劍，竟被他生生拗為兩段。」

「……」

「這少女劍走輕靈，劍隨身遊，眨眼之間，對方只覺得四面八方都是她的劍影，也不知哪一劍是實？哪一劍是虛？」

「……」

「這書生曼聲長吟：『勸君更進一杯酒，西出陽關無故人。』

「掌中劍隨著吟聲斜斜削出，詩句中那種高遠清妙、淒涼蕭蕭之意，竟已完全溶入這一劍中。」

古龍的這種批評和諷刺妙極了。

古龍並不是寫不來傳統的武打套路，如果願意，也許他可以寫得像金庸那樣好，但是古龍以他的天才，敏銳地看出這樣的寫法已經走進了死胡同。

古龍說：

武俠小說中當然不能沒有動作，但描寫動作的方式，是不是也應該改變了呢？

鄭證因派的正宗技擊描寫「平沙落雁」、「玄鳥劃沙」、「黑虎偷心」、「撥草尋蛇」，還珠樓主派的奇秘魔力裸逞魔女……這些，固然已經有些落伍，可是我前面所寫的那些「動作」，讀者們不是也已經看過多少遍了麼？

應該怎樣來寫動作，的確也是武俠小說的一大難題。

我總認為「動作」並不一定就是「打」。

小說中的動作的描寫，應該是簡短有力的，虎虎有生氣的，不落俗套的。

小說中的動作描寫，應該先製造衝突，情感的衝突，事件的衝突，讓各種衝突堆積成一個高潮。

然後再製造氣氛，肅殺的氣氛。

武俠小說畢竟不是國術指導。

古龍後來在《天涯・明月・刀》的序中，也有類似的議論。

小說中的動作和電影畫面的動作，可以給人一種生猛的刺激，但小說中描寫的動作就是沒有電影畫面中這種鮮明的刺激力量了。

所以「用氣氛來烘托動作的刺激」是一條很高明的路子。

在古龍之前，沒有哪一個武俠小說作家這樣來處理武打設計，難道我們還不能為古龍的天才所嘆服?!

《多情劍客無情劍》中，小李飛刀是後來流傳最廣，知名度最大的特殊武功（武器），也許小李飛刀的知名度只有金庸寫的「降龍十八掌」可以與之相比。

李尋歡的小李飛刀從不輕易出手。但只要他一出手，就絕不會落空，所謂「小李飛刀，例不虛發」。

古龍自稱一向很少寫太神奇的武功。但小李飛刀卻是絕對神奇的。

在《多情劍客無情劍》中，古龍並沒有描寫這種飛刀形狀和長短，也從未描寫過它是如何出手的，如何練成的。沒有人看見小李飛刀如何出手，也沒有人能形容它的威力。

古龍只是作了一點提示，李尋歡總是在用小刀雕刻人像，古龍暗示李尋歡是用雕刻來訓練他的手。

有的人批評古龍的小李飛刀太誇張，不實在，讓人不可信。

這是一種膚淺的意見。

古龍自己有一段話很能說明這個問題。

武俠小說的武功，本來就是全部憑想像創造出來的。

因為他的刀本來就是個象徵，象徵光明和正義的力量。

所以上官金虹的武功雖然比他好，最後還是死在他的飛刀下。

因為正義必將戰勝邪惡。

黑暗的時候無論多麼長，光明總是遲早會來的。

所以他的刀既不是兵器，也不是暗器，而是一種可以令人振奮的力量。

人們只要看到小李飛刀的出現，就知道強權必將被消滅，正義必將伸張。

這就是我寫「小李飛刀」的真正用意。

古龍寫的不僅僅是武器，而是精神力量。

古龍的這一主題在小說中經常出現，而且後來在《七種武器》系列中，古龍專門來闡述這個主題。

古龍在《多情劍客無情劍》中還有很多獨到之處，如對友情的描寫，也是以往的武俠小說中不多見的，也比以往的這類題材處理得更為深刻。

「男人間那種肝膽相照，生死與共的義氣，有時甚至比愛情更偉大，更感人！」

李尋歡對阿飛的友情就是這樣，李尋歡對阿飛只有付出，從不想收回什麼。

對《多情劍客無情劍》優點的介紹，就暫到這裡。因為如果要繼續詳細寫下來，幾乎可以專門寫一本小書了。

現在我要說的是，儘管《多情劍客無情劍》有如以上所說的這麼精采絕倫，但如果把它作為古龍作品的第一排名，卻是並不妥當的。

我以為下面的幾條理由，可以說明《多情劍客無情劍》一書的美中不足之處。

首先是小說的格局，雖然已不是大一統的大江湖，但還是沒有脫離那種舊派武俠小說的幫會門派模式。少林、金錢幫、藏劍山莊……這些都還沒有完全脫去舊派武俠小說的模式痕跡。

這當然已是苛求，但如此寫法卻有不純粹之嫌。

後來古龍的一些小說，如《歡樂英雄》就要純粹得多，完全出現了一種全新的江湖格局寫法。

其次是小說中走過場的人物不少。

特別是《多情劍客無情劍》中，一串串人物打打殺殺，不過是走走過場，占點篇幅字數，其實與骨幹線索的關係不大。

這種人物走過場的毛病，古龍後來的一些小說中改正得比較好。像《歡樂英雄》、《大人物》等作品，就乾淨俐落，書中出現的配角，就不是游離狀態而是緊緊扣住情節的發展。從一般角度看，這點瑕疵在《多情劍客無情劍》並不算什麼，但如果要推它為第一品，則就要先考慮考慮了。

再次，李尋歡這個大俠的形象如果仔細分析，就有點經不起推敲。最起碼來說，李尋歡有很多矛盾情結，常自尋煩惱。

李尋歡表面看上去很重情，但他卻難謂是真心愛林詩音。如果他真心愛林詩音，那麼他就不應該把林詩音當成禮物一樣送給龍嘯雲。李尋歡沒有考慮到林詩音的願望和林詩音的幸福。他只為了求自己心安，不負朋友，把林詩音讓給龍嘯雲，這豈不是把他和林詩音的愛情當兒戲？李尋歡這樣做，使他們三個人都活在痛苦之中，他不僅侮辱了林詩音，還侮辱了自己。

李尋歡對待朋友的態度也值得商榷，他不相信龍嘯雲，看不起龍嘯雲。如果他把龍嘯雲擺在自己對等的位置上，他應該和龍嘯雲正視和面對事實，解決問題。李尋歡的做法是使龍嘯雲無從做人，使龍嘯雲有受到施捨之感。

龍嘯雲明白了自己的妻子是別人施捨給他的，他只有一輩子抬不起頭來，在痛苦中自己看不起自己。

小說中阿飛有一次曾一針見血地對李尋歡指出：「林詩音一生的幸福已斷送在你手裡，你還不滿足？還想來斷送我的？」

李尋歡既然已經離去，二十年後偏偏又要回來，終於重揭別人的傷疤，實際上破壞了林詩音的安寧和幸福。

小說中已經說得很清楚：

「你留在這裡，只有增加她的煩惱和痛苦……」

李尋歡自己也知道「自己非但不該再見她，連想都不該想她」，但李尋歡還是去了。李尋歡這樣欲行又止，當然是心理矛盾的表現。

李尋歡對阿飛的友情，也有過份而不正常的地方。

阿飛受林仙兒欺騙，李尋歡不正面讓阿飛面對這一事實，總帶有一種居高臨下的感覺，自以為是地認為阿飛面對不了這樣的事實。李尋歡做出貌似高尚的舉動，犧牲自己去求呂鳳先，要呂鳳先偷偷去殺了林仙兒，這種做法也是幼稚可疑的。

小說中阿飛倒是頗有頭腦，厲聲責問李尋歡：

「你認為你是什麼人，一定要左右我的思想，主宰我的命運？你根本什麼都不是，只是個自己騙自己的傻子，不惜將自己心愛的人送入火坑，還以為自己做得很高尚，很偉大！」

李尋歡太關心朋友，卻缺乏一種對朋友的尊重，所以連阿飛也要煩他。

歐陽瑩之指出：

「與李尋歡相交真是非常危險，因為他走火入魔，完全忽略了朋友的自主和尊嚴，以為只要一味委屈自己，犧牲自己去干涉朋友的行徑，便偉大啊偉大！性格弱一點的人如龍嘯雲遇上了他，被他毀了一生還得感激他偉大的恩惠，真倒了八輩子的窮楣。阿飛脫穎而出，不止在他能擺脫林仙兒，還在他接近李尋歡的同時，阻遏了李尋歡的侵蝕，這才是阿飛最堅強之處。」

這是一針見血的話。

李尋歡作為《多情劍客無情劍》的第一主人公，如此一再讓人感到迷惑和懷疑，不免影響了全書的整體水準。

古龍後來的許多作品，在這一點上就處理得很好，所以《多情劍客無情劍》要排名第一，是不能服眾的。然而古龍自己卻超乎尋常地喜歡李尋歡這樣一個人物。

前面我已經說過，這可能是與古龍的情結有關，古龍把李尋歡的寂寞按照自己的寂寞來寫了。

古龍自稱他所寫過的人物中，自己最為喜歡的有三個人物，就是鐵中棠、李尋歡、郭大路。

古龍說：

鐵中棠、李尋歡、郭大路……都不是喜歡流淚的人。

但是他們寧可自己流血，也不願別人為他們流淚。

他們的滿腔熱血，隨時都可以為別人流出來，只要他們認為他們做的事有價值。

他們隨時可以為了他們真心所愛的人而犧牲自己。

他們的心裡只有愛，沒有仇恨。

這是我寫過的人物中，我自己最喜歡的三個人。

但他們是人，不是神。

因為他們也有缺點，有時也受不了打擊，他們也會痛苦，悲哀，恐懼。

他們都是頂天立地的男子漢，但他們的性格卻是完全不同的。

鐵中棠沉默寡言，忍辱負重，就算受了別人的冤屈和委曲，也從無怨言，他為別人所作的犧牲，那個人從來不會知道。

這種人的眼淚是往肚子裡流的，這種人就算被人打落牙齒，也會和著血吞下肚子裡去。

但郭大路卻不同了。

郭大路是個大叫大跳，大哭大笑的人。

他要哭的時候就大哭，要笑的時候就大笑，朋友對不起他時，他會指著這個人的鼻子大罵，但一分鐘之後，他又會當掉褲子請這個人喝酒。

他喜歡誇張，喜歡享受，喜歡花錢，他從不想死，但若要他出賣朋友，他寧可割下自己的腦袋來也絕不答應。

他有點輕佻，有點好色，但若真正愛上一個女人時，無論什麼事都不能令他改變。

李尋歡的性格比較接近鐵中棠，卻比鐵中棠更成熟，更能瞭解人生。

因為他經歷的苦難太多，心裡的痛苦也陷藏得太久。

他看來彷彿很消極，很厭倦，其實他對人類還是充滿了熱愛。

對全人類都充滿了熱愛，並不僅是對他的情人，他的朋友。

所以他才能活下去。

他生平唯一折磨過的人，就是他自己。

李尋歡和鐵中棠、郭大路還有幾點不同的地方。

他並不是個健康的人，用現代的醫學名詞來說，他有肺結核，常常會不停的咳嗽，有時甚至會咳出血來。

在所有的武俠小說主角中，他也許是身體最不健康的人。但他的心理卻是絕對健康的，他的意志堅強如鋼鐵，控制力也很少有人能比得上。他避世，逃名，無論做了什麼事，都不願讓別人知道。

古龍對李尋歡的評價恐怕是太高了，高得讓人有些懷疑。李尋歡絕不像古龍自己所吹噓的那樣「心理絕對健康」。反而郭大路才是真正的本色，聽從的是內心良知的召喚。後面我們談《歡樂英雄》之時，我會比較仔細地分析郭大路這個藝術形象。其實《多情劍客無情劍》的結尾，悲劇的主題已經開始轉移。結尾的幾句話寫道：

這一笑，使他驟然覺得自己又年輕了起來，對自己又充滿了勇氣和信心，對人生又充滿了希望。

就連那凋零的樹葉，在他眼中都變得充滿了生機，因為他知道在那裡還有新的生命，不久就要有新芽茁長。

他從不知道「笑」竟有這麼大的力量。

他不但佩服李尋歡，也很感激，因為一個人能使自己永保笑音，固然已很不容易，若還能讓別人笑，才真正偉大。

「畫蛇添足」不但是多餘的，而且是愚蠢得可笑。

但世人大多煩惱，豈非就因為笑得太少？

笑，就像是看水，不但能令自己芬芳，也能令別人快樂。

你若能令別人笑一笑，縱然做做愚蠢的事又何妨？

這個主題已經過渡到《歡樂英雄》的主題上了。

古龍寫《歡樂英雄》就比寫《多情劍客無情劍》自然本色得多了。

所以《多情劍客無情劍》雖然是一部絕對高品位不容忽視的作品，但還算不上古龍作品的第一排名。

古龍的作品中，究竟哪一部作品才真正能算得上第一極品呢？

請讓我們下面慢慢談到。

●《蕭十一郎》鞏固了古龍新派風格

一九六九年古龍發表《多情劍客無情劍》獲得巨大成功之後，緊接著在一九七〇年又發表了同樣獲得巨大成功的《蕭十一郎》。

《蕭十一郎》是一個奇蹟，也是一個契機，通過這部作品的寫作，古龍創造的新派武俠小說的風格得以進一步的成熟和發展。

如果古龍在《多情劍客無情劍》之後不是馬上寫《蕭十一郎》，也許他的創新風格還要漸變一些。《蕭十一郎》的寫作，使古龍印證了他創造的那一種獨特的新派武俠小說風格是可行和成功的，而且還可以進一步發展和推廣。

這個契機是由於《蕭十一郎》寫作方式本身的獨特性。

《蕭十一郎》是由電影劇本改寫成的武俠小說，這種獨特的方式很大程度上說明了古龍的那種新派簡潔的風格的成型。

古龍自己也認識了這一點。

一九七〇年台灣春秋出版社出版的《蕭十一郎》，有古龍寫的前序「寫在《蕭十一郎》之前」。

古龍說寫劇本和寫小說，在基本的原則上是相同的，但是在技巧上不一樣。

小說可以用文字來表達思想，而劇本的表達一般只能限於言語（對話），動作和畫面，一定會受到很多限制。

一般情況下是先有小說，然後再改編成劇本。《蕭十一郎》卻是一個特例，是先有劇本，在電影開拍後才有小說的。

古龍說：

「寫武俠小說最大的通病就是：對話太多，枝節太多，人物太多，情節太多。……就因為先有了劇本，所以在寫《蕭十一郎》這部小說的時候，多多少少總難免要受些影響，所以這部小說我相信不會有太多的枝節、太多的廢話。」

古龍在寫作《多情劍客無情劍》時，其實已經將新派武俠的語言風格形成規模。簡潔、生動的散文詩體的語言風格，在《多情劍客無情劍》中已是俯拾皆是。

《蕭十一郎》由劇本改寫還原成小說，本身就有簡潔、生動的要素，近於「敘事詩」體，所以顯得更貼切，更為可行有效，印證了《多情劍客無情劍》的寫作風格。所以古龍自《蕭十一郎》始，新派風格完全成熟，運用自如了。

台灣著名武俠小說評論家葉洪生先生，尤其看好古龍的《蕭十一郎》，甚至將《蕭十一郎》拔高到了古龍小說排名的第一部。

葉洪生先生說：

「《蕭十一郎》則是揉合新舊思想，反諷社會現實，謳歌至情至性，鼓舞生命意志的一部超卓傑作，具有永恆的文學價值。」

葉洪生執此一家之說，與其餘幾位名家胡立群、曹正文、江上鷗所言各異，讀者可自行分辨。

我認為《蕭十一郎》雖然確是一部古龍小說中的上品，但如果要把它列為榜首，則有些勉強。

葉洪生稱《蕭十一郎》的人物和故事為雙絕，是有一定道理的。

《蕭十一郎》是一個結構嚴謹的悲劇，寫至情至性，敢愛敢恨，讀起來確實驚心動魄，頗具煽情作用。但是我認為古龍小說的最大特色並不在於悲劇煽情，而在於對於生命歡樂的熱愛。古龍寫古典式的至情至性，感情纏綿，當然不如金庸，金庸在這方面處理得更好。

如果強行把《蕭十一郎》當成古龍的代表作，自然就會得出古龍不如金庸的結論。古典式情感上的驚心動魄，金庸當然拿手，《蕭十一郎》的人物和故事不能與金庸相比。蕭十一郎人物的形象，不如金庸筆下的喬峰；連城璧這種偽君子的形象，又遠不如岳不群。

《蕭十一郎》這種寫法，根本不是古龍的勝場獨擅。縱觀古龍輝煌時期的幾十部作品，《蕭十一郎》其實是特例。

古龍自己說得很清楚：

有人說：悲劇的情操比喜劇高。

我一向反對這種說法，我總希望能為別人製造些快樂，總希望能提高別人對生命的信心和愛心。

假如每個人都能對生命充滿了熱愛，這世界豈非會變得更美麗得多？

有一次在花蓮，有人介紹了一位朋友給我，他居然是我的讀者。

他是個很誠實，很老實的人，這種人通常都吃過別人的虧，上過別人的當，他也不例外。

一夜微醺之後，他告訴我，有一陣他也曾很消沉，甚至想死，但看了我的小說後，他忽又發現生命還是值得珍惜的。

我聽了他的話，心裡的愉快真像得到了最榮譽的勳章一樣。

古龍不愛悲劇，古龍想寫的是像《歡樂英雄》這樣的喜劇。

古龍早期寫的一部作品《孤星傳》，本來是一個悲劇，但是古龍最後卻寫成了一個大團圓的結局，使悲劇變成了喜劇。

「人生就是這樣的，只要你有決心，有信心，就可以將悲劇化為喜劇。」

然而古龍寫《蕭十一郎》是個例外，寫了一個悲劇。

古龍說：

但人生的確有很多悲劇存在，所以任何作者都不能避免要寫悲劇。

《蕭十一郎》就是個悲劇。

一對武林中最受人尊敬的夫妻，妻子竟然愛上了個聲名狼藉的大盜。

在當時的社會中，這無疑是個悲劇。

有很多寫作的朋友在談論這故事時，都説蕭十一郎最後應該為沈璧君而死的，這樣才能給讀者留下一個雖辛酸，卻美麗的回憶，這樣的格調才高。

我還是不願意。

在最後，我還是為這對戀人留下了一條路，還是為他們留下了希望。

古龍寫了悲劇是個特例，而且古龍在這個悲劇中還留下了尾巴，留下了一條路，為這個悲劇留下了希望。

三年之後，古龍終於還是要將《蕭十一郎》的悲劇變成喜劇，但他畢竟不是寫一個大團圓的結局。

這就是古龍在一九七三年發表的《火併蕭十一郎》。

在《火併蕭十一郎》中，蕭十一郎終於重新出現，沈璧君也敢於承認：

「我當然要嫁給他，我為什麼不能嫁給他？他喜歡我，我也喜歡他，我們為什麼不能永遠廝守在一起？」

在《火併蕭十一郎》中，蕭十一郎終於戰勝了險惡的偽君子連城璧，成為最後的勝利者。

然而《蕭十一郎》的悲劇本來是結構嚴謹的，到了《火併蕭十一郎》，古龍若強要寫大團圓結局，當然寫不好，所幸他最後還是讓風四娘、沈璧君都悲劇性的消失了。

《火併蕭十一郎》逞險逞奇，多有勉強之處，甚至有落入炫奇弄險的話柄之虞。所以《火併蕭十一郎》並不算很成功的作品。

《蕭十一郎》雖然不能算是古龍代表作，但也確是有許多可取之處。

葉洪生對此書評論很多，多有精采之處：

此書寫蕭十一郎與沈璧君的愛恨衝突，寫蕭十一郎與風四娘的真摯友情，無不煥發人性光輝。全篇故事雖極盡曲折離奇之能事，但前後照應，環環相扣，皆在「情理之中、意料之外」！絕不「荒唐無稽」，也不「鮮血淋漓」。書中雖有小公子、連城璧這些「反面教員」存在，但黑暗永不能戰勝光明！

最妙的是，一個原係「邪不勝正」的主題卻偏偏是由一個「聲名狼藉」而被眾口鑠金成「大盜」的蕭十一郎來執行。這不是奇絕武林麼？

《蕭十一郎》主要是敘述江湖浪子蕭十一郎因特立獨行不苟於當世，乃為一大陰謀家逍遙侯設計陷害，成為武林公敵，人人得而誅之。惟有奇女子風四娘與他交厚，亦友亦姊，還雜有一絲男女之情。不意蕭十一郎寂寞半生，卻因仗義救助有夫之婦沈璧君，而與沈女產生了奇妙的愛情。其間幾經周折，沈女始認清其夫連城璧「偽君子」的真面目，而蕭十一郎才是一條鐵錚錚的好漢，值得傾心相愛。然而蕭十一郎卻已為了替沈女報私仇並剷除武林公害，決計與無惡不作的逍遙侯決一死戰而走上了茫茫不歸路……故事沒有結局，餘意不盡，予人以無窮想像的空間。

但因其後傳《火併蕭十一郎》在相隔三年才能出版，吾人方知蕭十一郎不但沒死，而連城璧更已取代了逍遙侯的地位，成為「天宗」接班人；然後是一連串的鬥智鬥力，終沒見血，卻將「俠義無雙」四字反諷無遺。

比較《蕭十一郎》的本傳與後傳可知，本傳是有奇有正，曲盡名實之辨，合理合情，而後傳則是奇中逞奇，險中見險，難以自圓其說。

《蕭十一郎》在古龍的書目中，尚屬平易的格局，三十萬字左右的長篇，故事情節並不算複雜，而且脈絡條理都十分清晰。

葉洪生先生介紹說：

本傳故事有五大關目可述：一是爭奪「割鹿刀」；二是小公子劫美；三是蕭十一郎與沈璧君患難；四是連城璧唆使武林高手追殺蕭十一郎；五是沈、蕭二人失陷「玩偶山莊」。

作者先以風四娘「美人出浴」弄引，輾轉將「聲名狼藉」、「無惡不作」（皆江湖傳言）的「大盜」蕭十一郎引出來，目的是聯手劫奪天下第一利器「割鹿刀」。接著展開一連串曲折離奇卻肌理綿密的故事情節。全書文情跌宕起伏，張弛不定；特別是寫小公子（逍遙侯弟子兼姬妾）的連環毒計，層出不窮；寫蕭十一郎重傷後，分別用聲東擊西、苦肉計、空城計與美人計將來犯高手一一殲滅或驚退；以及寫逍遙侯「玩偶山莊」的玄妙佈置，奇幻人間！均匪夷所思，但卻入情入理，令人叫絕！

《蕭十一郎》中的重頭戲，當然是蕭十一郎和沈璧君由陌路人變成有情人，著眼點全在於由「患難見真性」這種感情的細膩描寫，在古龍的作品中也是不多見的。由此看來，古龍也是寫情聖手，只不過古龍不願意在寫「兒女情長」這一方面縱深發展而已。

葉洪生稱此部作品寫情「層層轉進，頗費匠心，而運用虛、實、伏、映對比這妙，亦為古龍其他作品所罕見，堪稱第一！」這是具洞察力之高見。

古龍曾熟讀王度廬的作品，將王度廬的「悲劇俠情」派的精髓是完全學到家了，已是青出於藍而勝於藍了。

然而古龍最後並沒有沿著這條「悲劇俠情」的路繼續發展。

古龍畢竟是古龍，古龍是不可代替的。他要走自己的道路，創下自己的大好江山。

●《流星．蝴蝶．劍》揮灑自如毫無黏滯

一九七〇年前後幾年，是古龍一生中創作上的黃金時期。

這時的古龍，幾乎隨便寫的一篇作品，都是精采絕倫，可以傳世。

從發表《多情劍客無情劍》之日起，古龍已經創立了一種穩定成熟的風格。緊接著寫《蕭十一郎》，使這種新派風格鞏固和圓滿自洽，然後一九七一年古龍發表了《流星．蝴蝶．劍》。

古龍至此剛剛進入他的輝煌階段，雖然他已創立了一種全新的風格，但此時他正是靈感橫溢、天縱英才的時候，於是此時的特點是，他創立了全新的風格，卻又不完全為這種全新的風格所拘束。這時古龍的新派風格更多地是發自於靈感和激情的需要，而古龍更後來一些的作品，則是有了觀念的束縛，落於為新而新，為變而變之嫌了。

特別是古龍創作中衰退的階段，往往只是對自己既有的風格延續和因襲。

《流星．蝴蝶．劍》是具內在激情的，如行雲流水的，自然自如的，毫無黏滯的。

這就是《流星．蝴蝶．劍》足可列為古龍寫得最好的精品行列之一的原因。

這時對於古龍來說，主導他創作的只是他要創造的欲望，要寫的欲望，所以這時他對「怎樣寫」就考慮得少些。

古龍因此犯了一個大忌，差一點受到批評者毀滅性的抵制，因為古龍的《流星．蝴蝶．劍》在部分情節上受到西方暢銷小說《教父》的影響，雖然他已作了充分的轉化。

小說一開始的許多細節，是從《教父》中借過來的。

「老伯」就是「教父」，猶如《教父》小說中的黑手黨首領。老伯慷慨仗義，幫助歸屬於他的人，這些細節在《教父》中是相同的。萬鵬王的愛馬最後被砍下了頭煮在他自己的鍋裡，這一細節也完全是《教父》中已有的。

古龍在開始寫《流星．蝴蝶．劍》時並沒有去多想，他只是要寫，只是要寫那些首先已經打動了他自己的東西，即使這東西別人已經先用過。

古龍自信就是「炒陳飯」也會炒出一盤美味，比當初的還要好，還要誘人。況且古龍覺得這並不是什麼問題，他的許多前輩都這麼做過，例如梁羽生借過《牛虻》中的情節。

但是《流星・蝴蝶・劍》發表之後，批評的苛求的呼聲還是高得讓古龍沒有想到。許多年以後古龍還不得不為自己一再辯護。

古龍說：

模仿不是抄襲。

我相信無論任何人在寫作時，都免不了要受到別人的影響。

《米蘭夫人》雖然是在德芬・杜・莫里哀的陰影下寫成的，但誰也不能否認它還是一部偉大的傑作。

在某一個時期的瓊瑤作品中，幾乎到處都可以看到《蝴蝶夢》和《咆嘯山莊》。

《藍與黑》這名字，也絕不是抄襲《紅與黑》的，因為他有他自己的思想和意念。

你若被一個人的作品所吸引所感動，在你寫作時往往就會不由自主的模仿他。

我寫《流星・蝴蝶・劍》中的老伯，就是《教父》這個人的影子。

他是「黑手黨」的首領，頑強得像是塊石頭，卻又狡猾如狐狸。

他雖然作惡，卻又慷慨仗義，正直無私。

他從不怨天尤人，因為他熱愛生命，對他的家人和朋友都充滿愛心。

我看到這麼樣一個人物時，寫作時就無論如何也丟不開他的影子。

但我卻不承認這是抄襲。

假如我能將在別人的作品中看到那些偉大人物全部介紹到武俠小說中來，就算被人辱罵譏笑，我也是心甘情願的。

實際上古龍並不需要這樣長篇大論地辯解，真正有見識的讀者是早已接受了他的這部小說，認可了他的這種「改寫」。

事實上，《流星・蝴蝶・劍》無論從思想性、藝術性，還是可讀性上，都遠遠是《教父》所不能比的。

《教父》中的教父，當然不能和「老伯」相比。

「老伯」的形象是中國文化傳統的「本色」之俠。

教父的性格是被扭曲的，而「老伯」的處事言行，無一不是發自於他自我內在的人性的本然特色。

老伯不是聖人，不是完人，也不是社會意義上的正面人物。但老伯是莊子筆下的「真人」，超逸灑脫，不拘於外界的一切戒律，唯求能明其本心，盡其本性。

古龍的筆下成功的俠客形象，迥異於金庸筆下的「俠之大者」，古龍筆下的是「俠」之風流和風采，追求的是人性的自由，人性的解放。

老伯有一種人格的偉大力量。

古龍無疑是欣賞老伯這樣的人物的，也為這樣人物的人格力量所感動。所以孟星魂最終改變了立場，與老伯站到了一起。

孟星魂人稱江湖第一冷血殺手，本來是奉自己的恩人——又像是母親又像是情人的高老大之密令，要去取老伯的性命的。老伯卻非但放過要殺他的高老大，還把她一心想奪取的地契送給她。但老伯這並不是為了「行義」，或為了「收買」，更不是為了「愛他的仇敵」。老伯拉高老大一把，只因為他自己內在的本然人格力量。

孟星魂厭倦了殺人的孤獨寂寞生涯，終於在生活中找到了真愛，開始了覺醒，走上了向善向上的一面。

律香川的陰險狡詐是超群的，他不僅嫁禍於十二飛鵬幫的萬鵬王，還背叛了老伯，幾乎陷老伯於死地。律香川能夠欺騙老伯，正所謂「君子可欺以其方」。

老伯雖不是君子，他光明的一面會使他自己看不到陰暗。

孟星魂終於站到老伯這一方來了。邪惡終於還是不可能戰勝正義，律香川背叛了老伯，最後他也嘗到了被人背叛的滋味。

「死也許並不是很痛苦，但被朋友出賣的痛苦，卻是任何人都不能忍受的！」

「黑夜無論多麼長，都總有天亮的時候。」

和古龍的所有作品一樣，《流星・蝴蝶・劍》謳歌的還是光明的力量！

英雄情懷，武俠膽色，真是寫得轟轟烈烈，可歌可泣。

《多情劍客無情劍》寫得纏綿，《蕭十一郎》寫得悲壯，《流星・蝴蝶・劍》則是寫得英豪，寫出了一種男兒的膽色。

「只要你有勇氣，有耐心，就一定可以等到光明。」

「你致命的敵人，往往是你身邊的朋友。」

這一尖銳殘酷的斷語，在《流星．蝴蝶．劍》中第一次正式明確了，其後古龍的小說開始經常出現這一主題。

《流星．蝴蝶．劍》後來改編成電影，獲得了巨大的轟動，古龍的武俠電影也因此風靡一時。

●楚留香系列是有始以來第一個「俠之風流」

在古龍的武俠小說創作中，楚留香的系列故事無疑具有相當特殊的地位。

楚留香系列故事一共有八部，出版的時間跨度很大，各部作品的風格也不完全統一，前期的楚留香小說與後面的甚至相差很大。

八部楚留香作品，甚至分跨了古龍創作的三個階段，即成熟、輝煌和衰退三個階段。最早的三部作品《血海飄香》、《大沙漠》、《畫眉鳥》統稱為一個大部頭《鐵血傳奇》，發表於一九六七年，是屬於古龍成熟階段的作品。

這種劃分是古龍首肯的。

也就是說，古龍自己其實也並不全然滿意《鐵血傳奇》這三部作品，因在這三部作品中，還沒有真正顯現出古龍的那種獨特的新派風格來。雖然如此，但《鐵血傳奇》已是令當時廣大的武俠小說讀者耳目一新，再加上影視改編的推波助瀾，楚留香這個藝術形象變得相當有名，廣受歡迎。

隨後古龍的創作進入了一個輝煌的時期，寫出了《多情劍客無情劍》、《蕭十一郎》、《流星・蝴蝶・劍》等真正代表新派風格的作品，古龍的天才得以充分體現。

一九六九年，古龍又發表了《借屍還魂》（又稱為《鬼戀俠情》），作為楚留香傳奇系列續集之四。隨後在一九七〇年發表《蝙蝠傳奇》為楚留香傳奇系列續集之五。一九六九年十一月四日至一九六九年十一月八日新加坡《南洋商報》曾短暫連載。一九七一年發表《桃花傳奇》，為楚留香傳奇系列續集之六。

這三部續作列入《楚留香新傳》，是古龍在創造力達到頂峰之時的作品，比《鐵血傳奇》的境界更上一層，對語言、技巧、結構的把握上更為爐火純青，再一次引起了轟動。

然而古龍自己也覺得有漸入熟套之感，這些作品雖然成功，但在藝術境界上，與同期的《多情劍客無情劍》、《歡樂英雄》、《大人物》相比，還是略遜一籌。所以古龍暫時沒有繼續寫楚留香的故事，轉而去寫一個與楚留香相似的人物故事，那就是陸小鳳的系列故事。

古龍想在寫《陸小鳳》之時，彌補自己對楚留香系列的一些遺憾。所以一直到六年後，古龍才發表了新的楚留香故事，即是《新月傳奇》，為楚留香傳奇系列續集之七。

這時古龍的創作已進入了衰退階段，創造力和精力不如以前了，古龍自己多有不能得心應手的感覺。

古龍寫《新月傳奇》，正是要祭楚留香這個法寶，讓讀者鍾愛的人物再度出場，以此來挽回自己日暮西山的局面。

《新月傳奇》再一次成功，佳評潮湧，古龍受到了鼓舞，又緊接著在一九七九年發表了最後一部楚留香系列小說《午夜蘭花》，這是楚留香傳奇系列續集之八。

《午夜蘭花》再逞古龍奇才，但終究給人以英雄末路的衰微和陰氣已盛的感覺。

楚留香系列的八部作品到此畫了個句號。

除此之外，古龍再也沒有第九部楚留香故事出現。

我認為楚留香系列小說的成功，主要是楚留香這個人物的成功，這個藝術典型的成功，這一點，應該與小說本身的藝術價值分開來看。

楚留香變成了視覺效果，活靈活現，所以楚留香的形象更為流傳廣泛，為人所喜愛。楚留香這個藝術形象甚至已經超越了小說本身的文字語言，而讀者和影視觀眾又靠一種文化背景來豐富了小說中本身的楚留香的內涵。這就是楚留香系列故事的獨特之處，情節和人物的成功，超越了小說本身的成功。而小說本身的語言技巧，就要比古龍其他許多巔峰之作要稍遜一籌了。

從小說的技術角度上來說，結構和人物都相似的《陸小鳳》系列其實比《楚留香》系列小說要圓滑成熟一些，但是為什麼楚留香的名氣和影響要比陸小鳳大一些呢？這是因為楚留香是第一個表現出了「俠之風流」的大俠形象。

我在本書中詳細談過中國俠文化的傳統具有兩種不同的傾向。

一種是儒家化的俠文化傳統，表達建功立業、「修身、齊家、治國、平天下」的「俠之大者」的文化內涵；另一種是禪道化的文化傳統，表達的是個人對自己的追求、人性的解放、自我意識的覺醒等「俠之風流」的文化精神。

金庸先於古龍成功，寫出了一種緊密代表了儒家俠文化傳統的「俠之大者」的藝術形象；而這是不完整的，沒有真正體現出中國的俠文化傳統。

古龍寫出了楚留香這樣一個人物，第一次正式而較為完滿地解決了這一難題。楚留香是典型的「俠之風流」的形象。楚留香的出現彌補了上層文化傳統和下層民眾精神的一種隱性缺陷，這就是楚留香的形象受到歡迎的真正原因。

古龍自己雖然對諸如《鐵血傳奇》的小說藝術本身諸多不滿意，但卻是非常喜愛楚留香這個人物的。

古龍對自己小說中的人物，恐怕也只有對楚留香談得最多。

古龍說：

因為他冷靜而不冷酷，正直而不嚴肅，從不偽充道學，從不矯揉造作，既不會板起臉來教訓別人，也不會擺起架子來故作大俠狀。

所以我也喜歡他。

所以我一直都想把他的故事多寫幾個，讓別人也能分享他對人生的熱愛和歡樂。他這一生中本來就充滿了傳奇，有關他的故事本來就還有很多還沒有寫出來，每一個故事中都充滿了冒險和刺激，充滿了他的機智與風趣，也充滿了他對人類的愛與信心。

金庸小說中，絕對找不出像古龍筆下的楚留香這樣一個人物形象。

楚留香顯然談不上「俠之大者」，甚至他還是一個「盜」，但楚留香卻比絕大多數名門正派的君子和英雄要讓人喜歡得多。楚留香的「盜」並不是強取豪奪，只不過他不是常人，不能以常理衡量，他是一個真正的自我意識覺醒的人，明其本心，行其本性，不為外在的一切清規戒律所束縛，他追求的是一種真的人性的自由，人性的革命和解放。

他劫富濟貧的「盜」只不過是一種手段而已，「一種使人間更公平合理」的手段，而且他已經將這件事化作一種藝術。

「一種極風雅的藝術。」

楚留香小說的第一部《血海飄香》，一開始就有一張楚留香寫的短箋，正表明了楚留香的那種風流和優雅。

「聞君有白玉美人，妙手雕成，極盡妍態，不勝心嚮往之，今夜子正，將踏月來取，君素雅達，必不致令我徒勞往返也。」

古龍對此評價說：

這是他要去「取」一尊白玉美人前，先給那個主人的通知。

他要取一樣東西之前，一定會先通知對方，要對方好好防備。

他甚至還會告訴你，他要來取此物，只不過因為你已經不配擁有它。

所以就連他的對頭們也不能不承認，這個人是獨一無二的。

江湖中永遠都不會有第二個楚留香，就好像江湖中永遠都不會有第二個小李飛刀一樣。

另一件事也充分表現了楚留香的風流優雅。

楚留香的鼻子不太好，但卻最喜歡香氣。每當他做過一件很得意的事情之後，就會留下一陣淡淡的，帶著鬱金香花芬芳的氣息。

古龍筆下的「俠之風流」，鬱金花香無疑是其外在化和顯性化。

在楚留香心裡，「這個世界上根本就沒有什麼不能解決的事，所以也沒有什麼真正能令他苦惱的問題。」

只不過他也是個人，有人性中善的一面，也有惡的一面。

可是他也會做出很傻的事，傻得連自己都莫名其妙，有時他甚至會上別人的當。

幸好他總是很快就會發覺，而且就是上了當之後，也能一笑置之。

他總認為，不管在多麼艱難困苦的情況下，能夠笑一笑總是好事。

沒有事的時候，楚留香總喜歡住在一條路上。

一條很特別的船，潔白的帆，狹長的船身，輕巧快速，甲板光潔如鏡，通常都停泊在岸邊，船弦下通常都吊著一瓶剛從波斯來的葡萄酒，讓海水把它「鎮」的剛好冷得適口。

他不在這條船上的時候，也有人替他管理照顧這條船。三個女孩子，聰明而可愛的女孩子。

蘇蓉蓉溫柔體貼，負責照料他的生活衣著起居；李紅袖是才女，對武林中的人物典故如數家珍；宋甜兒是女易牙，精於烹飪，蘇蓉蓉和李紅袖都很怕她，怕她說「官話」。

宋甜兒說的官話確實很少有人能聽得懂，可是人與人之間如果心意相通，又何必說話？

古龍對楚留香談得最多，我們在這裡已經可以清楚看見了楚留香的「俠之風流」。

楚留香像天外高客，不食人間煙火，代表了俠文化傳統的另一面，對自己的嚮往和對風流的雅望。楚留香的形象是全新的，所以儘管小說的本身還有一些缺陷，但僅僅是這樣一個人物，已滿可以擊節讚歎了。

古龍自己談到楚留香的出名，古龍說：

我想楚留香應該是一個相當有名的人，雖然他是虛假的，是一個虛構的小說中的人物，可是他的名字，卻「上」過台灣各大報紙的社會新聞版，而且是在極明顯的地位。他的名字，也在其他一些國家造成相當大的震盪。

對於一個虛構的武俠小說的人物來說，這種情況應該算是相當特殊的了。一般來說，只有一個真實存在於這個社會中的人，而且造成過相當轟動的新聞人物，才能上得了一家權威報紙的第三版。

楚留香，很可能是唯一的例外。

江上鷗先生力推楚留香系列小說為極品，也許正是看中楚留香這個藝術人物的全新面貌「不同於前輩和後人」。

《鐵血傳奇》三部，是古龍緊繼《絕代雙驕》之後推出的力作。

在這三部楚留香的故事中，古龍最大的成功便是把楚留香這個人物寫活了。而且古龍第一次把推理小說的形式引入武俠小說，可以說是前無古人，讓讀者耳目一新，所以《鐵血傳奇》取得了巨大成功。

很多讀者都要發問，古龍是怎樣創造出楚留香這個人物形象來的呢？

古龍說：

「楚留香是自然存在這個世界的，遊俠的典型每一個時候都有。」

古龍又說：

「如果說我的思想是一個雞蛋殼，楚留香就是一把錘子。」

古龍的意思是說，楚留香這個人物構成了他成功的一個契機，借此他實現了繼承中國俠文化傳統中「俠之風流」傳統的偉績。

台灣名作家林清玄在一篇古龍訪談錄中談到，他追問古龍寫作楚留香「總有個動機吧？」

古龍坦露了他寫楚留香的動機，確有許多是以前看〇〇七系列電影時受到的啟發。

那時〇〇七的史恩康納來，正像一陣狂風吹擊台灣，而受影響最大的是古龍。

〇〇七殘酷但優雅的行為；

冷靜，但瞬間的爆發力；

神經，但時時自嘲的幽默；

微笑，但能面對最大的挫折；

這幾種品質，使古龍創造了楚留香。

許多人都誤以為武俠的世界是一個暴力的世界，血濺五尺，干戈七步。楚留香是個異數也是個藝術，他從來不殺人，也免不了暴力，但古龍說他是「優雅的暴力」。

物來。

藝術是觸類旁通的，古龍絕不是模仿〇〇七，他只是被觸動，而創造出更為高境界的人

《鐵血傳奇》第一部《血海飄香》，寫的是楚留香與高僧無花之間的鬥智鬥力。無花是一個最為優雅和聰慧的高僧，然而卻是一個沒有人能想像得到的凶殘殺手。《血海飄香》初步定下了楚留香的調子，出手不凡。

緊接著《大沙漠》寫楚留香與石觀音的驚險鬥爭。石觀音武功奇高，機謀過人，楚留香本不是對手，但楚留香終於靠自己的機智戰勝了這個大魔頭。

在《大沙漠》中，值得注意的是，古龍第一次正式將現代思想觀念引入武俠小說，寫了石觀音這樣一個自戀情結相當嚴重的性變態人物。

這種寫法是過去沒有武俠小說作家嘗試過的，古龍卻成功地引入了。石觀音以鏡中的麗影為自戀對象，將性力指向自身的影像。楚留香本來必敗無疑，但是最後機智地打碎了鏡子，使石觀音的精神支柱崩潰，楚留香這才取得勝利。

如此看來，楚留香儼然是一個懂得佛洛伊德精神分析理論的修養有素的心理學家了。但是古龍這樣寫，卻寫得合情合理，並無生硬之處。

從這時開始，以後古龍便經常甚至頻繁地在武俠小說中大寫精神分析的情節：自虐，手淫，潔癖，虐待狂，被虐待狂等等，不一而足。

《鐵血傳奇》第三部是《畫眉鳥》。

在這部小說中，古龍繼承了《大沙漠》寫變態人物的寫法，寫癔症，寫同性戀，寫性變態，也頗有可觀之處。

《畫眉鳥》的故事有兩條線索，一是寫楚留香與柳無眉及她的丈夫鬥爭；一是寫楚留香大戰水母陰姬。

《鐵血傳奇》三部之中，數《畫眉鳥》最為流暢，已經預示了古龍的創作正要進入一種全新的輝煌。

從小說的藝術風格上看，《鐵血傳奇》是古龍過渡時期的作品，還有少許不夠成熟的生澀之處，結構的緊湊性也不很理想，語言上也不夠簡潔明暢，所以古龍自己也認為這三部楚留香傳奇是他的中期作品，不能代表他成熟期的新派武俠風格。

古龍寫楚留香系列小說，實際上有三個階段。

第一個階段就是《鐵血傳奇》三部。

第二個階段是《借屍還魂》、《蝙蝠傳奇》、《桃花傳奇》這三部。

第三個階段是停筆八年之後的《新月傳奇》以及《午夜蘭花》。

第二個階段的楚留香系列，明顯在語言和技巧上比《鐵血傳奇》高明了許多，而且寫得更為驚險，奇詭，逞奇鬥勝。

《借屍還魂》是古龍後來寫驚魂六記《血鸚鵡》的先聲。

古龍此時的創作力到達了頂峰，構思佈局上明顯更勝一籌。

《借屍還魂》一開始寫的是一個鬼故事，擲杯山莊出現了傳說中「借屍還魂」的離奇事件。當然這其中必有隱情，不可能真的是鬼故事，因為古龍要遵守一種遊戲規則。

《借屍還魂》又名《鬼戀俠情》，其實是莎士比亞的羅密歐與茱麗葉的中文翻版，寫的是世仇和愛情。

「楚留香遇到了一件平生從未遇過的，最荒唐、最離奇、最神秘，也最可怖的事。」

楚留香以他的機智，聰慧和高超武功最終解決了問題，而且有情人終成眷屬，皆大歡喜。

《蝙蝠傳奇》也寫得乾淨流暢，神秘可怖。

古龍在這裡把推理武俠小說的寫法發揮到了極致，這部小說不折不扣是純粹正宗、典型的推理武俠小說。

《蝙蝠傳奇》上半部主要寫在茫茫大海中船上的兇殺案，將活動環境規定在一艘船上，這樣就更充分地發揮了推理的功能。而在古龍前面的推理武俠小說，尚沒有將推理的重要性提得如此之高。

在《蝙蝠傳奇》中，推理成了真正帶動情節的重要技巧了。小說的下半部寫楚留香與蝙蝠公子的交鋒，語言上已經是新派風格，與《鐵血傳奇》有明顯區別。

但是《借屍還魂》和《蝙蝠傳奇》都還有拘謹之處，擺不脫最初的《鐵血傳奇》模式和語言風格的影響。

到了《桃花傳奇》，才真正是擺脫俗套，寫得可喜可親。

《桃花傳奇》在藝術性上達到了楚留香系列的高峰。

楚留香不僅在行動上優雅從容，在《桃花傳奇》中，最值得稱道的是，小說的語言也是優雅、從容、舒緩，與楚留香這個人物相協高一致了。

《桃花傳奇》和《蝙蝠傳奇》雖然已開始採用新派風格，但還不夠熟練。而《桃花傳奇》中，古龍的新派風格才真正完全進入了楚留香的小說中。

《桃花傳奇》打破了古龍推理武俠小說的模式。

古龍從《血海飄香》開始了推理武俠小說的寫作，一直寫到《蝙蝠傳奇》，這種觀念和方法論愈演愈烈，已有走火入魔的危險。

《桃花傳奇》的出現，使我們為古龍鬆了口氣。

古龍開始不拘一格地寫楚留香了，頭腦中不再固執於方法論，只是聽從藝術靈感的召喚，隨心所欲。

《桃花傳奇》寫的是愛情的力量，楚留香這個人物也更真實和生動起來，開始食人間煙火了。

從《桃花傳奇》的語言風格上看，更接近於《歡樂英雄》、《大人物》這些作品，可以列為經典之作，精品之作。

楚留香以自己的勇氣和機智及對愛情的執著，真正贏得了張潔潔的芳心，讓讀者看到了生命和愛情的美好。這種境界是熱愛生命的高尚境界，是真正能打動讀者心靈的境界。憑此一點，《桃花傳奇》已超越了前面五部楚留香的故事。

《桃花傳奇》生動、簡潔、流暢，如行雲流水，毫無罣礙，自然樸素，又處處有天才的閃光，沒有斧鑿的「做作」痕跡，希望讀者不要輕易看過這部作品。

寫完《桃花傳奇》之後，古龍有八年時間沒有再寫楚留香的故事，可以說是見好就收。

但是一九七六年之後，古龍創作滑坡，進入衰退的階段，有時力不從心。

古龍當然能認識到自己衰退的創作，心中不免有些著急。渴望再現當年的風采，於是再祭起當年成功的法寶，把已經得到讀者認可極為成功的人物故事，搬來再用。

《飛刀，又見飛刀》是祭李尋歡小李飛刀的法寶。

《劍神一笑》是祭陸小鳳的法寶。

一九七九年發表《新月傳奇》，便是祭楚留香這個法寶了。

《新月傳奇》在份量、字數上當然不如以前的楚留香故事，但此時古龍精力雖差，對文字和技術的掌握和領會卻更上一層樓了。

《新月傳奇》又一次成功，再次掀起讀者對楚留香的狂熱。

《新月傳奇》的藝術水準也明顯有所突破。

《新月傳奇》中古龍的語言變得更簡潔明暢，更生動有力，感覺上也更為尖銳，節奏的推進則更緊湊快速。

在《新月傳奇》中，楚留香顯得更為成熟和飽經滄桑了。

《新月傳奇》之前的楚留香系列中，楚留香給人還有那種英俊年輕瀟灑的感覺。

林清玄在古龍訪談錄中談到：

「楚留香的優雅，古龍認為不是英俊年輕瀟灑的那一類，他心目中的楚留香，是經過層層的挫折，層層的考驗，層層的奮鬥，層層的奇情激蕩，自然在外表上有了看透人世的『優雅』。」

實際上古龍說這話時，是在《新月傳奇》發表之後談到的。

在《新月傳奇》中，楚留香的確是有了一種成熟男人的氣質，而這種氣質是以前的小說沒有表現出來的。

這種情況當然與古龍的心境有關。此時古龍已漸有英雄遲暮的感覺，多發蒼涼感慨之語。

一九七九年，古龍發表楚留香新傳（後傳），並計畫要寫四部，然而只見了這一部。古龍還在求新求變，還想再現奇蹟。

古龍說：

每一個作家，寫稿的經歷都是有轉變的，風格有轉變，文字有轉變，思想有轉變，名聲有轉變，稿費當然也有轉變。

能活在這個世界上的作家，不能轉變的，就算還沒有死，也活不久了。

——就如一個作家寫了一部很成功的小說後，還繼續要寫一部相同類型的小說，甚至還要寫第二部，第三部，第四部。

——如果一個作家不能突破自己，寫的都是同一類型同一個風格的小說，那麼這位作家就算不死，在讀者心目中，也已經是個「死作家」。

逆水行舟，不進則退。退就是死。

新就是變。

我寫楚留香「新」作，當然一定要變，只不過我寫的「楚留香新傳」，寫的還是「楚留香」。

對於古龍來說，不求變，勿寧死，這是一個真正的藝術家的態度。《午夜蘭花》的確又大有變化，和以前七部楚留香迥然有別。

古龍說：

在「楚留香新傳」中，我準備再寫有關他的四個故事。四個故事都是全新的，而且完全獨立。我要寫的這四個故事，第一個故事我相信大概是大家都想不到的故事，而且是會讓大家都大吃一驚的。因為這個故事在一開始時，楚留香就已經是個死人。能夠讓大家大吃驚，豈非正是一個作家的最大目的之一。所以這個故事我想不寫都不行。

林無愁（本名林清玄）在「訪古龍談他的《楚留香》新傳」一文中提到：

重見古龍，他顯得比以前清瘦了。古龍不得不清瘦。因為「楚留香」轟動台北，鄭少秋在「來來」做秀，中視播完轉到華視，連立法院也談論楚留香的時候，沒有人問過古龍的意見。

「楚留香」是古龍創造的，大家在談楚留香時，竟忘了他是古龍筆下的人物，以為鄭少秋生來就是楚留香。

在我們這個社會裡，彷彿任何人都可以決定楚留香的命運，除了古龍。

從林無愁的談話我們可以看出，古龍寫《午夜蘭花》，還是大有不甘寂寞之意，決心再現輝煌，讓自己的天才再次照亮楚留香這個人物。

然而古龍此時創作的精力和精神已經大為衰退了。因為吟松閣風波和離婚事件，使他的身心受到雙重重大的打擊。古龍幾乎為此送命。再加上古龍投拍的「劍神一笑」和「再世英雄」賣座不佳，也影響了古龍的心情。

所以林無愁說古龍看上去清瘦了。

但古龍的英雄氣概猶存，「清瘦並沒有減少古龍的豪情，他還是朗笑震屋瓦，一口可以乾一大杯烈酒」。

古龍這次對林無愁說，這次寫《午夜蘭花》，他要讓楚留香死！

林無愁大吃一驚，叫古龍別開玩笑，因為如果古龍真的這麼幹了，讀者是一定不會接受的。

古龍有些蒼涼地說：「人總有一死，遊俠不例外，浪子也不例外。」

林無愁說：「楚留香不會死，因為他在千千萬萬人的心中活過。」

古龍當然不是真要讓楚留香死，只是在《午夜蘭花》中，「楚留香一開始就是個死人」。

在《午夜蘭花》中，楚留香一直到小說的結尾才出現。

古龍在這部小說中又更進一步地逞險逞奇，讓讀者讀起來驚心動魄。

局。

《午夜蘭花》中，古龍對語言和技術處理已是爐火純青，信手拈來，小說中有的情節是以一個後世講故事的老者和少年的對話來交代，這也是一種旁人難及的大手筆，是舉重若輕的處理。但是《午夜蘭花》的語言卻有一種衰微的暮氣，不祥地預兆了古龍創作和生命的結局。

楚留香的形象在《桃花傳奇》中是一個有血有肉敢愛敢恨、且現實可信的風流青年，在《新月傳奇》中已見蒼涼心緒，而到了《午夜蘭花》中，則已帶了幾分暮氣，不是我們生活和現實中的風流之俠了。

古龍本來想寫楚留香新傳，寫四個故事，但僅是《午夜蘭花》一部，就把古龍自己逼進死胡同中去了。

「蘭花先生」到底是誰？《午夜蘭花》沒有明確點出，但無疑是楚留香身邊一個關係最密切之人。楚留香已帶暮氣，只能到《午夜蘭花》為止，再勉強寫下去，恐會走火入魔。

所以古龍終於沒有完成他想再寫四個楚留香的故事的計畫。事實上，古龍寫了《午夜蘭花》之後，幾乎也快到了他創作史上的末期，他的身體和精力，都不足以承擔那樣龐大的計畫了。

《楚留香》的系列故事搬上了影視，古龍雖然滿足於影視為他帶來的巨大榮譽，但對於影視對他作品的處理還是諸多微辭的。

古龍自己也承認，楚留香是這幾年來，虛構的小說人物裡最受注目的。他有一段時間，幾乎每天出現在報紙影劇版上，還上過第二版和第三版。

「對於楚留香受害，他有時變成理髮廳的招牌，有時化成各種廣告。」

但是古龍卻認為在影視中楚留香失去了他許多可貴的品質。

「小說中的人物往往比電影的影像還要豐富，因為它可以聯想。就像我們看一張風景畫片，總是比實景來得美。」

所以古龍並不滿意影視對小說人物的處理，特別是胡鐵花。

古龍自己特別鍾愛他小說中胡鐵花這個人物，甚至不亞於楚留香。

古龍說如果楚留香是遊俠，胡鐵花就是個浪子。

古龍把胡鐵花稱為浪子，是以胡來自況，所以特別另眼看待，古龍對胡鐵花有過大段的評價，其實也正是他自己心語的披露。

古龍說：

遊俠沒有浪子的寂寞，沒有浪子的頹廢，也沒有浪子那種「沒有根」的失落感，也沒有浪子那份莫名其妙無可奈何的愁懷。

遊俠是高高在上的，是受人讚揚和羨慕的，是江湖大豪們結交的對象，是「胯下五花馬，身披千金裘」，是「騎馬倚斜橋，滿樓紅袖招」的濁世佳公子。

浪子呢？胡鐵花不是遊俠，是浪子。

他看起來雖然嘻嘻哈哈，稀哩嘩啦，天掉下來也不在乎，腦袋掉下來也不過是個碗大的窟窿，可是他的內心卻是沉痛的。

一種悲天憫人卻無可奈何的沉痛，一種「看不慣」的沉痛。

……這個世界上有很多人，很多事是他看不慣的，而且非常不公平，可是以他一個人的力量，他能怎麼辦呢？

他只有坐下來喝酒。

這種心情當然不是別人所能瞭解的，別人愈不瞭解他，他愈痛苦，酒喝得也就愈多。

他的酒喝得愈多，做出來的事也就更怪異，別人也就更不瞭解他了，到後來，有些人甚至認為，他已經變得像是以前傳說中的「酒丐」、「瘋丐」那一類的人物了，有些人甚至索性認為他已經變成了瘋子。

只有楚留香知道胡鐵花絕不是個瘋子，所以胡鐵花為了楚留香也可以做出任何人都做不到的事，甚至可以把自己像火把一樣燃燒，來照亮楚留香的路途。

有很多讀者都認為楚留香這個人是一個可以令大家快樂的人，可是在我看來他這個人自己是非常不快樂的。

其實古龍不是在說胡鐵花，是在說他自己。

古龍的內心有著浪子的沉痛，也這樣坐下來喝酒。

酒喝得愈多，做出的事愈不合常理，別人愈不能理解。

但是古龍卻是隨時願意燃燒自己來照亮他人的，像胡鐵花那樣。

古龍這樣喜歡胡鐵花，但遺憾的是他並沒有寫好寫活這樣一個人物。

在楚留香系列小說中，古龍把胡鐵花臉譜化了，外在化了，所以不夠深刻。

在《鐵血傳奇》中古龍寫胡鐵花動輒就要「怒道」，「怔了怔，大叫起來」，「比烈火還烈，比野馬還野，比騾子還拗的脾氣」，讓人感到胡鐵花的粗莽和魯莽，而不是浪子的深沉猛烈的痛苦。

一開始古龍自己把胡鐵花寫成了唐吉訶德身旁的「桑丘」，責任在古龍自己。在後來的楚留香故事中，大概古龍自己也覺得胡鐵花這個人物不好處理，所以在《借屍還魂》中乾脆直到末尾才讓胡鐵花出現。

在《蝙蝠傳奇》中，胡鐵花的形象有所改觀，頗有可愛之處，但是前幾集的烙印還是一時半會兒消不了。

寫《桃花傳奇》，也是基本上沒有胡鐵花的戲。到了《新月傳奇》，胡鐵花幾乎是以最好的形象出現，特別是一開始的戲，簡直表現得有勇有謀，智慧超群。

古龍抱怨說，影視中的那個胡鐵花的形象就像一個只會喝酒的傻子。這種抱怨其實要由他自己的小說中找原因。古龍自己都沒有處理好這個人物，又怎麼能指望導演、編劇、演員去處理好呢？

●《歡樂英雄》為古龍第一神品

自古龍發表《多情劍客無情劍》以來，古龍信心更足，愈上巔峰，到了一九七一年，發表了堪稱古龍小說中第一神品的《歡樂英雄》。

評論家對古龍小說的排名問題很有爭議，胡正群、曹正文力推《多情劍客無情劍》，葉洪生盛譽《蕭十一郎》，江上鷗獨鍾情於《楚留香系列》。

對於這些名家的看法，在這之前，我已作過詳細的分析評述。說實話，要將古龍的作品作一排名，並不一定是很討好的事，因為風格和趣味的問題，這樣的排名會大相徑庭。

對金庸小說的排名就是一個例子。

香港作家倪匡，可以稱為評金庸的專家，寫《我看金庸小說》一直寫到《五看金庸小說》，他首推金庸的《鹿鼎記》為扛鼎之作。

然而對倪匡看法持反對意見的大有人在，港台一些學者作家也紛紛各執一詞。如董千里、羅龍治、柏楊、翁靈文、林以亮、曾昭旭、戴天、三毛、林燕妮等都發表過金庸小說哪一部是第一的評論。

有人認為是《笑傲江湖》，有人說為《神鵰俠侶》，還有提名《射鵰英雄傳》的。

對古龍小說排名的爭論同樣很大。

我個人的意見是看好古龍的《歡樂英雄》這部奇書。

在前面的文章中，我已經評述了對各大評論家排名古龍小說的意見。

現在我當然要再詳述我推崇《歡樂英雄》的意見。

我以為《歡樂英雄》最能代表古龍的才氣，還要靠一點運氣，這部書絕不是任何其他名家寫得出來的。

《多情劍客無情劍》中寫李尋歡的痛苦，多有刻意的痕跡，因此李尋歡這個人物多有漏洞。

楚留香系列刻意而為的痕跡更重了。

《蕭十一郎》本來就是由電影劇本改編而來的，作者的機心太盛大。而《歡樂英雄》則是樸素、自然、流利，發自於古龍明心見性的本性，天然而成。《歡樂英雄》的境界則更是奇高，僅僅是一個書名，就已經超然脫俗。

李尋歡和蕭十一郎是大英雄，但卻是悲劇的英雄，在方法論上就已被郭大路、王動比了下去。

楚留香有歡樂英雄的一面，但卻失之空泛，儼然被神化，不如郭大路、王動這樣更真實可信。

古龍向大哲學家尼采學習到了英雄的真義。

人生當然是有其悲痛的一面，而且這悲痛是深沉難遣的。但是歡樂卻永遠比悲痛更為深沉和深刻！

「生命是一派歡樂的源泉，只有對於損傷的胃，對於悲觀主義者，它才是毒的。」

整部《歡樂英雄》，都洋溢著這種樂觀向上的精義。

郭大路、王動，他們把生命當著歡樂的源泉，把愛當作生命之歡樂的源泉，愛化痛苦為歡樂，化缺陷為美德。這種愛可以是親情，是男女之間的愛情，也可以是人與人之間的朋友之情。

這些歡樂英雄們對生命滿懷感激之情，肯定人生的全部，連同它的苦難和悲劇。

「不管現象如何變化，屬於事物之基礎的生命始終是堅不可摧和充滿歡樂的。」

古龍的《歡樂英雄》絕不是對尼采哲學的圖解，而是因為古龍本人就是這樣一個充滿生命意義的「歡樂英雄」，這就是《歡樂英雄》在境界上更勝古龍其他小說一籌的地方。

尼采探索道德源泉，發現人有自主性和奴性之分別。古龍筆下的歡樂英雄所表現出的行為，正是這種明心見性，從心所欲，行其本性的自主道德。

並不是所有的武俠人物都是這樣的。

前面說過，古龍寫出「俠之風流」，一種追求人性自由和人性解放、人性覺醒的禪道化俠文化傳統。

孔孟所謂「人能弘道，非道弘人」，「由仁義行，非行仁義也」，郭大路、王動這樣的人物，正是這樣頂天立地的大丈夫，由仁義行，而不是行仁義。

古龍創造了很多栩栩如生的武俠人物，但是如果從細微處仔細比較一下，郭大路、王動真正能完滿自洽地代表這種境界自高的大俠形象。

李尋歡、阿飛、蕭十一郎、楚留香，雖然都是成功的藝術形象，但他們自身的性格上都有缺陷。

郭大路、王動這樣的真正純粹的「歡樂英雄」，其實並不是多見的。

歐陽瑩之說：

「郭大路一聽見棍子殺人，馬上跳起來衝去搭救，快得連『俠應救人』這念頭都不曾起過。」

「郭大路對著一班小毛賊，也沒有忽視他們的尊嚴和良知。」

「郭大路受朱珠騙得很厲害，但當他見到朱珠落魄貧賤之日，既沒有譏諷之心，也沒有鄙夷之意，只伸出了援助之手。」

郭大路這樣純粹的「真人」的行為，誠然要羞倒許多仁義的大英雄大豪傑。

《歡樂英雄》寫的是對生命和生活本身的認真、執著的健康態度。對朋友認真，對愛情認真，對生活認真，……這種境界，又可以將許多風流自許的大俠們比下去。

古龍的大量作品中有寫朋友之情的地方，《歡樂英雄》能作為古龍的代表作，在寫朋友之情上，又是一絕，超越其他。

在《歡樂英雄》中，古龍正確對待了朋友之情和愛情的態度。

郭大路是最忠實於朋友之情的人，也對愛情有執著認真的追求。而楚留香則謂「世上沒有一個女人值得我為她冒生命之險，……為了自己的朋友，大多數男人都會冒生命之險。」

古龍這裡又受了尼采的影響。

尼采說：

「只有男子漢才能與男子漢並肩而立，沒有一個女人可以在男子漢心目中占最親密或最崇高的地位。」

只有《歡樂英雄》以古龍的明心見性，處理好了友情和愛情，因為古龍是順其自然而寫出來的，心中沒有觀念的束縛。

《歡樂英雄》中，寫友情是一絕，寫愛情又是一絕。

王動和紅娘子，郭大路和燕七，林太平和玉玲瓏，他們的愛情絕不是淺薄的，幼稚的，傷感的，而是健康、純粹、向上的，讀來一唱三歎，動人心魂。

歐陽瑩之說：

「高處空氣稀薄，聲音不易傳播，唯一可以溝通兩顆絕峰上的心靈的是友情，真正的友情。」

郭大路、王動、燕七、林太平他們之間的友情，正是這種境界自高的友情，不是那種呼朋結友、結黨營私的小人的友情。

郭大路、王動、燕七、林太平他們之間，完全是因為有了這種高尚的友情，才相互激勵，相互奮發的。

「嚶其鳴矣，求其友聲。」這種朋友的結交，沒有世俗的利益關係，純粹是英雄們心靈的彼此需要。

郭大路和王動認識時，郭大路身無分文，王動懶得要死，他們卻成了朋友。

現在，他居然和郭大路交上了朋友。像他們這麼樣兩個人湊到一起，他們若不窮，你說誰窮？

他們雖然窮，卻窮得快樂。

因為他們既沒有對不起別人，也沒有對不起自己。

因為他們既不怨天，也不尤人，無論他們遇到多麼大的困難，多麼大挫折，都不會令他們喪失勇氣。他們不怕克服困難時所經歷的艱苦，卻懂得享受克服困難後那種成功的歡愉。

就算失敗了，他們也絕不氣餒，更不灰心。

他們懂得生命是可貴的，也懂得如何去享受生命。所以他們的生命永遠是多姿多彩。

王動和郭大路又結交了燕七，也是因為他們是心靈的同類。

他們就是這麼樣的人，他們做事的法子的確特別得很。但無論如何，他們做事，總不會做得血淋淋的，令人覺得很噁心。他們做的事，不但能令自己愉快，也快樂。

林太平也參加了「歡樂英雄」的圈子，因為林太平也是這樣一個「有趣」的人，是明其本心、行其本性的「真人」。

他這條命是你救回來的，又喝光了我們三個人今天的糧食，佔據了這屋子裡唯一的一張床。可是他非但沒有說一句感激的話，而且還挑三挑四，還覺得跟我們交朋友是很給我們面子。

林太平的行事是不合常理的，但卻是毫不做作的，是樸素的「真人」。正因為這一點，王動、郭大路、燕七接受了這個朋友。

這就是古龍寫人物的絕妙處。

這些歡樂英雄們永遠對人生充滿了熱愛，充滿了信心。

「他確信正義必定戰勝邪惡，無論怎麼樣的打擊都不會讓他失去這種信心。」

所以他們甚至「喝酒時候很開心，喝水也一樣開心」，「所以我們活得比別人快樂」。

只要是他們自己熱愛人生，任何困境也不會放在他們眼裡。

歡樂不在別的地方，只在於你內心的態度。

世上有些地方的春天，總像到得特別遲些。

還有些地方甚至好像永無春天。

其實你若要知道春天是否來了，用不著去看枝頭的新綠，也用不著去問春江的野鴨。

你只要問你自己。

因為真正的春天既不在綠枝上，也不在暖水中。

真正的春天就在你心裡。

《歡樂英雄》是寫武俠人物，但卻又不限於武俠，然而更有現實意義。甚至寫法也是現實主義的筆法，沒有一般武俠小說的虛浮不著邊際之處。

古龍寫「歡樂英雄」，不是把他們當著童話人物或是神話人物來寫的，而是寫活生生的「真」人。

「歡樂英雄」們也有現實意義的痛苦，比如說錢。

一般武俠小說寫的人物總是有大把大把的銀子當水來花，好像他們家裡有造錢機器。但在《歡樂英雄》中，這些英雄們花的錢，都是明明白白的，他們也要掙錢活命。

他們的確寧可窮死、餓死，但來路不明的錢，他們是絕不肯要的。

拿東西去當並不丟人，他們幾乎什麼東西都當過。

但他們只當東西，不當人。

他們寧可將自己的褲子都拿去當，但卻一定要保住自己的尊嚴和良心。

他們只做自己願意做，而且覺得應該做的事。

這樣的歡樂英雄，讓我們不能不喜歡、佩服、崇敬和感動。

我列《歡樂英雄》為古龍作品中的第一，並不僅僅是因為上述的境界和人物，還在於它的風格。

古龍創造了新派武俠小說的文體，這種文體甚至影響到了一代作家——不僅只是武俠小說作家，這種對語言的貢獻是無與倫比的。

這種文體的風格出現在《多情劍客無情劍》中，在《蕭十一郎》中得到發展，但是在《歡樂英雄》中才真正成熟。

古龍在《歡樂英雄》的語言運用，已是了無罣礙，達到了收發於心、隨心所欲的爐火純青的地步，真正自然流暢起來。

《歡樂英雄》的結構，也是最能代表古龍寫作風格的結構。

我有一種形象的比喻。

如果把金庸的作品比作影視連續劇，古龍的作品則是電視系列劇。

連續劇給人以一種表面化的龐大和大難度的感覺，其實系列劇同樣有另一種更為尖銳的難度。

連續劇的特點是，儘管篇幅巨大，但其微觀結構上，是在故事的線索（可以是幾條並列）中時刻分佈著矛盾的焦點，無時無刻不把人物置於矛盾的漩渦中。故事中的人物緊密圍繞著這一矛盾而活動，一波未平，一波又生，環環相扣，螺旋推進。而故事的線索又是向明確的方向上發展，人物的衝突都圍繞這一利害關係，合情合理，所以易於被讀者觀眾接受。

系列劇有更特殊的難點，這就是要自始至終，每一個系列都要有壓縮的激情，人物和情節的推動必須生動快捷，每一個系列實際上都是一個長篇的縮寫，必須有更高的機智，才能使讀者保持一種連續的投入。

事實上，影視界的人士都明白長劇比短劇好拍。

古龍的作品區別於金庸，正是這樣的「系列劇」。

古龍的作品結構，是系列推進，不是以大情節的發展，而是以人物的高明與互動來帶動故事的發展。

古龍這種以人物來帶動故事的例子不勝枚舉。《楚留香系列》、《陸小鳳系列》、《七種武器系列》都是這樣。

《歡樂英雄》具體而微，五十多萬字的長篇，實際上也是由系列情節構成，但系列之間又是有機聯繫的，不可分割的。

這是一種很新穎的優質武俠長篇的結構方法，比楚留香、陸小鳳、七種武器又高明一步。比如楚留香系列，每個故事可以獨立，但《歡樂英雄》的每一個小故事，就很難這樣獨立了。

古龍創造了一種新的結構方法。

《歡樂英雄》的故事，先是對郭大路、王動的生動介紹和他們之間的結交引入，然後一一交代燕七、林太平加入他們的友情的圈子，完成第一個故事是破解鳳棲梧的案子。第一個故事，主要是為了使四個歡樂英雄出場亮相，刻畫他們的音容笑貌。第二個故事起，開始一一交代郭大路、林太平身世的秘密，將他們的那種可貴的友情發展到了極致。

「這道義友情而結合的力量，必定戰勝因利害而勾結的暴力。」

接下去的故事是王動身世的秘密。

再是南宮醜的秘密。

最後的重場戲是燕七對郭大路的愛情的考驗。

郭大路以他的真誠贏得了燕七的愛情，他們結了婚。

「現在這屋子才真正的像是個洞房了，甚至比你想像中的洞房還要甜蜜美麗。」

「他們夠資格享受。」

「因為他們的情感受得住考驗，他們能有這麼樣一天，可真是不容易。」

「鑽石要經過琢磨，才能發得出光芒。」

「愛情和友誼也一樣。」

最後林太平和玉玲瓏也以真誠的愛情感動了陸上龍王，結成了神仙伴侶。王動也原諒了紅娘子，恩愛如初。

這些歡樂英雄都得到了幸福。

自由、愛情和快樂，他們都全得到了。

「這絕不是別人賜給他們的，也絕沒有任何人能給他們。

你若也想要自由，愛情和快樂，就只有用你信心，決心和愛心去換取，除此之外，絕對沒有別的法子。

「絕對沒有。就因為他們明白這道理，所以他們才能得到，所以他們永遠都快樂。

「誰說英雄寂寞？

「我們的英雄就是歡樂的！」

《歡樂英雄》在令人喜悅的熱淚中結束，「無數酣笑的波流終於要把最偉大的悲劇也淘盡」（尼采）。

《歡樂英雄》不愧為古龍小說中的神品。

最後再談幾點《歡樂英雄》作為古龍代表作的細小創意：

一是《歡樂英雄》完全打破了以前武俠小說的江湖幫派格局，諸如少林、武當之類老套路數，完全放棄不用。這一點是比《多情劍客無情劍》、《楚留香傳奇》等別出新意之處。

二是《歡樂英雄》的武打設計是全新的新派風格，而且純粹，不像《多情劍客無情劍》、《楚留香傳奇》還殘留老套武功兵器及招數。這一點是《歡樂英雄》作為新派代表作的純粹之處。

三是古龍小說妙語如珠，是一大特色，而這一特色在《歡樂英雄》中表現得淋漓盡致。以數量和品質來說，《歡樂英雄》的妙語堪稱古龍小說中的第一，無論怎樣說，《歡樂英雄》都值得推崇為純正的古龍新派武俠代表作。

古龍自己也對《歡樂英雄》的寫作寄以厚望。

古龍說：

《歡樂英雄》又是個新的嘗試，因為武俠小說實在已經到了應該變的時候。

在很多人心目中，武俠小說非但不是文學，不是文藝，甚至也不能算是小說。正如蚯蚓，雖然也會動，卻很少有人將牠當做動物。

造成這種看法的固然是因為某些人的偏見，但我們自己也不能完全推卸責任。

武俠小說有時的確寫得太荒唐無稽，太鮮血淋漓，卻忘了只有「人性」才是每本小說中不能缺少的。

人性並不僅是憤怒、仇恨、悲哀、恐懼，其中也包括了愛與友情，慷慨與俠義，幽默與同情的，我們為什麼特別強調其中醜惡的一面呢？

古龍想求新求變，將武俠小說的品味提高。

這是一種天才的奢華的理想，一般的武俠小說作家，很難敢於作如此之想的。

所以武俠小說作者若想提高自己的地位，就得變；若想提高讀者的興趣，也要變。

有人說，應該從「武」變到「俠」，若將這句話說得更明白些，也就是說武俠小說應該多寫些光明，少寫些黑暗，多寫些人性，少寫些血。

也有人說，這麼樣一變，武俠小說根本變了質，就不是「正宗」的武俠小說了，有的讀者根本就不願接受，不能接受。

這兩種說法也許都不錯，所以我們只有嘗試，不斷的嘗試。我們雖然不敢奢望別人將我們的武俠小說看成文學，至少總希望別人能將它看成「小說」，也和別的小說有同樣的地位，同樣能振奮人心，同樣能激起人心的共鳴。

古龍的許多作品，並沒有完全按照他的想法在寫。

但《歡樂英雄》是古龍真正按自己的創意和世界觀、方法論寫作的。

他確實寫光明，寫人性，而一改武俠小說寫血腥暴力的風氣。

從想「振奮人心」「激起人心的共鳴」這一點來說，古龍做到了。因為在古龍已經過世卅周年之時，還有無數的古龍愛好者們在讀他的書，談他的人，評他的文章。

但是社會上，尤其學術界還存在偏見，要想武俠小說「和別的小說有同樣的地位」，這一點還沒有實現古龍的夢想。

這並不要緊。

是金子總會閃光。

我相信將有愈來愈多的人們會更重視古龍，重視他作品的價值，肯定他對文學的貢獻。

大家會看到這樣一天到來的！

《大人物》輕車熟路

《大人物》是一部令人輕鬆愉快的小說，其機智詼諧的風格，在古龍的小說中並不多見。這當然和古龍當時的創作心態有關。

寫作《大人物》之時，古龍生活開始穩定，事業成功，名聲鵲起，佳評蜂擁。成功給古龍帶來巨大的自信和更為良好的自我感覺。《大人物》充分反映了古龍此時從容的心態。

《大人物》的語言風格不疾不徐，信手拈來，機智中處處透著天才的幽默。

在這種良好的感覺之下，《大人物》寫得當然樸素自然，不矯情，不造作，有了一種大宗師的自如風範。

我曾經提到過，《大人物》是古龍一種情結的解放，有明顯的自戀傾向。

在《多情劍客無情劍》的寫作中，那時古龍的自戀還是隱形的，而在《大人物》中，則完全是公開化了。

楊凡這個真正的大俠客，大人物，形象上卻是一個「大頭鬼」，又矮又胖，從外貌上來看，絕不是少女們通常嚮往的夢中情人。

美麗、多情而又天真幼稚，「為賦新詞強說愁」的大小姐田思思，一開始當然絕不會愛上楊凡這個大頭鬼的，因為少女總歸是少女，少女未經滄桑，缺乏對人生的深刻理解。少女總要做少女的不現實的白日夢。

田思思就是這樣，她閨閣裡的夢中情人，當然不是楊凡，而是名滿天下的少年英雄——以一條鮮紅的紅絲巾作為其象徵的大人物——秦歌。所以當田思思聽說她的父親把她許配給了大頭鬼楊凡之時，田思思逃婚了，去尋找她的夢中情人秦歌。

金絲鳥飛出了安全的籠子，當然有無數的惡夢在等待著她。險惡的歷練讓田思思吃盡了苦頭，當然也變得聰明了一點。

田思思如願以償見到了秦歌。但她真正進入了英雄的日常生活之時，才發現一切並不是她想像的那樣。她只看到了英雄外在的風采，沒有看到這風采之後隱藏著的痛苦。於是，田思思只能把秦歌當作朋友，但不可能繼續把他當作夢中情人。

最後是大團圓的結局，奸人的陰謀被揭露，邪惡終不勝正，而田思思終於認識到了楊凡內在的優美品質。田思思義無反顧地愛上了楊凡，然後，兩人過上了神仙眷侶般的幸福生活。

楊凡從來沒有要強迫田思思，甚至刻意裝出一副對田思思無所謂的樣子。但是楊凡是一個真正成熟的男人，一個對真正的男人和女人都有巨大魅力的大人物，大英雄。

《大人物》的故事很簡單，並不像古龍的許多小說那樣神秘詭異，語出驚人。但《大人物》的故事卻相當精采，相當好看。許多讀者在讀這本書時，都會有忍俊不禁甚至捧腹大笑的經驗。

古龍的這種幽默，其實並不在金庸寫韋小寶的幽默之下。

田思思與楊凡的鬥氣鬥嘴和情感糾葛寫得極為精采，令人叫絕。田思思當然不是楊凡這種內心飽含滄桑的男人的對手，所以按照這個邏輯發展下去，田思思不想對楊凡五體投地都不行。

古龍寫楊凡，其實是按自己的相貌寫的。

古龍也是矮胖，頭大如斗。但是卻有無數的美女鍾情於古龍，因為古龍正是像楊凡這樣的一個「大人物」，那些美女不想對古龍五體投地都不行。

讀《大人物》，我們都會露出會心的微笑。

我們的生活中也有太多像田思思這樣的「大小姐」，其實不知天高地厚。只有像田思思那樣，懂得了一頓「客飯」也是要用血汗去換才能得來的道理之後，才會真正理解生活，熱愛生活，享受生活，才能真正找到一生可以依託的「大人物」。

●《七種武器》影響了一代人（附：《七殺手》《拳頭》）

古龍的創作進入第三個階段即輝煌階段之時，如有神助，一部部極為成功的作品接連不斷湧出，這時古龍的創作精力和水準都達到了令人吃驚的水準。

古龍發表《多情劍客無情劍》之後，佳作迭出，接下來幾乎部部都是精品。

此時古龍已是將他創造的武俠小說新派風格發揮得淋漓盡致，語言技巧已是駕輕就熟，揮灑自如。

《七種武器》系列是古龍作品中很重要的一部分，值得我們認真來看待。

從《多情劍客無情劍》到《七種武器》，古龍可以說將武俠小說的境界提升到了一種質變的高度了。在這之前，武俠小說的確很難擺脫通俗平庸的窠臼。

台灣作家胡人在介紹古龍的《七種武器》時說：

在古龍的武俠小說問世之前，這種普遍認識尚可勉強讓人接受。但在古龍，尤其是古龍的《多情劍客無情劍》、《七種武器》、《楚留香傳奇》、《陸小鳳》等幾部武俠名著問世之後，這種認識就顯得偏狹甚至荒謬了。

讀過古龍武俠小說的人，明顯感覺到它比其他武俠小說存在著諸多超凡之處。其最明顯之處，在於古龍能把人世間的諸多種情感推向極致，諸多種類型的人寫得透徹見底，彷佛給人世設立了多種人的標本，大有警世、醒世之作用。

古龍的武俠作品，最出色的不僅僅是語言，許多武俠作家紛紛追隨甚至處處模仿他的語言，結果其作品無一不非貓非虎。

古龍小說最見長的是寫情。他善於把友情、愛情及人性中所具有的諸多情感攪拌在一起，塑造出一個又一個生動鮮明的個體形象。是俠是盜，俠盜難分；是善是惡，亦善亦惡。按照各自的生活信條走入同一個生活世界，在充滿愛與憎，鮮血與鮮花的人世間，唱著各自的人生悲歌。

《七種武器》這部百萬字的巨著，把古龍的創作推到了令人矚目的高峰。

無論從人物性格的塑造，故事結構安排，以及語言的運用上，都更明顯地超過了他的其他作品。七個不平凡的人，七種不可思議的武器，七個各自獨立的故事。在這部巨著中，寫盡了天下情，天下愛，天下恨，天下惡，無論寫什麼，都寫到了極致。在這部書中，古龍傾盡了一生體驗。這部書堪稱一部人生寶典。當今青年經常在言談中引用古龍的話，大約也就是從這部書出版後開始的，它確實影響了一代人。

《七種武器》系列實際上古龍只寫完了六部，即是一九七二年發表的《長生劍》和《孔雀翎》，一九七三年發表的《碧玉刀》、《多情環》，一九七四年發表的《霸王槍》，然後是遲至一九七八年才發表的《離別鉤》。

以前市面上出版的《七種武器》系列，多是將古龍在一九七四年發表的《拳頭》（又稱《憤怒的小馬》）收入，湊夠「七種武器」，但這部《拳頭》並不是古龍本人計畫的《七種武器》系列。而《七種武器》系列中，《離別鉤》一九七八年才出版，其創作史的分類，已經是屬於古龍的第四個階段即衰退階段的作品了。所以這個系列，風格上並不是完全一致的。

關於《七種武器》這七個系列風格上並不完全一致的問題，古龍生前其實已意識到了。

古龍生前的好友陳曉林先生曾經寫信給我，對此事特別有所指教：

「因為古龍作品中少許地方確有些破綻或遺漏，在他生前，我即曾在他完全清醒的時候，和他討論過如何修訂、彌縫。又如，《七種武器》未寫完，是一大遺憾，我曾向他提議以略為改寫後的《七殺手》作為七種武器的收尾篇，兩人並討論了如何以最簡潔而不動聲色的方式修改《七殺手》，加入『青龍會』這個關鍵因素，以便首尾一致。古龍逝矣，如今我在推出《古龍精品集》時，已照他生前認同的方式修改《七殺手》，納入《七種武器》系列，（而排除了《拳頭》，只列為這個系列的附錄），使得這系列能呈現較完整的格局」。

「至於古龍有時也認為《英雄無淚》中的那口箱子，可當作第七種武器，在我提出上述理由後，他也認為還是《七殺手》較妥。」

陳曉林先生的這一意見，曾經得到古龍的首肯，並且授權他進行修訂，「雖然古龍生前已來不及看到」，但陳曉林先生按照古龍生前認同的方式修改《七殺手》，納入《七種武器》系列，無疑是合理的。

我們從《七種武器》的前六部《長生劍》、《碧玉刀》、《孔雀翎》、《多情環》、《霸王槍》、《離別鉤》的名字看，題名均是三個字，整齊劃一。將《拳頭》附入，確實是有不協調之感。而將《七殺手》納入《七種武器》系列，雖然也不是渾然天成，但卻比《拳頭》有可取的優勢。

古龍寫《霸王槍》之時，自稱「最近我的胃不好，心情也不佳」，所以寫完《霸王槍》，就一直好多年沒去實現自己當初的構想了。

古龍喜新厭舊，一生求新求變，大概是不耐煩老套和自我重複，所以才未完成《七種武器》系列的。

《七種武器》更早的寫作動機，是古龍早年對民國時期武俠小說的深刻印象。

民國時期武俠小說中出現的武器總是給古龍留下了很深的印象，給了他非同尋常的刺激。比如張傑鑫的《三俠劍》中描寫的主人公「飛天玉虎」蔣伯芳使用的亮銀盤龍棍。

古龍說：

「二十年前我看這本小說時，只要一看到蔣伯芳亮出他的盤龍棍，我的心就會跳。」

其實這條亮銀盤龍棍的本身並沒有什麼奇特的地方，精采和花哨上絕對比不上「金鏢」勝英用的金鱗紫金刀，更比不上「海底撈月」葉潛龍的削鐵如泥的寶劍，也比不上「混海金鼈」孟金龍用的降魔杵。但是蔣伯芳人格的力量卻使並不出奇的亮銀盤龍棍生動起來，深深打動了幼年時的古龍。

這種印象使古龍後來寫了《七種武器》系列。

古龍說：

武俠小說中，出現過各式各樣的奇妙武器。

刀槍劍戟，斧鉞鉤叉，鞭鐧錘抓，練子槍，流星錘，方便鏟，跨虎籃，盤龍棍，弧形劍，三節棍，降魔刀，判官筆，分水鑁，峨嵋刺，大白蠟竿子……

刀之中又有單刀，雙刀，鬼頭刀，刀環刀，戒刀，金背砍山刀……

這些武器種類已夠多，但作者們有時還是喜歡為他書中的主角創造出一種獨門的奇特武器，有的甚至可以憑藉七八種不同的武器使用，甚至還可以在危急時射出暗器和迷藥來。

但武器是死的，人卻是活的。

一件武器是否能令讀者覺得神奇刺激，主要還是得看使用它的是什麼人。

古龍的這一段話完全可以作為《七種武器》的注解。

《七種武器》看上去寫的是武器，但實際上卻是寫人格力量和人性的武器，也就是種種不同的精神力量。

《長生劍》寫的是在逆境中仍能笑的勇氣。

《孔雀翎》寫的是自信。

《碧玉刀》寫的是誠實。
《多情環》寫的是仇恨。
《霸王槍》寫的是愛情。
《離別鉤》寫的是以殺止殺，「你用了離別鉤，只不過為了要相聚」。
由此寫來，《七種武器》的境界自高，體驗的人性也相當深刻，脫俗於既有武俠小說。

《七種武器》的第一部是一九七二年發表的《長生劍》。
古龍已經有了很好的構想，但要實現到書中，卻也不是那麼容易。
大略來說，《長生劍》在《七種武器》系列中，整體水準要稍遜，許多地方還沒有深化和展開，這可能是由於第一部剛動筆的不確定感有關。
從語言風格上來看，《長生劍》尚略有拘謹和不靈活之處，不如後幾部揮灑自如。
古龍在此書的最後結尾說：

這就是我說的第一個故事，第一種武器。
這故事給我們的教訓是——無論多鋒利的劍，也比不上那動人的一笑。
所以我說的第一種武器，並不是劍，而是笑，只有笑才能真的征服人心。
所以當你懂得這道理，就應該收起你的劍來笑一笑！

《長生劍》的立意當然是很不錯的，但男女主角白玉京和袁紫霞的形象卻還嫌不夠生動精采。

白玉京和袁紫霞的愛情也不深入，有表面和膚淺之嫌，總是讓人感到有些說服力不夠。也就是說，作為主角的人性力量不夠強大，所以缺少了一種使人感動的東西。

情節的發展中，走過場的老套武打也不少，氣魄上也有所欠缺。

但是不管怎樣，這樣的武俠小說已是很不俗，頗有看頭了，何況這是一種全然新鮮的寫法，更能讓讀者投入進去，愛不釋手。在整體佈局上，相對比較完整，詭奇和突兀之處尤能引人入勝，使讀者不去注意小說中的一些細緻的毛病。

所以總的說來，《長生劍》也還是令人感到清新可喜。

古龍同年發表的第二部《七種武器》，即《孔雀翎》，水準境界比《長生劍》要更高。此時古龍已經鎮定下來，寫作的語言和技巧上幾乎達到了收發自如的地步，精采之處比比皆是。其中對於人性的體驗非常深刻複雜，可以立為經典之作的範疇。

《多情劍客無情劍》、《蕭十一郎》、《歡樂英雄》中古龍已經建立的全新「新派」的風格，在此書中再次完美體現。

武俠小說已幾乎不再是小說，而像是當作詩在寫了。

這個故事的寓意是：

「真正的勝利，並不是你能用武器爭取的，那一定要用你的信心。」

「無論多可怕的武器，也比不上人類的信心。」

「所以我說的這第二種武器，並不是孔雀翎，而是信心。」

《孔雀翎》的成功，在於人物形象的精采生動，人格力量的深刻感人。

古龍寫出了那種「俠之風流」，那種人性對自由的渴望和對自我的解放。

秋鳳梧救百里長青，「你若覺得應該去做一件事，就一定要去做，根本不必問別人曾經為你做過什麼。」

「百里長青就算是我的仇人，今天我也一樣會救他，因為我覺得非這麼不可。」

古龍寫出了一種自覺意義上的俠，聽從內心的召喚，而不是簡單的道德規範。這是古龍獨特闡發的「俠之風流」，金庸筆下的人物是不同於此種獨特類型的。

古龍不啻是用自己的心靈痛苦來寫秋鳳梧和高立，「只有像他們這種沒有根的浪子，才能瞭解到這種感覺是多麼淒涼酸楚」。

「你們這些沒有根的浪子們，有誰能瞭解你們的情感，有誰能知道你們的痛苦？

「除了偶然窯子裡痛醉一場，你們還有什麼別的發洩？

「幸好你們想笑的時候還能笑，想哭的時候還能哭。

「所以你們還活著。」

這種至情至性的感受，這種對人生痛楚深刻的理解，這種滄桑感，已經使古龍的小說有了一種完全不同於金庸小說的魅力。

高立和雙雙之間的感情糾葛也是相當有深度，悱惻動人。溫柔的憐憫、仁慈和善意，這種體驗，絕不是一般的作家所能處理得好的。

雙雙是個「又醜又怪的小瞎子」，高立卻將真情付與，這種愛情關係絕不是畸形的，古龍絕不是將其簡單化的處理。

高立照顧雙雙，保護雙雙，其內在和深層的潛意識，是自我救贖，「使自己有個贖罪的機會，逃避負罪的感覺」。

雙雙的人格更為高大，畸形的軀殼中，卻有一顆真正美麗的心。

雙雙有一種「無法描述的勇氣和決心」。

秋鳳梧與高立之間友情的描寫，也有真摯感人之處，相互的信任和理解，的確是可以戰勝一切的困難。

秋鳳梧和高立都不是完人，不是那種像郭靖般堂而皇之的「俠之大者」，但他們同樣有一種深刻的感染力，我們絕對不能輕易地忽視了這一點。

《孔雀翎》的另一個比較獨特的地方，是專寫暗器。

孔雀翎是一種最為精巧和高明的暗器。

「世上絕沒有任何一種暗器比孔雀翎更可怕，也絕沒有任何一種暗器能比孔雀翎更美麗。」

「沒有人能形容它的美麗，也沒有人能避開它，招架它。」

秋鳳梧本來看不起孔雀翎，覺得這是暗器，看不起以暗器搏來的名聲。後來金開甲教訓了秋鳳梧，說刀劍是武器暗器也是武器，兩者相鬥，絕對不存在什麼公不公平的事。

一般的武俠小說，都是看不起暗器的，沒有誰靠暗器得到一個顯赫的角色。

古龍好作翻案文章，偏偏為暗器正名。

古龍在另一處說：

暗器也是殺人利器。

有很多人都認為，暗器是雕蟲小技，既不夠光明正大，也算不了什麼本事，所以真正的英雄好漢，是不應該用暗器的。

其實暗器也是武器的一種。

你若仔細想一想，就會發現現代的武器其實就是暗器。

手槍和袖箭又有什麼區別？機關槍豈非就是古代的連珠弩箭？

練暗器也跟練刀練劍一樣，也是要花苦功夫的，練暗器有時甚至比練別的武器還要困難些。

苦練暗器的人，不但要有一雙銳利的眼睛，還要有一雙穩定的手。

如果你不在背後用暗器傷人，暗器就是完全無可非議的。

只有古龍給了暗器以主角的地位。

後來超新派武俠小說的溫瑞安，寫四大名捕之首無情的唯一武功就是暗器，正是上承古龍的這一翻案傳統。

古龍在寫《名劍風流》之時就大寫唐門暗器。

在《名劍風流》中，古龍將唐家製造暗器的方法加以現代化，就好像現代的間諜小說中製造秘密武器的兵工廠一樣。

那時古龍這樣寫是有快感的，很得意，古龍認為「唐家既能以他的暗器在武林中獨樹一幟，那麼這種暗器當然是與眾不同的，製造它的方法當然應該要保密。」

但是古龍到了寫《孔雀翎》時，觀點已經改變了許多。

古龍說：

唐家的暗器的可怕，也許並不在於暗器的本身，而在於他們使用暗器的手法。暗器也是死的，人才是活的。

一張平凡的弓，一支平凡的箭，到了養由基的手裡，就變成神奇了。

所以現在我已將寫作的重點，完全放在「人」的身上。

古龍按照這個想法，所以寫《孔雀翎》完全是虛寫，最後連孔雀翎根本就已經遺失了。古龍的重點在了「人」身上，寫人性的深刻體驗，終於脫穎而出，創出一番新天地來。

《七種武器》中的第三種武器是《碧玉刀》。

《碧玉刀》寫得非常的優雅從容，可以算作是系列中數一數二的佳作了。在這部書中，我們可以看到古龍已經充分具有對自己寫作方式的自信，舉重若輕。

《碧玉刀》整本書像是娓娓道來，「玩熟了他手中的鳥」，古龍的天才在這裡充分地發揮了出來。

段玉的形象無疑非常可愛。段玉這樣的「大俠」形象，在古龍以前的書中是很難看到的。段玉也許還不成熟，但他的天真、年輕和誠實，卻帶給他以好運氣。

古龍說：

所以我說的第三種武器，並不是碧玉七星刀，而是誠實。

只有誠實的人，才會有這麼好的運氣！

段玉的運氣好，就因為他沒有騙過一個人，也沒有騙過一次人——尤其是在賭錢的時候。所以他能擊敗青龍會，並不是因為他的碧玉七星刀，而是因為他的誠實。

古龍區別於金庸，超越了金庸的一個重要地方，是古龍寫出了一種俠的「風流」。

段玉這樣的江湖美少年的風采，真是寫得美極了。

華華鳳（即是朱珠）也讓古龍寫得活靈活現，活色生香，讓人喜悅地憐愛不已。

《碧玉刀》真可以稱得上是人物和文字的雙絕風流。

也只有古龍這種風流雅致的文字，才能寫出這種風流雅致的人物和故事。

《碧玉刀》代表了古龍小說風格中的從容優雅的一面，而《七種武器》中的第四種武器《多情環》則正好相反，代表了古龍小說的另一種風格，那就是詭奇、緊促、絲絲入扣的快速節奏。

《七種武器》中的第四種武器是《多情環》，寫的是仇恨的力量。

仇恨的本身，就是一種武器，而且是最可怕的一種。

所以我說的第四種武器也不是多情環，而是仇恨。

《多情環》不如《碧玉刀》寫得好，看來古龍擅長的並不只是故事，而是一種認識的境界。

悲劇固然感人，但是歡樂的力量卻不是一般人所能夠認識到的。

《七種武器》系列，發表於一九七四年的《霸王槍》也不算是特別好的作品。

古龍從寫《長生劍》開始，接連寫了四部，寫第五部《霸王槍》的時候，隱約有些不耐之意。古龍寫完《霸王槍》，就再不肯動筆繼續寫《七種武器》了。

一直過了四年，到了一九七八年，古龍心血來潮，想要完成當初的願望，才寫了《離別鉤》。

古龍在寫《霸王槍》之時，心緒不是很好。

其實這時也沒有什麼很特別的變故，只是古龍浪子無中生有的煩悶。也許是一連串來得太快，甚至有些意外的巨大成功，使古龍有了些莫名的疑懼。

這幾年古龍寫得很努力，很刻苦，如果心理上稍一鬆馳，便會有了累了的感覺。再加上古龍自己承認的「最近身體不太好」，古龍一時沒有了激情完成他本來寄予厚望的《七種武器》。

一九七四年，也正是古龍發表《天涯・明月・刀》的年份。

古龍在《天涯・明月・刀》的原序中說：

「最近我的胃很不好，心情也不佳，所以除了維持《七種武器》和《陸小鳳》連續性的故事外，已很久沒有開新稿。

「近月在報刊上連載的《歷劫江湖》和《金劍殘骨令》，都是十五年前的舊書，我並不反對把『舊書新登』，因為溫故而知新，至少可以讓讀者看到一個作家寫作路線的改變。」

這時的古龍有一點懷舊的情緒，想自己靜一靜，仔細地反思一下自己的作品，思考一下自己的那些已經得到了巨大成功的作品到底有多大的價值。

古龍的性子又開始急躁起來了。所以他停下了《七種武器》系列，轉而去花大心思寫他自己寄予更大希望的《天涯・明月・刀》。

正因為有這樣的背景，《霸王槍》不可能寫得十分出色。因為在寫作《霸王槍》之時，古龍已經收斂了激情，最起碼是激情不夠了。

《霸王槍》的立意是寫愛心的精神力量。

「無論多惡毒周密的計畫，都終究會失敗的，因為人世間還有一種更強大的力量存在。

「那就是人類的信心和愛心。」

丁喜正是因為有了這種敵人所不理解的對親人和朋友的愛心，所以才會不惜一切地冒險。而那冷血的兇手不瞭解這樣的愛心的力量，最終就因為這一點小小的疏忽而失敗致命。

《霸王槍》中還寫了憤怒的小馬，但顯然這裡小馬的形象還沒有真正樹立起來。小馬的光彩形象，當然是要在《拳頭》一書中確立。《霸王槍》中的小馬雖也有可取之處，有至情至性的一面，但還嫌不夠生動，像個愣頭青。到了《拳頭》中，小馬一躍而成為有勇有謀，頂天立地的風流之俠了。

《霸王槍》的立意是迴異俗流的，憑此一點，還是足以傲視一般的武俠小說。

勇氣最為可貴，一個人只要有勇氣去冒險，世上就沒有什麼可以難倒他的事。但勇氣並不是空穴來風，無中生有。

勇氣生於一個情字。

「父子間的親情，朋友間的友情，男女間的感情，對人類的同情，對生命的珍惜，對國家的忠心，這些都是愛。」

古龍寫武俠小說，絕不只是在寫武打的熱鬧和刺激，他在指引我們向上，向更高的境界看齊。即使是這部並不是特別出色的《霸王槍》，除了古龍，別人也是寫不出來的。

《霸王槍》雖不是最好，但此時的古龍創作上正是爐火純青之時，感覺和技術還都是一流，僅僅是靠一些行於所當行的技術處理，也同樣可以讓讀者折服。

古龍的《七種武器》在一九七四年寫完五種之後，一直又等到過了四年，一九七八年，才寫出最後的一部《離別鉤》。

古龍的朋友，民生報編輯薛興國，有一篇文字：〈問「劍」於古龍〉，介紹了古龍的《離別鉤》寫作情況：

> 離別是為了相聚，其實我問的不是劍，是鉤；是「離別鉤」。是即將在聯合報上連載的《離別鉤》。
>
> 古龍在作品中常說：沒有相聚，哪有離別？可是古龍更強調，沒有離別，又哪來的相聚？

古龍已經有八個月沒有推出作品了。

古龍已經和讀者離開八個月。

在台灣、香港、泰國、印尼、新加坡和馬來西亞這六個地方，一九七七年的十大賣座電影中，古龍的原著占了四部。這是一個空前的紀錄。

新加坡的大洋出版公司，也已經和古龍訂約，要購古龍全部的作品的英譯版權。那也是中國作家的一個紀錄。

然而，這八個月中，古龍心境並不是很愉快的。

現在民生報連載的《七星龍王》中，有一段歌詞，大概可以形容他的心境：喝不完的杯中酒，唱不完的別離歌。放不下的寶刀，上不得的高樓。流不盡的英雄血，殺不盡的敵人頭。古龍在心境不好的境況下，開始思索。思索的結果，產生了《離別鉤》。

古龍說，《離別鉤》以前的作品，可以說是他年輕時代的作品。那時，幻想力特別豐富，一有題材，就馬上動筆，寫到哪，就連載到哪。

《離別鉤》卻是一個轉變。

《離別鉤》代表了古龍步入壯年的階段，開始對情節，先作整體的構思和組織；對文字的簡煉和運用的技巧，也經過推敲、推理，也變得細膩；對年輕時不瞭解的事情，也有了新的體認：對人生的看法，更為深刻。

古龍說，福樓拜認為，十九世紀以後就沒有小說了，因為十九世紀出了太多偉大的作家，寫盡了悲歡離合的七情六欲。然而，到了二十世紀，為什麼依然有那麼多小說出現呢？

古龍說，因為福樓拜忽略了一點，就是人類的感情一直都在變。故事的曲折變化會有窮盡，人類感情的變化卻是無窮的。所以，人類的思想感情，是寫不盡的題材。尤其是利用不同的文學型式，可以描述出變化多端的感情思想。

武俠小說是文學的一種型式。

古龍認為，只要對人類有同情心，只要具有悲天憫人的胸懷，不管用什麼型式創作，都應該可以列入文學的殿堂。

古龍的作品，除了包含人類思想感情的變幻外，所宣洩出來的人生觀，是非常積極的。古龍一直都描寫光明的思想，磊落的行徑，肯定邪不勝正，肯定苦練才能造就成功，謳歌朋友之義和大丈夫有所不為和有所不必為的行徑。

古龍的作品，沒有灰色的人生，絕不讓讀者在看完後，會興起人生乏味而想自殺的念頭。古龍帶給讀者的，是積極，是進取，是努力，是奮鬥。所以，離別了八個月之後，古龍和讀者相聚了。

以他的《離別鉤》。

寫作《離別鉤》，這時古龍創作上的黃金時代已經過去，創作的精力和靈感已經開始減退。再加上古龍內心的浮躁和急迫，對自我的懷疑，他的創作狀態時好時壞，有些不穩定。

《離別鉤》的總體水準，顯然就不如《孔雀翎》這樣的作品了。

前面的幾部，寫精神力量都很明確，而這部明顯是在這一點上開始模糊了。

《離別鉤》是一種殘忍的武器。

因為這柄鉤，無論鉤住什麼都會造成離別。如果它鉤住你的手，你的手就要和腕離別；如果它鉤住你的腳，你的腳就要和腿離別。

如果它鉤住你的咽喉，你就要和這個世界離別。

為什麼要用如此殘酷的武器？

因為我不願被人強迫跟我所愛的人離別。

我用離別鉤，只不過要為了相聚。

這部作品的立意顯然是以殺止殺，與前幾部作品的境界相比，就要弱了。

這部作品的篇幅也小，更像是古龍的精力不足所致，給人以「氣弱」的感覺。

雖然這篇小說還是很流暢，挑不出大的毛病和漏洞，在語言和技巧上是圓熟的，但是已經可以看出其中缺乏古龍以往的激情。

如果作者自己都缺乏激情，不能打動自己就不易去打動他人了，所以總的說來，《離別鉤》不能算是古龍小說中的上乘之作。

《七殺手》發表於一九七三年，篇幅並不長，不過十二萬字，但古龍卻頗用心和苦心。《七殺手》這部作品最能代表古龍「險中求險，奇中逞奇」的風格。

古龍想搞一種更新的寫法，《七殺手》就是這樣的一部試驗品。

從整體水準上說，這部作品是優質的，幾乎可以算是某種古龍類型的經典，所以我們並不能因這部作品的篇幅不長而忽略它。

《七殺手》是一個破案故事，是溫瑞安的那些四大名捕故事的先聲。

這篇小說節奏非常緊湊，幾乎每一段每一篇都盡發奇招，從故事的開頭到結尾，每一段情節就是上段情節的反動，絕對讓人意想不到。到最後讀者簡直糊塗了，看不出誰是真凶，因為照古龍前面的寫法，每一個正面人物都可能寫成反面。

小說一開始寫杜七的手，簡直是神乎其神，將讀者的注意力都吸引到杜七的「七殺手」上。但是小說的情節還沒有展開，杜七的「七殺手」已被柳長街輕易斬掉，重點倏然轉移到了柳長街身上。而緊接下去龍五吊打柳長街，鐵膽孟嘗來相救，絕對讓讀者看不出鐵膽孟嘗和龍五又是一夥的。

寫到柳長街好色，用大堆銀子買一美色村婦，筆峰突轉，柳長街又是龍五的對頭，並布下一殺絕妙之計。

胡月兒和柳長街之間的美好愛情寫得極為生動，誰知最後這胡月兒又翻作另一個陰謀。最後龍五居然又是柳長街的朋友，共同對付了最狡詐偽善的名動天下的「神捕」胡力。整個故事一環扣一環，絲絲入扣，密不容針，充分展現了古龍非常人可及的天才。情節和懸念的安排也極妙，如層層剝筍，每一層都是無比鮮活生動。

讀古龍的這種小說，必須反過來讀，需要懷疑小說中的每一個人。而且有可能看上去最不可能是兇手的人，其實恰恰正是兇手。

但是這種「語不驚人死不休」的寫法，卻有很大的侷限之處。情節上太誇張，就成了通俗故事，使讀者為讀故事而讀故事，小說中難以塑造出精采的人物，寫一種深刻的人性。

文字上有因辭害意的說法，情節上其實也會有「因意害辭」的情況。而且求奇求險，往往會不合情理，多有勉強和牽強附會的地方，許多細節就會經不起推敲。所以這樣的作品不可能成為超卓的作品，境界上也不會極高。

《七殺手》就是這樣，雖然寫得很好，很精采，卻讓人看了之後感覺缺少點什麼。它缺少的其實就是深度和廣度。

古龍在《七殺手》上刻意逞奇，發揮才情，「玩熟手中的鳥」，但並沒有收到他想要達到的效果。

《拳頭》又稱《憤怒的小馬》，寫的是行動的力量，放任和不拘的遊俠。

《拳頭》的可讀性極強，很是精采好看，寫作時期也正是古龍創作上精力充沛的高潮期。這部作品相當精采地表現了古龍駕馭故事的能力，情節的推進有張有弛，絕對引人入勝。

懸念的設置也很高明，每一段的過渡都讓人意想不到。而且這個故事又很熱鬧，一開始幾乎有點像《西遊記》的故事了。

狼山就像是唐僧取經途中的一處妖魔鬼怪的聚集地。小馬和藍蘭一行人也是險情百出，大戰「妖怪」。

《拳頭》的成功之處在於把小馬這個人物形象寫得活靈活現，憤怒的小馬這一藝術形象讓人過目不忘。

小馬的脾氣大，心高氣傲，不畏強暴，有點像孫悟空，好挑戰權威，活脫脫的「鬥戰勝佛」。小馬也是古龍筆下「俠之風流」中風流的一種，藐視一切既有秩序，「他這一輩子做的事，都是他自己願意做的，喜歡做的」。

小馬不是個君子，但他卻是率真和本性的。儘管他的毛病有「三七八三點，或三七八四點」，但是讀者還是會喜歡上這個人物。

如果一定要說《拳頭》的精神力量，那就是小馬那永遠不會消失的勇氣，還有好像永遠用不完的精力。

我們當然可以理解，勇氣也是一種同樣很厲害的武器。

小馬也是一個歡樂英雄，「一個人只要還能笑，就有希望」。

小馬並不是一個莽漢，他也有痛苦。

古龍的成功，就在於將人性痛苦的深刻體驗寫進武俠小說中去。

> 痛苦也能使人清醒。
>
> 人活著，就有痛苦，那本是誰都無法避免的事。
>
> 你若能記住這句話，你一定就會活得更堅強些，更愉快些。
>
> 因為你漸漸就會發覺，只有一個能在清醒中忍受痛苦的人，他的生命才有意義，他的人格才值得尊敬。

古龍的這些深刻體驗，在金庸的小說中是不那麼容易看出來的。

熱愛生命，熱愛生命的本身，這就是古龍要告訴我們的。

●《陸小鳳》整體水準略勝《楚留香》

著名武俠小說評論家曹正文曾說，他同情的是李尋歡，喜歡的是楚留香，佩服的是陸小鳳。

這個說法是很有見地的。

有的批評家以為《陸小鳳》系列故事和《楚留香》系列故事是大同小異，說陸小鳳這個人物其實就是楚留香，這只能說這種批評家根本沒有認真去讀《陸小鳳》。

古龍寫楚留香這個人物在先，寫陸小鳳在後，在性格、情節、藝術表現上，陸小鳳都絕對不等同於楚留香。當然也並不是說，楚留香和陸小鳳沒有相似之處。

楚留香風流藉蘊，刻意追求一種「優雅的暴力」，在古龍後幾部的楚留香故事中，楚留香被神話化的傾向更為明顯了，成了一種男人中最理想化的人物。

陸小鳳無疑更為現實一些，更活生生的，不像楚留香那樣有時不可捉摸。陸小鳳雖然不是最理想的大俠形象，但無疑是最可愛的形象之一。陸小鳳的最大特點是機智和忍耐，所以曹正文說「喜歡」楚留香，「佩服」陸小鳳。

從藝術風格和水準上來比較，《楚留香》系列故事風格變化很大，可以說是水準不平均的。

最早寫的三部楚留香《鐵血傳奇》，古龍自己也不盡滿意，自己把它們歸入他的中期作品中去。而《陸小鳳》的寫作是在一九七二年開始，正是古龍創作上最輝煌的時候，各個故事水準相近，風格統一。

古龍自己在寫楚留香的故事寫得有些煩膩了，良莠不齊，沒有一種統一的風格，沒有達到自己心目中盡善盡美的程度，這就是古龍要寫《陸小鳳》的原因。

古龍希望將他自己發明的推理武俠小說形式推到盡善盡美的極致，而寫楚留香的故事，已滿足不了他的這個意願，所以他想在寫《陸小鳳》這個系列故事中完成這一構想。

古龍終於做到了，達成了他的這一想法。

楚留香變成了陸小鳳，陸小鳳是個真正的武俠小說中的「福爾摩斯」。而整個《陸小鳳》系列，也幾乎達到了一種爐火純青的地步。

不論是風格的統一，語言的純粹，結構的嚴謹，都超越了楚留香推理小說的雛形。可以說，《陸小鳳》系列是古龍相當成功的武俠小說，也是古龍的代表作之一。

古龍寫《陸小鳳》寫得非常的認真和用心，因為這部小說是金庸親自向古龍約的稿。

金庸在香港創辦的《明報》，副刊上本來是專登他自己的武俠小說的。但是金庸在一九七二年寫完了《鹿鼎記》之後宣告封筆，《明報》這個大好陣地就空了下來。金庸當然是非常人可比，慧眼識英雄，早就看到了古龍是個奇才。

金庸將《明報》的武俠江山拱手讓給古龍，親自向古龍約稿在《明報》上連載。當然從商業價值上考慮，金庸的這一做法也是相當明智的。因為在金庸之後，武俠小說便是古龍的天下了。

另一方面古龍作為一個後輩，一個三十多歲的新進作家，當然也會因為金庸的約稿而欣喜，因為這意味著金庸這樣的大家對古龍的首肯，當時所有武俠小說作家無一不以被金庸點評過而引以為榮。

據說金庸一次曾說過「台灣的古龍和上官鼎」不錯之類意思的話，上官鼎知道後馬上自我感覺良好，並且暢飲為賀。

在這種情況下，古龍當然要盡心盡力地去寫《陸小鳳》，不能讓金庸看低了自己。金庸主動把古龍當朋友，古龍一生都把此事引以為榮。

《陸小鳳》系列一共是六部。

第一部《陸小鳳傳奇》，發表於一九七二年。

第二部《繡花大盜》、第三部《決戰前後》、第四部《銀鉤賭坊》都是一九七三年陸續開始發表的。

第五部《幽靈山莊》和第六部《鳳舞九天》都是一九七四年發表的。

還有一部也是寫陸小鳳的故事的《劍神一笑》，則是好幾時年後古龍心血來潮（為了拍電影）在一九八一年發表的，一般都將此書另作一部作品來看。因為《劍神一笑》的水準和風格有些失常，畢竟那是古龍創作的第四個階段即衰退時期的作品，所以這部書難以與前六部作品相提並論。

如今，陸小鳳也已是一個家喻戶曉的武林人物，幾乎很少有人不知道這樣一個名字。不僅是《陸小鳳》這部書，後來不斷改編的影視作品，也提升了陸小鳳這個人物的知名度。

「鳳」並不是女人專用的名字，因為「鳳」是雄性，而「凰」才是雌性的。司馬相如操琴勾引卓文君，據說彈的一支曲子就是《鳳求凰》。

古龍將陸小鳳的性格外在化了，陸小鳳有了特別的固定臉譜，所有的人都知道陸小鳳有四根眉毛，兩根生在眼睛上，兩根生在嘴唇上。也就是說陸小鳳是個小鬍子，但那小鬍子長得卻像眉毛。

陸小鳳也遇到了很多撲朔迷離的事。陸小鳳卻有自己的處事性格，明明與他無關的事，他非要去管一管，不查個水落石出，絕不甘休。

陸小鳳也是古龍寫出心目中「俠之風流」和「俠之風采」的表徵，這樣的俠，追求的是本真的人性，自由的人性，行事沒什麼外部的清規戒律，只求明其本心，盡其本性。所以他遇凶險雖死不辭，但有風流之事也不讓。

陸小鳳不是那種傳統世情禮法的完人，但他無疑卻是一個讓我們喜愛的好人。

《陸小鳳》的第一個故事是《金鵬王朝》，可以說是《陸小鳳》系列推理武俠的樣式。《金鵬王朝》寫的是陸小鳳為金鵬王朝追尋被叛臣侵吞的寶物，而投入的破案過程。陸小鳳遇到了種種離奇曲折，險象環生的怪事，但是陸小鳳終於憑著勇氣，毅力和智慧，一一衝破險阻，揭露了叛逆者的面目，討回公道。

《陸小鳳》整本書的成功，還在於寫活了一大批人物。陸小鳳的朋友和敵人，都是很有個性，很有特色，一一可圈可點。

花滿樓、雪兒、葉孤城、西門吹雪、司空摘星、丁香姨、牛肉湯、沙曼、金九齡、霍休、老實和尚、木道人、宮九……

其中西門吹雪是寫得最好的一個。

《陸小鳳》系列中，除了陸小鳳，恐怕知名度最高的人物就是西門吹雪這個人物了。

古龍生前與金庸論武，古龍曾經調侃地說過這樣一句話：

「金庸的名氣比西門吹雪還要大。」

這句話反過來看，就說明了西門吹雪這個人物是怎樣地具有特殊的價值和意義。

「房間很乾淨，充滿了菊花和桂子的香氣，桌子上已燃起了燈，窗外月光如水。一個人靜靜地站在窗前，面對著窗外的秋月，一身白衣如雪。」

這就是典型的西門吹雪的境界。

西門吹雪完全像個不食人間煙火的天外高客。

西門吹雪總是穿一襲白衣，在殺了人之後，如吹拂落花一樣把劍鋒上的最後一滴血輕輕吹去。

對於西門吹雪來說，殺人是一種藝術，是一件莊嚴神聖的事。

他是劍道至上的高手，劍下難免殺人，但他並不把生命當兒戲輕易殺人。

他知道殺人是不會給他帶來歡樂的，他吹去劍鋒上的鮮血之時，臉上總顯出一種說不盡的寂寞和蒼涼。

西門吹雪和陸小鳳一樣，是一個本性的真人，不受外部的戒律束縛，而只聽從本真的呼聲。所以他們才會是朋友，而且是真正生死之交的真朋友。

「在適當的時候拒絕對方的要求，正是真正友情的流露。」

西門吹雪在決鬥前求陸小鳳為他料理後事，陸小鳳卻一口拒絕：

「我不肯，只因他現在已變得不像是我的朋友了，我的朋友都是男子漢，絕不會未求生，先求死的。」

陸小鳳這才是真正的愛護朋友。

如果西門吹雪真的有什麼不測，陸小鳳當然毫無疑問地會擔負起照顧西門吹雪妻兒的責任，但是現在陸小鳳卻不能對西門吹雪說沒有志氣的話。陸小鳳當時看出了西門吹雪內心已經在猶豫和動搖，內心已經心怯氣餒，信心不足，所以他必須先要設法幫助西門吹雪恢復信心。

西門吹雪是一個洒然出塵的人物，他內心厭倦了江湖，甚至陸小鳳以放火燒了他的家園來威脅他，求他出手相助，他還說：「既然是朋友要燒我的家園，那就儘管燒。」西門吹雪反過來還要教陸小鳳如何放火。

古龍談到西門吹雪時說：

西門吹雪也是一個有血有肉有淚有笑的人，也有人的各種感情，只不過他從來不把這種情感表達出來而已。

他可以單騎遠赴千里之外，去和一個絕頂的高手，爭生死於瞬息之間，只不過是為了要替一個他素不相識的人去復仇伸冤。

可是如果他認為這件事不值得去做，就算是他在這個世界上唯一的朋友，陸小鳳求他，他也不去。

他甚至還有一點幽默感。

有一次，他心裡明明願意去替陸小鳳做一件事，可是他偏偏還要陸小鳳先剃掉那兩條不像鬍子卻像眉毛的鬍子。

西門吹雪和陸小鳳是真正的朋友，但不是「膩友」，外人是無法理解這種高尚的友情，所以外面傳言西門吹雪要追殺陸小鳳時，竟有許多人都相信了。

《陸小鳳》這部作品，僅僅是因為陸小鳳和西門吹雪這兩個人物，就足可流傳後世。

古龍寫了六部《陸小鳳》的系列小說，可以說是功德圓滿，皆大歡喜。

古龍將陸小鳳故事的最後一個故事《鳳舞九天》停筆，是明智而理所當然的。因為模式化的故事不能反覆運用，用多了，反而會起副作用，敗讀者的胃口。

在《鳳舞九天》中，古龍已有技窮之嫌，越寫越離奇，越寫越遠，寫到一個神秘島上去了。而這個神秘島的格局，其實也就是第五部《幽靈山莊》中幽靈山莊的格局。細心的讀者可以比較出其中的雷同。所以古龍到此為止，不能再寫了。況且小說中的那幾個主要人物，也都寫得差不多了。停筆之後的部分，由他的朋友兼徒弟薛興國續完。

木道人在前幾部中還是正面的角色，到了《幽靈山莊》則成了「老刀把子」，成了一個大壞人。再照這樣寫下去，花滿樓、司空摘星和西門吹雪都要出問題了。

但是好幾年之後，古龍還是又寫了一個陸小鳳的故事，這就是發表於一九八一年的《劍神一笑》。

古龍寫《劍神一笑》，是因為古龍投資電影業的緣故。

古龍的武俠電影有段時間風靡一時，總計掛上古龍大名的武俠片，據說有三百多部以上。

電影商借古龍之名真是大發特發。

古龍在一九八〇年前後寫作上的狀態明顯不如以前，此時他突發奇想，也想投資電影，自己賺錢，而且電影賺的錢，遠比他賣文的錢多得多。

古龍於是靈機一動，祭起了他小說中人物陸小鳳和西門吹雪的法寶。因為陸小鳳和西門吹雪的名氣大得已經只有拿金庸來比了，簡直是家喻戶曉，古龍想，拍陸小鳳和西門吹雪的新故事，應該會賣座的。

古龍的想法付諸了行動。但古龍不是金庸，金庸辦《明報》成了大富，古龍投資拍電影卻虧了老本。

《劍神一笑》的電影不賣座，觀眾反應不如預期，古龍好一段時間心情大壞。

一九八一年出版的《劍神一笑》小說，則是電影的副產品了。自《劍神一笑》之後，古龍好幾年沒有寫東西。

一九八一年，他發表的《風鈴中的刀聲》本是一部很優秀、很有創意的作品，但臨到收尾還是由于東樓來收拾了事。所以在這種情況下，我們不可能指望《劍神一笑》能好到那裡去。

這種天才的衰退是令人痛心的。

《劍神一笑》寫的是為了尋找「一劍乘風」柳如鋼的死因，陸小鳳來到了花不香鳥不語的西北小鎮黃石。

小鎮上人煙稀少，卻居住著一些奇怪可疑的人物——棺材鋪老闆趙瞎子，雜貨店老闆王大眼和風騷的老闆娘，被朝廷遣放的貴族沙大戶，和被貶謫的王妃素素、宮萍等。

陸小鳳的到來，使他們如坐針氈，千方百計地要將陸小鳳置於死地。然而身懷絕技的陸小鳳歷經幾番風險後決定將計就計，通過易容術找替身裝作死在這夥盜賊手裡。盜賊們以為陸小鳳已死，擺開陣架，裡應外合，準備攔劫朝廷的三千萬兩黃金。在千鈞一髮之際，陸小鳳和劍神西門吹雪聯手，以他們超人的武功、爐火純青的劍術，一舉粉碎了這夥亡命之徒的陰謀。

最後所有的人都笑了。

「其中，笑得最宏亮的人，竟然是陸小鳳。

「因為，他聽到了一個人的笑聲，這個人是從來不笑的。

「這個人，當然是西門吹雪。」

所以這部小說取名叫《劍神一笑》。

我在前面談起《陸小鳳》時已說過，古龍自己非常喜歡西門吹雪這個人物。古龍在這裡專門以西門吹雪來命名，這部小說稱為《劍神一笑》。因為古龍把西門吹雪抬高到「劍神」的位置。

有什麼樣的劍俠才能稱之為「劍神」的資格呢？

古龍說：

能夠被人稱為劍神的人，除了他的劍術已經出神入化之外，還要有一些必要的條件。

那就是他的人格和人品。

因為劍在武器中的地位是獨特而超然的，是不同於凡俗的，所以，一個人如果能被稱為劍神，那麼他的人品也一定要高出大多數人很多。

能夠達到這種條件的人就當然不會多了，每隔三五百年，也不過只有三五人而已。就算在被別人視為最荒誕不經的武俠小說中，這種人都不太多。在比較嚴謹一點的作品裡，這種人更少之又少。

因為「劍神」是和「劍仙」不同的，在武俠小說中劍仙就比較多得多了。

尤其是在當年還珠樓主、平江不肖生，甚至在朱貞木的武俠小說中，都時常會有很多劍仙出現，都能以氣御劍，御劍殺人於千里之外。

只不過他們都不是劍神。

因為他們都缺少一股氣，一股傲氣。

我總覺得要作為一位劍神，這股傲氣是絕對不可缺少的，就憑著這股傲氣，他們甚至可以把自己的生命視如草芥。

因為他們早已把自己的生命奉獻給他們所熱愛的道。

他們的道就是劍。

他們既不求仙也不求佛，人世間的成敗名利，更不值得他們一顧，更不值他們一笑。

他們要的只是他們那一劍揮出時的尊榮與榮耀，在他們來說那一瞬間就已是永恆。

為了達到這一瞬間的巔峰，他們甚至可以不惜犧牲一切。

古龍說得有些玄，但是我們可以體會到他的意思。

「劍神」就是以劍明道的人，在劍的藝術上來行其本性，明其本心，不為外物所惑。按照這種說法，西門吹雪當然可以算是「劍神」了。

古龍說：

在武俠小說的世界中，有幾個人能夠資格被稱為劍神呢？

我不敢妄自菲薄，我總認為西門吹雪可算是其中的一個。

西門吹雪這個人是「令人無法揣度的，也無法思議的」。

這個人的劍平生從未敗過。

要練成這種不敗的劍法，當然要經過別人所無法想像的艱苦鍛煉。要養成這種孤高的品格，當然也要經過一段別人所無法想像的艱苦歷程。

往事的辛酸血淚困苦艱難，他從未向別人提到過，別人當然也不會知道。

可是每個人都知道一件事，西門吹雪從來不笑。

古龍在這時尤其喜歡西門吹雪，實際上他自己也和西門吹雪一樣，往事的辛酸血淚困苦艱難，只是深深埋在心頭。

古龍的廣告還是做得很好，他想讓讀者來看看西門吹雪的笑。

然而看來西門吹雪還是不笑的好，讀者還是習慣了那個冰冷如雪、孤獨怪僻的天外高客這樣的，不笑的西門吹雪。

●唯一一部現代題材的武俠：《絕不低頭》

一九七二年古龍發表了一部很獨特的作品，即《絕不低頭》。

這一年是古龍創作上大幅跨進的一年，古龍總想更新更變，再創奇蹟。《絕不低頭》正是這樣的一種探索和試驗。

武俠小說都是寫古代題材的，一般武俠小說作家，特別是成功的武俠小說作家，絕對不敢以身犯險，把故事寫到現代社會來。

金庸和梁羽生，就是很自覺地把作品時代背景下限於清朝，不敢越雷池一步。

梁羽生曾自白說：

「近代已經有了槍炮，我的人物無法招架了，你以為真有人能刀槍不入嗎？就算你輕功怎麼好，也快不過子彈。所以不能寫近代，再寫就荒謬了。」

然而古龍偏不信邪，非要來闖禁區。

古龍從寫《絕代雙驕》起，幾年來取得巨大成功，打破了金庸的神話，真可謂大創奇蹟。這種巨大的成功不可能不會使古龍的自我良好感覺膨脹起來，古龍似乎感覺自己再度技癢，可以隨便再製造聳人聽聞的神話，所以古龍試驗了《絕不低頭》這樣一部現代社會的武俠小說。

《絕不低頭》中，背景已移植到了現代社會，二三十年代的舊上海，江湖格局變成了黑社會。在這種背景下，古龍自己拿手的新派武俠技術就很難施展了，所以要想非常成功，已是難之又難了。先天不足，後天再怎樣去補，也不能從根本上解決問題。

幸好古龍還是有編故事的天才，在情節上逞險逞奇，才讓這本小說仍然生動可讀。

《絕不低頭》的故事，是寫一個叫波波的鄉下女孩，孤身來到燈紅酒綠的大城市以尋找自己的父親。波波天真純樸，像一隻無辜的金絲雀，來到城裡的第一天就差點出事，受流氓的侮辱，幸虧有人出手相救，而巧合的是這個救波波的人，正是波波少年時的玩伴「黑豹」。

波波少年時在鄉下有兩個玩伴，一是黑豹，還有一個是綽號叫「法官」的羅烈。少年時波波的芳心已許給了羅烈，但後來黑豹和羅烈都離開鄉村去「討生活」去了。這次波波重逢黑豹，竟墜入情網，以身相許。

黑豹這時已是黑社會頭子金二爺的保鏢，但黑豹卻因金二爺的奪妻之恨，終於設下計謀解決了金二爺，自己取而代之。

情節到此急轉，這個惡霸金二爺，竟是已經改了名的波波的父親！黑豹竟這樣殘忍地以騙得波波的愛情來報復金二爺，波波歷受了最大的痛苦和恥辱。

這時羅烈竟從國外回來了，此時舊日的朋友之情已不復存在，黑豹怕羅烈奪走波波，於己不利，又動殺機。羅烈機智更過一籌，取得最後勝利。但是又讓人沒有想到的是，羅烈也已經成為一個爾虞我詐的陰謀家和凶殘的殺手。終局，波波沒有選擇羅烈，反而以愛恨交織的複雜心情，代黑豹挨了致命的一斧。

平心而論，《絕不低頭》雖然不是很成功，但能寫成這樣子已是很不容易了，還是很有可讀性的。但是古龍因為《絕不低頭》的先天原因，喪失了古龍成功的作品那種天外高客般的神韻。

曹正文稱《絕不低頭》是「寫現代題材的成功之作」，頗有佳評，我覺得這種意見仍有可以商榷處。

當然作為現代背景的武俠小說，《絕不低頭》大概是這類小說中最好的幾部之一，但《絕不低頭》的局限性是顯而易見的。《絕不低頭》在古龍的作品中，恐怕只能算是中等水準的作品。古龍後來放棄了《絕不低頭》這類小說的試驗，說明古龍自己心裡也是有數的，其決定則是明智的。

武俠小說是一種極端情景下發展起來的極端情節，比起純文學中的小說來說，它在性質上更像詩，而不是像小說。

現代題材的武俠，背景上顯然是缺乏這種「極限情景」的要求，實際上已經疏離了武俠小說的真正意義。

探索是可貴的，但是為新而新，為變而變，卻很容易走進死胡同去。

●《邊城浪子》：報仇理念的揚棄和淨化

《邊城浪子》發表於一九七二年。

古龍寫《多情劍客無情劍》寫得很拿手，所以古龍不知不覺中祭起了《多情劍客無情劍》的法寶。

這個故事是關於傅紅雪身世的故事，但是我們可以看出《多情劍客無情劍》中的模式：

李尋歡——阿飛；葉開——傅紅雪。

葉開在《邊城浪子》中扮演李尋歡這樣的大俠角色。

李尋歡挽救了阿飛，葉開則是挽救了傅紅雪。

葉開認為武功的價值在救人而不是在殺人。這樣的境界無疑是延續古龍小說第一神品《歡樂英雄》的最高理念。

但是《邊城浪子》中葉開的形象受到一些批評家的質疑，比如歐陽瑩之批評葉開為「公式大俠」。並且與《歡樂英雄》中的例子相比，以此說明葉開這種公式大俠的典型性質。

一般武俠小說的大俠所行無非「大仁大義」的事，但莫顯乎隱，莫現乎微，從小說的骨肉細節上，我們可以看出他們其實並非行仁義的真俠，不過是行仁義的公式大俠而已，個個又怎能避免性情的流露。古龍能寫出仁義所在，浩氣沛然的人物，這是他的一個特色，但他的小說裡也有幾個奉行公式格律的公式大俠。且從細微處比較一下《歡樂英雄》的郭大路和《邊城浪子》、《九月鷹飛》的葉開吧！

葉開是武俠小說中的典型大俠，武功絕頂，機智過人，認為人應該愛應該恨，寬恕是對的，復仇是錯的，武功的價值在救人，不在殺人。

郭大路武功不差，卻非無敵，他為人大度，什麼都不在乎，有時還有點糊塗。

葉開認為俠應救人，事實上他最後也從傅紅雪刀下救出他積心追尋的殺父仇人，而且一番嚴詞正理，聽者動容，使他成為「邊城浪子」。但丁靈琳在他面前殺樂樂山，他看不見；傅紅雪當著他的面錯殺袁秋雲，他看不見；丁靈琳倚在他身邊殺白健，他看不見；而郭大路一聽見棍子殺人，馬上跳起來衝出去搭救，快得連「俠應救人」這念頭都不曾起過。

葉開認為人應相愛，他也諄諄善導小虎子應有愛心。但他一走入蕭別離的館子便把裡面所有武功不及他的人都當狗般戲弄一番，而郭大路對著一班小毛賊，也沒有忽視他們的尊嚴良知。

葉開認為人應為別人著想，他也真的處處維護著傅紅雪。但他明知馬芳鈴是殺父仇人的女兒仍去挑逗她，待她心動後很嚴肅地拒絕她，使她性情大變，然後以「她是這樣的女人」去鄙棄她。而郭大路受朱珠騙得很厲害，但當他見到朱珠落魄貧賤時，既沒有譏諷之心，也沒有鄙夷之意，只伸出了援助之手。

公式大俠自身的麻木性質，終不能靠公式改變過來。

我曾經一度也有此疑慮，認為「葉開卻有行仁義之嫌，所以葉開境界不能與郭大路相比」。但是後來認真重讀《邊城浪子》，讀到其中葉開對報仇意念的揚棄及淨化，在書中是幾經轉折而逐漸完成，所以簡單的「公式大俠」給葉開貼標籤是有失公允的。

其實葉開最後從傅紅雪的刀下救出他處心積慮地追尋的殺父仇人，一番嚴詞正理，令聽者動容，表現出一個真正的大俠風範。

現在我認為批評家和讀者之所以對《邊城浪子》中的葉開評價不一，主要是有先入之見，尤其是《多情劍客無情劍》在前，李尋歡的光輝照花了我們的眼睛，畢竟葉開不能和李尋歡相提並論。

《多情劍客無情劍》是難以超越的，所以《邊城浪子》似未得到應有的評價。

●《九月鷹飛》再祭飛刀

《多情劍客無情劍》發表之後，古龍取得了巨大成功，小李飛刀成了古龍小說中最精采和有名的武器。

古龍嘗到了小李飛刀和李尋歡這個故事帶給他的激勵，他當然不願意在《多情劍客無情劍》之後就此罷手。但是李尋歡這個人物已經完全定型了，李尋歡最後也得到解脫，和孫小紅結成一對神仙伴侶，過神仙日子去了。

在李尋歡身上，古龍沒有多少餘地可以發揮。

但古龍另開生面，延續寫《多情劍客無情劍》的熱情，寫了《九月鷹飛》。

《九月鷹飛》發表於一九七三年，發表後立即受到了歡迎。

《九月鷹飛》中，古龍創造了另一個人物來轉移他對李尋歡的熱情，這就是小李飛刀的傳人葉開。

葉開是一個比李尋歡更為成熟的大俠，是武俠小說中典型的理想形象。葉開有著李尋歡的武功，卻沒有李尋歡的那種有些病態的痛苦。葉開武功絕頂，機智過人，認為人應該敢愛敢恨，寬恕是做人的道理，復仇未必是可取的，武功的價值在於救人而不是殺人。

《九月鷹飛》延續了《多情劍客無情劍》的故事背景。

上官金虹死去了，但留下了金錢幫的巨大的秘密財富和一個白癡而美貌的女兒上官小仙。葉開本來是要保護上官小仙的，因為江湖中垂涎於金錢幫的秘密財富的高手們，目標就是這個白癡而美貌的上官小仙。

上官小仙看上去是白癡，不能照顧自己，其實這種樣態是她設計的一個大陰謀。葉開以仁慈的同情心，處處用心保護上官小仙，上官小仙卻一再用計要害葉開。因為葉開是小李飛刀的唯一傳人，武林中的少年俊傑，當時江湖的頭號武林高手，是她要興圖霸業的最大潛在障礙。

葉開的另一種威脅來自於他的名氣。因為小李飛刀之名，江湖上的頂尖高手都要把他當作挑戰的對象。然而葉開天性的仁慈卻又不願意去害人害己，為虛名而血戰。

心懷惡念的上官小仙在與葉開相處的同時，不覺迷戀上了葉開，故想收買葉開，為她效力。葉開不為美色所動，因為他自己已有了聰明、熱情、美麗而單純的戀人丁靈琳。上官小仙由恨轉妒，魔性大發，變本加厲的要害葉開。

葉開最終戰勝了上官小仙和其他對手，但是他的勝利並不僅僅是靠的武功絕技，還有他的正直誠實，寬容和智慧，才使他成為一個真正的大俠。

《九月鷹飛》終還是比不上《多情劍客無情劍》，因為《九月鷹飛》中缺少《多情劍客無情劍》中的那種纏糾而複雜的人性糾葛。

葉開形象的成功也不如李尋歡那麼生動有力。李尋歡有弱點，但是更為真實可愛。葉開是個智勇雙全的大俠形象，有時卻不免聰明過顯，反而不如李尋歡那麼可愛可信。

但是總的來說，《九月鷹飛》還是有許多可取之處，不失為古龍武俠小說中一部成功之作和精品。

《九月鷹飛》的境界，遠遠不是其他的武俠小說作家所能達得到的。

葉開同樣是一個非常有名的藝術形象，流傳很廣。

●《劍・花・煙雨江南》浪費了一個好書名

一九七三年，古龍發表了《七殺手》之後，旋即推出《劍・花・煙雨江南》。

許多市面上的版本將《劍・花・煙雨江南》與《七殺手》合起來出版，稱為「七殺手」系列，因為這兩部小說中都涉及同一個主角的人名：龍五。

其實這兩部書之間並沒有什麼實質的聯繫。

本來《劍・花・煙雨江南》這部書題目很不錯，深具浪漫的美感，可惜古龍點到即止，浪費了這樣一個好書名。

古龍剛開始時應是想用心寫這部書的，他起筆寫花朵，寫青春，寫江南三月的絕美，古龍的這種想法本來是很浪漫的。

一開始這部作品優雅從容，漸入佳境。但是此時古龍內心的焦躁和失望，以及對自己信心的浮動占了上風。古龍幾乎是草草了結了這樣一本書，所有的情節幾乎都沒有充分展開。古龍為收尾而收尾，整個作品虎頭蛇尾，實在是有些煞風景。

比起上一部《七殺手》，這部作品誠然遜色不少了。

●野心勃勃和重要轉捩的《天涯·明月·刀》

從一九六九年古龍發表了《多情劍客無情劍》起，古龍的狀態愈來愈巔峰，一年比一年的創作力旺盛。

一九七〇年古龍發表了一部作品，一九七一年古龍發表了四部，一九七二年五部。一九七三年是古龍發表作品最多的一年，這一年古龍竟一口氣發表了八部。而一九七四年古龍只發表了五部，一九七五年下降到兩部。

到了一九七三年，古龍的創作力已到了巔峰的狀態，一口氣發表了八部。而一九七四年則是相對呈現出滑坡趨勢。

一九七四年是古龍豐產的一年，也是古龍內心浮躁，急於想要求成的一年。

幾年來的成功，使古龍對自己創作的自信心膨脹起來。他不滿足於既有的巨大成功，他還要好上加好，錦上添花。

一種求新求變的猛勇在內心折磨著他的耐心，使他為了更高的光榮和夢想而焦躁不安。

古龍已經創造了他自己都無法正確認識到的奇蹟，可是他還要想去創造奇蹟。

這樣的野心，毋寧會遭天忌，他更高的渴望註定不可能實現。

一九七二年他寫《絕不低頭》，把題材寫到了現代的社會，求新求變已經到了挖空心思，無所不用其極的地方。

一九七三年他寫《七殺手》，更是險中求險，奇上逞奇。他寫《火併蕭十一郎》，是想再創《蕭十一郎》的輝煌，並使《蕭十一郎》成為真正意義上完整的「巨著」。但是《火併蕭十一郎》的水準明顯比《蕭十一郎》下降，批評最嚴重的甚至有「得不償失」的譏諷。

一九七四年古龍寫了第五種武器《霸王槍》之後，就暫時不寫七種武器的故事，因為他煩膩了老套，他要創造新和求變。

他轉而一口氣寫了兩部《陸小鳳》的故事，他想完成比《楚留香》系列更輝煌的大工程。

他開始寫《天涯・明月・刀》，是想把他創造的那種詩意的武俠小說寫得更為詩意，更為純粹。

他寫《拳頭》是想對《七種武器》作一種修正和反動。

所以一九七四年是古龍非常賣力，抱負極高，滿懷希望的一年，但是時運不濟，這一年古龍的願望並沒有達成，一帆風順了好幾年的古龍，受到了不小的挫折，由此隱伏了衰退的苗頭。

寫《霸王槍》時古龍的熱情減退，但敘事技巧仍有新境。

《陸小鳳》系列的兩部雖然成功，但並沒有造成像當初《楚留香》和《多情劍客無情劍》那樣大的轟動。

而《天涯・明月・刀》橫遭腰斬，古龍自稱是他自己平生受到的最大挫折。

《絕不低頭》想在題材上出奇招，但卻寫不出古龍作品特有的天外高客般的神韻。

《七殺手》倍作驚險詭奇，可一不可二，幾乎是走火入魔的路子。

《拳頭》寫得雖然精采熱鬧，但還是超不出《孔雀翎》、《碧玉刀》這樣的水準和境界。

一九七四年是古龍創作中一個非常重要的年份。

這一年古龍的運氣好像欠佳。

古龍創作的第三個階段輝煌階段，雖然是延續到一九七六年，但實際上從一九七四年開始，似就已經在走下坡路了。

話說回來，一九七四年古龍時運不佳，沒有造成他更上一層樓的境界，但這一年的作品，其實大有可取之處。實際上，這一年的許多作品都有一種可貴的創意探索精神。古龍作了許多可貴的探索，為武俠小說發展的各種可能性進行試驗，並留給後人許多可貴的經驗。比如《天涯・明月・刀》，古龍非常認真地進行試驗，當時雖然沒有得到評論界和讀者應有的評價，但後來也有很多人推崇這部作品，評論家陳墨就認為《天涯・明月・刀》是古龍的經典之作。

有大陸評者觀察到，「甚至連他自稱為『最大的挫折』的敗筆之作《天涯・明月・刀》也成了中小學生業餘的熱門書」（東方新語）。

古龍之後的許多武俠小說作家，甚至是寫純文學的作家，也經常向《天涯・明月・刀》偷招。

古龍之後最為成功的一個武俠小說奇才溫瑞安寫《刀叢裡的詩》，就是很受《天涯・明月・刀》語言風格的影響。

一九七四年發表的《天涯・明月・刀》，是古龍創作史上的一個重要的轉捩點。

這是一種負性的轉折，一種命運弄人下令人惋惜而又無可奈何的轉折。

古龍稱《天涯・明月・刀》是他一生中所受到的最大的挫折和打擊。

古龍第三個階段即輝煌階段的真正下降，正是從這部作品受到不公平待遇開始的。

縱觀古龍一生七十二部作品的創作，的確是自《天涯・明月・刀》開始的，一浪低於一浪了。

古龍是個浪子，有孩子氣的一面，這樣的天才理應用掌聲和鮮花來培養。一旦他被喝了倒彩，他的信心立即變得沮喪，開始任性，甚至會自暴自棄，步入下降的道路。

《天涯・明月・刀》的發表使古龍受到了嚴重的挫折，這是古龍所始料不及的。古龍自己在創作這部作品時，滿懷熱情，有很多藝術方法論上的想法，對這部作品寄以非常大的希望，他希望再創奇蹟，再一次超越自己。

在《天涯・明月・刀》的前序裡，古龍對自己的那種求新求變的想法表達得很清楚了。武俠小說在公眾的世情習俗之中本來儼然是一種不入流的通俗文學，但是古龍想以自己天才的努力改變這個事實，拔高武俠小說的文學地位。

古龍說：

「在很多人心中，武俠小說非但不是文學，甚至也不能算是小說，對一個寫武俠小說的人來說，這實在是件很悲哀的事，幸好還有一點事實是任何人都不能否認的——一樣東西如果能存在，就一定有它存在的價值。」

古龍首先在《天涯・明月・刀》的前序中肯定武俠小說價值觀，然後古龍又歷數了武俠小說發表的歷史，從唐人傳奇談起，談到《彭公案》、《海公案》、《七俠五義》，一直又談到了現代武俠小說。

現代武俠小說，古龍又是從平江不肖生的《江湖奇俠傳》談起，最後談到金庸的《射鵰英雄傳》。到了金庸，武俠小說的發展已經到了前所未及的頂峰，而且看上去幾乎是個神話，幾乎已經再也無法超越了。

這種情況正如西方十九世紀的文學情狀，當時寫《包法利夫人》的大文豪福樓拜曾經誇下海口：「十九世紀後將再無小說。」

當時港台的評論界也有人說類似的話。

「金庸之後將再無武俠小說。」

因為說這樣意思的話的人「認為所有的故事，所有的情感變化，都已被那些偉大的作家們寫盡了」。

古龍就此而論：

可是他錯了。

他忽略了一點！

縱然是同樣的故事情節，但你若從不同的角度去看，寫出來的小說就是完全不同的。

人類觀念和看法，本就在永不停的改變！隨著時代改變！

武俠小說寫的雖然是古代的事，也未嘗不可注入作者自己的新的觀念。

因為小說本就是虛構的！

寫小說不是寫歷史傳記，寫小說最大的目的，就是要吸引讀者，感動讀者。

武俠小說的情節若已無法改變，為什麼不能改變一下，寫人類的感情，人性的衝突，由情感的衝突中，製造高潮和動作。

古龍作出這樣評述，他的內心是驕傲和充滿激情的。

古龍已經打破了金庸的神話，證明了武俠小說不是僅至金庸，古龍在金庸之後開創了一個美麗的全新世界和自由王國。

新和變，這個創造的想法一直在鼓勵著古龍的創作熱情。

在《天涯・明月・刀》的前序中，古龍又討論了關於武俠小說的武打設計的難題。

古龍不想再重複金庸、梁羽生的那種舊派武俠小說家武打模式，他創造出一種新的武打模式，這就是「簡單、短而有力，虎虎有生氣的，不落俗套的」。

古龍要先製造衝突，各種衝突堆成一個高潮，然後製造氣氛，用氣氛來烘托動作的刺激。

古龍說了一句一針見血的話：

「武俠小說畢竟不是國術指導。」

古龍這樣說，是在認真地總結他自己寫作《多情劍客無情劍》以來的創作經驗，現在，古龍還要想超越這些經驗和這些他已經創立的天才模式。

他寫《天涯・明月・刀》是極其認真和重視的，他在這部小說中想要將武俠小說的詩意推進到前所未有的極致。

請看《天涯・明月・刀》的「楔子」：

天涯遠不遠？

不遠！
人就在天涯；天涯怎麼會遠？
明月是什麼顏色的？
是藍的，就像海一樣藍，一樣深，一樣憂鬱。
明月在哪裡？
就在他心裡，他的心就是明月。
刀呢？
刀就在他手裡！
那是柄什麼樣的刀？
他的刀如天涯般遼闊，如明月般皎潔憂鬱，有時一刀揮出，又彷彿是空的！
空的？
空空朦朦，縹緲虛幻，彷彿根本不存在，又彷彿到處都在。
可是他的刀看來並不快。
是！
不快的刀，怎麼能無敵於天下？
因為他的刀已超越了速度的極限！

又如正文中古龍的描寫：

萬里荒寒，連夕陽都似已因寂寞而變了顏色，變成一種空虛而蒼涼的灰白色。

他的人也一樣。

他的手裡緊緊地握著一柄刀；蒼白的手，漆黑的刀！

蒼白與漆黑，豈非都正是最接近死亡的顏色！死亡豈非就正是空虛和寂寞的極限。

他那雙空虛而寂寞的眼睛裡，就彷彿真的已看見了死亡！

這種句子和描寫並不是一些特例，而是整個作品從始至終地貫穿了整部作品，完全代表了這部作品的詩化風格。

古龍自稱《天涯・明月・刀》是他寫得非常用心和吃力的，可以想像，一部近三十萬字的作品，整篇都要保持這種詩意的美感，使用風格一致的詩意語言，這種技巧和難度確是相當之高的，幾乎很難處理好。

平心而論，《天涯・明月・刀》絕不是一部失敗的作品，反而是充分表現了古龍特有的語言風格、複雜度和張力。後來有的作家模仿和繼續《天涯・明月・刀》的風格，但是卻都不如《天涯・明月・刀》這部小說成功。

而《天涯・明月・刀》中寫人物也是一絕，傅紅雪的形象絕對給人留下了深刻的印象。僅僅寫活了傅紅雪這個人物，《天涯・明月・刀》就已經很了不起了。

傅紅雪的身上有西門吹雪高遠出塵的影子，但又比西門吹雪更有血有肉，更現實，更活生生的，讓人憐惜。傅紅雪有與李尋歡同樣深重的痛苦寂寞，但是李尋歡的痛苦是他自己造成的，傅紅雪的痛苦卻是與生俱來的，是生命本身的痛苦。但傅紅雪具有一種生動的偉大人格力量，屢屢仆而復起。

傅紅雪和卓玉貞被活埋在山洞中的一情節，是全書中最為高潮和精采的部分。這是莎士比亞劇作中「生存還是毀滅」那般最為嚴肅的話題。死亡的危機，而以嬰兒的出生即是生命的力量來加以對比和映襯，這種寫法絕對是曠世天才的處理技巧。

傅紅雪的形象又有著杜思托也夫斯基的《白癡》中梅什金公爵的影子。傅紅雪是一個肉體上有病的人，患有「白癲」病即癲癇病，但他的精神上卻是一個最為健康的人。他的正直和仁慈，同情心，對生命的熱愛，都是生活中的那些「正常人」所不能比擬的。

《天涯・明月・刀》充分體現了古龍的那種天外高客般出塵和飄逸的境界，絕不是那種為故事而故事的小說。

在這裡，古龍簡直不是一個作家，而是一個詩人。他寫《天涯・明月・刀》簡直不是在寫小說，而是在寫詩。

這一點，卻正是後來許多評論家批評古龍的地方。

古龍說：

「寫這一部是我一生中最累最痛苦的。」

批評者正是這樣短視，全然不理會天才們本身的誠實。

古龍真正用心的作品，反而得不到好評，不免使古龍心中受到重大的打擊。

因辭害意，這種對《天涯・明月・刀》的批評應該說並不是全然沒有道理，然而我卻覺得這還是有些輕薄。

為什麼我們不能更珍視天才自己的意見呢？

我是真心為古龍這樣的天才抱不平。

當然我也能看見《天涯・明月・刀》情節的瑕疵之處，因為詩意的本身是排斥故事的現實性的。卓玉貞最後竟是傅紅雪的敵人，是公子羽派遣的殺手，這的確是讓人意想不到，讓人瞠目結舌。公子羽也太厲害、太高明了，能找一個像卓玉貞這樣身懷六甲的女殺手，這樣才能在倒塌的山洞中演上一齣「生存還是毀滅」的戲。

《天涯・明月・刀》一發表就招致批評和嘲諷，這和當時的文化背景和讀者的接受能力有關，甚至也與江湖傳聞的惡意攻擊有關。

〈古龍大事紀〉：

（一九七四年）四月廿五日至六月八日，《天涯・明月・刀》在《中國時報》連載，四十五天即宣告腰斬。曹正文〈在古龍讀書的地方〉：「因文風跳躍，讀者大惑，東方玉等人趁機向老闆施加壓力，報社被迫腰斬古龍，請東方玉另撰連載，此事對古龍刺激頗大。」古龍〈一個作家的成長與轉變〉：「在我這一生中使我覺得最痛苦，受到的挫折最大的便是《天涯・明月・刀》。因為那時候我一直想『求新』、『求變』、『求突破』……」

現在看來，這種批評是過分的，因為在大陸連許多中小學生都能看懂《天涯・明月・刀》，談論傅紅雪。

《天涯·明月·刀》在當時是超前的陽春白雪，我以為對《天涯·明月·刀》的正面評價調子在以後還會進一步大大提高。

●逞險逞奇到了極致的《血鸚鵡》

求新求變的想法讓古龍寢食難安，但是他應該怎樣去創新，怎樣去求變？從《多情劍客無情劍》變到《天涯·明月·刀》，造化弄人之下，古龍求新求變的想法差點走進死胡同，變不出來了。

現在，古龍已經不能再從《天涯·明月·刀》的那個路子上去求變化了。於是，古龍又開始劍走偏峰，斜斜地去殺出一條新血路，於是古龍寫出了《血鸚鵡》。

《血鸚鵡》發表於一九七五年，是古龍自題為「驚魂六記」中的第一部。「驚魂六記」實際上只寫了《血鸚鵡》一部及《吸血蛾》大綱，後來市面上流行的「驚魂六記」系列，實際上是黃鷹的代筆，署了古龍的名字。

古龍這個人絕對是喜新厭舊，永遠聽從內心激情的召喚。

《血鸚鵡》是古龍一部很有想法的作品，寫得很有激情，是他想寫願意寫的作品，所以相當不錯。而他寫完了這一部《血鸚鵡》的大部份，但要他真的去完成一個系列的六部，他卻又煩膩了，所以「驚魂六記」古龍只完成了這一部。

「驚魂六記」的想法，是古龍和朋友們吹牛聊天時觸發的靈感。他們聊到了袁枚的《子不語》，其中的驚魂故事，觸動了古龍頭腦中時時想求新求變的那根弦。

古龍自己說：

想寫「驚魂六記」，是一種衝動，一種很莫名其妙的衝動。

一種很驚魂的衝動——驚的也許並不是別人的魂，而是自己的。

因為這又是一種新的嘗試。

嘗試是不是能成功？

天知道。

有些成功，有些失敗。

幸好還有些並不能算太失敗。

古龍還是頗為感歎，他的確嘗試得太多，的確既有過成功的歡喜，又有過失敗的陣痛。

古龍以為寫武俠小說本身就是要吸引讀者，打動讀者，其實這些打動都是一種「驚魂」。

比如「荒山、深夜、黑暗中忽然出現了一個人，除了一雙炯炯發光的眸子，全身都是黑的，就像是黑夜的精靈，又像是來自地獄的鬼魂。」

又比如「一刀要砍在你的脖子上，一槍要刺在你肚子裡」。

這些寫法都是武俠小說中常用的手法，其實也是一種「驚魂」。

但是古龍所要寫的「驚魂」卻不是這種普遍意義上的「驚魂」。

古龍寫的這種「驚魂」是近似於恐怖的驚魂。

古龍說：

恐怖也有它獨特的意境。

「意境」這兩個字，現在已經不是個時髦的名詞了。

現在大家講究的是趣味，是刺激，是一些能令人肉體官能興奮的事。

意境卻是屬於心靈的。

所以恐怖的故事才必須有意境。

因為只有從心靈深處發出的恐怖，才是真正的恐怖。

那種意境，絕不是刀光血影所能表達了的。

那才是真正的驚魂。

古龍想要在「驚魂」中表現出一種真正的意境來。

當時台灣放映許多外國電影，有些是非常驚魂恐怖的影片。影片用畫面、形象、動作、聲音，來製造一種能「令人從心底裡生出恐懼」，「一種幾乎已接近噁心的恐怖」。

古龍對這種恐怖片印象極深。

古龍本來就是一個善於觸類旁通的天才，他的小說本來就有許多受電影影響的地方。比如楚留香這個人物，就是受了電影〇〇七系列的啟發。楚留香從龐德身上學到不少有用有效的東西。現在古龍又在恐怖片中受到啟發，他心情激動地要寫一種真正的驚魂。

但是文字不是電影，如何用文字來表達「驚魂」的意境，又是一個大大的難事。

古龍自己也認為「故事中真正令人恐怖的卻很難找尋」。

鬼的故事是最恐怖的，因為死亡無疑是最為恐怖的。但是古龍在武俠小說中又拒絕虛幻的鬼故事，古龍認為無論哪一種小說都要有一定的真實性和合理性。

古龍說：

> 有人說，鬼故事最恐怖，鬼魂的幽冥世界也最神秘。
>
> 可是又有誰真的見過鬼魂？
>
> 這種故事是不是也太虛幻？太不真實？
>
> 我總覺得在現代的小說中——無論是哪一種小說，都一定要有真實性。

古龍的意思是，武俠小說雖然是虛構的，高超的武功也是虛構的，但這種虛構卻有一種作者與讀者共享的約定和默契，也就是一種遊戲規則。

小李飛刀再厲害，李尋歡的武功再高，也仍具有一種在想像上的真實合理性。如果要寫楚留香的輕功高得可以像孫悟空那樣騰雲駕霧，那就是在放任幻想，缺乏一種真實性和合理性了。

所以古龍拒絕武俠小說的鬼故事。

這是古龍的遊戲規則。

《血鸚鵡》就是要在這種遊戲規則之中，達到一種「驚魂」的效果。

《血鸚鵡》一開始寫神魔，寫十萬神魔的十萬滴魔血化成了一隻血鸚鵡。這隻血鸚鵡能像神話一樣給人三個願望，並且無論什麼樣的願望都能讓你實現。

在小說中，血鸚鵡卻真的出現了，並且真的讓人的願望實現。

這當然是可以「驚魂」的事！

因為事實上這是不可能的。

《血鸚鵡》就是寫各種不可能的奇蹟，寫魔鬼，寫神意，讓你讀來真的覺得古龍背叛了他的遊戲原則，出現了鬼怪故事。但是最後，一直到很後的最後，結局推翻了一切，一切奇蹟都有一個合理的解釋，都是現實中的真實，並不是真正的鬼怪。從這種意義上來說，《血鸚鵡》的「驚魂」效果的確是達成了。

《血鸚鵡》在它的技術性上是完滿自洽和成功的，是一種天才的產品。

《血鸚鵡》是武俠小說的技術上一次成功的嘗試探索。

不過從藝術的境界上來說，這部作品同樣是險中犯險，奇上造奇，可一不可二，乃至因辭害意，比起《多情劍客無情劍》、《歡樂英雄》來說就顯得不如了。

《血鸚鵡》在技術上來說絕對是一流的，但由於太重視技術，太著意於技術，在境界上就受到了傷害。故事雖然非常好看，驚心動魄，但是經不起咀嚼，不如《多情劍客無情劍》、《歡樂英雄》愈回味，意味愈加長遠。

所以古龍寫了《血鸚鵡》之後，就此為止了。

●《三少爺的劍》有了蒼涼倦思意緒

一九七五年古龍發表了《三少爺的劍》，體現出古龍的心境已發生了變化。

在《三少爺的劍》中，那種以前常見的少年英俠的風流心境，也被蒼涼寂寞、厭倦江湖的情緒所代替。

《三少爺的劍》中，三少爺謝曉峰本來是天下第一的劍客，然而他卻厭倦江湖，情願隱姓埋名生活在社會的最下層。謝曉峰生來又有地位又有財富，但他卻拋開了這一切，去做一個自食其力的普通人。他甚至不惜去做最卑賤的工作，去挑糞來掙一頓飯吃。

古龍說：

在以前某一種時代裡，是不會有這種事的。

那是種很痛快的時代，快意恩仇，敢愛敢恨，善有善報，惡有惡報。用不著老天替你報，你自己就可以報復。

我寫的時代就是那種時代。

我寫的就是那種時代中的江湖人。

在那種時代中，江湖中有各式各樣的人。

有大俠，也有大盜，有鏢客，也有刺客，有義士，也有隱士，有神偷，也有神捕，有俠女，也有妓女，有市井匹夫，也有世家子弟。

他們的生活通常都是多彩多姿的，充滿了冒險和刺激。
有很多人對他們憎惡厭恨，也有很多人羨慕他們。
因為他們通常都衣著光鮮，出手豪闊，大碗喝酒，大塊吃肉。
只可惜這不過是他們快樂的一面——
他們還有另一面。
痛苦的一面。
神捕捉住了神偷，設宴慶功，大吃大喝，喝得半死為止。
大盜撈了一票，分一點給窮人，自己去花天酒地，把錢花光為止。
大俠有名有勢，不管走到哪裡去都會受到人的尊敬和歡迎。
世家子弟們從小錦衣玉食，要什麼有什麼。
這種生活確實是值得羨慕的，可是你有沒有看見他們的另一面？
他們也有他們的寂寞和痛苦。
夜深人靜，從大醉中醒來，忽然發現躺在自己旁邊的是個自己連名字都不知道的人。
這種滋味你有沒有嘗過？在歡呼的喝采聲中，一個人回到家裡，面對著漆黑的窗户，只希望快點天亮。
這種心情你有沒有想過？
今宵花天酒地，狂歡極樂，卻連自己明日會在什麼地方都不知道。
甚至連今宵酒醉在何地都不知道。
楊柳飛舞，曉風殘月，這種意境雖然美，卻又美得多麼淒涼，多麼讓人心碎？

這種歡樂，你願意享受嗎？

假如你要什麼就有什麼，這人生中還有什麼值得你去追求的？這種空虛有誰知道？

我知道。

因為我也是個江湖人，也是個沒有根的浪子。如果有人說我這是慢性自殺，自尋死路，那只因為他不知道——

不知道我手裡已有了杯毒酒。

當然是最好的毒酒。

武俠小說中寫的本就是江湖人，可是我現在想寫的卻有點不同。我想寫一系列的故事，每篇故事都以一個典型的代表人物為中心。

我想寫他們的快樂，也要寫他們的痛苦。

我想讓他們來做一面鏡子，讓大家可以從這面鏡子中看出自己應該怎麼做。

無論如何，他們總是可愛的人。

因為他們敢愛敢恨，敢哭敢笑，因為他們講義氣有原則。

《三少爺的劍》正是古龍這種想法下形成的作品。

他寫江湖人，實際上也是在寫自己。

古龍實際上也是在寫自己「人在江湖，身不由己」，寫出自己痛苦的另一面。

謝曉峰厭倦江湖，但最後還是不得不被逼出手，又重新落入江湖的大漩渦。

《三少爺的劍》的風格是蒼涼冷峻的，已預示了古龍英雄末路的心境。其中寫謝曉峰與慕容秋荻的恩怨，以及他們的私生子「小弟」的隱痛，隱約又有古龍個人生活的影子在內。情緣孽債，古龍自己的體會更為深刻。

《三少爺的劍》蒼涼古勁的風格，也常有走火入魔之處。比如最後寫謝曉峰救下的苦難女孩娃娃居然嫁給了殘害他們一家人的兇手竹葉青，並且盡心去服侍竹葉青，這種過份離奇的寬容仁慈，反有變態和受虐狂之嫌，實在是有些走火入魔。

關於「劍道」的闡發，《三少爺的劍》中卻有精微之處，這種論劍情節，足可與金庸媲美。然而這種「至深至奧的哲理」，並不是古龍武俠小說風格的正道，而是變奏。

古龍開始迷戀於一些細微的技術性精美之處，其實是得小失大，反而是喪失了當年《歡樂英雄》、《大人物》的大家風範。

《三少爺的劍》一開篇就為小說風格定位：

殘秋。

木葉蕭蕭，夕陽滿天。

蕭蕭木葉下，站著一個人，就彷彿與這大地秋色溶為一體。

因為他太安靜。

因為他太冷。

一種已深入骨髓的冷漠與疲倦，卻又偏偏帶著這逼人殺氣。

秋天的心境和疲倦，是不是古龍已進入了生命的另一個階段？

第五章　英雄末路的古龍力不從心

●《白玉老虎》幾乎打回了《絕代雙驕》的水準

古龍真正創作的衰退，應該是以《白玉老虎》的發表為標誌。

《白玉老虎》發表於一九七六年，同年還有《圓月彎刀》、《碧血洗銀槍》、《大地飛鷹》。

前面說過，古龍在發表《天涯・明月・刀》受到重大挫折之後，即在走下坡路。但是縱觀《白玉老虎》之前的作品，雖然有了不愜意的地方，卻都還是乾淨俐落，虎虎有生氣。而《白玉老虎》的出現，不啻標誌了古龍的第四個創作階段即衰退階段的到來。

有些評論家認為，《白玉老虎》拖沓、繁雜、缺乏英爽之氣，幾乎打回了《絕代雙驕》的水準。

《白玉老虎》僅僅是寫個上篇，就用去了六十萬字，說明了古龍在駕馭大作品的結構上已經是不能得心應手了。

應該說，《白玉老虎》還是有其別開生面的想法和構思，古龍也想以此為契機，寫出大部頭的輝煌作品。然古龍沒有達成他的想法，甚至顯得有些氣餒。在報刊連載《白玉老虎》之時，古龍一度中斷了《白玉老虎》的寫作。

讀者和評論家為此大為不滿，紛紛發表意見，要求古龍把《白玉老虎》寫完。古龍口頭上滿口答應，還是拖了很長時間沒有繼續。最後古龍將《白玉老虎》早早收尾，總算了結一樁心事。

《白玉老虎》給人以一種故弄玄虛的感覺，古龍設置了一個大懸念，一直要到結尾才能解開。

大風堂三堂主趙簡在兒子趙無忌成婚之日，忽然神秘遇害，被割去頭顱，而大風堂另一個主力人物上官刃也同時失蹤。上官刃當然成了一個疑點，他是殺害趙簡的最大嫌疑犯。後來趙無忌也發現了上官刃的陰謀，而上官刃則投靠了與大風堂為敵的蜀中唐門。

趙無忌為了替父親報仇，也為了大風堂的事業，歷經險阻，闖入唐家堡，必欲手刃上官刃而後快。但是趙無忌當時的武功並不足與唐門為敵，所以數次險遭殺身之禍，都是有人出手相救才化險為夷。這個救趙無忌的人卻正是上官刃！這就是「白玉老虎」的秘密。

上官刃的確是殺了趙簡，但卻是趙簡懇請上官刃殺了他自己，因為大風堂已處於崩潰的危機，三位堂主明白只有忍辱負重才可能打敗敵人。

「白玉老虎」的計畫，就是用趙簡的人頭去換唐門的信任，犧牲上官刃的名譽去換最後的勝利。上官刃是一個忍辱負重的角色，甘願背叛徒之名，蒙受奇恥大辱，只有到了結尾，人們才知道他是無辜和受了委曲的。

從大的結構上看，古龍本來的構思確是不錯，然而他沒有處理完整，就戛然而止了。

●《圓月彎刀》約請槍手

古龍的後期作品自一九七六年的《白玉老虎》開始已微露衰相，顯示出古龍的精力和駕馭作品的能力在減退。

《圓月彎刀》古龍最初是一九七六年六月廿一日至一九七八年五月一日連載於香港《武俠春秋》，題名《刀神》。一九七六至一九七七南琪出版十七冊，未刊完。一九七八年五月台灣漢麟出版社出版十八冊。據稱古龍其實只寫了前十冊。其餘由當時的另一名作家司馬紫煙續完。

古龍不可能沒有覺察到這種精力不濟的現象，他相當驚覺，內心企望新的突破和新的光榮，《圓月彎刀》就是古龍在這樣的一種心情下構想出來的。

一開始古龍對此書所抱的期望很大，我們從《圓月彎刀》佈局構思的詭奇，就可看出古龍的用心良苦。而且此時古龍雖露疲相，但仍是虎瘦雄風在，感覺上還是很敏銳的，同年他能寫出《碧血洗銀槍》來，就說明他本來很可以在《圓月彎刀》上突發奇招，以偏鋒取勝。

但是這一次古龍的主觀願望並沒有達成，由他人代筆續寫本身就是一種很受疵議的創作方式。何況古龍是不可代替的，司馬紫煙雖頗有才名，但也難做好這件吃力不討好的事。

著名武俠作家及評論家江上鷗在談起《圓月彎刀》時，說這種續寫的原因：

一是由於古龍成名以後，稿約如潮，無法一一覆約，於是約請槍手代筆。由於古龍名氣已大，約請的槍手也不能馬虎，其時司馬紫煙先生手筆不凡，為此古龍請他續完了《圓月彎刀》。

二是由於當時台灣武林沙龍十分興盛，武俠小說作家們常在一起切磋技藝，代筆客串是一種時尚，也是朋友之間親密無間的一種表示。

當時台灣武俠小說界朋友續寫的情況確實很普遍，並且有一些頗有名氣的槍手。

易容替臥龍生續寫完《天香飄》。

獨孤紅續寫諸葛青雲的《血掌龍幡》而一炮走紅。

司馬紫煙先是續寫諸葛青雲的《江湖夜雨十年燈》，也是佳議潮湧，而且他與古龍有交情，所以古龍才選他作槍手。雖然司馬紫煙所續的《圓月彎刀》還算功德完滿，出手不俗，但整本書的水準實在不能與古龍的代表作相提並論。

古龍同年所作的《碧血洗銀槍》再現雄風，就遠遠超過《圓月彎刀》的水準。

在《圓月彎刀》中，可看出其與同時期的《碧血洗銀槍》視點交叉處。《圓月彎刀》第四章寫丁鵬撲倒在青青身上，願替青青挨一劍，實在是《碧血洗銀槍》中馬如龍的風格。

丁鵬自己已受奇恥大寃，看破紅塵要自殺，但在死之前卻不願眼看著青青死在別人的利劍之下，這種舉動，與馬如龍在亡命途中隨時可遭毒手卻還不忍心把一個陌生的醜女人丟在雪地中不管，幾乎是同出一轍。但顯然馬如龍的形象比丁鵬要豐滿，給人印象也深得多。

古龍對《圓月彎刀》有很好的構想，可惜未竟全功，否則這部書將不會輸給《碧血洗銀槍》。

《圓月彎刀》寫的是年輕初出道的俠客丁鵬，被奸男奸女以詭計欺騙和反誣而陷入困厄，幾置死地，丁鵬傷心絕望欲自尋死路。此時丁鵬的善良和純樸感動了「狐仙」青青，青青家族的「狐仙」們終於出手幫助丁鵬一吐冤氣，並橫掃江湖不平，扶持武林正義。

此故事的氣氛和格局都相當奇詭，怪異神秘，其後又多穿插人物的用計情節、反覆較量，不似古龍運筆的乾淨俐落。

故事中那些「狐仙」們當然不是真正的傳說中的「狐仙」，而是武功絕高的魔教人物所作的偽裝。

古龍先寫的十冊中，已經把作品的調子定了下來了，懸念、構造、框架、噱頭一應俱全，顯然都是獨特的古龍風格。

古龍在此書中寫「狐仙」，寫得半真半假，閃爍其詞，和讀者玩起捉迷藏的遊戲，不愧為文字大師，的確能很好地吸引讀者的好奇心，使讀者一定要看個明白，到底這「狐仙」是什麼。

這是古龍慣用的出奇制勝、劍走偏峰的路子。

讀者當然能想到古龍寫此書時所受到的《聊齋志異》的啟發。

江上鷗先生有文介紹此書時說：

「中國古典文學出現狐仙的作品很多，其中最集中的要數《聊齋志異》。《圓月彎刀》中的青青無異是《聊齋志異》人物的演化和移植。從她的身上可以看到《胡四姐》中狐姐狐妹的影子，也可以看到《俠女》中白狐的影子。當然，經過武俠小說家生花妙筆，形象的再創造，青青已經是身懷絕技的武林奇『狐』了。」

在古龍之前，還沒有哪個武俠小說作家想到這個題材，所以對《圓月彎刀》一書，評論家更為重視的就是此書在題材上的突破，而且這種題材處理上的突破，部分地補償了此書的若干不足。古龍想到寫狐仙的構思，則是和朋友同道切磋時閃現出來的靈感。

江上鷗詳細介紹說：

《圓月彎刀》是一九七七年由漢麟出版社出版。在這一時期，古龍很注重參加朋友自發組織的「武林沙龍」，在那裡他與其他武俠小說作家展開交流，抓住與別人思想撞擊產生的火花去開發新的題材；同時也注重從別的藝術作品中去尋求啓迪，特別是從古典作品中尋找開發新題材的導火線。在這一時期，他與漢麟出版社社長，武俠小說家于東樓交往頻繁，他們談起了《子不語》這一古典作品，講到了書中《驚魂六記》用講故事的形式，講了許多神奇的故事，古龍當即抓住了這一閃而來的藝術火花，沒使它稍縱即逝，從而開發了《七種武器》系列這一新的題材，又接著運用到了《圓月彎刀》中。寫作《圓月彎刀》前，正趕上美國影片《步步驚魂》等外國影片在台灣放映，善於吸收其他文學精華，開啓自己創作思路的古龍，經過大腦過濾，將有關情節移植進自己的作品之中。《圓月彎刀》中主人翁丁鵬屢屢驚魂，就是受這些外國驚險影片情節發展的影響，同時也是受《驚魂六記》的影響。

古龍是個愛熱鬧的人，他常常會在與別人的閒聊中就產生出一個故事的構思，如《風鈴中的刀聲》這部書，就是古龍與倪匡閒扯時忽然來的靈感。

古龍的天才之處是非常善於學習和消化，借他人之舊瓶，裝自己的新酒，他在一個事件上吸收東西和受到的啟發，是別人絕對學不來的。

古龍寫《圓月彎刀》受美國電影的啟發正是這樣，這又是古龍的拿手好戲。

《圓月彎刀》有一種帶著缺陷的美，說實話，它是一半好看一半不好看。

古龍曾說過一個有趣的現象，那是許多（包括中外）名著都是這樣一半好看一半不好看。如《三國》看到死諸葛氣死活司馬，《紅樓夢》看到八十回，《鏡花緣》、《格列佛遊記》都是到一半好看。

現在這句話卻說中了古龍自己。

但是，無論如何，閱讀這部書，我們可以更準確地瞭解和把握古龍那天才的豐富內心。

●《碧血洗銀槍》再現天才風采

《碧血洗銀槍》是古龍衰退期迴光返照的難得佳作。

在此之前古龍已寫出了《多情劍客無情劍》、《歡樂英雄》、《天涯・明月・刀》、《三少爺的劍》等一系列重要作品，古龍的風格早已完成形式和成熟。

古龍的這部《碧血洗銀槍》，在其晚期作品中，頗見功力才氣，公認為是古龍很重要的作品，也是古龍的代表作之一。

這個時候古龍創作力已大不如以前，成功之後的一種無可言說的寂寞和孤獨包圍了他，他似乎已達到了獨孤求敗那種境界，那是一個沒有回聲的絕頂巔峰，他因此而開始不耐煩，有些浮躁。這種浮躁絕不是我們凡人可以去批評的，那是打遍天下無敵手的絕世高人的浮躁。那種痛苦是冷暖自知，不足為外人道的。

這段時間，古龍有時甚至沒有耐心去寫完一部作品，好些作品都是別人代筆或是大篇幅的續寫。

如《驚魂六記》中的《吸血蛾》為黃鷹執筆，《刀神》（即《圓月彎刀》）大部分由司馬紫煙續寫。那時古龍的《白玉老虎》（一九七六年）只寫了個開局就已有了六十萬言，被人批評為「不但在拖，而且清爽之氣大為減退，幾乎打回《絕代雙驕》的水準」。

不少朋友已經在為古龍擔心。古龍飲酒的時間竟大大多於寫作時間，一頓飯要吃上七八個小時，他還能有所突破，繼續「求新求變」？

《碧血洗銀槍》是一個奇蹟。

這部小說只有二十萬字，篇幅適中，正是古龍適合揮灑的寫作長度。

《楚留香傳奇》、《陸小鳳系列》，每一篇故事其實也就是這樣的篇幅。但是《碧血洗銀槍》卻突破了楚留香和陸小鳳的水準，境界上也大有提高。

古龍用事實證明了，古龍畢竟還是古龍，古龍的天才是不可代替的。

《碧血洗銀槍》的佈局結構，還是偵探推理的樣式，先是一個奇案，江湖中的武林四公子邱鳳城、馬如龍、沈紅葉、杜青蓮都是風流倜儻，一齊成為碧玉夫人的乘龍快婿人選。這四人正要分出高低，不料沈紅葉和杜青蓮先就不明不白地被人毒死，邱鳳城也險遭毒手，只有馬如龍沒事，所以江湖上公認馬如龍是大奸大惡的兇手。

馬如龍當然不能束手就擒，蒙不白之冤而被人處死，只好就此亡命逃遁。在馬如龍的逃亡途中，發生了許許多多奇怪而令人叫絕的事。當時馬如龍正直的舉止，表明了他是一個真正值得信賴的、問心無愧的俠士，他因此贏得了「大婉」的信任。而這個愛情故事卻又非常的絕妙，「大婉」是以一極醜女人的相貌出現的，美女謝玉崙也被易容成一貧婦，臥病不起。

馬如龍代表了古龍心目中另一種美好的英雄形象，他不像楚留香那麼風流，也沒有陸小鳳的狡黠和調皮，武功也並不很高，看樣子比楊凡還差一大截，更沒有李尋歡神異的「小李飛刀」，但馬如龍卻依然是個很可愛的人物，給人留下很深刻的印象。

馬如龍是個很講究良心原則的人，他做事不是要為什麼俠義理念，也不是要遵循什麼道德準則，他唯求自己心安，「己所不欲，勿施於人」，也許可以說明他的處世態度。

馬如龍有責任感，「一個人絕不能逃避自己——自己的過錯，自己的歉疚，自己的責任，都不能逃避，因為那就像是自己的影子，是絕對逃不了的」。

馬如龍的感人之處，在於他對朋友對世界都不持功利為目的。他在逃亡之時，隨時可能被人追上殺掉，但卻還是回身救了雪地裡呻吟的一個極醜的女人；他路見不平，挺身為被俠義道圍剿的鐵震天出頭，說來竟是「不為什麼」，什麼目的都沒有。

一個人可以「不為什麼」去交一個朋友，不計利害，不問後果，也沒有目的。可是等他交了這個朋友之後，他為這個朋友做的，已經不是「不為什麼」了，而是為了一種說不出的感情。為一種的所必為，義無反顧的勇氣和義氣，為了一種對自己良心和良知的交代，為了讓自己夜半夢回時不會睡不著。為了要讓自己活著時問心無愧，死也死得無愧。

不為什麼？為了什麼？成又如何？敗又如何？生又如何？死又如何？成也不回頭，敗也不回頭，生也不回頭，死也不回頭！不回頭，也不低頭！

馬如龍這樣做，只是為了內心良知的呼喚。

天空澄藍，陽光燦爛，生命如此多姿多彩，誰願意死？但是這世界上偏偏有這種人，偏偏要去做非死不可的事。只要他們覺得這件事是非做不可的，明知必死也要去做。

馬如龍的形象無疑更完整和高大起來，這個人物正體現了古龍心目中「自由人性」這樣的概念，這樣的人物是藐視一切外界的法規的，敢說敢做，親切可愛。

馬如龍的形象，突破了金庸小說中那種「俠之大者」的模式，「俠之大者」如郭靖、袁承志、蕭峰，他們當然有高大的形象，然缺乏馬如龍這樣的自覺意識。馬如龍的形象是對金庸「俠之大者」的一個補充和完善。

《碧血洗銀槍》中，最後連馬如龍的敵人都表明信任馬如龍，這不能不讓人拍案叫絕，讀到這個情節時，真可以浮一大白。

古龍小說的成功，在於結構和語言。

《碧血洗銀槍》的結構嚴謹，環環相扣，密不容針，全書的人物其實並不多，但卻給人一種極為開闊的視野。

古龍這個時期的語言藝術已是爐火純青，《碧血洗銀槍》的語言詼諧生動，動中有靜，又不流入油滑俗氣，全書極具文采，處處有天才的閃光點。

曹正文的一篇文章介紹該書時說：

「古龍借鑑了西歐偵探小說的寫法，讓兇手首先出場，並置他於死地，然後讓邱鳳城絕處逢生，這就把讀者引入迷魂陣內，也把馬如龍的推理引入岔路，馬如龍開始懷疑彭天霸是幕後真凶，但後來才發覺另有兇手，這一層層的剝下，最後才讓邱鳳城在得意忘形中招供，這手法十分精妙，也顯示了作者的獨具匠心。」

《碧血洗銀槍》中的人物極具個性，馬如龍、大婉這兩個形象是古龍其他的作品中所沒有過的，特別值得一提。

《碧血洗銀槍》中一如既往地有許多古龍獨有的妙語，讓人回味無窮，如論輕功：

輕功最大的用處不是攻擊，而是退，而是守，無論在哪一種戰鬥中，「退守」的作用絕不比「攻擊」低，需要溜轉的力量有時比攻擊更大。施展輕功時所消耗的體力氣力也絕不比任何一種武功少。

古龍小說的創造一般有初期、中期、後期之說，《碧血洗銀槍》無論如何也可以算是古龍後期的一部重要作品。

《碧血洗銀槍》這部作品說明了古龍的寶刀未老，還有潛力可發揮，只要上天再假以這位天才以時日。

●《大地飛鷹》極具懸念

古龍的《大地飛鷹》是在一九七六年十月五日至一九七七年十一月十一日連載於台灣

《聯合報》。香港武林本一九七七年冬季出版三冊。這時的古龍已到達了他成功的頂峰，然已略露衰跡。

古龍在《大地飛鷹》中借劍客之口說：

巔峰往往就是終點。一個劍客到了他的巔峰時，他的生活往往也到了終結。

這是他的幸運，還是他的不幸？

這句話儼然是一種不祥之兆，看來此時古龍堅強的內心已開始鬆動了。《白玉老虎》一個開頭就寫了六十萬字，拖沓和繁複讓古龍自己都變得浮躁。而《圓月彎刀》也沒能一氣呵成，他寫了個很漂亮的開頭，其餘則是別人的續筆。

古龍比較用心地創作《大地飛鷹》，也是想挽回這種下滑的頹勢。古龍絞盡腦汁想出奇招，把小說的主人公寫到大漠、西藏這樣的神秘遙遠的地方去，應是想借助於地理環境和風俗人情的奇異神秘這一舊派武俠小說慣用的法寶。

這在古龍創作的鼎盛時期是沒有的事。因為古龍的成功並不是靠這些花招取勝的，而是靠他天才型的獨特語言、文體和對人性的深刻刻畫。已露疲相的古龍此時給人以一種開始走火入魔的感覺，情節和故事寫得越來越詭異和離奇，越來越重視在噱頭和花招上下功夫。所以這段時間他愛談《驚魂六記》，不少作品都有那種美國電影《步步驚魂》的影子。

《大地飛鷹》一開始就寫「貓盜」，《圓月彎刀》中則是「狐仙」，思維方式是很有連續性的。正如「狐仙」最終還是人裝的，「貓盜」也不是魔鬼和神靈，還是有人所扮。但古龍在寫法上總是一開始製造氣氛，把「貓盜」、「狐仙」寫得好像真是傳說中的妖精神靈。這種寫法確實很能抓住讀者，極具懸念和「驚魂」。

《大地飛鷹》中主角小方的行為方式，與古龍同一時期抒寫《圓月彎刀》的丁鵬，《碧血洗銀槍》的馬如龍，也是一種思維上的連貫性。

小方「因為自己活著很愉快，也希望別人能愉快些」，這種獨特的新型人物應是上承《歡樂英雄》。

小方認為，「我反正都要死了，這把劍遲早總你的，我為什麼不早點送給你，讓你也愉快些」。丁鵬臨死前，反正要死，不如代青青挨一劍的行為與小方也是極相似的。

小方把沙漠中比黃金還珍貴的水送給垂死的敵人喝，這種仁慈和憐憫與郭大路又是一模一樣的，「人的尊嚴，人的良知和同情，都是他拋不開，忘不了的」。

這是對生命的愛和肯定，也是孟子所言的大丈夫光明磊落的魅力。正因為這種閃亮的人性，古龍的這部《大地飛鷹》還是有不少可取之處，再一次展示了古龍無可替代的天賦和獨到卓越之處。

但就《大地飛鷹》的整部作品，其水準還是明顯下降了，無法與《蕭十一郎》、《歡樂英雄》這樣的神品相比。

與同年所作的《白玉老虎》一樣，古龍的水準似打回了《絕代雙驕》那個時期去了，彷佛這時的古龍，因為心浮氣躁，已經缺乏一種自始至終駕馭結構的能力。

《大地飛鷹》開頭是十分精采的，然而最後卻不免虎頭蛇尾，（〈古龍大事紀〉記載：一九七七年，十一月十一日，疑受趙姿菁事件影響，《大地飛鷹》在《聯合報》上的連載草草結束。）後面頗多是水分和拖沓，蕪雜繁瑣，信筆由之。雖然古龍在這部書的後半部還竭力製造一些小的氣候，小的閃光點，但還是彌補不了其鬆弛、散漫、久寫旁枝的弊病。

●《七星龍王》失之疏漏

《七星龍王》一九七八年三月至九月連載於香港《武俠小說週刊》。台灣春秋本一九七八年十二月出版一冊。

《七星龍王》中，古龍還是想用他慣用的手法，把一個明明是悲劇的結局寫成喜劇，險中求險，奇中炫奇，但古龍的寫作已經明顯缺乏了靈氣。

《七星龍王》寫的是擁有七十九家商號的大老闆孫濟城，被懷疑是江湖上赫赫有名的江洋大盜「大笑李將軍」，而秘密組織「天絕地滅」則以追捕天下所有漏網的盜匪為己任，曾殺死許多仗著一身武功逍遙法外的巨盜。

「天絕地滅」的郭滅和高天絕，是江湖中武功最高的一對夫妻。可後來「天絕地滅」的組織忽然瓦解，郭滅自江湖間消失了。所以這一次高天絕復出，每個人都認為她是為了李將軍而來的，一心要替自己的丈夫復仇，無論她用多惡毒的方法，大家都不會覺得意外。

但使大家覺得意外的是結尾，原來郭滅並沒有死，而是化妝成大老闆孫濟城，用大笑將軍盜來的錢在濟貧，而大笑將軍竟是個女人，而且是高天絕的姐姐高天儀。

其中最關鍵的要素，就是情。

可以說，《七星龍王》的通篇都沒有打鬥的場面，唯一的一場打鬥也是燈熄後進行的，而蕭峻刺郭滅的一劍，也只是刺出而已。

古龍還是想以情節取勝，可惜此書劇情很多時候發展得太過驚人，以致峰迴路轉，好像寫前並沒有立好大綱，而且為了逆轉悲情，以寫成喜劇，結尾顯得有些牽強。

●《英雄無淚》熱血未冷

在古龍的第四個創作階段即衰退階段中，《英雄無淚》無疑是一部非常重要和非常精采的作品，這部作品幾乎可以算是古龍最後的輝煌之一了。

《英雄無淚》一九七八年十月一日至一九七九年四月廿四日連載於台灣《聯合報》。台灣漢麟本一九七九年五月出版一冊。此時古龍已是四十歲出頭，心境上已有很大的不同。古龍的心境無疑極大地影響了他的創作。在《英雄無淚》中，我們更多地讀到一種蒼涼的意味，一種英雄末路而又不甘沉寂的悲涼。

英雄雖然已至末路，但仍然是英雄，仍然不可輕侮。

古龍歷經婚變和吟松閣事件，心中雖然還是湧動著熱血，但那種青春優雅的意味卻少了許多。

這部作品尤其因為它的蒼勁，就更有值得深入研究的地方。而且在語言上，在技巧和結構的把握中，古龍在《英雄無淚》中更顯出厚重的成熟。

如果我們比較一下《多情劍客無情劍》、《七種武器》等古龍更早的作品，即可以細微而明顯地看出《英雄無淚》的風格中，有一種隱約的失落和倦意。

「如果說人生本如逆旅，那麼在這悠悠不變的天地間『一瞬』和『永遠』又有什麼區別？」

這是此時古龍不時泛上心頭的，滄桑悵然的感覺。

《英雄無淚》的悲劇色彩很重，而古龍以前自稱是不喜歡寫悲劇的，他甚至刻意要「結局大圓滿」，帶給讀者以歡樂和笑語。

然而寫《英雄無淚》中，蝶舞卻永遠離開了朱猛，吳婉不惜與司馬超群同歸於盡，這種悲劇是以前的古龍不太會寫的。

蝶舞和朱猛、吳婉和司馬超群的悲劇，不是因為外在的力量，而是由於他們自己，是因為最為深切的愛，愛到極點。

愛到了這種程度，愛成了這種方式，愛到了終極時就是毀滅。所以她就自己毀了，不但毀了自己，也要毀了她所愛的。

據熟悉古龍的朋友說，古龍的每一本書後面都有一個生活中的女人的故事。

古龍寫由愛造成毀滅的悲劇，自也是有感而發。

古龍至情至性，但又用情不專，許多愛他的美女最後因為他的這種「花心」決絕而去，乃至變成深恨他了。

古龍去世時，三個兒子都不姓熊，他們的母親都不甚諒解古龍。

梅寶珠和古龍離婚，給了古龍以很大的打擊，因為古龍當時內心毋寧還是深愛著梅寶珠的。

看來古龍對這種愛和恨交織的感情，體驗是很深沉的。

《英雄無淚》寄託著古龍寂寞浪子末路悲涼的惆悵。

「浪子三唱，不唱悲歌。

「紅塵間，悲傷事，已太多。」

雖然這樣的滄桑落寞，但古龍心中還是充滿激情。

「這股熱血是永遠冷不了的。

「因為這個世界上還有一些人胸中有這麼樣一股永遠冷不了的熱血，所以我們心中就應該永無畏懼，因為我們應該知道只要人們胸中還有這一股熱血存在，正義就必然常存。」

《英雄無淚》的篇幅不算長，約三十萬字，故事情節一氣呵成，令人一讀就不能釋手。那故事和人物，都有天外高客般超凡脫俗的氣韻，淒美有如一首詩，結構上又總是讓人意想不到，峰迴路轉，波瀾橫生。

江湖上被人視為不敗英雄，聯合了三十九路綠林豪傑的大鏢局總鏢頭司馬超群，竟無時不要捉摸他貌似恭謹的助手——一個平淡得出奇，冷靜得可怕，與他有二十多年友誼的卓東來，究竟在設計什麼。

雄獅堂堂主朱猛和萍水相逢結交的好友高漸飛，各自落入了卓東來的陷阱：高漸飛在不知情中，深愛上了朱猛的女人——蝶舞。

在妻兒的屍體旁，司馬超群終於想要找回自己的位置，與卓東來刀兵相見。本來司馬超群和朱猛是不共戴天的大仇人大對頭，卻在荒野的決鬥中奇異地結成了生死之交。

而愛到極處的變態，竟然毀滅了兩對本來互相摯愛的情人。卓東來聰明反被聰明誤，終於邪不勝正，被高漸飛打敗。

《英雄無淚》的懸念焦點在一口神秘的箱子——也是一種最為厲害的武器上。古龍有不少作品以武器為主題，《英雄無淚》實際上也可看作《七種武器》的變體。《英雄無淚》反覆出現這樣的情景，塑造了非常能抓住讀者注意力的詭異神秘氣氛。

一個人，一口箱子。

一個沉默平凡的人，提著一口陳舊平凡的箱子，在滿天夕陽下，默然走進了長安古城。

這口箱子可以說是整部小說的「詩眼」，重要的決鬥都和這箱子有關。而持箱子的人更是如神龍見首不見尾，詭異到了神奇的地步。

如果一定要挑《英雄無淚》的毛病，那就是書中後來有些情節發展未免犯了「語不驚人死不休」的毛病。為了追求意想不到的效果，有的細節就顯得有些勉強和突兀。這個問題並不只存在於《英雄無淚》之中，這一直是古龍的白璧微瑕。

●《飛刀，又見飛刀》由古龍口述

吟松閣風波發生之後，古龍一度無法正常寫作。

古龍被人砍了一刀，幾乎為此送命。而這一刀正巧是砍在古龍的手腕之上，對於一個以寫作為生的作家來說，這無疑是最為不幸的了。

古龍傷癒後的好一段時間，仍然不能執筆長時間的寫作。這期間古龍便以口述，讓他的弟子筆錄，進行創作。

《飛刀，又見飛刀》，正是古龍口述的一部作品。

《飛刀，又見飛刀》一九八一年二月十四日至五月廿五日連載於台灣《聯合報》。台灣萬盛本一九八一年七月出版一冊。

可以想見，這種口述的寫作，是無法能與古龍平時正常寫作的作品相媲美的。

古龍對這一點，自己也認識得很清楚。

古龍在談到自己的這部作品時說：

現在我腕傷猶未癒，還不能不停的寫很多字，所以我只能由我口述，請人代筆。

這種寫稿的方式，是我以前一直不願意做的。

因為這樣寫稿常常會忽略很多文字上和故事上的細節，對於人性的刻劃和感受，也絕不會有自己用筆去寫出來的那種體會。

最少絕不會有那種細緻婉轉的傷感，那麼深的感觸。

當然在文字上也會有一點欠缺的，因為中國文字的精巧，幾乎就像是中國人的傷感那麼細膩。

這是公允的說法，我們讀《飛刀，又見飛刀》這部作品之時，就不免發現其中語言和技巧略嫌粗疏之處，對轉折和節奏的掌握也顯得一般，缺少了古龍平時作品中那種精微之處的美感與靈氣。

但是古龍又這樣說：

「幸好我也不必向各位抱歉，因為像這樣寫出來的小說情節一定是比較流暢緊湊的，一定不會有生澀苦悶冗長的毛病。

「而生澀苦悶冗長一向是常常出現在我小說中的毛病。」

這只是古龍的一個說法，《飛刀，又見飛刀》情節上雖的確是緊湊，然而卻不舒展。如果拿《飛刀，又見飛刀》與《蕭十一郎》比較，《飛刀，又見飛刀》的瑕疵就看得更清楚了。

《蕭十一郎》和《飛刀，又見飛刀》都是由電影改寫成小說的，可以說情況幾乎差不多。從情節的發展和推進上來看，當然這樣的電影小說是緊湊和流暢，線條鮮明的，但是《蕭十一郎》的小說語言卻是舒緩、流暢、優雅，藝術水準不知比《飛刀，又見飛刀》高出了多少籌。

拍《飛刀，又見飛刀》的電影，當然是祭《多情劍客無情劍》成功的法寶。因為小李飛刀太有名了，從票房價值上考慮，許多觀眾可能只是衝著「小李飛刀」也要去看這樣一部電影。

古龍說：

有關李尋歡和他的飛刀的故事是一部小說，《飛刀，又見飛刀》這部小說，當然也和李尋歡的故事是密不可分的關係。

可是他們之間有很多完全不相同的關係。

——雖然這兩個故事同樣是李尋歡兩代間的恩怨情仇，卻是完全獨立的。

——小李飛刀的故事雖然已經被很多次搬上銀幕和螢光屏，但他的故事，卻已經被寫成小說很久了，「飛刀」的故事現在已經拍攝成電影了，小說卻剛剛開始寫。

這種例子就好像蕭十一郎一樣，先有電影才有小說。

這種情況可以避免很多不必要的枝節，使得故事更精簡，變化更多。

因為電影是一種整體的作業，不知道要消耗多少人的心血，也不知道要消耗多少物力和財力。

所以寫電影小說的時候，和寫一般小說的心情是絕不相同的。

古龍改寫《蕭十一郎》時有著巨大的創作熱情，這是與改寫《飛刀，又見飛刀》之時不同的。

沒有真正下苦功的作品，不可能獲得多大的成功。

古龍第四個階段即衰退階段的創作，水準的下降誠然令人悵憾。

●《風鈴中的刀聲》是古龍想打的強心劑

寫作是一種外人難以想像的艱鉅工程。

對於一個已經獲得了巨大的成功，已經達到了他所追求的藝術巔峰的作家來說，這種工程的艱鉅更有了另外一層意義。那就是不僅要克服寫作本身所產生的疲乏，而且還要進一步尋求靈感和突破，以戰勝成功本身所帶來的煩膩。

波德萊爾把寫詩看作是一種體力活兒。

法國名作家巴雷斯聲稱他能從波德萊爾的每一個微小的字眼裡，辨認出那種使他獲得巨大成功的辛勞痕跡（見《發達資本主義時代的抒情詩人》，班雅明著）。

三十年代名作家張恨水把自己的寫作稱為「文字勞工」。

古龍不僅是一個成功的武俠小說大宗師，他的身上更多地閃爍著詩人的超凡氣質。

古龍把武俠小說幾乎當作詩來寫，他這種艱鉅的實驗獲得了成功。

從《多情劍客無情劍》到《歡樂英雄》、《大人物》，使他的創作達到輝煌的高峰，可以說，這時他已經完成了他力挽狂瀾般的歷史使命。

古龍為之付出的心力勞動，是外人無法想像的。

古龍說：

「創作是一件多麼艱苦的事，除了他們自己之外恐怕很少有人能明白。」

古龍自寫出《白玉老虎》之時就已露出創作力上的疲態。他不僅精力不如從前，而且他的靈感也不如從前那樣敏銳和豐富。離婚和吟松閣風波，從身心兩方面使他受到了重大的打擊。

古龍的創作枯澀了，他自己也認識到了這樣一個可怕的事實。

古龍在寫《風鈴中的刀聲》之時感慨道：

作為一個作家，總是會覺得自己像一條繭中的蛹，總是要求一種突破，可是這種突破是需要煎熬的，有時候經過了很長久很長久的煎熬之後，還是不能化為蝴蝶化作繭，更不要希望能練成絲了。

所以有很多作家困死在繭中，所以他們常常酗酒，吸毒，逃避，自暴自棄，甚至會把一根「雷明頓」的散彈獵槍含在自己的咽喉裡，用一根本來握筆的手指槍擊扣下扳機，把自己和他的絕望同時毀滅。

用雷明頓獵槍自殺的是大名鼎鼎的美國作家海明威，一般的文學愛好者對這個名字都會耳熟能詳。

古龍在這個時候感覺到了逼近的危機。他不願意作一條困死在繭裡的蛹，他希望能作一隻美麗的花蝴蝶，在花叢中忽隱忽現，在青天白雲間逍遙留連。但是這種蛻變的痛苦卻像一條溫柔的小蛇，時時在啃噬古龍已經疲乏的內心。

古龍在給自己打氣，加油。

古龍說：

可是一個作家只要活著就一定要創作，否則他就會消失。

無聲無息的消失就不如轟轟烈烈的毀滅了。

所以每一個作家都希望自己能夠有一種新的突破，新的創作。對他們來說，這種意境簡直已經接近「禪」與「道」。

在這段過程中，他們所受到的挫折辱罵與訕笑，甚至不會比唐三藏在求經的路途中所受的挫折與苦難少。

宗教、藝術、文學，在某一方面來講是殊途同歸的。在他們求新求變的過程中，總是免不了會有一些痛苦的煎熬。

古龍的這種痛苦不僅是形而上的痛苦，而且還是現實的疲乏。

這是一個已經創造出輝煌業績的天才卻得不到別人的認同，「知音少，弦斷有誰聽」的痛苦。擺在古龍面前的並不只是鮮花、掌聲和喝采，還有「挫折、辱罵與訕笑」等「痛苦的煎熬」。

譽謗相隨，此時有人就在大肆攻擊和批評古龍。

有人非議他的武功招式寫得太少，不像武俠小說。

也有人批評他行文和排列的方式。

更有人帶著誇張的惡意指責古龍缺乏「舊的學養」，少了詩情畫意的味道。

儘管古龍完全知道這些批評最終不過是一陣耳邊風，但他終究因為有一顆敏感的詩人之心，而致平添孤獨和惆悵。

古龍在寫《風鈴中的刀聲》之時，內心的風暴正達到前所未有的高潮。

《風鈴中的刀聲》一九八一年十月廿二日至一九八二年五月廿一日連載於台灣《聯合報》。台灣萬盛本一九八四年三月出版二冊。

此時古龍寫作武俠小說的歷史已有二十年了，字數達到兩千多萬字，並且已經被改編了數十多部武俠電影，創作出輝煌的偉績。

這時的古龍想「求新，求變，想創作突破，這種欲望也許已經比一個沉水的溺者，想看到一根浮木的希望更強烈」。

《風鈴中的刀聲》就是古龍想要抓住的一根救命稻草。

古龍自己也承認：

「風鈴中的刀聲絕不會是一條及時趕來的援救船，更不會是一塊陸地。我最多只不過希望它是一根浮木而已，最多只不過希望它能帶給我一點點生命的綠意。」

古龍這種渴望突破的心態昭然大揭。

古龍在《風鈴中的刀聲》的序中寫了許多，對這部作品的構思、緣起、想法作了大量介紹，這是不多見的。古龍難得對自己的作品的構思、緣起作詳細介紹，從這一點也可以看出，古龍是多麼看重這部作品，對這部作品寄予多大的希望。

長期處於這種想再創奇蹟的心態的古龍，有一天終於來了靈感。

那是一天晚上，他與著名作家倪匡飲酒閒聊之際，頭腦中忽然劃過了一道靈感的閃電，出現風鈴的刀聲這幾個神奇而美妙的字句。敏銳而有異稟的古龍馬上抓住這稍縱即逝的靈感，他感覺到這個美麗的詞句，使他可以寫出一部帶來奇蹟的作品。

在這時他心中還沒有很好的構思，他還不知道這個故事是一個什麼樣的故事，只不過有點故事的影子而已。但風鈴中的刀聲，這幾個詞已經像有魔法一般印入了他的腦海。每天在他的頭腦中閃現，刺激著他創造的欲望。

這個過程是漫長而痛苦的，像化蝶的蛹，必須經過痛苦的煎熬。有一天古龍酒醉，醉後醒來，在那種醉醒的寂寞（古龍的小說中多次談到這種醉醒後的寂寞）之中，古龍開始有了一點故事的影子。

古龍開始沉浸在這個故事之中。

古龍自己說：

然後在床上，在浴中，在車裡，在樽邊，在我還可以思想的時候，這個故事就好像一隻蛹忽然化作了蝴蝶。

蝴蝶也有很多種，有的美，有的醜，有的平凡，有的珍貴。

這隻蝴蝶會是一隻什麼樣的蝴蝶？

誰知道？

經過這種漫長的煎熬，《風鈴中的刀聲》的故事終於成熟在古龍的心中了。

古龍在這部書的序中詳細介紹了自己的想法。

古龍寫道：

一個寂寞的婦女坐在風鈴下，等待著她所思念的人歸來，她的心情多麼淒涼多麼寂寞。

在這種情況下，每一種聲音都會帶給她無窮的幻想和希望，讓她覺得歸人已歸。

等到她的希望和幻想破滅時，雖然會說得哀傷痛苦，但是那一陣短短的希望畢竟還是美麗的。

所以詩人才會說：「是個美麗的錯誤。」

如果等到希望都沒有的時候，那才是真正的悲哀。

在這一篇《風鈴中的刀聲》中，一開始我寫的就是這麼樣的一個故事。

這個故事當然也有刀。

這一刀揮出，刀鋒破空，震動了風鈴。淒厲的刀聲浸得風鈴聲更優雅美麗，這種聲音最容易擦到人們的相思。

相思中的人果然回來了，可是他的歸來卻又讓所有的希望全部碎滅。

這是個多麼殘酷的故事，不幸的是真實有時比故事殘酷。

於是思念就變成了仇恨，感情就變成了怨毒。於是血就要開始流了。

「為什麼武俠小說裡總是少不了要有流血的故事？」有人問我。

「不是武俠小說裡少不了要流血，而是人世間永遠都避免不了這樣的事。我說：「在這個世界上每一個角落裡，隨時隨刻都可能有這一類的事發生。」

「這種事難道就永遠不能停止？」

「當然可以阻止。」我說：「只不過要付出很大的代價而已。」

我又補充：「這種代價雖然每個人都可以付出，但卻很少有人願意付出。」

「為什麼？」

「因為要付出這種代價就是犧牲。」

「犧牲什麼？」

「犧牲自己。」我說：「抑制自己的憤怒，容忍別人的過失，忘記別人對自己的傷害，培養自己對別人的愛心。在某些方面來說，都可以算是一種自我犧牲。」

「我明白了。」問我話的朋友說：「因為要犧牲任何事都很容易，要犧牲自己卻是非常困難。」

「是的。」

我也用一種同樣嚴肅而沉痛的表情看著我的朋友，用一種彷彿風鈴的聲音對他說：「可是如果你認為這個世界是已經沒有願意犧牲自己的人，那你就完全錯了。」

我的朋友笑了，大笑！

我也笑。

我笑，是因為我開心，我開心是因為我的朋友都知道，武俠小說裡寫的並不是血腥與暴力，而是容忍、愛心與犧牲。

我也相信這一類的故事同樣可以激動人心。

《風鈴中的刀聲》是古龍後期作品中很重要的一部，寫得很美，很新，確實是有創新突破之處，值得我們去研究。

將武俠小說當作散文詩來寫，古龍早在《天涯·明月·刀》中就用心地試驗，《風鈴中的刀聲》的語言風格，乃是上承《天涯·明月·刀》求新求變的路子。更重要的是，《風鈴中的刀聲》的語言比《天涯·明月·刀》更為成熟。

《天涯·明月·刀》的語言還有斧鑿的痕跡，有的地方因辭害意，寫得過於艱澀，不夠乾淨明快。而《風鈴中的刀聲》的語言則已散發出成熟的芳香氣息了，雖然還是散文詩風格，處處浸潤著詩意，但卻自然、流利，水到渠成，有大家風範，圓潤，樸素。

古龍在同期稍後另一時期，宣稱自己雖然精力不如以前，但對語言的把握更有獨到之處，的確不是虛言。

試看下面一段《風鈴中的刀聲》中的描寫：

丁丁看到這棟白色小屋的時候，已經精疲力竭。

小屋是用白石砌成的，看起來平凡而樸實，可是小屋外卻有一道和小屋極不相配的非常幽雅的前廊，廊前的屋簷下，居然還掛著一串只有在非常悠閒的人家裡才能看到的風鈴。丁丁的人快垮了，他的馬也快垮了。

他這個人和他牽著的這匹馬都不是容易垮的，他們都已經過千山萬水，千難萬苦才到達這裡。

他看到這棟白色的小屋和簷下的風鈴之時，幾乎認為自己已經回到了江南。

春水綠波柳萌花樹掩映下的小屋，屋簷下擦得發亮的風鈴。

他彷佛已經可以聽見那清悦的風鈴聲，在帶著一種遠山草木的芬芳的春風中響起。

然後他就看見了那個白色的女人，白如雪、靜如岩，飄逸如風，美如幽靈。

這種語言的成熟和美麗，是不須多說的。

上面的這段引文，可以說代表了《風鈴中的刀聲》的語言風格。

古龍對這部作品寄予厚望，的確有獨到之處。

但是古龍的這部《風鈴中的刀聲》並沒有完滿地達到他內心本來的期望值，這是古龍的一個遺憾，也是我們的一種損失。

古龍的確已不是當年寫《歡樂英雄》的古龍了，他不能不承認他在走下坡路的事實。他雖然天才不改，審美能力更高，但他的精力已經衰退，酒色讓他疲倦，他的身體已承受不了那種寫作的艱鉅。

《風鈴中的刀聲》，古龍最終並沒有寫完，結局由有「天下第一槍手」之稱的台灣作家于東樓代筆快速收尾，這樣就使《風鈴中的刀聲》的藝術成就不免打了折扣。

●《那一劍的風情》由弟子代執筆

一個卓越天才在他成功之後所會受到的壓力，是外人無法想像的。這種壓力不僅僅是來自外部，來自讀者和評論界對他越來越高的期望，更來自於他的內心。

獨自登上了一個沒有回聲的高峰，這種孤獨感有時甚至會毀滅天才，尼采的瘋狂正是這樣的例子。

而且還不僅僅是孤獨，還有孤獨之後的寂寞和無聊，一種可怕的厭倦將如毒蛇一般咬噬著這個天才的內心。

古龍在七十年代末期的心情就受到這些孤獨、無聊、厭倦、懷疑的煎熬和考驗，而很少有人能夠站在他的立場上為他考慮。他已經寫出了《多情劍客無情劍》、《蕭十一郎》、《歡樂英雄》、《大人物》，還有《流星‧蝴蝶‧劍》、《七種武器》、《陸小鳳傳奇》等等高度成功的作品，他已經走上了前無古人後無來者的絕頂奇峰。

一場武俠小說史上最艱鉅、最困難，又是最輝煌最壯麗，前途最不可限量的新派武俠創作運動已經大功告成。

成功給古龍帶來了夢想和光榮，但也給他帶來了成功者所特有的心理障礙和情緒陷阱。這個成功愈是巨大和不可限量，這種熱烈的苦味也愈是濃烈。

天才卓絕的古龍已經開始走下坡路了。

自《白玉老虎》（一九七六年）的寫作起，古龍微露衰象。

他的日常生活也是風波突起，變生肘腋。

其一是離婚。

他和梅寶珠本來是一對令人豔羨的佳偶，才子佳人，是一段美好的故事。

他的前輩文友陳定山曾贈給這對璧人一副嵌入他們兩人名字的對聯：「寶靨珠鐺春試鏡，古韜龍劍夜論文。」他們兩人之間有過一段美好和值得珍惜的回憶。

他們離婚，平心而論是浪子古龍咎由自取。古龍的習慣是每一段時間潛心寫作完成一部佳構之後，便擲筆而去，以醇酒、女人來作為慶祝的狂歡。古龍有時甚至難得回家，讓夫人空房獨守。不管怎樣，婚變還是讓古龍痛心的，這影響到他寫作的情緒。

其二是吟松閣風波。

酗酒誤事，古龍平白被砍了一刀，幾乎因此送命。

古龍在醫院進行大換血，他那天才的血液不再純粹了，再難以像往日那樣渾身都是靈感了。

古龍談到他這段時間久不寫作的原因時說：

「並不是我不想寫，而是我有力不從心的感覺。在心理上，我離了婚，這給我很大的壓力。在身體上，我受了重傷，併發肝病，住了幾次醫院，接二連三地吐血輸血，輸入我體內的血已高達八千五百CC。我不是鐵打的人，怎麼抵受得了。」

古龍的離婚是因為女人，古龍的肝病是因為美酒。長期的酗酒，摧毀了他健康的身體。酒是穿腸毒藥，色是刮骨鋼刀，看來這並不是古人的過言。

古龍的如椽大筆開始滯澀不靈，他久久動不了筆。他不想寫，但是他不能不寫。

廣大狂熱的讀者還是一如既往地愛戴著他，期望他的一篇又一篇新作。出版商更是把他當作一隻會下金蛋的神奇靈鵝。而古龍自己，雖然他的小說已經給他帶來了可觀的收入，但一擲千金的他，還是常常感到手頭的拮据。

古龍陷入了一個魔圈，他已身不由己。因為精力衰退的緣故，起初他還口述小說由秘書筆錄，後來他乾脆找人代筆，或是續寫由他開頭、列出大綱的作品。

古龍這時開始收了幾個弟子。

當然我們要肯定地說，古龍的這種舉動絕不是單純功利和流俗的。古龍的確想發揚光大由他所創立的新派武俠小說。

古龍說：

我不但執起我的筆，我還希望能提拔一批後進，一批新銳。這是我病中的構想，我因身心所遭受到打擊，體力已經大不如前。但是我的編織力，我的想像力，我對文字的領會，都比以前更進步。所以我想到，假如我能找到一些新人，一些富有年輕創意，富有無窮衝擊性想像力的新秀，來結合我的經驗，一定可以共同創造出武俠世界的大局面。這可以說是我再世為人的一個體驗，可以表示我對武俠世界的不能忘情。尤其是武俠世界的趣味，那些激動人心的力量，依舊在我心中燃燒著。我希望這位跟我一起出現的「申碎梅」，能夠在將來以獨立的姿態，翱翔在武俠小說的天地裡。

古龍的《白玉雕龍》（一九八一年）就是大部分由弟子申碎梅（實即薛興國）代筆的。

古龍的另一位弟子丁情則創作了《那一劍的風情》，署上古龍的名字。

有人這麼問：「『丁情』、『申碎梅』這麼柔的名字，應該是個女性，可是古龍和女孩子在一起的時候，應該是在做一些比寫作更有趣的事才對，怎麼會在一起提筆寫稿呢？」

古龍的回答是獨特的古龍式的回答：

「你不覺得寫作也很有趣嗎？」

這句話似是而非，沒有什麼新意，等於沒說。

所以古龍又補充說：

「寫作沒有趣，我怎麼會寫三十多年不輟？寫作沒有趣，我怎麼又會提筆呢？」

看來古龍也有用大話來誆我們的時候。

下面的這段問答也是古龍設計的稍許誇張卻不帶什麼惡意的花招。

就算寫作有趣好了，可是古龍會和一個女子一起寫作，有人會相信嗎？

古龍說：「有。」

「誰？」

古龍說：「我。」

這是書商經過古龍默認的廣告技巧。

古龍確實好長時間不動筆了，以至於當時有人猜測他會像金庸那樣「金盆洗手」，退隱江湖。

但是古龍不是金庸，古龍也不會作金庸，古龍也作不來金庸，古龍也不需要去作金庸。

古龍和出版商一起推出了《那一劍的風情》等由古龍和弟子「聯合創作」的作品，古龍為此找了一些冠冕堂皇的理由。

出版廣告這麼說：

也許經歷那些傷心傷身的事之後，古龍徹頭徹尾改變也說不定，就他想培訓新銳作家這件事來說，在幾年前，他是想也不會想的，因為他是武俠泰斗。

但是，一個人高高在上，這是多麼寂寞的事。多些人來耕耘武俠的園地，多些人來共創武俠的世界，是多麼熱鬧而又好玩的事，對不對？

古龍笑而不語。

古龍的作品的意識，一向都是積極的，進取的，激動人心的，奮發向上的。這次聯合創作，必有所變，這些，會不會變？

古龍說：「武俠小說的本質，我是不會變的。善的，美的，振奮人心的，為什麼要變？」聯合創作的目的，在於改變故事的描述手法，在於創造出更精采的故事情節，希望對人物的刻畫，對情節的推展，都有「變新」的展示。

這當然是古龍主觀而善良美好的意願，但這種意願卻多有隱情，使這種本來是很純粹美好的事情有了一些讓人迷惑之處。

平心而論，這次聯合創作《那一劍的風情》（實際主要是丁情執筆）還是出手不凡的，丁情那時是古龍鍾愛有加的徒弟。將《那一劍的風情》放在古龍小說之後的後新派及超新派武俠小說之中，這部小說還是夠得上檔次，列入可讀之作。

《那一劍的風情》寫的是：「怒劍初出，山河失色，狂花初露，冠絕群芳，劍氣千幻。風雲起紅裙而戰，人斷腸，在山之巔，在劍之芒，血花飛舞三千尺，生死一彈指。在那月冷如銀的晚上，卻只望能尋得一片靜靜的落花，將萬古寂寞，與我的筆同藏。」

《那一劍的風情》在筆調修辭上非常講究，力求寫出古龍所獨創的散文詩小說文體的風格神韻。落花好似情人的眼睛，風情萬種，溫柔如水，而「怒劍」是一把充滿怒氣和殺氣的劍，劍出鞘，風雲湧動，天地失色，也是古龍的思維方式。

但古龍畢竟是不可代替的，難以模擬的，通篇的境界明顯低於古龍的神品。

用袁宏道的「畫工」和「畫意」之說：《那一劍的風情》給人以「畫工」的口實。

因辭害意，這也是《那一劍的風情》的缺點，此書太講究言辭，在結構的嚴密，情節的緊湊上則沒有成功，絕不像古龍小說的流暢明淨，絲絲入扣。這種因辭害意的毛病，甚至在後來崛起的超新派武俠小說中也同樣有此弱點。

《那一劍的風情》內容看上去像古龍的武俠人物、武器的大雜膾。這本書最違反古龍小說的常規是：小說中的主角是女人，「藏花」像是女版的楚留香。古龍是很大男人主義的，從來不會以女性為主角。古龍居然認可了《那一劍的風情》，也許是對這個「似友似徒更似情人」的弟子丁情，予以長者般的寬容吧。

●《大武俠時代》及《短刀集》成最後的絕響

古龍自寫了《風鈴中的刀聲》、《劍神一笑》之後，兩年多來他沒有寫過一篇武俠小說。這是不尋常的事，古龍的創作似乎已經到了盡頭。

《劍神一笑》之後，有幾部署名古龍的作品，其實並不是古龍親筆寫成，而是他的弟子執筆。

一九八一年出版的《白玉雕龍》，主要是由申碎梅代筆。

一九八一年出版的《怒劍狂花》、《那一劍的風情》，是丁情執筆。

一九八三年出版的《邊城刀聲》，也是丁情執筆。

古龍這一段時間沒有寫作，一方面是由於他創作上的低潮，另一方面是因為他的身體原因。

古龍的武俠小說創作歷史，已有二十餘年，他有點煩膩了。

古龍自己說過一句話：

「一位作家的作品再受歡迎，假如風格不變，境界不變，就很無聊。」

古龍不是一般的「賣文」的武俠小說作家，他並不僅僅是把寫武俠小說當作謀生的手段，他有一顆藝術家的良心，追求一種更高的藝術境界，這當然也和他本來是一個很有理想的、要寫純文學的文學青年之內心情結有關。

古龍絕不會僅僅滿足於建立一個全新獨特的風格，他還要更美更好，精益求精，不斷的自我提高。

縱觀古龍的創作經歷，無一不是他展現「求新求變」的歷史。求新求變一時未能再突破，這就是他停筆的內因。

當時的台灣作家評論說：

「當讀者為他的小說喝采的時候，他卻想孤獨地奔向靜寂、冷清的前程，準備迎接讀者的下一次的掌聲。

「問題是，他迎接的一定是喝采與掌聲嗎？在這股強大的心理壓力下，古龍的情緒陷入低潮。」

與此同時，古龍停筆的外因出現了，他身體不行了，患了嚴重的肝病。雖然古龍的肝病與一次輸血的醫療事故有關，但更大的原因還是古龍幾十年如一日的酗酒。酒色二字如刮骨鋼刀，徹底摧毀了古龍的體質。

古龍住院，大吐血，最後不得不戒酒。

在這樣的情況下，他當然無法進行創作。

古龍停筆兩年多後，終於還是耐不住寂寞。因為對於一個真正的藝術家來說，創作已經成了他生命中一個必不可少的組成部分。不能創作，無疑更會讓古龍痛苦。

古龍出院後，身體稍有康復，決定另起爐灶，再創驚人奇蹟。

這就是古龍寫《大武俠時代》及《短刀集》的背景。

但是誰也沒有想到，這部作品竟成了古大俠最後的絕響。

《大武俠時代》及《短刀集》，是古龍分別應台灣聯合報萬象版的萬象系列，和時報周刊之邀而執筆的，在報刊連載，再現古龍的風采。

古龍果然是雄風猶在，寶刀未老，這兩系列短篇小說，竟得到熱烈的好評。

從水準上看，古龍還是古龍，還是有一種超凡脫俗的、天外高客般的境界。

《獵鷹・賭局》是短故事，這是因為古龍的精力不行了，不能承擔那種長篇小說的體力上的重負。

當時的許多武俠小說作家認為，古龍在體力的限制下，反倒樂於在他多種創作變化的形態之中，尋求新的嘗試。

台灣作家古凌在〈古龍的短刀〉一文中評價這部小說時說：

寫武俠小說，絕非泛人之輩所能勝任。古龍的短刀初次出鞘，仍展現不凡的功力，故事自成段落，情節鋪陳前後呼應，細節交代清楚，最重要的，是他筆下的人物有性格，有血有骨。

許多人關心古龍新著的轉變。他說，作家隨著年齡的成長，幻想力不如從前，但是組織力及對人生的體驗，必然進入新境，小說的結構與文字的鍛煉，也非昔日可比。

這些評價是中肯的，古龍的確是在結構和文字的成熟上，更上一層樓，有了戛戛獨絕之處。

古龍的最後一劍，自有特異之處，值得我們更為認真地去研究。

下篇　綜述與評價

第一章　古龍在武俠小說史上的地位

第二章　古龍與中國武俠小說的歷史

第三章　古龍之前無前派

第一章　古龍在武俠小說史上的地位

●古龍既打破了神話，又創造了神話

武俠小說這一特殊的文體，在當今社會的發展、壯大和成熟，是我們文化界的一個奇蹟，也是一個異數。當今世界有華人的地方就會有武俠小說，再沒有另一種文體比武俠小說的生命力更巨大、頑強和生機勃勃的了。

對武俠小說仍存在偏見的人並不是沒有，但即使這樣的人也不可能否認和抹殺武俠小說的獨特魅力，以及它對我們當今這個資訊時代強大的征服力和感染力。

讀武俠小說的人，不可能有人不知道有古龍這樣一個閃耀著神話般熠熠光芒的名字。古龍的名氣之大，是許多別的作家所難以夢想到的。

古人說宋朝詞人柳三變名滿天下，「凡有井水飲處，即能歌柳詞」。這句話完全可以照搬到古龍身上，在當今華人世界中，只怕凡有自來水飲處，即能誦古龍的大名。

古龍的名氣，一在於他的大量成功而暢銷的武俠小說，流傳廣泛，擁有大得驚人的讀者群；還有一個原因，是他的武俠小說在成功和暢銷後又大量改編為影視作品，這樣就使許多不讀武俠小說的人也很熟悉古龍的名字和他作品中的人物。古龍是一個天才，一個奇人，在他的身上有很多傳奇般的傳說。香港報人燕青這樣介紹古龍說：

無論在世界上什麼角落，凡是懂得說中國話的人，十有八九，都知道古龍的大名，別的作家知名度便沒有他這麼高。

古龍的武俠小說銷量多，流傳之廣，看來只有金庸能和他相比，即使是不看小說的人，也常會在銀幕上和螢光屏上，看到古龍的作品，若論小說被改編為電影和電視劇，數量之多，也只有金庸堪與比較。

一曲《小李飛刀》在香港和東南亞，唱到家喻户曉。有一個時期，歌星前往東南亞登台，若不唱出這一首歌，觀眾便會大喝倒彩，累得連台灣歌星也要連夜趕練，即使是口音不正，也要唱出這一首廣東歌曲。

金庸是武俠小說作家中另一個泰斗式的人物，他更早成功，製造了中國文人幾千年來正統的「修身、治國、齊家，平天下」的夢想得以完滿實現的武俠神話。

金庸在五十年代就已獲得了巨大成功，古龍則遲至六十年代末期才算真正修成正果，雖然二者同樣是創下一片江山，但是可以並不誇張地說，兩人相比較，古龍的成功，更具有無法想像的艱鉅難度。

舊派武俠小說，經過金庸卓有成效和用心良苦的改良，其藝術性和思想性在金庸的十五部小說中，儼然達到了巔峰。

當時所有的人都以為金庸的小說已經盡善盡美，無人能與匹敵，是一個凡人所無法逾越的巔峰和絕頂，這個巔峰不能說不是一個難以超越的神話。

當時已經流行了這樣一個口號：「金庸之後再沒有武俠小說。」

當時台港的武俠小說作家唯金庸馬首是瞻，因襲、模仿、沿用金庸改良的武俠小說套路。

台灣武俠小說評論家葉洪生曾直言不諱地說，諸葛青雲「樂此不疲」地照搬金庸《射鵰英雄傳》中的江湖格局。

所有的人都認為做不到的事，古龍卻做到了。

古龍打破了金庸的神話。

當古龍將他才華橫溢的作品擺到了讀者和評論家面前時，人們才開始驚歎：原來武俠小說竟可以這樣來寫！原來武俠小說這樣來寫竟是這樣的美好！

用一句老生常談的話來說就是：山重水複疑無路，柳暗花明又一村。

你只有瞭解了當時武俠小說的格局之時，你才能瞭解古龍創新的可貴和偉大之處。

古龍的作品給我們看到了完全不同的一個新的高度，新的境界。我們的眼界因古龍的作品而亮了起來，高了起來，開闊和爽朗了起來。

如果說金庸是舊派武俠小說的改良者、總結者、集大成者，那麼古龍則是新派武俠小說的締造者、開拓者、樹豐碑者。

如果沒有古龍，武俠小說藝術性和思想性的發展恐怕就停止在金庸的身上，起碼很長很長一段時間將是這樣停止下來。

古龍卻千山獨行，逕自給武俠小說注入了全新的活力，開創了一個改天換地的新世界。

古龍有一種無畏的氣概。

古龍將這個建設新世界的工作完成得太出色了，以至於在他打破了金庸這個神話的同時，又製造了一個新的屬於古龍的神話。

這是一個天才宗師的神話。這個神話不僅包括古龍堪稱龐大的作品數量和精湛獨創的品質，還包括了古龍本人傳奇的一生，浪漫的一生，落拓和惆悵的一生。

古龍的第一部武俠小說《蒼穹神劍》創作於一九六〇年，最後一部遺著《財神與短刀》發表於一九八五年，前前後後二十五年之中，一共完成了七十二部作品，字數共計兩千五百萬字左右，而其中可列為第一流作品，能代表獨特的古龍新派武俠風格的作品，最少在三分之一以上，這不能不說是一個神話。

古龍有著碩大的頭顱，矮肥而富有魅力的身材，他那奇幻的以鮮花、醇酒和美人來滋潤天才心靈的驚豔人生，實是讓人嚮往和迷醉，更不能不說是一個迷人的神話。

他的小說下筆千言，驚風泣雨，蘊含著縱橫的劍氣及展開的理想、熱血的青春、獲救的人民、自由的呼喊……古龍的這種舊派武俠小說難以企及的奇異境界，不可能不是一個傳奇的神話。

從金庸到古龍，武俠小說這一獨特文體本身的神話，因此也順勢建立了。

中國文化史上有一個可鄙的傳統，便是對異端文學、非主流文學的剿滅和莫名其妙的輕賤，通俗文學素來被列為不入流之品。這種陋習差點埋沒像《水滸傳》和《紅樓夢》這樣的偉大作品的光輝。

武俠小說歷來在正統文學的王國中被視作為流俗的等級，毫無地位可言。甚至民國時期的武俠小說名家大都恥於談及自己的成績，他們幾乎都覺得自己是誤入歧途，墮入了像娼妓一樣卑賤的職業行當。

那時武俠名家宮白羽，把自己為生計撰寫武俠小說當作終生恥辱，還珠樓主也公開檢討自己的「著書只為稻粱謀」，鄭證因在談及自己的作品時居然宣稱「我寫的這個不叫玩藝兒」，王度廬更認為自己「難登大雅之堂」。

連這些為武俠小說的發展作出了卓越貢獻的優秀作家，卻都這麼自輕自賤，更遑論正統文學界的口誅筆伐了，這方面太多的例子也毋需一一去列舉。

只是有了金庸和古龍兩大巨匠天才的努力，才改變了華文世界中這樣一個可悲的現實。金庸和古龍把武俠小說的真正藝術價值和思想價值，以作品的魅力充分披露給人們。

一個時代有一個時代的文學，武俠小說在我們這個時代，逐漸開始成了一個重要的文類。

明朝的大思想家李卓吾說：

「詩何必古選，言何必先秦？降而為六朝，變而為近體，又變而為傳奇，變而為院本，為雜劇，為《西廂記》，為《水滸傳》，為今之舉子業……」

將這句話繼續說下去，就是為我們現在的武俠小說這一新的文體張目。

如果說金庸的成功讓武俠小說在現代文學史上有了地位，古龍的天才便是使這個地位鞏固下來，承先啟後，為武俠小說的發展開拓了無窮的可能。

古龍打破了舊派武俠小說的神話，製造了文學史上的又一個神話，這個神話已經被無數的人認識到，未來還要被更多的人認識。將會有更多的人不帶偏見，心懷仁慈、溫柔、感激和憐惜去欣賞古龍，讚美古龍，繼承古龍，發揚古龍。

我們這個時代是缺乏神話的時代，讓我們懷著對天才的敬意，去珍惜和欣賞古龍其人其文這樣一個美麗得幾乎像是不真實的神話。

●中國古代武俠文化兩個不同傾向的傳統

要想瞭解古龍對武俠小說作出的真正貢獻和天才業績，我們不能不花一點時間來談一談中國傳統上的武俠文化。

俠和俠文化是完全不同的兩回事，正如酒和酒文化也有根本上的區別一樣。

俠是一種現實，而俠文化則是對這種現實在上層建築和意識形態層次上的昇華。

如果單是考查俠的起源、產生、形成和歷史，那我們得到的只是一些實證的知識。

事實上俠文化的含義比一般人所理解的俠要豐富和浪漫得多，在俠文化中，現實和歷史中的俠，早已不知不覺變了味，就像葡萄酒已經變成了可口而讓人沉醉的味道。

俠最早的定義見於韓非：「儒以文亂法，俠以武犯禁。」「群俠以私劍養。」

我們的文化最早是排斥俠的。

中國的國學是儒學，而正統的儒家歷來是站在與俠相對立的文化觀念上，批判俠所代表的尚武精神。

例如孔子就說過：「好勇疾貧，亂也。」又說：「古之君子，忠以為質，仁以為衛，不善則以忠化之，寇暴則以仁禦之，何別恃劍？」由此可見孔子對俠的反對態度是很明顯的。

傳說孔子力能舉城門，而不以力顯，這是符合孔子自己的原則的。

正統的道家同樣也是看不起俠的存在的，莊子在《說劍》篇中，就用了「天子之劍」、「諸侯之劍」、「庶人之劍」的寓言說法，批判了俠的外在行為方式，莊子強調的也是內在的精神品質。

連最初提出俠之概念的墨子，對俠也僅僅抱同情態度，而主張「非攻」、「兼愛」，強調「義利，不義害」，「利之中取大，害之中取小」。

現實中存在的俠最終是退化、變質、瓦解、消失了，但不可思議的是，在眾多批判和反對聲中，瑰麗浪漫而富於英雄主義、理想主義和自由主義的俠文化，卻茁壯成長起來了。

俠文化是中國文化中的一個異數和一個奇蹟，這一點，已經成為有識之士的共識，這種獨特性，是其他語系文化中無法比擬的。

俠文化的產生和發展，首先不能不歸功於漢代的偉大歷史學家、文學家司馬遷。司馬遷是中國歷史上第一個正面肯定俠，並且把俠拔高到上層建築和意識形態水準上的人。

司馬遷在他的不朽巨著《史記》中第一次為俠正面立傳，他在《遊俠列傳》中說：「自秦以前，匹夫之俠，湮滅不見，余甚恨之。」司馬遷以最為遠大和深邃的天才眼光，發掘了俠在上層建築和意識形態層次上的文化價值，俠文化由此而濫觴。

至司馬遷為止，俠才有了文化上的自覺意識，形成了較為完整的文化意義上之俠的世界觀和價值觀。這種文化意義上的俠，才是我們現在成為了一門學問和藝術的武俠小說發展和進化的總源頭。

文化意義上的俠，有下面兩種精神價值。

一是俠之義。

司馬遷在《遊俠列傳》中道：「布衣之徒，設取予然諾，千里誦義，為死不顧世，此亦有所長，非苟而已也。」

俠的存在不是偶然的事，不是苟且之事，俠有它自己獨特的精神道德範疇，這就是俠之義。

俠之義首先要求任俠者「重然諾」，也就是司馬遷在《遊俠列傳》中所說的「其言必信，其行必果，已諾必誠」，這三條基本的原則。

俠之義其次是「千里赡急，不吝其生」的行動原則，這是一種淑世且濟世的理想。得不到來自社會的許諾和安全感的平民，當然在感情上無比歡迎這種不惜犧牲來挾危濟厄的利他主義的理想精神。

俠之義的第三條是：「不矜其能，羞伐其德。」不矜誇自己的本事，羞於談及自己對他人的恩惠，這種做好事不留名的精神風範，至今還在感動我們社會中的許多人。

俠在文化上的另一種精神價值，是一種廣義範疇的復仇精神和平等原則。

這種文化中的復仇精神，已經超越了狹隘的銖錙必較的冤冤相報，它意味著「對個人人格尊嚴的一種維護和伸張方式」，或者它是「對危害群體利益，貶損群體信仰的團體或個人實施懲罰的一種社會行為。」（見陳山《中國武俠史》）

俠的精神滲透到了意識形態和上層建築，使得俠具有了這些文化意義上的世界觀和價值觀，同時又造成了俠者在文化上的藝術價值和審美價值。

現代的優質武俠小說，我們隨便找出一篇來分析，其中所包含文化上的俠之精神價值和藝術價值，大抵不出上面論及的那兩個方面之俠的內涵。

但是實際上俠文化的世界觀和價值觀，又非常複雜而深刻地受到了中國傳統文化，特別是儒家思想和道家思想的影響。

比如儒家的入世思想，以及「士可殺不可辱」、「殺身成仁」、「捨身取義」、「富貴不能淫，貧賤不能移，威武不能屈」的這些剛猛壯烈的道德準則，影響到俠的文化，便成了俠士所應具有、必不可少的品德，金庸「俠之大者，為國為民」的說法，也大可明顯看出儒家思想的影響。

後來又有了「儒俠」的說法，更是明證。

在道家思想方面，道家對社會制度的否定，對暴政的反對，講究順法自然，清靜無為，享受人生的樂趣，蔑視禮教和世俗的約束，暢飲山野風水，這些瀟灑和風流都大大影響了俠的文化內涵，使俠變得豐富和有趣得多了，使俠逐漸具有了文化意義上更為完整的藝術性和審美性。

武俠小說中出現的風流瀟灑、浪跡江湖、看花飲酒的大俠，體現的正是道家式的逍遙和達觀。

所以中國歷史上的俠文化，其實具有兩種不同傾向的傳統，這兩種不同的傳統相輔相成，起著一種微妙的互補和調節作用，形成了非常獨特而又瑰麗的漢語文化中，一種全新文化品格。

這兩個不同傾向的傳統便是：儒家化的俠文化和禪道化的俠文化。

這確是一個很有趣而又意味深長的現象。

簡單地說，儒家化的俠文化代表一種入世的積極參與精神，而禪道化的俠文化則是接近了一種出世的，關注自我和人生之本質問題的態度。

俠文化在魏晉六朝與隋唐時詠俠詩潮的文學現象中，得到了非常完滿的發展，這個時期，俠才真正成為了一種完滿自洽的文化現象。

儒家化傾向的俠和禪道化傾向的俠，這兩種不同的文化傳統，此時也完全分化出來，對後世武俠小說的發展產生了深刻的影響。

●古龍繼承了武俠文化的另一個傳統

在中國傳統的武俠文化中，真正深刻而本質地影響了現代武俠小說的形式與內涵的，不僅僅是司馬遷的《遊俠列傳》以及傳奇筆記中的一些武俠小說雛形，更主要的是魏晉六朝與隋唐興盛的詠俠詩潮。

這是貴族文化和上層建築層次上對武俠文化意義的拔高和理想化，這是一場充滿自覺意識的新文化建設運動。通過這場運動，俠獲得了文化意義上的圓滿性和自覺性。

詩歌，幾乎是中國古典文學的主流。幾乎中國古代一切的文學樣式，都直接受到詩歌的巨大影響。如果我們要更深入全面地理解中國古代俠文化的兩種不同傾向的傳統，要更進一步地理解現代武俠小說的思想價值和藝術價值，我們不能不考察魏晉六朝與隋唐興盛的詠俠詩潮這一文化現象。

詠俠詩潮濫觴於東漢的文賦。張衡的《西京賦》，班固的《西都賦》、《東都賦》都出現了關於俠的辭句，但沒有形成完整意義的俠，往往一筆帶過，泛泛而論。

第一次完整發揮俠的文化意義的詩人，是寫《洛神賦》的大才子曹植。他的《白馬篇》，又稱《遊俠篇》，第一次完整描繪了邊塞遊俠的忠勇，全文如下：

白馬飾金羈，連翩西北馳。
借問誰家子，幽並遊俠兒。
少小去鄉邑，揚聲沙漠垂。
宿昔秉良弓，楛矢何參差。
控弦破空的，右發摧月支。
仰手接飛猱，俯身散馬蹄。
狡捷過猴猿，勇剽若豹螭。
邊域多警急，胡虜數遷移。
羽檄從北來，厲馬登高堤。
長驅蹈匈奴，應顧陵鮮卑。

棄身鋒刀端，性命安可懷？
父母且不顧，何言子與妻？
名編壯士籍，不得中顧私。
捐軀赴國難，視死忽如歸。

這是一首很值得我們注意的詠俠詩，詩中描寫了遊俠的英姿和高超的武藝，遊俠不惜犧牲，棄身刀刃離別親人，捐軀赴難，視死如歸，高尚的大俠形象讓人景仰。

很明顯我們可以看出，這首詩代表的是一種儒家化的俠義傳統。「捐軀赴國難」，乃是儒家為國為民、殺身取義的理想化。天下興亡，匹夫有責，是一種積極入世的精神，是認同「修身、齊家、治國、平天下」的儒學士人之最高理想。

金庸小說，便是直接繼承了這樣儒家化之俠的俠文化傳統，金庸在《神鵰俠侶》中借郭靖之口說：「為國為民，俠之大者。」使布衣之俠的境界提升到「俠之大者」的境界，在這裡我們可以清楚看出金庸小說裡，大俠的本質與源頭。

實際上我們讀曹植的《白馬篇》，很容易聯想起金庸小說中大俠郭靖的形象，這首詩幾乎可以一字不易地用在對郭靖俠跡的描寫上。

儒家的學說歷來高踞中國古代文化的正統地位，所以我們不能不看出中國武俠文化中的「儒家化武俠」這一傾向的傳統，它是佔有著主流地位的。

這種儒家化的武俠文化，最後在唐朝大詩人李白的詩文中發展到了頂峰，《俠客行》是李白最著名的一首詠俠詩，這道詩將戰國趙魏遊俠群體的高大形象，描寫得光彩照人：

趙客縵胡纓，吳鈎霜雪明。
銀鞍照白馬，颯沓如流星。
十步殺一人，千里不留行。
事了拂衣去，深藏身與名。
閑過信陵飲，脱劍膝前橫。
將炙啖朱亥，持觴勸侯嬴。
三杯吐然諾，五嶽倒為輕。
眼花耳熱後，意氣素霓生。
救趙揮金槌，邯鄲先震驚。
千秋二壯士，烜赫大梁城。
縱死俠骨香，不慚世上英。
誰能書閣下，白首太玄經。

我們可以看出，這首詩實際上是沿襲《白馬篇》建功立業的儒家理想精神，注重的是立功疆場，名垂青史，功利價值的意義非常明顯。

李白另外的一些詠俠詩，更直接地表露了對這種儒家化武俠的欣慕。

在他的《在水軍宴贈幕府諸侍御》一詩中寫道：

寧知草間人，腰下有龍泉，浮雲在一決，誓欲清幽燕。

在《臨江王節士歌》中寫道：

安得倚天劍，跨海斬長鯨。

在《贈張相鎬》之中寫道：

撫劍夜吟嘯，雄心日千里，誓欲斬鯨鯢，澄清洛陽水。

在《塞下曲》中寫道：

願將腰下劍，直為斬樓蘭。

在《贈何七判官張浩》中寫道：

不然拂劍起，沙漠收奇勳。

在《鄴中贈王大勸入高風石門山幽君》中寫道：

紫燕櫪上嘶，青萍原中鳴。投軀穿天下，長嘯尋豪英。

李白這些大量的詠俠詩，為武俠文化中儒家化傾向的完滿自洽作出了很大貢獻，可以說在這個時期，俠文化的儒家化傾向，已經影響到了當時文化中的上層建築和意識形態。儒家化的俠文化內涵雖然很早就已豐滿成型而自成體系了，但真正反映在武俠小說演變史上，可以說幾乎是到了金庸的筆下，才將這種儒家化的積極內涵完整地體現出來。這漫長過程，看上去不是一件合理的事，其中的緣由值得人玩味。

從司馬遷筆下的遊俠，到唐宋傳奇中的豪俠劍俠，再到明清白話小說俠義公案人物，我們都可以看到這些人物並沒有完全滿足儒家化俠文化傳統所示的「捐軀赴國難，視死忽如歸」之類俠之大者崇高形象的要求，金庸成功的關鍵其實就在這裡。到了金庸小說裡，意識形態中的俠之大者，終於與大眾文化中的武俠形象統一起來了。

但這畢竟還是俠文化傳統中的一個方面，如果金庸作為武俠巔峰的這個神話不能打破，那麼很明顯的，我們對武俠文化傳統的繼承是不完全的，是有缺陷的，因此也將是單調和蒼白無力的。

另一股武俠文化的傳統傾向呢？

實際上，與儒家型俠文化相對的禪道化俠文化傳統，早在魏晉隋唐的詠俠詩潮中，也同樣完整、豐滿和自洽起來了。

曹植不僅寫了《白馬篇》，同時還寫了另外不同傾向的詠俠詩。曹植貴為皇戚，史載他

「任性而行，不自雕勵，飲酒不節」，很有遊俠氣質。他寫了不少關於俠的詩文，除了《白馬篇》這樣積極向上的詩之外，他還有另一種傾向的詠俠詩文。

曹植的《結客篇》中寫道：

結客少年場，抱怨洛北荒，利劍手中鳴，一擊兩屍僵。

這種風格是迥異於《白馬篇》的。

《白馬篇》寫的是俠之大者，《結客篇》寫的是布衣之俠快意恩仇，不受世俗禮法約束的俠之風流。

這種傾向，是貴族精英武俠文化道化的傾向，直接源於司馬遷筆下的遊俠人物。

曹植的這種寫作態度，是禪道型俠文化向上層建築和意識形態領域的靠攏，寫布衣遊俠的鳴劍擊殺並不是他的真正用意，真正的用意是曹植寄託的一種天才遭忌、鬱鬱不平的憤懣和憂怨，借遊俠之酒杯，澆自己心中的塊壘。

武俠文化的另一種傾向——禪道化傾向，在唐代詩歌中得到高度發展，大量的詠俠並不是依從謳歌俠之大者的「捐軀赴難，視死如歸」這種理想主義英雄模式，而是從另一方面來抒寫，抒寫一種對社會秩序和道德觀念的反叛和蔑視，讚美生命的自由和可貴，表現出一種主流文化之離軌者的生存方式。這種情況顯然是受到了道家的影響，特別是莊子逍遙遊思想的影響。

我們必須看到，這種傾向的重要和可貴之處，其實決不在俠之大者的那種理想主義模式之下。

武俠文化的禪道化傾向這一傳統，改變了下層平民文化中個體意識的盲目性，在這個意義上，無疑是在意識形態領域對人性的解放，這無疑是相當進步的，對人類社會健康、正常的發展有很大益處。

這種禪道化傾向，使人們開始意識到另一種人生的真諦，在意識形態上重新審視了我們人生的目的、意義和態度，對生命的意義也有了全新的解釋，這是人性的啟蒙和覺醒的表現。

李白的詠俠詩對此也作出了貢獻。在他的《俠客行》中，雖然謳歌了趙魏遊俠報國赴難的英雄壯舉，但也提出了「誰能書閣下，白首太玄經」的響亮口號，冷然地蔑視了儒生皓首窮經汲汲於功名利祿的卑俗形象。在另一首《白馬篇》中，李白又表現出對甘守淡泊、安貧樂道的孔門弟子原憲的生活方式嗤之以鼻：「羞入原憲室，荒徑隱蓬蒿。」

唐朝鮑溶的《壯士行》一詩更是明目張膽地與「捐軀赴國難」的儒家型俠文化價值觀念唱反調，「山河不足重，重在遇知己」。

著名的詠俠詩人李益在《輕薄篇》中，將這種俠的禪道化傾向表現得尤為完整：

豪不必馳千騎，雄不在垂雙鞬。
天生俊氣自相逐，出與雕鄂同飛翻。
……

死生容易如反掌，得意失意由一言。

少年但飲莫相問，此中報仇亦報恩。

這道詩表現出禪道型武俠文化傾向的兩個方面，一是天生我才必有用的英雄膽色和武俠豪氣，逍遙於天地間的瀟灑胸懷，二是懷才不遇的失落不平意氣，表現出對積極入世的主流文化的離心趨向，撫慰了個體得不到階級許諾的受創心靈。

又如唐代詩人沈彬的《結客少年揚行》中寫道：

重義輕生一劍知，白虹貫日報仇歸。

片心惆悵清平世，酒市無人問布衣。

這首詩反映了禪道型武俠文化對布衣之俠的風流蘊藉加以讚美，樹立的是與「俠之大者」完全對立，而同樣能感人肺腑的藝術形象。

禪道化傾向的武俠文化，表現的是對壓抑不住的自由、浪漫、風流的雅望。

李白的詩《少年行》中寫「擊筑飲美酒，劍歌易水湄」，在《水軍宴韋司馬樓船觀妓》中寫「詩因鼓吹發，酒為劍歌雄」，雖然都與堂皇的高尚境界沒多大的關係，但卻寫得很有美感，很風流和浪漫。

禪道化的武俠文化同樣在魏晉隋唐之時就已自成一統，豐富、完滿而自洽，但在武俠小說演變的歷史中，真正將這種禪道化傾向的武俠文化傳統完美體現出來的人，卻是現代武俠小說的一代宗師——古龍。

古龍也真正繼承了這種禪道化傾向的武俠傳統，使這種傳統在他的武俠小說中發揚光大，並且有了血肉，栩栩如生起來。而在他之前，這種傳統僅僅停留在中國文化的意識形態層次上，俠的價值觀還沒有正式融入社會的行為方式之中。

後面我們將談論到武俠小說發展的歷史中，分明可以看到，歷來的武俠小說都沒有完滿自洽地體現出中國古代貴族精英武俠文化中的兩種不同傾向——武俠文化傳統，於是，古龍同樣也成了一代宗師。

古龍因此可以毫無愧色地與金庸並肩而立，成為現代武俠小說史上的兩個絕頂奇峰。

這不能不是一個異數。

●古龍在武俠小說史上的位置

古龍達到了武俠小說發展史上的最後一個高峰。這個高峰迄今無人能夠逾越。

古龍改變了武俠小說創作的方向和技巧，古龍的影響是前無古人的。

古龍的成功，不僅僅是因為他對武俠小說形式，表現了天才的洞察、領會和把握，更重要的是，他有一種與塑造小說形式的能力極為罕見地完美結合起來的批判性智力。這些批判性智力，內在地驅動著他去「求新求變」，使他對武俠小說的藝術形式保持著一種天才的敏銳觸覺，對形式和結構作出最精緻得當的探索。

古龍在《多情劍客無情劍》的序中說：

「我們這一代的武俠小說，如果真是由平江不肖生的《江湖奇俠傳》開始，至還珠樓主的《蜀山劍俠傳》到達巔峰，至王度廬的《鐵騎銀瓶》和朱貞木的《七殺碑》為一變，至金庸的《射鵰英雄傳》又一變，到現在又有十幾年了，現在無疑又到了應該變的時候！」

古龍已經看出了當時到金庸為止的舊派小說之弊病，舊派武俠小說完全成熟的結果必然是腐朽和僵化，舊派武俠小說已經越來越缺乏新意，越來越公式化，模式化。

正如古龍所指出的：

武俠小說的確已落入了一些固定的形式。

——一個有志氣，「天賦異稟」的少年如何去辛苦學武，學成後如何去揚眉吐氣，出人頭地。

這段經歷中當然包括了無數次神話般的巧合與奇遇，當然也包括了一段仇恨，一段愛情，最後是報仇雪恨，有情人成了眷屬。

——一個真正的俠客，如何運用他的智慧和武功，破了江湖中一個規模龐大的惡勢力。

這位俠客不但「年少英俊，文武雙全」，而且運氣特別好，有時甚至能以「易容術」化妝成各式各樣的人，連這些人的至親好友，父母妻子都辨不出他的真偽。

這種寫法並不壞，其中的人物有英雄俠士，風塵異人，節婦烈女，也有梟友惡霸，蕩婦淫娃，奸險小人，其中的情節一定很曲折離奇，緊張刺激，而且很香豔。

只可惜這種形式已寫得太多了些，已成了俗套，成了公式，而且通常都寫得太荒唐無稽，太鮮血淋漓。

古龍在這個時候提出了相當響亮的口號：「求新求變」。

「求新求變」的精神，拯救了已趨於僵化和大而無當的武俠小說，也成就了作為武俠小說作家的古龍自己。

雖然古龍具有超乎常人的藝術天才，但如果他沒有求新求變，他那些卓越的天賦最多只能把他造就成像上官鼎、諸葛青雲、柳殘陽那樣級數的武俠小說高手，或者成為金庸的一個傳衣缽的私塾學生，而不是自成一統的大宗師。

古龍內在秉賦的批判性智力，使他的天才發出了真正奪目耀眼的光芒，使他的藝術生命走向輝煌壯麗。

只要我們考察一下古龍創作當時的武俠小說背景，就可以看出，古龍的成功是多麼來之不易。

古龍試筆創作的六十年代，正是舊派武俠小說登峰造極的全盛時期，舊派武俠小說發展到幾乎無可挑剔，其光芒淹沒了整個武俠小說的王國。

在這個時期，香港方面的梁羽生已名滿天下，寫出了《龍虎鬥京華》、《萍蹤俠影錄》等武俠名篇，一炮打響，拉開了自民國時期之後舊派改良武俠小說運動的大幕。

民國時期武俠小說發展到四十年代末，已經是強弩之末，勢必需要一種更優美的形式和特質給舊派小說注入生命力。梁羽生適逢其時，以個人稟賦特異的才能拯救了舊派武俠小說。

緊隨著梁羽生的成功，金庸不甘寂寞，卻後來居上，以他的雄才大略和磅礴氣概，將舊派武俠小說改良和發展到了不可逾越的高峰，金庸登場就寫出了《書劍恩仇錄》、《射鵰英雄傳》等無與倫比的巨著。

金庸出手不凡，佳構泉湧，一部《射鵰英雄傳》奠定了他不可動搖的武林盟主和大宗師地位。到了一九六四年，金庸已經完成了包括《射鵰英雄傳》三部曲的最後一部《倚天屠龍記》在內的十大部輝煌巨著，而古龍這個時候連《大旗英雄傳》還沒有寫出來。

古龍還沒有成名，面前就已經是無數難以攀援的絕頂奇峰。

而在台灣方面，舊派武俠小說的發展也是雲蒸霞蔚，如日中天。

六十年代是台灣武俠小說創作的全盛時期，武俠小說作家多達三百餘人，台灣武俠小說四大門派，前三派：「超技擊俠情派」、「奇幻仙俠派」、「鬼派」一直佔據了主要的武俠小說市場，還有一派新派正是古龍隻手所創，已是後話。

光榮和夢想的本能，激動著年輕氣盛的古龍，一場內心的風暴開始在古龍胸中洶湧掀起。

如果不能求新，不能求變，不能創造出全新的藝術去否定、推翻、取代陳舊的武俠小說藝術形式，古龍還不如不寫的好。

這樣的一個尖銳矛盾，當然不僅僅存在於那個時代古龍一個人的心中，當然還有無數的不滿意者，內心在渴望著去打碎那個既得利益的舊世界，使一代人可獲得新生。

也就是說，物極必反，當時的時代也在呼籲一個求新求變的新武俠天地之誕生。

最早倡議「新派武俠」的是台灣的作家陸魚，陸魚的《少年行》可以說是開了與舊派武俠小說唱反調的先聲，陸魚作了一次有意義的嘗試，但這其實是遠遠不夠的，因為武俠小說既成的模式感染力太強大，這種頑症決不是一針一丸能治療得好的，何況陸魚自己的武俠小說寫得並不精采。

這個時代的重任貌似偶然，其實卻必然地落到了古龍的肩頭，他既生逢其時，又有一種天賦的批判性智力和創作性，他在批判舊派武俠小說弊病的同時，創造出了一種全新的武俠藝術形式。

古龍當時的難題是：要當一個武俠小說作家，就既不能重蹈「超技擊俠情派」、「奇幻仙俠派」、「鬼派」軌跡，也不能去模仿已經獲得巨大成功的金庸和梁羽生，他必須另出奇招，再闢蹊徑，寫另外一種完全與既有模式不同的武俠小說，這樣他才能避免被那些已經獲得成功的大師們名氣所湮沒。

古龍反對舊派武俠小說的寫法，不僅是內心的情結所促成，也是形勢所迫，於是，時勢造英雄，英雄也造時勢的正向循環出現了。

要想獲得真正的成功，修成金身正果，古龍的眼光自然要對準金庸。這是一雙批判和挑剔，存心找岔，精明狡黠而又略帶一絲妒忌的眼光。

金庸已經成為了整個舊派武俠小說的代言人和無法逾越的高峰，由於金庸擁有一種溫柔敦厚、博大細緻、精力充沛又沉著穩健、高屋建瓴的高大形象，他自然統領了當時武俠小說的王國，無人敢攖其鋒。

金庸浩大且精確的結構，細緻格物的描寫，縱橫充溢的想像，學貫古今的實力，無疑征服和傾倒了無數英豪。但是若以古龍略帶著種誇張、挑剔的明銳眼光來看，金庸小說在某種意義上卻是固步自封的，束縛了人們的思想。

「俠之大者」高、大、全形象，往往容易落入假大空的圈套，而「修身、齊家、治國、平天下」的理想，對於眾多世俗凡人的讀者，也會流於大而不當，金庸的小說語言對整體結構的重視和過於細緻的「格物」，也影響了抒寫禪道型空靈、飄逸的神韻藝術境界的機會，落入尾大不掉的陷阱之中。

階級的或整體的理想，有時並不關注於個體的創傷或願望，個體的心靈同時也需要一種關注自由和生命本身的哲學性、藝術性的撫慰。

古龍就是這樣在對金庸的景仰中，看清金庸這一切被放大的弱點，他把這些批判和挑剔，經過深思熟慮之後形成了自己的藝術觀念，他所關心的是金庸作品的陽光所未照到的地方，他把握了作為一個武俠大師的金庸給後來者無意間留下來的機會，他要走金庸的腳跡所未踏到過的地方，從金庸停止的地方開始起步，去發現和創造一個嶄新的世界。

古龍在這方面超越了金庸，補充了金庸，從這一點來看，我們給予古龍再高的評價也不為過分。

金庸寫了俠之大者，古龍寫了俠之風流。

金庸寫了俠之史詩，古龍寫了俠的內心歷程。

金庸是厚重博大的，古龍則是輕靈飄逸的。

金庸關注的是階級或整體的理想，古龍則側重的是個體心靈自由的雅望。

故而，古龍在武俠小說史上的地位，的確是可以毫無愧色地與金庸並列為兩大難以超越的絕頂奇峰。

第二章　古龍與中國武俠小說的歷史

●古龍眼中最早的武俠小說樣式

武俠小說的歷史雖然源遠流長，但真正完滿而自覺地體現了中國武俠文化傳統精神的作品，卻是一直要到梁羽生和金庸出現才算真正開始。

武俠小說的產生，是基於大眾文化的傳播，而中國古代的武俠文化卻是上層精英對下層大眾文化的拔高，這兩者是有很大不同的。

自武俠小說的雛形出現之始，主要作者們就力求將上層精英文化的意識形態與下層的大眾文化，融洽地結合和銜接起來，以成就一種全新的、完滿自洽的文學樣式。

只要翻開武俠小說的演變歷史，這種意味深長的努力就可以隨時見到。只有當這種結合達到完美的形式之時，武俠小說才會擺脫它原始形式上的「俗」和境界上的淺薄幼稚之處，成為一種能反映和傳達深刻的人性和揭示世界本質的有意味形式。

實際上，所有其他的文學形式的發展，也完全是遵循這樣一種模式的。

比如宋詞、元曲、明清小說這些文學樣式的發展和成熟，就是一些明顯的例證。宋詞、元曲、明清小說這些文學樣式，其原始形態也是一種下層的大眾文學樣式。

然一旦這些下層大眾文學樣式，與士大夫精英知識階層的哲學思想、世界觀、方法論等上層建築領域中的意識形態完美地結合起來時，就產生了成熟而成功的，富於全新的表現力和藝術感染力的文學體裁和樣式。

武俠小說的文學樣式一直未能與宋詞、元曲、明清白話小說這樣的文學樣式相提並論，得不到社會廣泛的承認和尊重，只因為它尚未能完滿自洽地體現中國古代武俠文化的傳統。

前面我們說過，中國古代武俠文化的傳統真正完滿地體現，是在文人詠俠詩歌的這一文學現象之中。

而我們翻開武俠小說的發展歷史，卻發現在金庸和梁羽生之前，很難找到能自覺地體現這一武俠文化傳統的小說樣式。

歷來武俠小說的弊病，都在於太注重武的要素，而沒有去體現上層精英對俠之精神和俠文化的表述，這些武俠小說只具有了消遣和娛樂的大眾文化形式，缺乏一種觸及人類靈魂和生命本質的震顫力量和高品位的境界。

對中國古代武俠小說史中，哪一篇是鼻祖和雛形的意見，各方論者所述並不十分一致。

一般公推創作於西元前六世紀的文言小說《燕子丹》為我國最早的一部文言武俠小說。

明人胡應麟稱「《燕子丹》三卷，當是古今小說雜傳之祖」，清人譚獻也稱《燕子丹》為「小說家之初祖」，這種意見是較有力的說法。

《燕子丹》的內容是根據《史記》中記載燕子丹以及遊俠田光、荊軻的事蹟，而加以藝術虛構敷演成文的。

故事講秦王扣留燕太子丹，不准他回國，太子丹多經磨難，大難不死，才返回了燕國。太子丹誓報此仇，欲找刺客去刺殺秦王。俠士田光向太子丹推薦了荊軻，自己卻咬舌自殺以示不洩密的心跡。燕太子丹為了取悅荊軻，不惜代價，甚至殺千里馬取其肝，殺彈琴美人取其手；荊軻刺秦王的故事也是基本同於《史記》，但情節上卻更豐富。

《燕子丹》脫胎於民間社會的故事傳說，東漢應邵《風俗通義》卷二說此篇乃「閭閻小論飾成之耳」，即是指《燕子丹》是在民間文化傳說「閭閻小論」的基礎上編寫的。

《燕子丹》帶有大眾文化的痕跡，雖然經過文人的加工，融入上層文化的意識形態，但這時期武俠文化的本身還不夠豐富，所以對於這篇武俠小說的始祖，我們不能對它有更高的要求，不能企望它一出現就有完美的形式。

還有一種說法，是唐代文言武俠小說中的《虯髯客傳》才是武俠小說的鼻祖，這個說法的代表人物，是當代武俠小說大宗師金庸。

唐代文言武俠小說的鼎盛是人所共識的，曹正文在《中國俠文化史》中說：「唐傳奇與唐人筆記小說在俠文化史上的出現，標誌了中國文言武俠小說已進入了成熟的階段。嚴格地說，中國武俠小說是從唐傳奇開始的。」

《虯髯客傳》是唐代武俠傳奇小說中最為重要的一篇，而這篇小說又經過金庸的評點，所以有更多的人將目光關注在它身上。

《虯髯客傳》中寫隋朝末年天下將亂，群雄競起，欲逐鹿中原。心懷大志的奇俠虯髯客本想舉事幹一番大事業，卻見到神清氣朗，顧盼生輝的李世民，虯髯客自歎不如，信服李世民有真命天子之相，虯髯客因此放棄了爭奪天下的大志，後來跑到海外開闢了一個新的王國

——扶餘國，雄霸一方。其間小說又穿插了虬髯客幫助志士李靖和紅拂女從隋朝權貴楊素府中雙雙逃走的情節，曲折有致。

此篇小說的特異之處，在於描繪了一個「虎嘯風生，龍吟雲萃」的英雄時代和江湖格局，立意佈局和設事狀人氣度恢宏，英姿颯爽，有大家風範，故此深受金庸的賞識。

金庸在論及這篇小說時說：

「有歷史的背景而又不完全依照歷史；有男女青年的戀愛，男的是豪傑，而女的是美人；有深夜的化裝逃亡；有權相的追捕，有小客棧的借宿和奇遇，有意氣相投的一見如故，有尋仇十年而終於食其心肝的虬髯漢子；有神秘而見識高超的道人；有酒樓上的約會和坊曲小宅中的密謀大事；有大量財富和慷慨的贈送；神氣清朗、顧盼煒如的少年英雄；有帝王和公卿；有驢子、馬匹、匕首和人頭；有奕棋和盛筵；有海船千艘甲兵十萬的大戰；有兵法的傳授等等。」

所有的這些內容，在當代武俠小說中都是時時可以見到的，所以金庸推此小說為中國武俠小說的鼻祖，並不是沒有道理。金庸提出這種看法也不是他故作驚人之言，而是與他所追求的武俠小說形式和風格互相一致的。

《虬髯客傳》中的三個主要人物虬髯客、紅拂、李靖，被後人稱為「風塵三俠」，這三人的形象，我們可以在金庸的小說中找到他們的影子。

金庸小說的時代背景和江湖格局，也多類似於《虬髯客傳》中風起雲湧的英雄時代和江湖格局，這是與金庸一貫標準的儒家型武俠文化傳統「修身、齊家、治國，平天下」的理想緊密聯繫。

《虬髯客傳》是古代文言武俠小說極為成功的一篇，它也體現了一部分當時詠俠詩潮中豐富和圓滿的武俠文化傳統精神。但這種體現缺乏一種自覺的意識，所以顯得薄弱和乏力，點到為止，後人難以為繼，這也就是唐代傳奇小說終於不能與當時的詩歌盛況相提並論的其中重要原因之一。

一個成功的作家在他寫作時所形成的一些觀念和看法，儘管可能不像一個正規的批評家那樣盡可能的客觀和精確，但無疑他的看法可能更有趣，更值得人們思索。

上面我們談到了金庸對武俠小說鼻祖的看法，是符合其一貫的創作和批評風格的。

作為另一個可以與金庸相並列等價齊觀的武俠小說大師古龍，他的創作風格和批評風格迥異於金庸。即使是對武俠小說的鼻祖是古代小說中的哪一篇的看法，這一並不是特別重要的問題上，古龍的看法也別具一格。

古龍首先是不贊同將司馬遷的《遊俠列傳》看作是武俠小說的發源，他說：

> 關於武俠小說的源起，有很多種不同的說法，「從太史公的遊俠列傳開始，中國就有了武俠小說」，這當然是其中最堂皇的一種，可惜接受這種說法的人並不多。
>
> 因為武俠小說是傳奇的，如果一定要將它和太史公那種嚴肅的傳記文學相提並論，就未免有點自欺欺人。

古龍的觀點，也傾向於唐代的武俠傳奇文言小說是武俠小說的真正源起。

古龍顯然是先看過上面所介紹的金庸對《虬髯客傳》這篇小說所作的高度評價觀點。但是古龍卻仍然有自己的看法和側重點，他的眼光是獨到和特異的，他特別提到了下面的一段唐人筆記武俠故事。

古龍談道：

在唐人的小說筆記中，有些故事和武俠小說比較接近！

《唐人說薈》卷五，張鷟的《耳目記》中，就有段故事是非常「武俠」的。

隋末深州諸葛昂性豪俠，渤海高瓚聞而造之，為設雞肫而已。瓚小其用，明日大設，屈昂數十人，烹豬羊等長八尺，薄餅闊丈餘，裹餤粗如庭柱，盆作酒碗行巡，自為金剛舞以送之。

昂至後日屈瓚，屈客數百人，大設，車行酒，馬行炙，挫碓斬膾，磑轢蒜齏，唱夜叉歌，獅子舞。

瓚明日設，烹一奴子十餘歲，呈其頭顱手足，座客皆攫喉而吐之。

昂後日報設，先令愛妾行酒，妾無故笑，昂叱下。須臾蒸此妾坐銀盤，仍飾以脂粉，衣以綾羅，遂擘骽肉以啖瓚諸人，皆掩目。昂於奶房間撮肥肉食之，盡飽而止。

瓚羞之，夜遁而去。

這段故事描寫諸葛昂和高瓚的豪野殘酷，已令人不可思議，這種描寫的手法，也已經很接近現代武俠小說中比較殘酷的描寫。

古龍特別拎出來這則文言武俠小說，其眼光是讓人驚訝的，但古龍決不是隨隨便便地舉這個殘酷的例子，這與古龍所想關注的創作風格有關。

在上面這篇文言武俠小說中，我們表面上看到的是豪俠的殘酷和罪惡，以及一種血淋淋的審美，然而它的要害卻在於小說中所表現出來對人生和世界本質的認識，這種認識，是一種更為特殊和更為本質的解剖，是一種波德萊爾的「惡之花」這樣的情結，表現了對生和死的慘痛思考和自覺認識，生和死在這種極端情景中都被加強放大而讓人敬畏，生命的價值也因而顯得更為豐富、美妙和脆弱，從而令讀者獲得一種熱烈的苦味，恐懼的審美。

古龍自己的小說更傾向於對人生宇宙本質的發掘，其實他在自己的小說中是反對抒寫血腥場面的，他之所以特別關注這篇殘酷的文言武俠故事，是因為他獨特和敏感的藝術審美能力使然。

古代最初的武俠小說，大都缺乏一種對上層武俠文化的自覺認同，武俠小說中的人物不是虛無縹緲，就是缺乏個性。而張鷟的《耳目記》中這篇故事的人物，卻會給人留下深刻的印象，引人深思。

金庸看重《虯髯客傳》，因為《虯髯客傳》中還是潛在浸潤著那種積極入世的「修身、齊家、治國，平天下」的大俠人生理想。

古龍留意《耳目記》中的這段殘酷故事，而這段故事潛在的傾向完全與《虯髯客傳》相對，在意識形態上是內省的，關注於生命本質和宇宙本身的意義。

仁者見仁，智者見智。可以說金庸和古龍的這兩種分別很大的看法，正代表了文言武俠小說發展的鼎盛時期，即唐代武俠傳奇小說中兩個不同的傾向。這兩個傾向是相互對立而又相互補充，最終影響到當今武俠小說的兩種不同傾向與形式。這兩種不同傾向的武俠小說，正是以金庸和古龍作為各自門派的宗師和掌門人。

●古龍受唐代文言武俠小說影響是隱形的

文言武俠小說在唐代發展到鼎盛時期，初步體現了下層大眾武俠文化與上層貴族精英武俠文化之間的結合意識，直接影響到後來白話武俠小說的成熟和發展。

現代白話武俠小說中，到金庸為止的舊派武俠小說所受唐代文言武俠小說的直接影響，比自古龍開始的新派武俠小說要明顯得多。

以金庸為集大成者的舊派武俠小說，其小說中出現的豪俠人物，神奇武功，動盪江湖，多是直接源於唐代文言武俠小說的細節。

陳山在《中國武俠史》中談及唐代文言武俠小說時指出：

「雖然文言武俠小說的素材來自民間社會的傳說故事，如《紅線》事，盛傳於唐，但它卻是士大夫文人寄託情志，顯露才華的精神生活和力爭仕進，求取功名的社會活動的派生物。同時，文言武俠小說又是恢宏雄放的盛唐文化的體現。有不少小說反映了建功立業的政治抱負和克敵制勝的自信心，其風格和宏放或奇麗，體現了有唐一代文人普通的文化風貌。」

在這裡我們可以很清楚地看出，金庸為什麼特別看重唐代文言武俠小說，因為金庸小說正是與唐代文言武俠小說總體上的積極精神和豪放風格一脈相承。

在金庸的小說中，和唐代文言武俠小說一樣，基本格調是體現一種或隱現的「建功立業，名垂青史」之類帶有政治意味的抱負，力求刻畫出「為國為民」「俠之大者」的高大社會形象。

金庸在《俠客行》的附錄《三十六劍客圖》中說：

「尼姑教聶隱娘劍術的步驟，常為後世武俠小說所模仿。」

唐代文言武俠小說對現代到金庸為止的舊派武俠小說的影響，正如金庸所說這樣，往往是表面化的，直接化的，照搬套用的。

金庸又說過：「『妙手空空兒』一詞已成為我們日常語言的一部分。」

唐代文言武俠小說除了金庸直接花大量篇幅評論過的《虯髯客傳》之外，還有不少意義重大，對後世影響匪淺的上品。

如產生了「妙手空空兒」這樣一個婦孺皆知的有名人物的《聶隱娘》一篇，最具舊派武俠小說的慣用模式：「尼姑收徒，深山學劍，服藥輕身，擊鷹刺虎，誅除奸惡，藥水化頭，飛行絕跡，深夜行刺，玄功變化，鬥智鬥力。」

即使堪稱一代宗師的金庸筆下，也一一可以對應找出上述的這些武俠小說模式來。

舊派武俠小說的另一個重要大師梁羽生，甚至套用唐代這些文言筆記小說的事蹟，敷演出《大唐遊俠傳》、《龍鳳寶釵緣》這樣一些大部頭作品來。

唐人筆記《劇談錄》中有一則「天外有天，人外有人」的故事，寫一力大無窮的勇士季弘，聽了一店中老嫗哭訴媳婦強悍厲害之後，打抱不平，欲自告奮勇去懲治新媳婦。新媳婦日暮打柴而歸，張季弘與之論理，新媳婦不承認虧待她婆婆之事，反而列出數條事實詰問張季弘，「每言一事，引手於季弘所坐石上，以中指畫之，隨手作痕，深中數寸」。

金庸在《倚天屠龍記》中對崑崙三聖何足道的武功描寫，正是源於上面這則故事的驚人武功，何足道以尖石在青石板上刻下半寸深的棋盤，看來尚比這故事中的新媳婦以指劃石的深厚內力差上一籌。

舊派武俠小說中，這一類對唐代文言武俠小說如此這般的直接繼承，例子真是舉不勝舉。

舊武俠小說武俠形象的基本模式，在唐代傳奇中已經確實：虯髯客似的豪俠；《北夢瑣言》中「擲劍而舞」的丁秀才；少年英俊似的少俠聶隱娘；紅線似的女俠；《三水小牘》中「朱髮、衣短皂衣、色貌黔瘦」的李龜壽似的怪俠，以及還有「劍俠」等。

舊派武俠小說中復仇、比武、報恩、學藝等情節模式，也早在唐代文言武俠小說中已初具規模。

金庸的小說中，這種比武、學藝、復仇、報恩的模式和套路特別多而明顯。《射雕》三部曲中的主角郭靖、楊過、張無忌三人，無一不是遵循這樣的一些模式。

古龍曾直言不諱地批評這種「固定的形式」：

一個有志氣，而「天賦異稟」的少年，如何去辛苦學武。學成後如何揚眉吐氣，出人頭地。

這段歷程中當然包括了無數次神話般的巧合與奇遇，當然也包括了一段仇恨，一段愛情，最後是報仇雪恨，有情人終成眷屬。

一個正直的俠客，如何運用他的智慧和武功，破了江湖中一股為非作歹、規模龐大的惡勢力，這位俠客不但「少年英俊，文武雙全」，而且運氣特別好，有時他甚至能以「易容術」化裝成各式各樣的人，連這些人的至親好友，父母妻子都辨不出真偽。

這種寫法並不壞，其中的人物包括了英雄俠士，風塵異人，節婦烈女，也包括有梟雄惡霸，歹徒小人，蕩婦淫娃。

所以這種故事一定曲折離奇，緊張刺激，而且很香豔。

這種形式並不壞，只可惜寫得太多了些，已成了俗套，成了公式，假如有人將故事寫得奇秘些，就會被認為是「新」，故事的變化多些，就會被認為是在「變」，其實卻根本沒有突破這種形式。

古龍天才而難能可貴地創立了現代新派武俠小說，古龍的旋風席捲、橫掃並征服了現代武俠小說的王國。古龍奇峰兀起，自有其別具一格和匠心獨具之處。他對唐代文言武俠小說的繼承，則完全不像上面所論及的那樣。

以古龍為開山祖師的新派武俠小說，對唐代文言武俠小說傳統的繼承，已經由表面化轉變為隱形化，內在化。

古龍的小說首先突破了「復仇、比武、報恩、學藝」這些在唐代文言武俠小說中就已確立的情節模式。

古龍的《多情劍客無情劍》，宣揚的不是復仇，而是寬容的精神。

古龍的《歡樂英雄》，寫的是英雄的瀟灑和風流，完全脫離了冤冤相報這樣的復仇套路和模式。

古龍的小說中更拋棄了「學藝」這樣已老掉牙的熟悉情節，因為古龍知道那一套已經騙不了眼界越來越高的讀者。

在古龍的小說中，武林高手例如小李飛刀李尋歡這類人物，一出場便已經是武功卓越，奇技藏身的了。

有人批評說，古龍小說中武林高手的武功如空穴來風，沒有交代，沒有來龍去脈，好像一個人從娘胎出來就已經是絕世高手似的。這種批評實在是皮相之談，連小說構造的基本知識都不瞭解，實在不足與言。

古龍的天才之處，正在於此。

武俠小說本來就是虛構的，作者和讀者心中有數，對武功的離奇荒誕和脫離現實之處是心領神會，決不會去鑽牛角尖而要一一核實的。

金庸在《倚天屠龍記》中寫趙敏憤於張無忌不瞭解她的情誼，啪地打了他一巴掌，「跳過兩幢房屋，一片森林後就不知蹤影」。如果讀者一定要追問，趙敏是怎樣能「跳過兩幢房屋，一片森林」，那麼金庸也大概只好奉勸這位讀者不要去讀武俠小說了。

古龍以天才的批判性智力，敏銳地看透了武俠小說中一個天賦少年如何辛苦學武出人頭地這樣的套路，已經不再發生有效的「震驚」效果，乃至已成為讀者開始反胃的陳飯，所以他跳開這一傳統，避重就輕，引導讀者進入一個美妙的全新的武俠小說世界。

如果有人一定要苛求古龍沒有交代出李尋歡的「小李飛刀」是怎麼樣學出來，那麼我們也只好奉勸他乾脆不要再去讀武俠小說了。

古龍小說中對「比武」的模式，也作了完全不同的描寫和改革。

古龍不再拘於舊派武俠小說中的一招一式的細緻描寫，《多情劍客無情劍》中「小李飛刀，例不虛發」，沒有人知道小李飛刀是怎麼樣射出來的，小李飛刀的神奇真如羚羊掛角，無跡可尋。這種空靈縹緲的奇美，的確征服了所有的讀者，贏來了一個時代的美譽。

古龍對此的理論解釋是「無招勝有招」，這其中的哲學思想和境界，的確比老老實實武打描寫要高明得多，好看得多，更適應現代文明社會高資訊含量的社會節奏。

如果我們不去苛求趙敏是怎樣「跳過兩幢房屋，一片森林」的，我們當然不能去追問小李飛刀到底是怎樣例無虛發地射出來的！

古龍小說中對比武的描寫，反而很像《聶隱娘》中的妙手空空兒。妙手空空兒在刺殺劉昌裔時，「一搏不中，即翩然遠逝，恥其不中，才未逾一更，已千里矣」。

這種輕功神妙，自高自重的空靈之美感和劍客的風流，正是古龍小說中的神韻和風範，更讓我們心神嚮往。

古龍談到唐代文言武俠小說時說：

「當時民間的小說、傳奇、平話、銀字兒中，也有很多故事是非常武俠的，譬如說，盜盒的紅線、崑崙奴、妙手空空兒、虯髯客，這些人物幾乎已經是現在武俠小說中人物的典型。」

古龍當然也受到這些唐代文學武俠小說中典型形象的影響，但正如我們看到的，這種影響卻不是表面的，直接的，膚淺的，而是隱形的，內在的，深刻的。

這就是古龍開創的新派武俠小說，與到金庸為止的舊派武俠小說之間非常重要的區別。

●古龍不喜歡《三俠五義》

武俠小說的發展，繼唐代鼎盛的傳奇文言武俠小說之後，宋代也有不少的文言武俠小說，但已是巨潮的餘波，大多不過是對唐人的因襲模仿和整理總結，氣魄和才華都明顯不足，不成氣候。

明清文言武俠小說的創作也大多類此。因為此等緣故，這時期的文言武俠小說不能完美地與上層貴族精英武俠文化相結合，對後世武俠小說的創作，影響也不大。

「若無新變，不能代雄。」其後應運而生的便是白話武俠小說的產生、形成和發展壯大了。

武俠小說的發展過程中，這種文學體裁和樣式一直是脆弱和難以定型的。

一種文學樣式的最初來源，都是發自於民間的下層大眾文化，但是如果這種下層的大眾文化不能與上層建築中的意識形成相互完善地結合交融，這種文學樣式便得不到精英文化的認同。中國古代的武俠小說，正是缺乏這種認同的效應，其形式才顯得如此的蒼白無力。

唐代文言武俠小說，已經開始有與上層的精英武俠文化意識形態相交融的痕跡，但這種交融最終還是失敗了，沒有得到上層文化的認同。

文言武俠小說走進死胡同之後，代之而興起的是白話武俠小說，但這時的白話武俠小說缺乏形式感，不具個性，很容易混同於其他的文學樣式，如話本、長篇通俗小說。

這時的白話武俠小說沒有自己專門的陣地，只是隱身和揉合進話本及通俗社會小說之類的一些文學樣式中。這時的白話武俠小說其實是一種倒退，其平均水準和境界尚低於唐代鼎盛的文言武俠小說。

中國近代的大眾文化，源頭都可追溯到宋代的都市社會，武俠小說也不例外。宋代的都市社會產生了平民文化新的樣式——話本和通俗小說，魯迅在《中國小說史略》中說：「俠義小說之在清，正接宋人語本正脈，固平民文學之歷七百餘年而再興者也。」

明代的話本小說進一步演化出「擬話本」小說，這是一次平民文學與上層精英文化的有意識的認同和交合，話本和通俗小說開始形成了有力的、成熟的文學樣式。《水滸傳》是這種文學樣式成功的典範，連知識界的人士都開始共推它為一本「天下奇書」，明代大思想家李卓吾對《水滸傳》更是讚譽有加。

魯迅將《水滸傳》歸為講史小說，而與《金瓶梅》這樣的「世情書」不同。可是，《水滸傳》雖然大量涉及武俠的內容，但就其文學樣式來看，還不是正宗的武俠小說。

明代還有一類通俗長篇小說，即公案小說，這類小說中也有大量的武俠內容，但其內旨卻毫無與上層武俠文化相交合的傾向，反而多類於對武俠的反動。比如《施公案》，更是公案小說的末路，給人以「奴才哲學」的口實，與我們曾述及的中國古代在魏晉隋唐詠俠詩潮中豐富和完善起來的武俠文化傳統，簡直毫無關係。

很多學者公推《三俠五義》是中國歷史上第一部正宗的白話武俠小說，似乎已是定論。《三俠五義》於光緒五年（一八七九年）問世，乃說書人石玉昆所撰。

書中先寫宋真宗時，劉李二妃俱孕，劉妃爭寵，與宮內太監郭槐施「狸貓換太子」計，陷害李妃，繼寫包青天包拯斷案，昭雪冤情。包拯以忠義剛正的行為，感化豪俠，於是南俠展昭、北俠歐陽春、雙俠丁兆蘭、丁兆惠等「三俠」，以及鑽天鼠盧方、徹地鼠韓彰、穿山鼠徐慶、翻江鼠蔣平、錦毛鼠白玉堂等「五義」先後投誠受職，人民大安。

整部書中，雖然大的框架還是「狸貓換太子」的斷案故事，類似於舊的公案小說，但小說重心卻基本上都放在了武俠人物的活動之上，包拯這樣的清官和斷案的過程已放到了極為次要的地位，只作為小說的陪襯。所以說此書完全可以算上獨立的武俠小說樣式。

《三俠五義》一出現即獲得了巨大的成功，開創了全新的白話武俠小說文學樣式，後來繼起的近現代武俠小說，是在《三俠五義》的基礎上發展起來的。

《三俠五義》一書可以說是到金庸為止幾乎所有舊派武俠小說的開山鼻祖，特別是對人物的塑造和武打的描寫方面，影響更大。

如白玉堂在開封府夜襲展昭一段，這樣寫道：

……只聽拍的一聲，又是一物打在槅扇上。展爺這才把槅扇一開，隨著勁一伏身竄將出去，只覺得迎面一股寒風，嗖的就是一刀。展爺將劍偏著往上一迎，隨招隨架。用目在星光之下仔細觀瞧，見來人穿著青色的夜行衣靠，腳步伶俐，依稀是前在苗家集見的那人。

二人也不言語，惟聽刀劍之聲，叮噹亂響。展爺不過招架，並不還手。見他刀刀逼緊，門路精奇，南俠暗暗喝采。又想道：「這朋友好不知進退。我讓著你，不肯傷你，又何必趕盡殺絕？難道我還怕你不成？」暗想：「也叫他知道知道。」便把劍一橫，等刀臨近，用個

> 「鶴唳長空」勢，用力往上一削，只聽噌的一聲，那人的刀已分為兩段，不敢進步。只見他將身一縱已上了牆頭，展爺一躍身也跟上去；那人卻上了耳房，展爺又躍身而上，及至到了耳房那人卻上了大堂的房上；展爺趕至大堂房上，那人一伏身越過脊去。展爺不敢緊追，恐有暗器，卻退了數步。從這邊房脊剛要越過，瞥見眼前一道紅光，忙說：「不好！」把頭一低，剛躲過面門，卻把頭巾打落。那物落在房上，咕嚕嚕滾將下去——又知是個石子。

到金庸為止舊派武俠小說的武打描寫，實在脫不出這上面引文所描寫的模式，飛簷走壁，暗器相鬥，刀劍相爭，輕功絕妙，過招鬥式……在這裡，招數也有了名稱，如展昭用的「鶴唳長空」一招，實是開了日後武俠小說過招的先聲，後來武俠小說的招式不論如何的精奇，從初級的「摘葉飛花」、「黑虎掏心」、「雙風貫耳」、「鯉魚打挺」這樣的招數，到高級的富有文采的「亢龍有悔」、「凌波微步」、「梯雲縱」、「袖裡乾坤」、「雪擁藍天」的招數，都不過是五十步與一百步之別，不脫《三俠五義》中的這些名堂。

舊派武俠小說講究對武打效果的細緻格物描寫，我們從上面的引文也可看出，這種寫法亦是由《三俠五義》而濫觴。

金庸更精妙、神奇和想像力驚人的武打描寫，也不過是在這個基礎上的提高和改良。這就是為什麼將金庸稱為舊派武俠小說的改良派和集大成者的緣故。

金庸受《三俠五義》的影響還不止這些。

曹正文在《中國俠文化史》中指出：

「後來金庸寫令狐沖，寫胡斐，便可以從他們身上找到艾虎的影子。」

艾虎是《三俠五義》中的小英雄，出場時才十四歲，坦蕩率直，有種初生之犢不畏虎的可愛豪氣，氣度不凡。書中寫艾虎搶酒吃酒，又毀壞了酒葫蘆，醉後被擒，幸得施俊打圓場。施俊問起原因，艾虎臊得滿面通紅，不能搭腔，大笑不止。種種行為，粗放中又不失樸實，機智可愛。

《三俠五義》的問世，顯示了白話武俠小說創作的自覺意識，引發了白話武俠小說創作浪潮一波又一波的湧起，但就《三俠五義》本身來說，它還是不能令人十分滿意，沒有能將真正上層社會武俠文化的意識形態融入這種通俗平民武俠小說中。這個任務的完成，一直要等到金庸和古龍小說問世才算真正實現。

《三俠五義》多的是武，而對俠義在上層文化中精英武俠文化的反映卻不夠，由於思想和境界不高，影響到了它的藝術價值。

魯迅在評《三俠五義》時說：

「凡此流著作，雖意在敘勇俠之士，遊行村市，安良除暴，為國立功，而必以一名臣大吏為中樞，以總領一切豪俊，其在《三俠五義》曰包拯。」

魯迅是獨具慧眼的，看到了《三俠五義》的要害所在，是上層精英武俠文化意識形態的缺乏。

《三俠五義》直接影響了以金庸為集大成者的舊派武俠小說，對於古龍來說，則又是另一回事。

古龍的天才，不僅在於他對小說形式的把握和創造上，還在於他對這種創造能力緊密聯結的既往文化之獨特批判力。也正是由於古龍創作風格的關係，他當然不可能去十分推崇《三俠五義》。

古龍這樣說過：

《彭公案》、《施公案》、《七俠五義》、《小五義》，就是根據「說書」而寫成的，已不算是我們這一代所能接觸到的最早的一種武俠小說。

可是這種小說中的英雄，大都不是可以令人熱血沸騰的真正英雄，因為在清末那種社會環境裡，根本就不鼓勵人們做英雄，老成持重的君子，才是一般人認為應該受到表揚的。

古龍不喜歡《三俠五義》的寫作方式，古龍的武俠小說也揚棄了《三俠五義》的寫作路子。

同樣是武功武打的描寫，在繪聲繪色，逼真與神秘，平實與誇張上，古龍採取了另一種前所未有的方式：放棄招數，以無招勝有招。

實際上細緻格物的武打描寫也是虛構，那麼為什麼不可以以「無招勝有招」的虛構呢？古龍的小李飛刀，是自《三俠五義》到金庸的《笑傲江湖》都想像不到的奇妙寫法。金庸的小說繼承了《三俠五義》中報國憂民的正統思想，古龍的小說則是側重揭示個人的價值，個人的自由，個人的解放。

我們實在不能說，古龍這種自由的追求俠之風流的境界，低於金庸的俠之大者。

《三俠五義》中的封建思想，是典型的對個人自由心靈的束縛，雖然它開創了一種初見規模的新文學樣式，但它瓶子中裝的酒卻讓古龍這樣至情至性的天才人物飲不下去。古龍不喜歡《三俠五義》是當然的事。正如金庸推舉《三俠五義》是意料中事。有所批判，才能有所進取。

古龍的成功，絕不是偶然的事。

●《三俠劍》給古龍留下了深刻印象

古龍不很欣賞《七俠五義》，實際上他的原話是指的《七俠五義》。《三俠五義》和《七俠五義》實際上是一回事，而《三俠五義》在《七俠五義》之前，因此作為正規的武俠小說史的提法，當然是以談《三俠五義》為主。

清代大學者俞樾，對《三俠五義》非常的讚賞，但他認為其開篇寫「狸貓換太子」事純屬街談巷議，不登大雅之堂，因此他將第一回刪去，「援據史傳，訂正俗說」，改寫了第一回並更名為《七俠五義》。

古龍對此也有過論述，他說：

「《七俠五義》本來並沒有七俠，而是《三俠五義》，後來經過一代文學大師俞曲園先生的增訂修改，加上黑妖狐智化、小諸葛沈仲元、小俠艾虎，才變為現在這種版本，而風行至今。所以嚴格說來，俞曲園也是我們這些『寫武俠小說』的前輩。」

俞曲園即俞樾，原書《三俠五義》中的三俠是南俠、北俠、雙俠，實際上是四俠，俞樾又添加小俠艾虎、黑妖狐智化及小諸葛沈仲元，共為七俠，所以改書名為《七俠五義》。由於《七俠五義》的名稱比《三俠五義》的名稱要準確，所以古龍提《七俠五義》以代替《三俠五義》。

雖然古龍並不很欣賞《七俠五義》這樣的一些早期武俠小說的寫作方式，但古龍並不是要割斷歷史的臍帶，他的觀點只不過是想說明自己為什麼要去「求新、求變」，寫一種前人完全沒有過的作品和風格。

古龍還特別提到另一篇清代的早期武俠小說《三俠劍》，而這部武俠小說，一般正規的武俠小說史中卻難得提到。

古龍有較詳細的文字論《三俠劍》：

張傑鑫的《三俠劍》是比較後期的作品，所以它的形式和現在的武俠小說最接近。

這本小說中最主要的一個人物，本來應該是「金鏢勝英」，他的「迎門三不過」、「甩頭一隻」和「金鱗紫金刀」，都是「天下揚名」的武器，但他卻並不是個可以令人熱血沸騰的英雄人物。

他太謹慎，太怕事，而且有點老奸巨猾，他掌門弟子黃三太的性格也一樣，比起來，傷在黃三太鏢下的山東竇爾墩，就比他們有豪氣得多，但竇爾墩後來偏偏又被黃三太的兒子黃天霸擊敗了。

勝英、黃三太、黃天霸，本是一脈相承的英雄，但卻又偏偏都不是真正的典型的英雄人物。

勝英是「劍客」艾蓮遲的第四個弟子，但武功比起他的師兄弟來，卻差得很多，非但比不上他的大師兄「鎮三山，轄五嶽，趕浪無絲鬼見愁，大頭鬼王」夏侯商元，就算跟他的五師弟「飛天玉虎」蔣伯芳，六師弟「海底撈月」葉潛龍比起來，也望塵莫及。

所以我以前一直想不通，張傑鑫為什麼要將他書中的英雄寫成這麼樣一個人，直到現在我瞭解，他當時這麼樣寫，是有他的苦衷的。

在清末那種社會環境裡，根本就不鼓勵人們做英雄，老成持重的君子，才是一般人認為應該受到表揚的。

張傑鑫是清末天津著名的評書藝人，早年說評書，以舊書目為主，後來自編新書《三俠劍》，風行一時，很受讀者的喜愛。張傑鑫的作品受說書影響，口語甚多，但情節緊湊，頗有可取之處。

《三俠劍》還是模仿《七俠五義》、《小五義》這樣的格式，同屬早期的武俠小說。

古龍特別提出這樣的一部武俠小說，有其特殊技術上的原因。

每一個作家在他成功之前的學習階段，都會受到一些已經成功了的作家和作品的影響，他會有特別重視某一個作家和作品的時候。往往他那時會看重哪一些作品，他的選擇也許會帶有一定的偶然性。

古龍很年輕的時候，在一次偶然機會下讀到張傑鑫這部並不很有名氣的小說《三俠劍》，這部小說給他留下了很深的印象，以至於幾十年後他都沒有忘記。

也許這是古龍天才特異，獨具慧眼，與常人有不一樣之處。

年輕的古龍當時讀這部書的時候，居然能讀得心驚肉跳，不能說這部小說沒有獨到之處。

古龍後來寫作《七種武器》，便是受到張傑鑫這部《三俠劍》的影響。當然這種影響是內在的，而不是形式、語言、技巧的表面化影響。

但是無論如何，《三俠劍》確確實實是啟發了古龍寫作《七種武器》的靈感。

古龍一次談到武俠小說中武器的演變之時，提到《三俠劍》中的武器給他留下很深的印象。

古龍說：

張傑鑫的《三俠劍》中，「飛天玉虎」蔣伯芳用的亮銀盤龍棍。這條棍的本身，並沒有什麼奇特的地方，絕對比不上「金鏢」勝英用的金鱗紫金刀，更比不上「海底撈月」葉潛龍用的削鐵如泥的寶劍，也比不上「混海金鼇」孟金龍用的降魔杵。就因為使用它的人是「飛天玉虎」蔣伯芳，所以才讓我留下了極深刻的印象。

二十年前我看這本小說時，只要一看到蔣伯芳亮出他的盤龍棍，我的心就會跳。

也許這就是古龍特別愛提到《三俠劍》這本書最重要的原因。

但是隨著古龍天才的成熟，他內心優秀的批判性智力不斷在發展和增長，三十多年後，他已經寫出了《多情劍客無情劍》等一系列輝煌巨著，這時他再來看待張傑鑫的這部《三俠劍》，當然就會有更成熟的看法了。

古龍談《三俠劍》時說：

「武俠小說也和別的小說一樣，要受到社會習慣的影響，所以一本武俠小說中，也不難看出作者當時的時代背景。」

這個《三俠劍》的時代背景，也就是前面古龍所說的清末那種社會環境不鼓勵人們做英雄。

古龍這句話是有感而發，也隱約另有所指。

台灣的武俠小說發展並不像香港那樣自由、開放，具有寬鬆的環境。

五十年代台灣當局以戒嚴法的名義，將一切所謂「有礙民心士氣」的黑、黃小說悉數查禁，武俠小說自然難逃此大劫。

一九五九年，台灣當局又以「暴雨專案」全面取締包括大陸、香港所出版或在台灣翻版的新、舊武俠小說，政治禁忌儼然成為台灣武俠小說發展中的一大奇特現象。

不少評論家苛責古龍小說中，沒有時代背景，沒有朝代指涉，殊不知，這並不是一件純粹文學上的事。

台灣武俠評論家葉洪生就此現象指出：

「基於政治禁忌，大多數武俠作者皆避免以歷史興亡為創作背景；甚至為求省事，乾脆將時代背景全部拋開，而相偕進入一個『不知今夕為何年』的迷離幻境。」

所以古龍說一本武俠小說中，可以看出作者當時所處的背景。

古龍的這句話，其實並不完全是隨口說出的。

●古龍談《江湖奇俠傳》

古龍大談張傑鑫的《三俠劍》，雖然有一定的偶然性，但他卻在對這本書的評論中引發了對民國時期武俠小說的一些中肯批評。

古龍說：

張傑鑫的這本《三俠劍》，非但結構散漫，人物也太多，並不能算是本成功的小說，因為這本小說，本來就不是有計劃地寫出來的，而是別人根據他的『說書』筆錄的，叫座的說書，應聽眾和書場老闆的要求，欲罷不能，只有漫無限制地延長下去，到後來當然難免會變得尾大不掉，甚至無法收場。

我特別提出這本書來，就因為後來所有的武俠小說，幾乎全都犯了這種通病，人物和故事的發展，常常都會脫離主線很遠，最顯著的兩個例子，就是平江不肖生的《江湖奇俠傳》和還珠樓主的《蜀山劍俠傳》。

現代的武俠小說真正發展和壯大的時期，自然要算到民國的這一特殊歷史時期了。二十世紀初的民國時期，社會發生了翻天覆地的變化，舊時代的上層建築和意識形態幾乎完全崩潰，代之而起的是全新的價值觀念和道德秩序興起，這個時代是求新求變的時代。

武俠小說的發展正是順應時勢。

愈是一個混亂和動盪的時代，人民愈是缺乏自由和安全感，個體的心靈愈是充滿孤獨和創傷，這個時代就愈是需要英雄的偶像和精神上的安慰。

民國初年乃是半封建半殖民地的時代，城市小資產者，平民階級的興起，成為一種新興的社會力量。國家沒落，社會腐敗，民族蒙辱，現實中的一切帶給人們的，往往都是一種希望和絕望相揉合、相激盪的尷尬和無奈。

陳山在《中國武俠史》中說：

「中國現代都市——如上海、天津——不是自由都市，而是半封建半殖民地都市，都市市民無時無刻不處於殖民地的欺辱，封建性專制統治的高壓和等級社會不平等的人際關係網路的實際束縛中。武俠的形象對於在現實生活中處於精神和肉體重負下的中國現代都市市民產生一種精神上的補償作用。」

這時期的武俠小說，依然只代表大眾文化和下層平民階級的意識形態，這時的武俠小說並沒有很好地與上層文化中的精英武俠文化意識相結合。

所以這時的武俠小說境界不夠高，更容易給人以非難的口實。

這個時期武俠小說的內容，不是完全像還珠樓主那樣上不著天下不沾地，陷入虛無縹緲的神幻仙世界，就是像平江不肖生那樣過於寫實，小說中「最令人喜愛的武俠永遠是平民社會的一分子」。除暴安良，打抱不平，懲治貪官污吏，剿滅惡霸凶盜，是平江不肖生這樣的小說中的主題思想，淺顯的目的是在精神幻想上，一洗平民社會的不公平和恥辱，一吐平民們被現實扭曲的心靈中累積的怨氣。

古龍將還珠樓主和平江不肖生兩個人並列提出來，可以說是掌握了民國武俠小說發展的兩條主要幹線。

從這一點上，也可以看出古龍天才和敏銳的批判性智力。民國時期武俠小說雖然空前高度的發展，從作者的人數到作品的數量都讓人吃驚，但這些武俠小說仍未能與上層的精英武俠文化相融相銜，於是這種新的文學樣式遠遠不夠完善，落人話柄之處數不勝數，所以它得不到較為嚴肅的作家和風雅之士的首肯。就是那些頗得成功，盛行一時的武俠小說作家，也自稱自己寫的東西「不是玩意兒」。

只有認識到民國武俠小說這一致命的缺陷，並避免和糾正它，才有可能產生出像金庸、古龍這樣修成金身正果的大宗師來。

然而，古龍對平江不肖生和還珠樓主的才華和貢獻，還是很欣賞的。

古龍說：

「平江不肖生和還珠樓主都是才氣縱橫，博聞強記的天才作家，他們的作品都是海闊天空，任意所之，雄有瑰麗，變化莫測的。」

平江不肖生的原名叫向愷然，生於一八九〇年，卒於一九七七年，其代表作是《江湖奇俠傳》，全書一百五十回，洋洋有百萬言。

《江湖奇俠傳》是中國武俠小說史上第一部演述江湖中武林門戶之事的長篇武俠小說。全書以崑崙、崆峒派劍俠爭奪水陸碼頭為衝突，其中反覆穿插反清復明的情節，廣採各種江湖異聞奇事，野史雜記，集擊技、幫會小說於一身，文字冷雋，奇趣迭出，有人甚至過譽為武俠小說中的「最高境界之作」。

《江湖奇俠傳》中有關火燒紅蓮寺一節故事，後被改編為電影，由當時大紅女明星蝴蝶飾演紅姑，轟動一時，掀起狂熱，向愷然之名更是廣為傳播。

向愷然寫故事頗知把握節奏，把《江湖奇俠傳》寫得起落跌宕，不乏精采引人之處。向愷然尤善於把諸多奇人奇事彙聚在一處，但卻失之枝節過多，蕪雜的毛病，多數人物出場如跑龍套，走馬觀花，過眼即忘。全書只有張汶祥刺馬新貽與火燒紅蓮寺這兩個故事是有頭有尾，交代清楚，連作者自己也承認自己的寫作「拋棄正傳，久寫旁枝」，他因為是為義俠列傳，所以凡寫到一俠義人物，必旁插一故事為之列傳，這樣一來整部書的結構當然相當鬆散。

古龍說《江湖奇俠傳》是前一半精采，後一半則不堪卒讀，確是公允之論。

古龍說：

平江不肖生向愷然，和湘江奇俠柳森嚴是同一時代人物，他的《江湖奇俠傳》據說就是根據柳森嚴的傳說再加以渲染寫成的，書的主角——「金羅漢」呂宣良的弟子柳遲，就是柳森嚴的化身。

但後來故事的發展，已完全脫離了這條主線，前面寫的絕頂高手，到後來竟變成了不堪一擊的人物，很多人看這本書，都是看了一半就降低了，正如有些人看「紅樓」只看前八十回；看「三國」看到死諸葛嚇走活司馬後就罷手一樣。

因為後面的一段，看了實在有點叫人洩氣，但前面的一段，卻是非常精采的，甚至可以說百看不厭，所以《江湖奇俠傳》不但在當時可以轟動，而且在武俠小說中，也可算是本不朽的名著。

看來古龍對《江湖奇俠傳》的評價還是相當的高，對向愷然還是相當佩服的。向愷然的口碑一向不錯，《江湖奇俠傳》公推為近代武俠小說的先驅，有一派人甚至認為它才算是中國第一部正宗的武俠小說。

古龍稱對《江湖奇俠傳》的前面百看不厭，自然是受過其不少影響的。古龍的小說迄至《絕代雙驕》，其中的江湖格局，多多少少都能看到《江湖奇俠傳》的影子。但自從古龍寫出《楚留香》之後，這種影響就愈來愈少，至《歡樂英雄》、《大人物》，便已完全脫出了傳統的江湖格局。

在古龍之前，沒有任何一個武俠小說作家的寫作路子，完全跳開了《江湖奇俠傳》的江湖格局，金庸也不例外。

這就是古龍的特異和高明之處。

《江湖奇俠傳》一半好看，一半不好看，古龍還舉了兩個有名的例子來調侃。

古龍說：

「這種只有一半精采的名著，例子不少，《格列佛遊記》和《鏡花緣》也是這樣的。」

古龍對《格列佛遊記》和《鏡花緣》還有評論，那涉及到古龍對中西方文化的看法，我們將在後面還要談到。

●《蜀山劍俠傳》對古龍的啟蒙作用

民國時期的武俠小說，有兩種很明顯的傾向。

這兩種傾向之一是過於「實」，平民化的武俠意識太濃，迎合平民被扭曲心靈的精神趣味，離不開平民武俠的除暴安良模式，平江不肖生是這一種傾向的代表。

還有一種傾向，則是完全的「虛」，其實質同樣是平民化武俠意識的另一種反映，即是追求一種逃避現實的精神麻醉。這一種傾向的代表人物是還珠樓主。

還珠樓主的真名叫李壽民，原名李善基，生於一九〇二年，卒於一九六二年。

還珠樓主的武俠小說別具一格，創造出一個與《江湖奇俠傳》的江湖格局完全不同，完全脫離現實的魔幻式「劍仙世界」。這個劍仙世界恍如神話，光怪陸離，奇妙浪漫，想像豐富，氣勢磅礡，撥雲見月，使武俠小說的發展頓開一個全新的世界。

還珠樓主的小說，反映的是一種完全遊戲人生和逍遙天地的，純然避世幻想的生活態度和生活方式，與當時普遍的武俠小說中反映的入世行俠，主題有很大的不同。

還珠樓主寫了一種完全是審美意義上的劍仙，以及這種劍仙的奇幻和浪漫，開始跳出了世俗的武俠定義。

還珠樓主的代表作是《蜀山劍俠傳》和《青城十九俠》這兩大部頭小說。

書中很多學藝鬥魔，兩派爭鬥，報仇、奪寶情節。其實又穿插毒蛇猛獸和魔鬼，異想天開，變幻萬端，有人認為還珠樓主小說中的神怪荒誕程度，已經遠遠超過了《西遊記》和

《封神演義》這樣的神話小說，達到了神魔劍俠小說中前所未有和難以逾越的高峰。

還珠樓主對後世武俠小說的影響也很大，他的《蜀山劍俠傳》和《青城十九俠》兩部巨著，玄想超妙，瑰麗萬狀，上窮九霄，下透地底，法寶神異妖物駭人，為近世荒誕浪漫型武俠小說的一大傑作。

古龍對還珠樓主的汲取，我們可以從以下的四個方面來看待。

首先，是體現中國上層精英武俠文化中禪道化的傳統傾向，抒寫一種武俠世界的審美、風流、浪漫。

其次是詩化語言對古龍的啟蒙作用。古龍的語言是散文詩體武俠小說的濫觴，而古龍詩化語的直接根源，正是還珠樓主的「詩化」武俠小說描寫方式。

再次是武俠小說中武功的法無定法。還珠樓主將武功寫得完全隨心所欲，打破了技擊小說的「過招」、「技擊」的實寫傳統。古龍的「無招勝有招」那種法無定法的武打設計，正是受了還珠樓主的啟發。古龍的「小李飛刀」神幻奇妙如羚羊掛角，無跡可尋，頗有點還珠樓主的「法寶」味道。

最後一個方面，是武俠小說的豐富性和趣味性。

古龍讚賞還珠樓主的小說寫景堪稱一絕，寫古代居室之美，服用器皿之精，飲食之講究，容量豐富而且有趣。金庸在這方面學習得極好，古龍也不甘落後。

古龍第一次將偵探推理引入武俠小說，可能也是受到還珠樓主小說豐富趣味的啟發，他聲稱像《蜀山劍俠傳》這樣的寫法，正好把武俠小說中這種多方面的趣味性完全發揮（古龍的原話見後文）。

還珠樓主畢竟已成為了一個歷史高峰，沒有人去超越，也沒有必要去超越，因為我們的面前又開創了一個又一個的新世界，這些世界還等待富有天才而又把握住機遇的人們，進一步去營造和建設。

古龍這樣談到還珠樓主：

《蜀山劍俠傳》的結構雖然也很散漫，趣味卻是一致的，每一個人的性格，都絕對能前後呼應，第一個人的來歷和武功，都交代得非常清楚，而且層次分明，若單以武俠小說而論，這本書無疑是要比《江湖奇俠傳》成功。

除了寫人物生動突出外，書中寫景，也是一絕；寫古代的居室之美，服用器皿之精，飲食之講究，更沒有任何一本武俠小說能比得上。看這本書的時候，無異同時扯了一本非常有趣的食譜和遊記。

我一向認為武俠小說的趣味，本該是多方面的，多方面的趣味，只有在武俠小說中，才能同時並存。

偵探推理小說中沒有武俠，武俠小說中卻能有偵探推理；言情文藝小說中沒有武俠，武俠小說中卻能有文藝言情。

這正是武俠小說一種非常奇怪的特性，像《蜀山劍俠傳》的寫法，正好能將這種特性完全發揮。

所以這種寫作的方式，一直在武俠小說中佔有非常重要的地位，還珠樓主李壽民也因此而成為承先啓後，開宗立派的一代大師。

除「蜀山」之外，還珠樓主的著作有《柳湖俠隱》、《長眉真人》、《峨嵋七矮》、《雲海爭奇記》、《兵書峽》、《青門十四俠》、《青城十九俠》、《蠻荒俠隱》、《黑森林》、《黑螞蟻》以及《力》等……其中大多數都和「蜀山」有很密切的關係。

這些書，幾乎沒有一部是真正完整結束的，因為他寫的局面實在太大，所以很難收拾殘局，直到現在為止，還是有很多武俠小說會犯同樣的毛病。

從以上古龍的談話中可以看出，古龍對還珠樓主的繼承和吸收，同樣是隱型的，內在的，深刻的，同時也是有批判的，絕不是膚淺的模仿。

還珠樓主小說的最大毛病，便是結構的鬆弛，由於他小說的規模太大，所以常常顧首不顧尾。而他小說中的時間跨度也常常很大，人物眾多，枝蔓橫生，文字冗長，這正是古龍所要力求避免的。

古龍去世前還在計畫寫一組總題叫「大武俠時代」的短篇。

古龍說：

「以前寫連載，有時寫到八百多天才登完一個故事，寫的人有稿費可拿都很煩了，何況是看的人呢？武俠小說不得不變，短篇可能是一條路，它可以更講結構，更乾淨，更俐落。」

從這裡可以看出，古龍是如何的力求避免還珠樓主瑣碎冗長的毛病，而去追求語言上的明淨、簡單、樸素。

古龍一生，都是在追求這樣的藝術境界。

●古龍挑剔王度廬的愛情悲劇

古龍內在卓越的批判性智力，使他在看待武俠小說歷史的發展過程時，總是能抓住關鍵性的線索，提綱挈領，以高屋建瓴的姿態，綱舉目張，把握主動脈。

這條古龍眼中的主動脈，便是從平江不肖生到還珠樓主，然後是創變的王度廬和朱貞木，再然後是集大成者的金庸。

古龍對王度廬的評價也很高，認為可當為一代宗師。

古龍說：

和還珠樓主同一時代的作者中，卻有一個人從未受到他人的影響，這人就是王度廬。

王度廬的作品，不但風格清新，自成一派，而且寫情細膩，結構嚴密，每一部書都非常完整。

他的名著《鶴驚崑崙》、《寶劍金釵》、《劍氣珠光》、《臥虎藏龍》、《鐵騎銀瓶》，雖然是同一系統的故事，但每一個故事都是獨立的，卻結束得非常巧妙。

他也是第一個將寫文藝小說的筆法，帶到武俠小說中來的人。

在民國武俠小說中，王度廬的確佔有一個非常重要的地位。

王度廬（一九〇九至一九七七年），原名王葆祥，字霄羽，其代表作是「鶴—鐵五部曲」，即上文古龍已經提到過的那五部作品，這五部小說是系列長篇，又單獨成篇，其風格一改還珠樓主的荒誕奇幻，以哀婉悲情動人心弦，一時獲得巨大的成功。

王度盧最大的特點，也是古龍最看重的地方，是他把新文學的寫作方法引入武俠小說中，符合「文學即是人學」、「風格即是人」這樣的文學概念。

可以說王度盧拔高了武俠小說的境界，拓寬了武俠小說的寫作技術，開始力求把武俠小說的文學樣式從平民文學中拔高起來，與上層精英文化相結合，為武俠小說發展成為一種有意味的、獨立的文學樣式作出了鋪墊。

古龍一生所傾慕的作家，都是像王度盧這樣「求新求變」的作家。

後人將王度盧列為「悲劇俠情派」的代表人物，王度盧的小說的確多寫悲劇俠情。

幾乎歷來的文藝理論，都將悲劇的地位放得很高，正如西哲柏格森所說：「喜劇主要觸動我們的理智，而悲劇卻深深打動我們內心」。

這幾乎是一種定論。

縱觀古今中外的文學名著，偉大傳世的作品中，幾乎主要都是悲劇。如果有一人對此要持不同的意見，那麼這個人不是白癡就是天才。

素喜求新求變，標新立異的古龍，卻有足夠的底氣來唱出反調。

古龍一方面承認幾乎所有偉大的愛情故事中，都充滿了波折、誤會、困難和危機，令讀者為故事中相愛的人焦急流淚。比如羅密歐與茱麗葉，梁山伯與祝英台，抱著橋柱誓守信約而死的尾生，這些都是偉大的悲劇故事。

古龍卻認為，「他們的困難雖然解決，但最後還是因為『誤會』而死」。

基於這種觀點，古龍又是反對王度廬小說中的悲劇俠情故事的。

古龍說：

好像有很多人都認為愛情故事一定要是悲劇，才更能感人。

在武俠小說中，王度廬的小說正是這一類故事的典型。

尤其是《寶劍金釵》中的李慕白和俞秀蓮，他們雖然彼此相愛很深，但卻永遠未能結合，有很多次他們眼見已將結合了，到最後卻又分手。

因為李慕白心裡總認為俞秀蓮的未婚夫「小孟」是為他而死的，他若娶了俞秀蓮，就不夠義氣，就對不起朋友。

這就是他們唯一不能結合的原因。

我卻認為這原因太牽強了。

不但我認為如此，就連故事中的江南鶴，史胖子，德嘯峰，連俞秀蓮的師兄楊鐵槍，也認為這理由根本就不能成為理由。

可惜李慕白是個非常固執的人，無論別人怎麼勸他，無論俞秀蓮怎麼樣對他表示愛慕之意，到了最後關頭，他還是用慧劍斬斷了情絲。

有很多人也許會因此認為李慕白是條有血性，夠義氣的硬漢。

我卻認為這是李慕白性格中最不可愛的一點。

我認為他擔不起，放不下，不但辜負了俞秀蓮的深情，也辜負了朋友們的好意。

他甚至連「小孟」都對不起，因為小孟臨死時，是要他好好照顧俞秀蓮的，因為小孟知道俞秀蓮對李慕白的感情。

可是他卻讓俞秀蓮痛苦了一生。

以現代心理學的觀點來看，李慕白簡直可以說是個有心理變態的人。因為他的家庭不幸，從小父母雙亡，他的叔父也對他不好，他從小就沒有得到過愛，所以他畏懼愛，畏懼負起家庭的責任。

所以只要有女孩子愛他，他總是要逃避，總是不敢挺起胸膛來接受。他對俞秀蓮如此，對那可憐的風塵女子纖娘也一樣。

如果說得偏激些，他簡直是個不折不扣的自憐狂。

這故事雖然無疑是成功的，不但能感動讀者，而且能深入人心，我卻不喜歡這故事。

李慕白的故事，在《寶劍金釵》和《劍氣珠光》兩部小說中。

李慕白之父是《鶴驚崑崙》中的一個白面書生，他死後，李慕白隨其父之友紀廣傑學藝，因上師兄的當，去俞秀蓮家比武招親。雖贏了俞秀蓮，但俞老鏢頭卻明言，女兒早已許配給孟思昭（即古龍上文中所說的「小孟」）為妻。李慕白心中愛慕俞秀蓮，但還是答應俞老鏢頭臨終之托，認秀蓮為義妹，為她尋找未婚夫孟思昭。

李慕白為人豪爽，武藝又高，結識了京城的貝勒德嘯峰，並仗著血氣方剛，先後鬥敗魏風翔、馮懷、馮隆、馮茂，並與淪落風塵的煙花女纖娘結為知己。李慕白狠狠教訓仗勢霸佔纖娘的苗振山，並把與德嘯峰有仇的京城武林高手黃驥北打敗。這些惡霸串聯起來，誣陷李慕白入獄，幸虧有人相救。李慕白出獄後，知纖娘已嫁徐侍郎後，大病一場。

他的好友俞二這才告訴李慕白，自己正是孟思昭，並在臨終前對李慕白說：「你要娶俞秀蓮為妻。」李慕白卻想不開，他自認孟思昭是自己好友，俞秀蓮是自己義妹，如果與俞秀蓮結婚，豈不讓天下人恥笑？儘管他內心深愛著俞秀蓮。因情而惱，李慕白先後化名李煥如、龔道士仗義除惡，他後來遇到俞秀蓮，兩人都感情激動。但李慕白始終不肯娶俞秀蓮為妻，只答允以兄妹相稱，上九華山學藝，後來同走江湖。

古龍對這樣的一個悲劇俠情故事的挑剔，當然是基於他內心批判性智力。這種挑剔是獨特的，但有遠見卓識，同時也是出於個人的好惡，稍嫌過份。

但古龍的輝煌業績，卻正是在這種挑剔中逐步成長起來的，所以我們有足夠的理由來重視古龍這種獨特的「挑剔」。

古龍說：

「我總認為人世間的悲慘不幸的事已夠多，我們為什麼不能讓讀者多笑一笑？為什麼還要他們流淚？」

古龍正是基於這樣的想法，寫下了《歡樂英雄》這樣天才的傳世之作，實踐了他的批判理論和他的藝術理想，事實證明這種實踐是非常成功的。

古龍又說：

俞秀蓮是個典型的北方大姑娘，豪爽，坦白，明朗，但她也是個典型的舊式女性。所以她雖然深愛著李慕白，卻從不敢採取主動來爭取自己的幸福。她雖然很剛強，但心裡有了委屈和痛苦時，也只有默默的忍受。

若是我寫這故事，結局也許就完全不同了。

我一定會寫她跟定了李慕白，李慕白走到哪裡，她就跟到哪裡，因為她愛他，愛得很深。

這種寫法當然不如王度廬的寫法感人，我自己也知道。

但我還是會這麼樣寫的。

因為我實在不忍讓這麼一個可愛的女人，痛苦孤獨一生。

這其實是古龍的可愛之處。

真正瞭解古龍的人，都知道古龍的內心是一個寂寞、善良的人。

古龍的這顆寂寞、善良的內心，很討女人喜歡，許多人都不明白，其貌不揚的古龍身邊，怎麼會有那麼多純情美女追隨著他。

只有內心飽經了痛苦的人，才會不屑於再去沉溺於痛苦，正如曾經滄海難為水。

古龍並不是不懂得悲劇的感染力，但生性追求歡樂和自由的古龍，卻寧願不去這樣寫，而更費力和艱難地去寫「幸福，歡樂和自由」。

有過寫作經驗的人當然知道，寫「幸福和歡樂」其實遠比寫「不幸和痛苦」的難度更大得多。

托爾斯泰說：「幸福的家庭是相似的，不幸的家庭各有各的不幸。」

古龍別開生面，大寫「歡樂」，他依托其曠世難得的天才，而寧願險中取勝。

從這個意義上來說，古龍是不能夠模仿的。

對王度廬的「鐵—鶴五部曲」中的另外一個女主角玉嬌龍，古龍也給以非難。古龍說：

王度廬寫玉嬌龍，雖然驕縱，任性，但始終還是不敢、也不願意光明正大的嫁給羅小虎。

因為她總覺得自己是個千金小姐，羅小虎是個強盜，總認為羅小虎配不上她，世俗的禮教和看法，已在她心裡生了根。

俞秀蓮不能嫁李慕白，是被動的，玉嬌龍不能嫁羅小虎，卻是她自己主動的。

所以我不喜歡玉嬌龍。

玉嬌龍的故事，在《臥虎藏龍》和《鐵騎銀瓶》這兩部小說中。玉嬌龍是清朝九門提督玉正堂的愛女，自幼學成絕技，其師耿雲娘是江洋大盜之妻。玉嬌龍一次闖蕩江湖中，一見鍾情愛上沙漠大盜羅小虎，並與羅小虎做了兩夜夫妻。兩個人雖真的相愛，卻因為身分、門第、階級的不同，不能比翼雙飛。後來玉嬌龍與羅小虎又有一夜纏綿，留下情種，但最後卻參不透「世情俗風」的玄關，終於還是各奔東西，成一悲劇。

玉嬌龍的悲劇，其實平心而論，並不如古龍所說那樣「總覺得自己是個千金小姐」。這種悲劇，其實有更廣泛的社會背景和社會原因，這種悲劇是階級的悲劇，是意識形態的悲劇。

古龍挑剔的眼光是為了自己的天才創作而發出。古龍正因為不喜歡玉嬌龍這樣的形象，才寫了非常精采的《蕭十一郎》這樣一部小說。在這部小說中，女主角沈璧君正好是玉嬌龍的一個反面對照。

沈璧君雖然平時溫柔、順從，卻是柔腸俠骨，內心極有主見，到了最後關頭，還是願意犧牲一切，去和蕭十一郎共生死，追求人生的自由和幸福。

聽從自我內心人性對自由和幸福的呼聲，這是古龍小說中的一大特點。

古龍儘管對王度廬有諸多的不滿意，但他畢竟從王度廬那裡汲取了許多的養分。

梁守中在《武俠小說話古今》中指出：

「有些論者又指出，王度廬、鄭證因等人，對後來台灣武俠小說家古龍等影響不少。」古龍不喜歡王度廬小說中的愛情悲劇故事，但對小說中的友情和朋友描寫，卻是相當讚賞的。

古龍說：

男人間那種肝膽相照，生死與共的義氣，有時甚至比愛情更偉大，更感人！

王度廬寫李慕白和俞秀蓮之間的感情固然寫得好，寫李慕白和德嘯峰之間的義氣寫得更好。

德嘯峰對李慕白的友情，是完全沒有條件的，他將李慕白當做自己的兄弟手足，他為李慕白做事，從不希望報答。

他犯罪後被發放離家時，還高高興興地拍著李慕白的肩膀，說自己早就想到外面走動走動了，還再三要李慕白不要為他難受。

他被人欺負時，還生怕李慕白為他生氣而殺人犯罪，竟不敢讓李慕白知道。這種友情是何等崇高，何等純潔，何等偉大！

古龍這一生中百寫不厭的主題，便是友情。

古龍在生活中也是極重友情的人。古龍在臨死之前，為了不讓朋友們難過，還強顏歡笑，故作輕鬆詼諧之語，內心卻相當明白自己的路已走到盡頭。

只有如此至情至性的古龍，才會如此至情至性的去謳歌友情。

可以說在對友情題材的處理上，當世小說家無人能與之匹敵，連金庸在這個題材上也要處於下風。

古龍對王度廬小說中德嘯峰對李慕白的友情之推崇，正因為他是獨一無二的古龍。也許這一點是古龍受王度廬小說影響最深的地方。

古龍後來寫出傳世神品《多情劍客無情劍》之時，刻畫李尋歡對阿飛的友情，正是這樣。

李尋歡對阿飛，正如德嘯峰對李慕白一樣，只有付出，全然不想收回什麼。李尋歡為阿飛好，不惜讓阿飛誤解他。李尋歡這種人的友情，是自他們內心射出來的陽光和芬芳。

這些至情至性的人，為朋友可以去赴湯蹈火，但卻不會覺得自己是在為朋友做出犧牲，也不願使受援的朋友覺得受了恩而有欠債的感覺。

阿飛對李尋歡的友情也是一樣。阿飛幾次冒著生命之險去救李尋歡，還不惜擔負「梅花盜」的惡名，幾陷死地，但阿飛從未想到要李尋歡去感謝他，報答他。

古龍小說中這樣的例子還很多，不勝枚舉。

在後文，我們還要專門談到古龍對這種崇高的友情，所表述的看法和敘述。

●古龍也受過朱貞木的影響

一個作家青少年時代對文學樣式的學習史，必然要深刻而內在地影響到他的寫作史。古龍的成功並不是無中生有，橫空出世，他青少年時代閱讀過大量的武俠小說，民國時期武俠小說名家的作品，他幾乎都爛熟於胸。

古龍承認過這些當時轟動一時的名著，「都曾經令我廢寢忘食，一看就是一個通宵」。古龍早期的這種「挑燈看劍讀華章」的覽讀，為他日後的寫作布下了深厚的底氣。

古龍談到王度廬時還說：

與他同時的名家，還有鄭證因、朱貞木、白羽，除了這幾個人外，寫《勝字旗》的還珠樓主，寫《碧血鴛鴦》的徐春羽，雖然也擁有很多的讀者，但比起他們來，就未免稍遜一籌了。

鄭證因是我最早崇拜的一位武俠小說作家，他的文字簡潔，寫俠林中事令人如身歷其境，寫技擊更是專家，幾乎能將每一招，每一式都寫得極生動逼真，所以有很多人都認為他本身也必定精於技擊。

他是位多產作家，寫的書通常都很短，所以顯得很乾淨俐落，其中最長的一部是《鷹爪王》，最有名的一部也是《鷹爪王》，他的寫作路線，仿效的人雖不多，但是他書中的技擊招式和幫會規模，卻至今還被人採用，所以他無疑也是具有一派宗主的身分。

古龍早期作品受鄭證因的影響很大，其早期小說中的江湖格局，幫會模式，也多可見鄭證因的影子。

早期古龍小說中不乏一招一式的打鬥，當然也脫不了鄭證因技擊的模式影響。《鷹爪王》中，鷹爪王的手是極厲害的武器，這一點給少年古龍留下很深印象。

鄭證因寫的子母金梭，出手雙絕，古龍認為是描寫得很成功的暗器之一。

我們不能不猜測，古龍創造出「小李飛刀，例不虛發」之時，受到了這種子母金梭，出手雙絕的啟發。

古龍最早迷上的是鄭證因，但在古龍的文風中，卻也是最早擺脫了這種影響的。鄭證因是寫技擊的專家，一招一式寫得生動逼真，如數家珍，古龍後來的成熟文風，卻根本沒有這種一招一式的描寫。

這是古龍的天才之處。

對一個天才作家來說，他曾經愈是崇拜的人，他就愈應該去超越之。只有這樣，「破」而後「立」，才能造就一個新的天才來。

古龍將民國時期的武俠小說分為五大門派：

「如果將當時的武俠小說分為五大門派，還珠樓主，王度盧，鄭證因，朱貞木，白羽就是這五大門派的掌門人。」

武俠小說史的專門研究專家，一般是這樣將民國時期武俠小說分為四大門派：武俠技擊小說，神魔劍俠小說，社會武俠小說，言情武俠小說，其代表人物分別是鄭證因，還珠樓主，白羽和王度廬。

這種分法與古龍的分派差不多。因為古龍歷來是把王度廬的《鐵騎銀瓶》和朱貞木的《七殺碑》相提並論的。

對於宮白羽，古龍愛讀他的《十二金錢鏢》、《毒砂掌》、《獅林三鳥》等小說。

有人將朱貞木稱之為奇詭神異派，而古龍對朱貞木則另有說法。

古龍曾經廢寢忘食地讀過朱貞木的《七殺碑》、《羅剎夫人》、《豔魔島》、《龍岡恩仇記》等作品。

古龍之所以常常要把朱貞木與王度廬相提並論，是因為朱貞木的寫法和風格，與王度廬有很大差別，自成一體，且又很成功。

朱貞木（一九〇五—？），名楨元，字式顓，浙江紹興人，成名代表作為《七殺碑》。

朱貞木自稱在故都琉璃廠書堆中購一殘冊，上載《七殺碑》事，謂：「張獻忠踞蜀，僭號大順，立聖諭於通衢，碑曰：『天以萬物與人，人無一物與天，殺、殺、殺、殺、殺、殺、殺。』即世所傳七殺碑也。碑文『殺』字，不六不八，而必以七，何也，蜀中耆舊有熟於掌故者，謂余曰，獻忠入蜀，屠殺甚慘，而屢挫於川南七豪傑，恨之也深，立碑而誓，七殺碑者，誓欲殺此七雄耳，七雄為誰？華陽伯楊展，雪衣娘陳瑤霜，女飛衛虞錦雯，僧俠七寶和尚晞容，丐俠鐵腳板陳登皞，賈俠余飛，寒伯溫劉道貞是也……」

朱貞木的這部小說便是演義此故事，分敘七位大俠的事蹟。其中兩條線索貫穿全書，一是寫川南七雄抵抗張獻忠入蜀殺戮，包括寫華山派鬥技，二是寫楊展除凶仗義，宣傳其俠義精神與兒女情長事蹟。

朱貞木的小說語言極有特色，一是他用活潑詼諧的對話來揭示人物性格，另一方面是用詭異奇絕的文字來製造武打場面的氣氛。朱貞木的這兩個特點對古龍的影響都很大，古龍的小說也是慣用詼諧對話來刻畫人物性格，而且古龍更善於描寫打鬥的氛圍，古龍小說多的是營造決戰氣氛，而不是實際的武打。

如果說古龍受平江不肖生、還珠樓主、王度廬、鄭證因、白羽等的影響，主要是隱形的，內在的，特別是在古龍小說的成熟期更在表面上看不出蹤跡，那麼，唯獨對朱貞木一人，古龍不僅受了隱形內在的影響，還受有表面直接的影響。

雖然古龍曾談到過「我不喜歡《羅剎夫人》」，「因為朱貞木將羅剎夫人寫得太厲害了，沐天漾在她面前，簡直就像是個只會吮手指的小孩子」。這樣的一些話，那是另外的意思，那是因為古龍的大男人主義。

古龍說，「我的小說中是完全以男人為中心的」，這是一個觀念和看法的問題，這就是我們在下一篇文章談論的話題。

第三章　古龍之前無新派

●古龍之前無新派

四十年代的武俠小說暫時處於一個低潮，這是與當時過於動盪的社會格局相關的。烽火連天，民不聊生，武俠小說的象牙塔也寄託不住個體受到創傷的慘痛心靈。

四十年代末至五十年代初，筆名我是山人的武俠小說在廣東偏安一隅，卻也成了一個小小的氣候。

我是山人的《洪熙官大鬧峨嵋山》、《雲德和尚三探西禪寺》等，因寫廣東本土傑出武林人物，亦近傳奇紀實，頗受當地群眾歡迎，但在外省卻無影響，小小波瀾不能興風作浪。

五十年代中期，由於人所共知的政治原因，武俠小說在大陸完全銷聲匿跡。

時代在變革，風水也在轉移。

武俠小說在香港和台灣卻得到奇蹟般的發展。

一九四九年，近百萬軍民湧入台灣，數十萬人湧進彈丸之地的香港。

台灣著名武俠小說家胡正群說：

這批萬里投荒的遊子，在客鄉草建家園，生活雖日趨安定，但精神食糧仍很貧乏。於是一些藏在箱底，渡海而來的武俠小説與言情小説等，就被人當做有奇貨般的搜求出來，加以翻印出售。

一時台、港兩地的書攤及剛興起的小説出租店都擺滿這些翻印的武俠小説。這批寄旅天涯的遊子，就全靠這些俠義恩仇、才子佳人的故事，來排遣那滿懷鄉思，無盡離愁。

這就是台灣武俠小説得以繁榮的下層社會基礎。

這個情景，我們稍加比較就可以不難看出，與當時同期武俠小説繁榮的背景，有很大的相似之處。

在這時武俠小説的文學樣式，同樣是平民文化的自我選擇的結果。

這種平民意識既造就了武俠小説的繁榮，又阻礙了武俠小説這一文學樣式向上層精英文化的回歸和融合，使武俠小説很易流入粗糙淺俗的境界。

然而武俠小説的發展，在台灣的情況又是複雜曲折的。

由於政治禁忌，台灣當局實施戒嚴法，為穩定台島社會局面，防止那些具有「思鄉」「懷舊」等毒素的「有礙民心士氣」的黑黃小説的傳播，大量「附匪文」（只要是屬身大陸的作家）的作品（當然包括大量武俠、言情小説）被查禁。

台灣當局一九五九年實施的「暴雨專案」更是雪上加霜，連香港的新、舊版小説也悉數被封殺。但最奇怪的現象是，武俠小説在台灣越禁越繁榮，越發達。

胡正群說：

「台灣的武俠文壇，正因為有那些新的，舊版本的『以身殉道』，像浴火歷劫重生的鳳凰，像蟲蛹蛻化成的彩蝶，像蠶蛹的破繭而出，孕育出延續的種子，為台灣武俠小說締造出以後燦爛漸盛的新機和黃金歲月。」

一九五二年，台灣的局面漸趨穩定，當局為政治上的需要，放鬆對言論的控制，製造相對寬鬆的氣氛，對出版界的控制權也開始下放。

台灣民營出版事業開始興起。

而武俠小說則如擋不住的雨後春筍，潤物無聲地成長起來。

這時期的先驅是郎紅浣。郎紅浣本名郎鐵青，他在《大華晚報》的副刊上第一家連載長篇武俠小說《古瑟哀弦》；後來又連載了《碧海青天》、《瀛海恩仇記》、《莫愁兒女》、《珠簾銀燭》、《劍膽浮魂》六部曲，寫的是三代英雄兒女的悲劇俠情事蹟。

葉洪生稱此六部曲「頗得王度廬悲劇俠情派小說之神髓。而其開場筆法之新，實非兩年後香港標榜『新派武俠小說創始人』的梁羽生所能想像。」

然而，香港武俠小說的發展卻是後發而先至，因其與民國武俠小說自然的繼承關係，以及其出版言論的開放自由兩方面原因，是以出手不凡，獨擅勝場。

一九五四年，香港發生一起武林門派之爭，在澳門設擂台以武決勝負，引起新聞界的一時轟動。

這個相當偶然的事件，造就了一代武俠名家梁羽生。

當時香港《新晚報》為投大眾所好，約梁羽生寫武俠小說以饗讀者。梁羽生素好此道，下筆如風，在比武的第三天就推出問鼎之作《龍虎鬥京華》。

《龍虎鬥京華》一炮打響，揭開舊派改良武俠小說的序幕。

雖然梁羽生自詡為新派武俠小說，但這並不確切，正如胡正群所言：「古龍之前，無新派。」

胡正群說：

近年來，因武俠小說已受到一定的肯定，遂有「新派」之說。許多論者認為金庸、梁羽生二位是「新派武俠小說」的鼻祖。這種說法筆者不能苟同。我敬佩金、梁二位的成就，但那只是「變」而不能算「新」。這就像詩一樣，《詩》三百篇是詩。到了「太康體」、「元嘉體」還是詩，再到了「徐康體」、「齊梁體」、「玉台體」、「元和體」、「長慶體」、「西昆體」，它還是詩。對這些，學者、論者僅能將千年以來的詩區分為「古詩」、「近體詩」或「今體詩」，而不敢稱它是「新詩」，只是到了「五四」，胡適之、徐志摩出現，他們的詩才算是「新詩」。

同理，武俠小說只有到了古龍才算是「新」，才堪稱之為「新派」，也正因為古龍的「脫胎換骨」、「重臨江湖」，才又為武俠小說締造出另一高峰。

筆者極為贊同胡正群的這個意見。

繼梁羽生下海寫武俠小說一舉成名，金庸不甘落後，緊接著在一九五五年寫出了《書劍恩仇錄》一鳴驚人，已有超過梁羽生之勁勢。

香港武俠小說由此風起雲湧，許多寫手玩家紛紛效尤，如張夢還、倪匡、牟松庭等名手，投身江湖，撰寫武俠小說。

當此時，台灣的武俠小說卻是門前冷落車馬稀，豈可與香港的同行們比肩。一九五五年，台灣《大華晚報》上郎紅浣的三代英雄故事，才不過寫到第二代。而還有幾人如太瘦生、龍井天等，甚至還不能與郎先生一較短長。

到了一九五七年，台灣崛起兩大武林小說名家，一是臥龍生，一是伴霞樓主，才算給台灣的武俠小說爭回了一點面子。

臥龍生，本名牛鶴亭，河南南陽人，生於一九三〇年，少年時離家參軍，未受過正規教育。他在民俗文化如梆子戲、大鼓書以及民國時期武俠小說名家的作品中汲取了營養而茁壯成長。從軍中退役後，蟄伏台中。一九五七年，發表處女作《驚虹一劍震江湖》及《風塵俠隱》，一炮打響，的確震驚江湖，問鼎早期台灣武俠小說泰斗的寶座。

臥龍生繼《風塵俠隱》在台中《民聲日報》連載後，又以一部成名作《飛燕驚龍》進踞《大華晚報》副刊。

伴霞樓主，本名童昌哲，安徽（一說四川）人，生於一九二七年，他於一九五六年下海寫武俠小說，主要作品有《萬里長虹》、《八荒英雄傳》等，其作品人稱「武俠逍遙派」。

儘管當時的台灣武俠小說局面和品質，由於前已述及的原因，難追香港同行，但至此卻已有一番新氣象。

諸葛青雲、司馬翎等武俠小說名家也聞風而起，瓜分和蠶食當時台灣武俠小說王國的疆域。

諸葛青雲，本名張建新，生於一九二九年，山西濟縣人，出身將門，幼時隨父戎馬天涯，廣聞博記，古文底子極厚，文筆風雅；一九五八年出版處女作《墨劍雙英》，續還珠樓主故事。成名代表作是《紫電青霜》，以《一劍光寒十四州》在《徵信新聞報》副刊上建立霸業，人稱其小說為「才子佳人派」。

司馬翎，生於一九三三年，卒於一九八九年，本名吳思明，又名吳樓居士，天心月。也是出身於將門之虎子，擅長古典文學，詩詞歌賦，又精研佛經道藏，當時正在上台北政治大學，即已發表處女作《劍氣千幻錄》，並以《關洛風雲錄》一書穩占《民族晚報》副刊，人稱其小說為「綜藝俠情派」。

台灣武俠小說此時小成氣候，卻難以匹敵香港武俠小說以金庸為代表的奇蹟般成功。

一九五九年，金庸已寫出了《碧血劍》、《雪山飛狐》，即將完成《射鵰英雄傳》的創作，而梁羽生亦已拿出《七劍下天山》。張夢還連載《沉劍飛龍記》，與金庸的《射鵰英雄傳》擺下擂台，欲試高下，傳媒熱炒這一題材為「龍鵰大戰」。

是年，香港出現兩本武俠雜誌，一是《武俠小說週報》，一是曾風靡台港的《武俠世界》。

金庸天縱英才，經營有術，於是年創辦《明報》，次年又創辦第三家香港武俠雜誌《武俠與歷史》，用連載自己的《神鵰俠侶》來增加《明報》的銷路，大獲經營的成功。

在金庸與梁羽生天才的努力下，聯手完成了對舊派武俠小說的改良，締造了集大成的光輝業績。

至一九六七年，金庸又已完成了繼《神鵰俠侶》之後的《飛狐外傳》、《白馬嘯西風》、

《鴛鴦刀》、《連城訣》、《倚天屠龍記》、《天龍八部》、《俠客行》、《笑傲江湖》，只剩下唯一的一部《鹿鼎記》未完成了。

金庸幾乎已成了武俠小說王國中的一個神話和奇蹟，他幾乎看上去已經不可能再被超越了。有人已經說出金庸之後不再有武俠小說這樣的話。

在此時，台灣的武俠小說數量雖多，絕對沒有人敢稱可與金庸這樣的奇蹟式香港武俠小說一較雄雌的。

雖是如此，然而由於政治的關係，金庸、梁羽生等香港作家的武俠小說卻不能公開在台灣流傳，直至一九七九年九月台灣當局始同意出版和連載金庸的作品。

這特殊的情況，造成台灣武俠小說的偏安繁榮局面。台灣雖然沒有武俠雜誌，卻先後成立了幾十家專出武俠小說的出版社，武俠小說出租店竟發展到三千多家。

社會對武俠小說發展的貢獻大得驚人。

除穩坐台灣武俠小說寶座的「三劍客」臥龍生、諸葛青雲、司馬翎，每日在各大報刊連載武俠小說之外，又興起不少武林高手。

六十年代是台灣武俠小說發展的黃金時期，全盛時竟達三百多作家在江湖中混飯吃，胡正群在述及這個時期的台灣武俠小說盛況時說：

「原有的名家，除朗紅浣先生因年事高退出江湖，頤養天年，伴霞樓主遠走香江，俠影杳杳外，臥龍生的《玉釵盟》、《無名簫》、《絳雪玄霜》、《素手劫》、《風雨燕歸來》等，都在這時期完成。

「司馬翎也寫出了《掛劍懸情記》、《八表雄風》，諸葛青雲的《玉女黃衫》、《半劍一鈴》

等，也陸續問世。

「其他如柳殘陽的《玉面修羅》、東方玉的《北山驚龍》、武陵樵子的《十年孤劍滄海盟》、南湘野叟的《碧血丹心》、丁劍霞的《八方風雨會中州》、獨抱樓主的《碧雲弓》、蕭逸的《鐵雁霜翎》、古如風的《古佛心燈》、慕容美的《英雄淚》、秦紅的《無雙劍》、孫玉鑫的《萬里雲羅一雁飛》、墨餘生的《海天情侶》、上官鼎的《烽原豪俠傳》、陸魚的《少年行》、高庸的《天龍卷》等等，都是膾炙人口，名噪一時的作品。」

還有評論者將此時台灣武俠小說分為四大門派。

前三派引述如下：

一、**超技擊俠情派**——融合民國武俠小說「北派五大家」（還珠樓主、宮白羽、鄭證因、王度盧、朱貞木）心法，一爐共治，轉形易胎而作，特強調奇功秘藝與玄妙招式。代表人物除上述「三劍客」及伴霞樓主（此四人又合稱「四霸天」）外，另有獨抱樓主，武陵樵子、太瘦生、上官鼎、慕容美、孫玉鑫、蟲上九、東方英、雲中岳、蕭逸、高庸、秦紅、易容、唐煌、司馬紫煙、宇文瑤璣、劍虹、憶文、范瑤、曉風、菖若冰、秋夢痕、玉翎燕等，極一時之盛。

二、**奇幻仙俠派**——以模仿還珠樓主之飛仙俠為主，代表者有海上擊筑生、醉仙樓主、天風樓主、東方驪珠、東方玉、南湘野叟、墨餘生、丁劍霞、向夢葵、徐夢還等。

三、**鬼派**——書名內容非鬼即魔，嗜血嗜殺，代表者有陳青雲、田歌等，台灣武俠小說之「濫惡」者流，概屬此類。

第四派是「新派」，也就是胡正群所言的「古龍之前無新派」的「新派」。

至一九六七年之前，古龍的風格，準確地說還談不上真正意義的新派。

到一九六七年之前，台灣武俠小說只能唯香港武俠小說的馬首是瞻。

一九六七年，古龍寫出了《鐵血傳奇》（又稱《楚留香傳奇》），兩年後又寫出了《多情劍客無情劍》、《蕭十一郎》。

至此，古龍的作品如平地一聲驚雷，震顫了香港和台灣兩地的武俠世界。

古龍創造了全新的武俠小說文體，全新的武俠藝術風格，古龍已毫無愧色地可以與金庸並肩屹立。

古龍是武俠小說世界的一個異數，一個不世出的天才。

古龍打破了金庸不可戰勝的神話，同時自己也製造了另一個神話。

我們給予古龍無論如何的重視也不過份。

一九六九年到一九七二年，金庸寫完他非常重要的一部封山之作《鹿鼎記》，功成名就，就此急流勇退，金盆洗手，退隱江湖。

金庸的霸業已成，其輝煌地位在香港無人可以仰視，其他武俠小說作家自知難與爭鋒，早就見風使舵，儘快轉向改行。

張夢還的《沉劍飛龍記》之「龍」畢竟不敵金庸的射鵰三部曲之「鵰」，張夢還後來退出武林去做專業騎師了。

牟松庭也知難而退。

蹄風甚至遠走加拿大。

有「天下第一快筆」之稱的倪匡則大轉向，寫起現代動作和科幻小說，大為成功，後來倪匡專門寫了對金庸小說的評論，從一看金庸到五看金庸，風靡一時，妙筆生花，允為一時佳話。

香港的武俠小說界只剩下梁羽生在聊撐門面了。

而台灣方面卻一時英姿煥發，揚眉出劍，有了古龍，台灣武俠小說終於不再輸給彈丸之地的香江。

當金庸封筆時，古龍卻正處於創造力的巔峰時期，下筆萬言，驚風泣雨，高舉真正名副其實的「新派」大旗，乘萬里長風，破千里巨浪。

古龍最重要的作品都是在此段時間完成的。

古龍天才的成功，讓香港的同行們震驚。

金庸不能不對古龍刮目相看。

金庸一九七二年收刀之後，親自向古龍約稿，將《明報》副刊的大好河山拱手相讓給古龍。

這就是古龍時代的到來。

●古龍談金庸

現代武俠小說作家中，古龍的名氣雖然很大，但他卻是一個「後起之秀」。

很多成功的武俠小說名家，都是古龍的前輩。

金庸的輩份遠比古龍高。

古龍才剛剛發表《多情劍客無情劍》，金庸的武俠小說大業幾乎已到尾聲。

在這些古龍的前輩裡，古龍當然最尊重金庸，卻也對金庸有一種很複雜的心態。

古龍說：

五十年代開始後，才有個人出來「復興」了武俠小說，為武俠小說開創了一個新的局面，使得武俠小說又蓬勃發展了二十年。

在這二十年中名家輩出，作品之豐富和寫作技巧的變化，都已到達了一個新的高峰，比起還珠樓主他們的時代，尤有過之。

開創這個局面的人，就是金庸。

古龍一般從不公開評論當代的武俠小說作家，唯獨對金庸是個例外。

因為金庸的影響力和成功的輝煌太突出了，再沒有第二個人能比得上，直到古龍崛起為止。

那個時代的武俠小說，無論是誰的作品，多多少少都不可避免地要受到金庸的影響。

一般的評論是公推金庸小說藝術的博大精深，如百川歸海，萬山朝宗。

古龍評金庸，卻用自己的「新派武俠」的眼光去看，強調「簡潔、乾淨、生動」，其實這是他自己的藝術標準。

古龍說：

他（金庸）融合了各家各派之長，其中不僅是武俠小說，還融會了中國古典文學和現代西洋文學，才形成了他自己的獨特風格，簡潔、乾淨、生動！

他的小說結構嚴密，局面雖大，但卻能首尾呼應，其中的人物更躍躍如生，呼之欲出！

古龍看重的不是局面之龐大，而是結構的首尾呼應，因為這一點正是他自己小說的要點。

還有人物形象，這是古龍自己多次強調的，寫人物，要寫人性。

在金庸小說中的人物，給古龍留下最深印象的是楊過這個形象。

古龍說：

楊過無疑是所有武俠小說中最可愛的幾個人物之一。

楊過、小龍女之間的感情，也無疑可以算是武俠小說中最動人的愛情故事之一。

古龍稱金庸最重要之處，是由於金庸創造了這一代武俠小說的風格，幾乎很少人能突破金庸的模式。

古龍是唯一的例外。

古龍很詳細地研究了金庸的所有作品。

古龍特別研究了金庸對西方文學的吸收和模仿。

因為古龍也正是這一個「洋為中用」的高手。

古龍吸收和轉化《教父》中故事，寫《流星・蝴蝶・劍》，他有很多理由，其中一條就是金庸也這麼幹過，有過先例。

古龍說：

可是在他初期的作品中，還是有別人的影子。

在《書劍恩仇錄》中，描寫「奔雷手」文泰來逃到大俠周仲英家，藏在枯井裡，被周仲英無知的幼子，為了一架望遠鏡出賣，周仲英知道這件事後，竟忍痛殺了他的獨生子。

這故事，幾乎就是法國文豪梅里美最著名的一篇小說的化身，只不過將金錶改成了望遠鏡而已。

但這絕不影響金庸先生的創造力，因為他已將這故事完全和他自己的創造聯成一體，看起來是一氣呵成的，看到《書劍恩仇錄》中的這一段故事，幾乎比看梅里美《尼爾的美神》故事集中的原著，更能令人感動。

看到《倚天屠龍記》中，寫張無忌的父母和金毛獅王在極邊冰島上的故事，我也看到了另一位偉大作家的影子——傑克・倫敦的影子。

金毛獅王的性格，幾乎就是「海狼」。

但是這種模仿卻是無可非議的。

因為他已將「海狼」完全吸收溶化，已令人只能看見金毛獅王，看不見海狼。

武俠小說的最大的優點，就是能包羅萬象，兼收並蓄——你可以在武俠小說中寫「愛情文藝」，卻不能在「文藝」小說中寫武俠。

每個人在寫作時，都難免會受到別人的影響，「天下文章一大抄」，這句話雖然說得有點過火，卻也並不是完全沒有道理。

一個作家的創造力固然可貴，但聯想力、模仿力，也同樣重要。

古龍這些談話，完全是用金庸的作法來為自己辯護，反擊那些對於他不切實際的攻擊和指責。

最初古龍出道江湖，大多是模仿學習金庸的寫作方式。

古龍說：

> 我自己在開始寫武俠小說時，就幾乎是在拚命模仿金庸先生，寫了十年後，在寫《名劍風流》、《絕代雙驕》時，還是在模仿金庸先生。
>
> 我相信武俠小說作家中，和我同樣情況的人並不少。
>
> 這一點金庸先生也無疑是值得驕傲的。

古龍是到了寫作《楚留香傳奇》和《多情劍客無情劍》之時，才徹底擺脫這種模仿，最終走出了一條新路。

古龍絕不願步金庸後塵，古龍野心勃勃，要打破金庸的神話。

古龍明白表示：

「金庸先生所創造的武俠小說風格，雖然至今還是足以吸引千千萬萬的讀者，但武俠小說還是已到了要求新，求變化的時候。」

古龍洞察到這種金庸模式武俠風格的小說，已經寫得太多，讀者們也看得太多，已有膩味的感覺。

有很多讀者看了一部書的前兩本，就已經可以預測到結局。

最妙的是，越奇詭的故事已被寫過無數次了，易容、毒藥、詐死，最善良的女人就是女魔頭——這些圈套，都已很難令讀者上鉤。

所以情節的詭奇變化，已不能再算是武俠小說中最大的吸引力。

古龍提出了要寫人性衝突的觀點，因為人性的衝突才是永遠有吸引力。

古龍認為武俠小說中已經不應該再去寫神、寫魔頭，而應該寫人，寫活生生的人，有血有肉的人。

武俠小說中人物應該有生活氣息，在藝術上是真實的人物，既有人的優點，「也應該有人的缺點，更應該有人的感情」。

古龍雖是天縱英才，但畢竟是後輩新進，輿論聲勢上他當然不能與金庸相比。

當時武俠評論界已經流傳了這樣一種說法，即是：

「金庸之後將再無武俠小說！」

這種說法是借用寫《包法利夫人》的大文豪福樓拜曾經誇過一句海口。

福樓拜的大話是：

「十九世紀後將再無小說。」

因為他覺得所有的故事情節、情感變化，都已被十九世紀那些偉大作家們寫盡了。

古龍對這種說法很生氣，他當然要駁斥這種井蛙之見。

古龍批評福樓拜的這句大話時說：

可是他錯了。

他忽略了一點。

縱然是同樣的故事情節，如果從不同的角度去看，寫出來的小說就是完全不同的。

人類的觀念和看法，本來就在永遠不停的變化，隨著時代改變。

古龍在隱約地批評金庸小說模式不乏過時老套的同時，提出了自己「求新求變」的創作觀點：

武俠小說寫的雖然是古代的事，也未嘗不可注入作家自己的新的觀念。

因為小說本來就是虛構的。

寫小說不是寫歷史傳記，寫小說的最大目的，就是要吸引讀者，感動讀者。

武俠小說的情節若已無法再變化，為什麼不能改變一下，寫寫人類的情感，人性的衝突，由情感的衝突，創造高潮和動作。

功成名就，創立了武俠小說新派的風格，古龍的事業已達到輝煌的頂峰。完成了第三個階段（即輝煌階段）的創作之後，古龍實在是可以傲視群雄了。只有金庸是個例外。

金庸是古龍心中一個很大的情結。

雖然早在一九七二年金庸寫了《鹿鼎記》之後就宣告金盆洗手，隱退江湖，後來果然再未寫過武俠小說一個字。

但是金庸作為舊派武俠小說的集大成宗師，他的成功太輝煌了，也太神奇和太龐大了。金庸以百川歸海的大氣派，幾乎涵蓋了武俠文學的整個王國。

金庸的成就是無可爭議，且不能抹殺的，如果不是因為出現古龍這樣的奇蹟式作家，武俠小說的確是到此為止了。

但是，金庸的成就更像是顯而易見的，順理成章的，可以比較和量度，有背景和參照系統，所以是無可爭議的。

而古龍的突發奇招，正應了「羚羊掛角，無跡可尋」一句話，他的新派風格，是新生事物，是難以比較和難以參照的，沒有背景的反襯，所以古龍的成功也就不能以常理來認識，引起爭議是理所當然的事。

重新認識古龍的一例

對古龍的爭議很多，非難也不少，有很多人帶著偏見，硬要說古龍不如金庸。當然古龍自身的浪子行徑，也給了這種誤解以口實和話柄。

這些帶著有色眼鏡的人，其實根本沒有認真讀過古龍的一些經典作品，也根本沒有放下架子認真研究過古龍。

傲慢與偏見，蒙蔽了他們的智性。

筆者曾在報紙上看到一篇談古龍的隨筆，很讓人感動。

筆者首先要感謝這篇隨筆的作者所表現的真誠和公允。

這位作者是對武俠文化研究有素的專家，他寫了不少關於金庸武俠小說的評論和介紹的文章。

最初他的觀點是隨著大流的，將金庸的成就推崇得特別高，而輕易地看低了古龍。然而隨著時間的推移，他秉持真誠而正直的讀書人心靈，認真地看待了古龍的作品。

他終於公開承認自己以前的偏見，他以一種大無畏的勇氣講了真話，表明他重新認識了古龍的價值。

這篇隨筆並不長，因此筆者將它引在下面，以便讓讀者欣賞。

這篇隨筆的作者是周玉波，發表在南京《服務導報》（一九九五年三月一日）。

全文如下：

兩年前的今天，我正在為朋友所在的一家雜誌的娛樂欄目撰寫有關金庸武俠的文章，我的案頭擺的是《太平廣記》一類的野史、筆記等等，那裡面有我需要的材料。我給那一組文章起了一個總的名字，叫《金庸武俠與中國文化》。

那時候我不看古龍。我不滿於古龍的散漫、輕佻、隨意、虎頭蛇尾，與博大精深的金庸相比，我以為古龍是缺少文化。與人交談時我不遺餘力地抨擊古龍。

兩年過去了。兩年裡我又寫了些雜七雜八的東西。生了幾次不大不小的病。去過幾個南京之外的地方。看過幾場不錯的電影。淋過幾回雨。記得最清楚的是晚上送湖南來的朋友去車站，火車開動了，我往回走，回來的路上遇雨，冬雨，一點一滴打在我的臉上，涼涼的。我的朋友回他的故鄉去了，我在這離家千里的另一個城市就這麼一點一滴的被雨打著。

我離開了有許多古建築的學校，過上了整日裡忙忙碌碌又常常若有所失的生活。兩年裡的最後幾天，我在讀著古龍的小說。

讀我以為缺少文化的古龍。

我抨擊過的古龍。

不知道是因為我自己日漸一日地遠離了文化，還是文化本來就有著太多含義，抑或沒有文化原來也是一種有趣的存在，總之我是被古龍的小說深深地打動了。清風。朗月。美酒。佳人。好朋友。

更有快意恩仇的浪子豪情。

《大地飛鷹》中的小方，以一人一劍，縱橫江湖，浪子豪情，為自己的原則而活，為自己的理想而活。去做一件自己認為該做的事情，連死都不怕了，還怕什麼？這樣的豪情，又怎能沒有羨慕？

我也羨慕。虛與委蛇倦了，唯唯諾諾累了，思前慮後厭了，我羨慕起快意恩仇和浪子豪情來了。

只可惜浪子身在江湖。

我呢？

●古龍沒有像金庸那樣修訂作品

古龍是一個最具有爭論性的武俠小說作家。

古龍生前身後，對他的批評和攻擊都非常之多。看不慣古龍的大有人在。

但是儘管這樣，最保守的評論家，也不得不承認古龍有他的獨特天才之處。

已經形成的公論是：金庸、梁羽生、古龍並稱為當代武俠小說三大家。

有些評論家則認為，金庸和古龍代表了兩種不同的武俠小說風格，但古龍的成就要比金庸稍遜一籌。

這種並不公平的看法，當然也因為有它的一些客觀原因存在。

金庸誠然天縱英才，博大精深，而又以做學問嚴謹態度來對待武俠小說。

金庸一九七二年就封筆，見好就收，不再寫武俠小說。但是金庸卻花了大量時間，校訂刪改自己的作品，力求部部成為精品。

那個時代的武俠小說，大多是先在報上連載，然後出版單行本。這種寫一段登一段的做法，當然會有思考不周的地方，甚至會有前後矛盾，顧此失彼之處。

還珠樓主當年連載《蜀山劍俠傳》，這種例子就多得很。梁羽生和蕭逸也承認有此毛病，比如寫和尚被抓住頭髮，人物莫名其妙失去了下落。

這種情況在出單行本時，有的就改正了，但也有毫不修改照舊發行的。這種連載的作品，語言上也經常廢話連篇，久寫旁枝，游離主題。金庸的高明之處，在於花了數年的大塊時間，一一訂校，甚至改寫。比如金庸的《碧血劍》，金庸前後進行了兩次重大修改，增加了五分之一左右篇幅，幾乎等於又寫一部。

《雪山飛狐》中，全書的句子十分之六七都經過了改動。《射鵰英雄傳》中，郭靖以蛙陣與歐陽鋒蛤蟆陣劇鬥的情節，金庸竟全部刪去。楊過的母親本來另有其人（秦南琴），金庸作為藝術的考慮，也一一進行刪改。金庸後來出版的全集，實在與當時的作品已有很大區別。金庸的這種嚴謹、求好態度，當然要博得各方的口碑聲譽。

古龍與金庸相比，就沒有這等條件了。古龍是浪子，他沒有時間和財力做這些工作，他也不耐煩去做這些繁瑣之事。

歐陽瑩之最看好古龍，獨排眾論，認為古龍的意境高過金庸。他說：

不論在意境神韻，或在文體風格上，我認為當代港台僑居海外的小說家沒有一個及得上古龍——文藝小說、現代小說、武俠小說包括在內。

與一般武俠小說比較，古龍這時期的作品在內容由武返俠，重振武俠精神；在意境上一洗靡靡浮晦風氣，轉為清功秀技，從蒼鬱中見生機，如《蕭十一郎》便是一篇份量很重的悲劇；在結構上力挽小段生動但通篇散漫弊病，特別注重節奏明快；在人物上捨棄除武功天下第一外毫無性格的大英雄，改為有血有淚的江湖人；如蕭十一郎是個聲名狼藉的大盜，孟星魂是個不見天日的刺客，傅紅雪是個沉默孤獨的跛子，王動是個終日不動的懶鬼，但這些不算英雄的人，卻常更能表現出真正的俠氣。

依尼采的區別來衡量文學價值：「我每次都問，它是創自枯竭的命泉，抑或橫溢的生機？」我們可以發現古龍一九六九年到一九七二年間的作品，的確靈氣流轉，生機橫溢。放在眼下一些東施捧心式的文藝小説中，古龍剛勁高暢的武俠小説就像爛泥中一塊乾硬的土地；與台灣很多淺薄嬌扭的現代文學比較，古龍不經意的創作就像陰溝旁的長江大河。

歐陽瑩之對古龍評價極高，但他也認為古龍應該像金庸那樣來做修改工作。

「古龍的小説終是連載作品，所以每一部都不少瑕疵，不少贅言，每一部都需要修改。

「不是像修訂《絕代雙驕》般不關痛癢的刪潤，而是狠狠地刪，大刀闊斧地改，把現存小説當作初稿，重新寫過。」

古龍自己説過：

「武俠小説最大的痛病就是：廢話太多，枝節太多，人物太多，情節也太多。」

古龍自己寫小説儘管避免這些缺點，他的小説雖相當緊湊明快，但仍多少沾上了這些通病。

花的枝葉太多會妨礙生長，所以雖可惜，他不得不忍痛把一些很好看的枝葉剪掉。

小說也一樣。

只要為能向上，為能成長，無論去掉什麼，都是值得的。

謝曉峰不是為求盡我而自斷其雙手拇指？

希望古龍能追上他自己的理想。

古龍未能修改的他的小說，以致展現給我們的是：像缺臂的維納斯雕像一般，極具藝術美，然卻有缺憾。

●古龍小說求疵

古龍的小說不可避免有矛盾和漏洞，有授人以柄之處，因為他沒有像金庸那樣校訂修改自己的作品。

但許多對古龍的指責，出發點是帶有偏見的。

比如很多人說，古龍的毛病是純粹由於古龍商品化意識想賺錢，他的文體分行排列，是為了多賺錢。

這實際上是一個荒謬絕倫的論調。

然而，甚至連他的朋友中都有這樣的說法。

我認為，一定要說古龍為多得稿費才分行占字數的這種說法，是既荒唐而又幼稚的。

靠寫小說賣文賺錢，古龍並不是第一個，但是多少年來，在古龍出現之前，為什麼沒有人想到這樣一個「分列占字數」的賺錢立意呢？難道古龍天生就有此會算計的天才？

古龍創造了一種文體，他決不是為了少寫幾個字，才去創造這種「分行排列」文體的。

《武俠小說話古今》一書中，專門舉了一個例子，說明古龍「本來是結構緊密的一大段話，用了這種寫法，便變成分行排列的數小段，篇幅明顯地增大了。」書中舉的是《流星．蝴蝶．劍》的文字：

律香川似已被打得眼前發黑，連眼前這愚蠢的少年都看不清了。

也許他根本就從未看清楚這個人。

他怒吼著，想撲過去，捏斷這個人的咽喉。

可是他自己先倒下去了。

他倒下去的時候，滿嘴都是苦水。

他終於嘗到了被朋友出賣的滋味。

他終於嘗到了死的滋味。

死也許並不很痛苦，但被朋友出賣的痛苦，卻是任何人都不能忍受的！

連律香川都不能。

《武俠小說話古今》書中，就此段文字評論說：

「這段文字，句與句之間本來是接得很緊的，完全可以連在一起，成為一個段落，但為了排成散文詩的句式，便生硬地把文意斷開了。」

我並不否認古龍有這樣生硬分句的情況，但就以上引用的這段文字看，卻很難說有什麼「生硬分斷」。

如果按上面的評論家的意見，要將古龍這段《流星・蝴蝶・劍》的文字連在一起排列，我以為簡直就是在做焚琴煮鶴的事了。

古龍的文體，有一種獨特的美感。

但是這種美感太新鮮了，是前所未有的事，也許老套傳統教育的學人由於慣性的緣故，一時不能接受和不能習慣這種審美方式，那也不是什麼了不起的事。

《武俠小說話古今》中，還列舉了一些古龍小說中所謂的毛病和漏洞，有些還是值得重視的，因為古龍並不是完人。

「如《陸小鳳》中《美人青睞》一章，標題與內容完全不合，文中亦不見有什麼美人出現。」

「《護花鈴》中結尾一章《群奸授首》，並未見群奸如何授首，該書就突然結束了，顯得有頭無尾，失了交代，書未寫完，便匆匆收筆。」

「《楚留香》之第四集《蝙蝠傳奇》，本是寫楚留香摧毀江湖魔窟蝙蝠島的驚險故事的，但書的開頭，卻無端以三分之一的篇幅，寫了一段在擲杯山莊破解『借屍還魂』的故事，這段故事占了十二章，完全與蝙蝠島無關，是可以獨立另作一集的。」

但事實上，在正式出版時，《借屍還魂》本就是單獨一集出版的。

「在《楚留香》中，就多次出現這樣的情況：上一章結尾的對話還未寫完就突然結束了，到了下一章開頭又接著寫這對話，這樣寫法，奇是夠奇了，卻顯得全無章法，每一章的獨立完整性，便被硬生生地破壞了。如《劍道新論》一章，寫李天函縱談各家劍術後說：『小弟就算能練成一套舉世無雙的劍法，但若遇見楚兄這樣的內家高手，也還是必敗無疑。』該章寫到這裡，戛然而止。下一章《多謝借劍》的開頭則接寫：『楚留香微笑道：「李兄太謙了！」』兩章之間的結尾與安排如此安排，雖說是接得很緊，引人追看，但實在太隨心所欲了。」

歐陽瑩之也指出了古龍小說的一些毛病，也值得重視：

「武俠小說寫男女關係，幾乎是清一色的女人追男人，男主角總像女人的磁石，一出場便使得一堆美麗、聰明的女子暈頭轉向，窮追不捨，古龍在這方面也很少例外。本來時下的文藝就說寫男男女女，追來追去當是愛情，已經幼稚得很了，武俠小說一面倒，男人像香花般吸引一群彩蝶，不但幼稚，而且可笑。」

「古龍常以情節詭異見稱，可惜他的劇情很多時候發展得太驚人了，以致前後矛盾，好像作者寫小說前並沒有立好大綱，寫了一半忽然改變主意似的。這是古龍小說的一大弊病，需要狠狠的修改。」

「古龍有時忍不住跳出來對小說人物大加評價。有時他的描寫也稍嫌過火，譬如他的人物很多都有鋼線般的神經，怎會動輒作嘔，動輒全身抽緊？有時他也會越過寫作觀點的即席，跑去作了小說人物肚子裡的蛔蟲，以致弄出不少矛盾，不過這些都是技巧小節上的瑕疵，應很容易刪正。」

歐陽瑩之是真正欣賞古龍的人，他以為古龍是當世港台作家，乃至所有門類作家中境界最高的天才，所以他對古龍的批評是真誠的，頗值得我們重視。

●「脫出常規的生存本身就是本質的東西」

古龍的一生充滿了苦悶、寂寞和激情的焚燒，他的某些行為怪癖而超乎常規，他甚至做出自毀清譽的事。

很多的作家和評論者對古龍的生活方式都有微辭。

連在藝術上繼承了古龍衣缽的超新派武俠小說名家溫瑞安，也表示不欣賞古龍的生活態度。

古龍酗酒，濫情，賣署名權，對讀者不負責任，這些缺點都是真實的，沒有經過誇大。古龍任性的一面，給他的聲譽帶來巨大不良影響。所以儘管他武俠小說的藝術性已達到難以逾越的天才高度，但他並沒有得到應該得到的那種評價。

古龍已去世三十年了，本來早已應有蓋棺的論定，然而卻仍未得到其文學地位應有的公道尊崇。

直到現在，古龍還是一個很有爭論的人物。

市面上有大量的評論金庸武俠小說的書籍，甚至還有「金學研究會」的成立。

但古龍呢？

事實上，現在古龍的作品還在風靡，古龍作品的讀者數量絕不少於金庸的讀者數量。人們一方面津津樂道地讀古龍的書，一方面對古龍的天才成就避開不談。

曹正文以英雄膽色出了幾本談古龍作品藝術的書，但對古龍的評價還是頗為謹慎，不敢太露鋒芒。

我相信這樣的局面將要改變。

我相信將有更多的性情中人和有識之士，能公正地認識到古龍作品的恒久價值。

雅斯貝爾斯在談尼采時說：「這種脫出常規的生存本身，就是本質的東西。」

古龍一生受益於尼采的哲學之處最多，這一句話，實際上也可以原封不動用在古龍身上。

古龍的悲劇在於他本身生命的痛苦和意志太強太盛，武俠小說創作並不能真正消解他內心天才的巨大創造力量。這種不能消解的力量，最後反過來毀滅了他自己，如同他在《三少爺的劍》中描寫的第十五劍那樣。

古龍有什麼辦法呢？

「他太敏感了，如同某些對於即將來臨的天氣變化極其敏感的動物一樣，是他的痛苦造成了他的先見之明。」（尼采《快樂的知識》）

他太孤獨了，「我的兄弟，懷著你的愛和你的創造到你的孤獨裡去，很久以後正義才跛腳跟在你後面」。（尼采《查拉圖斯特拉如是說》）

他太放肆了，比起俗人來，他是不明智的，為情感所驅策不計利益安危，他有特殊的價值觀念，他的趣味往往在於例外的事情。

我們如果以世俗的眼光，去看待一個天才的生活，那就大錯特錯了。

古龍悲劇性的命運，已經包含在了他的性格和天才的創造力之中。

獨創是一把沉重的鎖鏈，「戴上這副鎖鏈，生命使他失去一個人在青年時代熱望的幾乎每一樣事物——愉快、安全、光榮。他的同類贈給他的禮物，唯有孤寂！不論他住在什麼地方，荒野和山洞都圍繞著他。」（尼采《作為教育家的叔本華》）

這就是平庸者難以理解的天才的孤寂和痛苦。

古龍有超乎常人的痛苦和孤獨，因為他「感到有一條可怕的鴻溝」，把他「和一切傳統分離開來，置於恒久的光榮之中。」（尼采《偶像的黃昏》）

古龍雖然痛苦孤獨，但他一生中卻從來不是悲觀主義者，他在死神來臨之前的一刻，還要朗聲大笑，聲震屋宇。

人生有其悲痛的一面，而且這悲痛是深沉的，然而歡樂比悲痛更深沉。

這是古龍從尼采那裡學習到的酒神意志，在古龍小說中的第一神品《歡樂英雄》中，古龍把這種精神藝術化和形象化了。

古龍已經發現人生何其豐富，令人欣羨，而且無比神秘，他要「拚命地去感受生命」。古龍短短的一生，正因為他「拚命去感受生命」，所以活得比我們絕大多數人要豐富得多，有意義得多，對生命的體驗也比我們深刻得多。

尼采說，具有酒神精神的人熱愛生命，可是並不畏懼死亡，他甚至會出於對生命的愛而自殺。

「當不可能驕傲地活著時，就驕傲地死去。」

「自由赴死和死於自由，當肯定已非時，做一個神聖的否定者，如此他理解了生和死。」

古龍的過世，最後正帶著有自殺的意味，他最後知道生命之路快到盡頭，反而變本加厲地喝酒，用酒神的歡樂來對抗死神。

古龍不僅僅是天才的武俠小說作家，更是一個詩人，在古龍的身上，我們能發現一個天才詩人的一切要素。

他把詩寫進了他的武俠小說中去，甚至進一步寫進他一生的經歷中去。

古龍的本質上更是一個詩人，他「歌頌現象的永恆光榮來克服個人的苦惱，用美戰勝生命固有的痛苦」。（尼采《悲劇的誕生》）

命運使他選擇了武俠小說的表現形式，使他去寫這些出自於他無與倫比的、深刻而又通俗淺顯的小說。

然而，在那些表面的通俗淺顯之中，我們卻會感受一種震撼心靈的力量。

「倘若人不是詩人，解放者和偶然的拯救者，我如何能忍受做一個人。」（尼采《查拉圖斯特拉如是說》）

武俠小說儘管替古龍帶來了許多痛苦，但也正是這種天才的寫作，救贖和慰藉了古龍。

●古龍與武俠小說的詩學

真正的武俠小說應該是一首詩，真正的武俠小說應該有富於浪漫精神、超越現實的詩意。這不是故作驚人之語，更不是譁眾取寵，因為文學即是人學，風格即是人，作為文學的武俠小說，它不單是採取一種極端場境中的「武的形式」，更重要的是它所蘊含的「俠的詩意精神」。而俠的詩意精神，正在武俠小說中特異極端的典型人物身上體現，這就是古龍所言他高度注重的「人性」，也是金庸所說的「寫人性」「抒寫世間的悲歡」，「表達較深的人生境界」。

在武俠小說詩意地表現那種極限情景下的極端衝突和緩解的結構之中，這種飽滿豐富而深刻的人性，正恰如一首詩的美，或者美得是那麼的崇高，或者美得是那麼的魅惑。

一般而言，我們給詩下的基本定義，是詩言志和詩緣情。真正的武俠小說何嘗不是緊緊貼附在言志和緣情這張美麗而光滑的毛皮之上？著名的武俠小說評論家曹正文力推古龍的《多情劍客無情劍》為第一品，他著意於這部武俠小說淋漓盡致所寫透的一個情字，正是這個情字，傾倒了大千世界中卑微而滿懷希望的芸芸眾生。有情是情，而無情何嘗不是情？痛莫痛過多情似無情，情之激，情之變，精品的武俠小說大大豐富了情的內涵，成為一部人類情感的演義。那種驚心動魄，那種迴腸盪氣，那種肝膽糾結，正如長歌當哭，統領於新一代的風騷，又哪裡遜色於已陷入風花雪月的濫俗詩歌呢？很多人輕易盲從，看低武俠小說為俗文學，一個俗字委婉而又直截了當地道出了他們要表達的意思，但是豈不知俗到極處正是大雅，雅到極處還是卑俗！

問世間，情為何物，直叫生死相許！親情，愛情，友情，俠情，真正的武俠小說把這些有價值的東西撕碎了給我們看，於是，我們可以哭，可以笑，可以群，可以怨，可以嘲諷，可以鄙夷，但沒有人能漠然視之。

自古詩人就有「怨去吹簫，狂來說劍」的許多種類似說法。如果說「吹簫」更側重的是抒情的話，那麼「說劍」則是文人夫子自道的言志了。武俠小說的精義和實質，其實正在於這「說劍」的書生意氣之中。

說劍是抒情而顯英雄膽色、武林豪氣，正可以一掃書卷迂腐之氣，說劍又是一種書生的過瘾，也可以稱之為文人情結的一種解放。說劍的表述雖然往往只是一種說法，但這種說法無疑是天真和純樸的，而且閃爍著眩目驚豔的英雄氣概與光芒。如果我們仔細品味，說劍又有兩種意味深長的不同層次。高貴而富於浪漫理想的、正大堂皇的層次，是「修身、齊家、治國，平天下」。在這種層次中的說劍、寄託著文人立功異域，廝殺疆場、名垂青史、造福於民的美好理想，幾乎像是不真實的書本上的願望。「撫劍夜吟嘯，雄心日千里，誓欲斬鯨鯢，澄清洛陽水。」這就是在武林泰斗金庸和武俠名家梁羽生筆下的「俠之大者」的風範，陳家洛、郭靖、張丹楓、南霽雲，正是這種層次上言志的最理想代言，這就是「寧知草間人，腰下有龍泉，浮雲在一塊，誓俗清幽燕」的崇高境界和意氣。

而另一種層次的說劍，雖然不是那麼莊嚴和崇高，卻因其本性的率真，而更為真實和可愛，一個狂字，一個怨字，更容易引起天下太多落魂失意人的共鳴。那是「彈劍徒激昂，出門悲路窮」，「倚劍歌所思，曲終涕泗瀾」的慷慨激憤和哀傷，是武俠小說中浪子的情懷，這浪子是落拓的，愁腸百結的，但又是風流的蘊藉，是飲酒的風流，遠離的風流，甚至也是快意恩仇的風流，正如古龍筆下的李尋歡、楚留香、陸小鳳。

塵世的生活太過於卑微和煩瑣，凡人的內心渴望呼吸到英雄亮劍般壯懷激烈的氣息。真正的武俠小說，不僅是作者的當哭長歌，而且還成為世俗平民和群眾的代言人，它為我們言說了自由的呼喊，解放的期盼，人民的意願，它傾述了那種有心殺敵無力回天的悲壯，那種懷才不遇、壯志難酬的惆悵，那種生活中的隱忍隨俗、唯唯諾諾的無可奈何，那對生命直截了當的喜悅和享受，對生命形式的直覺把握，對不可捉摸的人類命運的了悟和承擔。有時，這種表現形式也許表現得過於淺近通俗，但這種淺易卻又是曾經滄海，飽嘗人世的痛苦和辛酸之後，對所謂的深度和一種對於高於生活的浪漫風情和雅望的渴慕。它觸及了更多人靈魂中陽光照不到的地方，使更多的人沉湎於其中，也使更多的人不肯說出這其中的要害。

真正的武俠小說是一首詩，而精品武俠小說那下筆千言的作家，何嘗不是天才和卓越的詩人？

讀古龍的《多情劍客無情劍》，當李尋歡的小李飛刀如虹一般，射出瑰麗精妙的情懷和美妙絕倫的文辭之時，讀者不可能沒有感覺到古龍的一腔熱血和柔情，曠世的孤獨和惆悵，以及為青春、生命和愛情而發出的浩歎和悲憫。還有那些淡淡的傷感和無可奈何花落去的心情，往事的回首，光陰的追憶，如浮雲一般永遠瀰漫在心頭的，那些不可言說的秘密情懷……

讀金庸的《笑傲江湖》，在那千岩萬壑的大手筆揮灑出來的豐富的磅礴言辭之中，讀者不可能讀不出金庸胸中洶湧的詩意：曾經滄海、世事洞明的博大、寬懷和睿智，溫柔慈悲的仁人胸懷，為世間凡人的痛苦發出深長歎息，以及英雄的長嘯和壯士的悲歌，氣吞萬里如虎的豪氣壯志和指點江山激揚文字……

讀梁羽生的《萍蹤俠影錄》，在他細膩、典雅名士般風範的文字和詩情畫意的輕柔敘述，乃至風景清新的細節中，讀者不可能不感受到他的溫文爾雅，書卷意氣，似水柔情，劍膽琴心，終至平平淡淡才是真的心境，以及那「把劍淒然望，天外招歸舟」倦遊江湖的意緒……

讀溫瑞安的《四大名捕會京師》，讀者不可能不感受他的凌雲豪邁和美麗寂寞的內心，

「一個人的心靈要不是那麼的寂寞美麗，是決寫不出那麼美麗寂寞的作品的。」……這些武俠小說的作家，難道不是多情善感和內心豐富的詩人嗎？

每一個時代，都有與這個時代相適應的，在這個時代中發展、壯大並且在藝術成就上達到高峰的獨特文體。楚辭、樂府、駢賦、唐詩、宋詞、元曲、明清的話本小說，都是不同時代盛開在文化史的後花園中鮮豔奪目的花朵。武俠小說這一獨特文體，在當今這個時代發展、壯大並且幾乎已達到了頂峰，我們幸逢其時。歷史往往是驚人的相似，如果我們將現代武俠小說的發展與唐詩的發展相對比，武俠小說的發展同樣有初唐、盛唐、晚唐這樣的發展壯大的相似過程，而且武俠小說的創作中也出現了杜甫、李白這樣豐富了我們燦爛文化寶庫的偉大人物。

我認為金庸的成就無疑相似於杜甫。杜甫為詩聖，金庸則可稱為俠聖，杜甫寫的是史詩、詩史，他的藝術特點是思無邪、雅正、中和、純正，金庸的小說則也是史詩的畫面，寶相莊嚴，有一種雍容、磅礴、正派，結構嚴謹而正大的聖者風範。

古龍的成就，無疑可以媲美於李白了，李白為詩仙，古龍則為俠仙，李白斗酒詩百篇，下筆千言，倚馬可待，寫的是浪漫的情懷和不拘的豪氣、壯飛的逸興，古龍一生同樣嗜酒如命，熱愛鮮花和美人，在金庸將現代派武俠小說改良到幾乎不能再改良的地步之後，古龍是神來一筆，他另闢蹊徑，寫的則是俠客的風流，劍舞的浪漫，英雄的寂寞。

梁羽生也許可以化為白居易，近於優雅平易，通俗而講究，深入人心。

溫瑞安則極像李商隱，美麗之中卻帶幾分詭奇，考究驚豔的言辭，朦朧中又見幾分晦澀。

這種類比，也許是不完全準確的，但本質相似。我們因此更可以看出：真正的武俠小說作家，都擁有一顆奇幻獨特的詩人之心。武俠小說作家讓他們的小說像詩歌一樣，表現出熱愛生命，以及水與火的特質，賦與了武俠小說豎琴和酒神一樣浪漫和風流的色彩，展示出人類處世最博大的智慧和經驗，響動著對真、善、美追求的共鳴，對寧靜、和平，恬適生活的熱愛，讓人們像品味詩歌一樣，品味著無以言傳的美好和純真質樸的原始情感。

在文學領域內，沒有比這樣的武俠小說家更不善於去為自己辯解、宣言、吶喊、修飾、整容的人了，這些武俠小說家如詩人般，放棄了向那些自以為是的雅人和通人的陳說和表功，甚至他們連一聲歎息和抱怨都不會去做，他們不願意在自己的作品之外去裝飾上鮮豔的塑膠花，像那些純文學的作家們自我標榜和鼓吹的那樣。

這些真正的武俠小說家如詩人般，內心更為痛苦、不屈和驕傲，他們把自己從所謂高雅和純正的文學樂園中罷黜出來，拒絕了種種風光和熱鬧的誘惑，在漫長而艱辛的寫作生涯中，尋找生命的意義，在地厚天高的思想和詩意的浸潤中，達到自洽和完滿，承擔生命不可承受之輕，並傳示著生命的真諦和了悟的愉悅。寫作對於他們不僅僅是「著書只為稻粱謀」的手段，而已經成為他們生命的不可分割，也不可或缺的一個主要部分。這就像是卡謬筆下的那個西西弗斯神話的那般，往往復復地把巨石推上去，而巨石又下滑了，不能善終的結局使他成了悲劇。雖然他的勞役沒有盡頭，他的面前是永遠不能擺脫的黑暗，他永遠得不到被解脫和拯救的許諾，但他卻在這樣的悲慘命運中，找到詩意的快樂和存在的真諦，他因此而活下去，自在地活下去。

福克納說：「人是不朽的，並非在生物中唯獨人留有綿延不絕的聲音，而是人有靈魂，有能夠憐憫、犧牲和耐勞的精神。詩人和作家的職責就在於寫出這些東西，振奮人心，提醒人們記住勇氣、榮譽、希望、自豪、同情。」

我認為，真正的武俠小說就是抒寫人的這些憐憫、犧牲和耐勞的精神，讓人們熱愛並且牢記勇氣、榮譽、希望、自豪與同情，在這個意義上，武俠小說當然與詩是相通的，武俠小說的優秀作家當然正是詩人，古龍尤其是詩人。

對於武俠小說的詩學觀念，我們可以這樣來看待。武俠小說這一現代奇特的文學現象，其實是現代社會高度發達的物質文明和商業文明中，枯燥的現實觀念擠壓下產生的一種詩意理想精神的體現，如果我們只是去看重體裁的通俗、形式的多樣，我們將失之偏頗，忽視了武俠小說的真正價值，不能產生深刻的認識和真知灼見。

請讓我們尊敬真正的武俠小說家如古龍，對這一獨特的文學形式，所進行的充滿巨大熱忱、而又艱苦嚴肅的努力和追求，他為我們枯燥卑微的世俗生命帶來了諸多意想不到的詩意，讓我們感謝他，在他八十冥誕將屆的此時，向他道一聲感謝和懷念。

跋

成都市作協副主席 柏樺

我是一九八八年夏天在南京與賢茂結識的，在那一年夏天稍長一段時間裡我經歷了某種極端的白熱，接著突然開始緩慢和疲倦下來。接著是生活的變化和遠行。新的交流在等待我去進行。八月下旬的一個下午，我來到後宰門賢茂所在單位的宿舍（那宿舍看上去完全就像普通的大學生宿舍），在他粗糙實在的床邊，我們相對而坐，飲酒聊天。這是一個我所熟悉的環境：一個孤立的書架上散落著零亂的書籍，陳舊而暗淡的蚊帳上破了幾個洞。他當時穿著白襯衫（這是他最喜愛的顏色），更映襯出他雪白的面孔和鮮紅的嘴唇。他的外表是懷舊的溫和，舉止有些學生式快捷，整個人混和著夏日的朝氣和青春的緊張。但他一喝酒就舒緩起來了，緊張消除了，似乎難得有此機會來留連時間。

在接下來的許多次交往中以及漫長的幾年交往中，我們建立了持久的文人式友誼。在逐漸的認識過程中，我理解了他的文學及生活趣味。他是把文學和生活分別開來看待的，在文學中他崇尚先鋒性（即獨創性）；在生活中他又是一個留連光景的舊式文人，以豐子愷式的平常心淡然處之。正是這種矛盾的醞釀、催迫、激化，因他內心許多情愫左衝右突，非得某種極端性來解決，他開始走上武俠小說的創作道路，而且選擇了武俠小說中最尖端的路線——

古龍路線，一對深刻的矛盾終於得以解決。

一九九三年夏天，同樣是一個正午，他背著一個極大的包袱，走進我的視線，當時我正站在陽台上，那時我們已經很久沒有見面了（我已於一九九二年初回到成都），他走路很快，這是他一慣的快捷，他一走進我的房間就打開包袱，取出三冊書，正是他剛出版的長篇武俠小說《海棠夫人》。

這本書勾起我的一些遐想：的確，武俠小說總是要創造出許許多多稀有而極端的人物。這些非同尋常的人物總是讓人喜愛的，尤其讓那些內心具有極端性格的人喜愛，而這些人在現實生活中又總是受挫的。但不要緊，那些書中的俠客自然會挺身而出的，來安慰他們的痛苦，幫助他們完成各種夢想，使他們一次又一次致幻，一次又一次飛升。

我同樣經歷過這樣的情況，我第一次認真接觸武俠小說是一九九二年夏天。那是我前途渺茫，一愁莫展的時刻。

我在重慶一個熱得令人發暈的正午，糊塗地打開電視機，觀看一部根據古龍小說改編的《邊城浪子》系列片，我一下就被片中傅紅雪這個人物吸引了。而武俠迷們眾所周知這是怎樣一個極端的人物，一個以技藝打天下的人物，同時又是怎樣一個空有一身技藝的人物。

在這之前，也是在一個夏天，一九八八年夏天（動身來南京之前），我在最絕望無聊的時刻，躺在一個朋友的家中日復一日地翻看金庸的書，打發時光、寄託愁思、進入幻境，我首次嘗到武俠小說的甜頭。但真正的甜頭卻是在一個秋天的夜晚，與幾個隨便的朋友圍爐吃酒中完成的。一個自貢人，我的一個朋友的朋友，他是一個狂熱的古龍迷，藏有所有古龍的書。隨著夜涼與酒酣，他談到阿飛、西門吹雪，而我談得最多的小李飛刀。酒後的胡言現在全已忘了。

在酒中，我似乎還依稀記得那位歡樂的自貢人，彷彿他的生活、命運、甚至職業都是以古龍的意志來塑造的，他是那樣熱愛古龍，在酒的幻境中更是豪氣干雲。他究竟說了什麼精闢的見解我已記不得了，但古龍作品竟能如此深入一名工人（還是職員？），一名普通而偏僻的自貢人，卻令我羨慕與震驚。他從家鄉帶來的一位漂亮的情人當時也正嘰嘰喳喳地坐在他身邊。而此刻在沒有星星的夜色中，在談論古龍的氛圍裡，她正出神地看著他，不發一言，彷彿是第一次認識他，第一次發現他身上奇怪的美。

在一個又一個我生活中有關武俠的插曲之後，時間已經到了一九九五年，我在這一年的二月末到了南京，又見到了我的老朋友賢茂，他告訴我他正在寫作《評傳古龍》而且還寫了另一部長篇武俠小說《粉豹桃花》，以及準備投入百萬字的風、花、雪、月，巨型武俠小說的浩大工程，這是一件多麼令人讚歎而又令人興奮的事情。他使我想到了許多……

他最初是一名四川大學物理系的學生，學生時代狂熱投身詩歌寫作，大學時寫出力作長詩《尷尬》（我認為這首詩足以反映他那個時代青年人的普遍心理狀況及現實處境），從此走上了一條驚險的文學之路。他作為詩歌界一名秘密的寫作者和評論家獨居南京多年，但並未放棄理想，他借武俠的酒杯澆自己的塊壘，在武俠中傾心拋灑自己極端的情懷。

我最近與他作了兩次徹夜長談，這種青春式的長談只有在我過去的生活中才會有，而這些長談本身是那樣無助並轉瞬即逝。生活中還有許多事需要去料理，需要動手去完成。

深夜的懇談已成為過去，但一些突出的情景仍歷歷在目。他曾經狂熱地投身過詩藝轉而投入武俠小說的寫作及評論，其功力自不待言。對於武俠，對於古龍，他的議論在我所遇到的人中無人匹敵，他談到古龍的悲哀，他的愛、恨、怪、僻、理想和情結，以及空前的頹唐與落寞，是那樣驚心動魄，彷彿我眼前的他就是一個古龍再世的化身。

柏樺，教授，著名詩人，兼任成都市作協副主席。著作有詩集《表達》、《往事》、長篇隨筆《去見梁宗岱》等多種。

後記：看花飲酒說古龍

二〇一二年的一個春日，久違的陽光溫暖、熱情，照射得這樣清澈、爽朗。在成都近郊的龍泉驛，我有幸和神交多年的海峽彼岸的朋友陳曉林、龔鵬程、林保淳、陳廖安諸大俠相見歡會。我的摯友，成都作家周毅為我們導駕驅車上山，踏青賞花。

薄暮時分，在龍泉山上，桃花叢畔，我們相聚一堂，看花飲酒，把酒論劍，縱談古今。（此時只是因為龔鵬程先生臨時有事而中途返回，留一遺憾）此夕何夕，此身何身，不覺暮色漸藍，月出雲開，「留下難忘的美好回憶，實為一大快事」（陳曉林先生語）。

酒酣耳熱之際，談論得最多的話題，當然是我們共同深愛的台灣天才武俠小說作家古龍。和陳曉林先生等神交的緣由，是因為我早年對古龍的研究。

一九九五年，我的拙著《古龍傳》，曾經由四川人民出版社出版，一直以來受到古龍研究專家和讀者的關注。當時草創之期，資訊缺乏，多有不盡人意的地方。但陳曉林先生對我的賞識，卻是讓我足慰平生。

歲月遷移，世事更替，古龍去世已經多年。逝者已矣，托體山阿。生者蹉跎，白日放歌。我們一再歎息古龍的英年早逝，英才天妒。陳曉林先生是台灣著名的學者、作家，也是古龍生前的好友，後來古龍在出版、選集等事務上多有委託於他。聽到陳曉林先生講起對古龍的認識，以及當年他和古龍相識相知的軼事，對我更是啟發良多。

對於古龍的認識，其實我們都有一個漸變的過程。陳曉林先生講到的一段親歷，正是例證。當年古龍以獨特獨創的文體寫作武俠小說，慧眼之士已經看出古龍的那種簡潔、跳躍的語言，與海明威的所謂「電報體」有相近似和暗合之處。一次在與古龍喝酒喝得高興的時候，陳曉林先生向古龍笑言，也許古龍應該更多地向海明威學習，語言上更乾淨簡單，其文學成就會有更大的收益。當時的古龍表現出極好的風度和寬容，只是看著陳曉林先生，笑而不語。此一段故事，也就因此略過，不再被提起。

多年之後，古龍已作古，而陳曉林先生因緣湊合，著手一套海明威精品集的編輯出版工作。此時因為工作關係，陳曉林先生將海明威的作品英文原文，一字一句進行閱讀，校對檢查中文譯稿。數月時間的挑燈看劍，竟讓陳曉林先生感歎不已。回想起當年他對古龍當面說過的那一番話，此時卻深感唐突和遺憾。現在，陳曉林先生斷言，其實古龍的文體，其文學價值絕不會在海明威的所謂「電報體」之下。古龍文體的簡潔、準確之外，更有一種自然的空靈和詩意的餘韻。為此，陳曉林先生坦承，他的認識來得是略遲了。

覺今是而昨非，知來者之可追。勇於面對自己曾經的錯失，這樣的學者風範讓人感念。我也就此話題講開，其實當初我寫作《古龍傳》之時，雖然有搏象的無畏，但不夠準確，甚至錯訛之處也不少。特別是對古龍的獨創文體在文學史上的重要意義，當時尚無明確認識。古龍的文學價值，並不僅僅在於武俠小說的本身。

古龍的獨創文體和語言風格，其實已經深刻地影響了當代文學的書寫方式。有太多例證可以看出，這二十多年來，文學流行的語言風格是深受古龍文體的影響，特別是網路寫作，散文寫作，更是明顯。

林保淳先生和葉洪生先生曾經合著《台灣武俠小說發展史》，他們的研究成果蔚為大觀。但林保淳先生也感歎，現在讀者對古龍的關注遠遠不能和古龍的文學價值相匹配。這是一個浮躁和需要「眼球經濟」的時代，古龍身後寂寞，與某些作家的善於炒作成了鮮明對比。台灣唯一一次古龍的學術研討會，就是林保淳先生等人發起和籌辦的。但是至今，第二次古龍學術研討會的日程尚難以確定。

陳廖安先生是「中華武俠文學學會」會長，著述頗豐，主編出版皇皇巨著《中華續道藏初輯（全二十冊）》，更是功德無量。我向陳廖安先生討教和印證了《周易》方面的見解，實是有相逢恨晚的感覺。

與陳曉林諸先生分別之後，數日中龍泉山上桃花的麗影在記憶中揮之不去。心中有感動，卻如殺敵一千，自傷八百。感動如人生的無用。

「桃花羞作無情死」，這是古人吟詠桃花的詩詞中我最喜歡的一句。我覺得這一句與古龍傳奇的一生很是契合。

為了特別的紀念，我寫了這首詩：《書生俠客夢》

桃花的靜，桃花的動
桃花如劫，動靜中都有機密
桃花有情，說的是香豔的青春

桃花無情，心境的托詞便是天地的不仁
看吧，歲月肯定會消磨
但是當年的記憶卻會刻骨不去
玻璃杯空空，你躊躇而不肯行
美人的香氣，在國色的陳詞中轉作凋零
啊，是到了二〇一二嗎，我開始談論恍惚的往事
春花欲發不發，春時欲行不行
詩人對酒，也如對百萬雄兵
也如驚詫的愛，如劍影隨形

二〇一二的春天，來得有些突然
而想像打開，就算才氣任你擺劃
你卻想瘦，也想為春而慵
也想畫屏寫盡，那些書生的俠客夢……

時間轉眼到了二〇一七年歲暮。
由於古龍八十冥誕將至，承蒙陳曉林先生的厚意，他將策劃為我多年研究古龍的文字在

台灣結集出版。

近日陳曉林先生惠寄了台灣文友陳舜儀先生的研究成果〈古龍大事紀〉一文給我，並提供風雲時代出版社二〇一七年最新版程維鈞先生著《本色古龍——古龍小說原貌探究》一書給我，幫助我對初版《古龍傳》及我其他研究古龍的文字進行修改，改正我以前著述文字中訛誤或不準確之處，在此筆者表示最為誠摯的感謝。

此次陳曉林先生策劃將我多年研究古龍的文字，分為三部在台灣結集出版，這就是：《評傳古龍：這麼精采的一個人》、《經典古龍：古龍十大經典排行點評》、《武學古龍：古龍武學與武藝地圖》。

《評傳古龍》的改定稿，增加了大量的新內容，增補修改文字數十萬，雖然還是有許多不盡人意之處，但與我早年著述關於古龍的草創文字相比，應該是豐富和進步了許多。

《經典古龍》，精選了古龍小說十大名著進行詳細點評賞析，析分為神妙品、勝情品、風流品、俊逸品、人氣品、悲涼品、懸疑品、雅致品、機智品、輕靈品十類，既有宏觀總論，又有細節品評，是我多年對古龍的讀書心得，也是我對中國古代文學獨創的小說點評批評方式的致敬。

《武學古龍》，內容分為武學地圖之古龍兵器、武學地圖之古龍武功、武學地圖之古龍人物、武學地圖之古龍美酒、武學地圖之古龍菜譜、武學地圖之古龍格言六個部分，一看就應該知道，這應該是鐵桿古龍粉絲們的收藏必備吧（我希望做到的）！

是為後記。

二〇一八年開春　寫於四川大學錦江學院

附錄：古龍大事紀

陳舜儀

一九三八年	六月七日	・熊耀華生於香港（一說上海），生肖屬虎。
一九四五年		・隨父親熊飛居於漢口。龔鵬程〈人在江湖〉：「從六七歲時在漢口看『娃娃書』起，就與武俠結下了不解之緣。」據《中央日報》報導，熊飛時任交通部特派員辦事廳採購組組長，因涉嫌貪污勒索而被法辦。
一九五〇年		・舉家由香港遷往台灣。申報戶口時出生年份改為一九四一年。在香港時就讀於天主教的德聲學校，父親曾擔任大光明戲院的經理。
一九五一年		・就讀於省立台灣師範學院附屬中學（今師大附中）初中部三十六班。一說一九五二年。有些稗官野史說他讀過文山中學。不排除來台後先讀文山，再轉學進入附中。
一九五四年	三月一日	・以筆名古龍於《自由青年》第十一卷第三期發表譯作〈神秘的貸款〉。
	秋季	・進入省立成功中學（高中）就讀。據龔鵬程〈人在江湖〉，古龍在校期間「辦刊物」，如《中學生文藝》、《青年雜誌》、《成功青年》，且在《藍星詩刊》上發表新詩。當時詩人紀弦在該校任教。

一九五五年

九月廿一日

・於《中央日報》第六版軍事週刊第一〇一期發表評論文《孔子的軍事言行》。

・父親拋棄家庭，母親帶著一子三女自力生活，未幾長子熊耀華逃家出走。疑高中未畢業。

關於分崩離析的起點，《聯合報》（一九八五年四月十日）：「古龍說，三十多年前，他父親拋棄了他的母親，以及他和三個妹妹，全家陷於困窘。母親含莘茹苦，撫養他們兄妹。他上高中時，為了幫助家計，賺取學費，開始投稿，沒想到從此走上武俠小說創作之路。」又引熊飛同居人張秀碧的說法：「廿多年前，剛認識他的時候，正好他做生意失敗，那時，他很沮喪、潦倒，又碰到家庭發生不愉快，所以很快地他們就在一起，到現在沒有夫妻名分。」指向古龍初中時父親即已離家。但一九八五年《翡翠週刊》一一六期〈古龍檔案〉聲稱熊飛愛上有夫之婦張秀碧，為此離家，而古龍當時「正在念高中二年級」。九月廿二日《聯合報》也報導：「十八歲開始援助中斷。入冬夜行街頭，無家可歸，幸好有一位朋友相助，在浦城街找到小小的避風遮雨的住處」。〈古龍檔案〉又說：「當父母仳離時，古龍和三個妹妹，是跟著母親一起生活。但困窘的家境，以及缺乏溫暖的家況，讓古龍心中充滿了自卑與憤恨。因此母親帶著他們自立門戶沒多久，古龍便逃離了他破碎的家。」其後經友人介紹，到出版社擔任抄寫工作（一說到省立師院）。又鄒郎〈來似清風去似煙〉：「離家出走後，曾為老『四海』小兄弟」，直指古龍投身於四海幫，該幫派與竹聯幫並列為兩大外省幫派。

十一月一日

・於《晨光雜誌》第三卷第九期發表短篇文藝小說〈從北國到南國〉，古龍以此為小說處女作及職業寫作的起點。

一九五七年

・進入淡江英語專科學校（今淡江大學）英語科夜間部就讀。據吳佳真〈七嘴八舌話古龍——大學同窗訪問錄〉，同學稱古龍為「大頭」，並且「由於大一同學們感情很好，使得古龍將許多大學同學的名字放進小說，並且會依他們的形貌、性格來塑造書中人物」。

一九五八年

・自淡江英專肄業，一度於美軍顧問團擔任圖書管理員。六月，淡江改制為文理學院。同年，名作家李費蒙（牛哥）和馮娜妮（牛嫂）結婚。〈浪子大俠〉：「我們認識了當時還一文不名的古龍，古龍是我中學的校友，他尊稱我為學姐，也叫我『古龍的媽』。」「他爽朗的性格及好酒量，與我們夫婦特別投緣，與他聊天不會感到無趣。因而他來我們家的次數也最勤，漸漸地我們夫婦把他列為共飲時的第一人選，以後我對他也有了一分特別的關照。」

一九五九年

・《蒼穹神劍》、《劍毒梅香》先後於本年度動筆。古龍〈不唱悲歌〉：「引起我寫武俠小說最原始的動機並沒有什麼冠冕堂皇的理由，而是為了賺錢吃飯。」「他在《自立晚報》做記者，住在李敬洪先生家裡，時常因為遲歸而歸不得，那時我住在他後面一棟危樓的一間斗室裡，我第一本武俠小說剛寫了兩三萬字時，他忽然深夜來訪，於是就順理成章地做了我第一位讀者。」文章中的「他」指知名導演白景瑞，曾在附中擔任過古龍的美術老師。

十二月

•台灣展開「暴雨專案」，查禁大陸時期的「舊派」及香港「左派」武俠小說。

一九六〇年

•三軍球場拆除（一九六三年改建為介壽公園）。古龍學生時代常來此地看球。〈台北的小吃〉：「那時候我們有幾個朋友，每當三軍球場有好戲登場時，就拉著當時的籃球王子陳祖烈帶我們去看『蹭球』，看完球就去吃唐矮子。」唐矮子是古龍早年最愛吃的牛肉麵，《絕不低頭》借用其名，他的徒弟王胖子也出沒在《陸小鳳》和《白玉老虎》中。

據胡正群〈《名劍風流》創作前後〉，自本年起常到公園路臥龍生住處打牌。又〈神州劍氣生海上〉：「一九六〇年前後，他曾和如日中天的『三劍客』訂交，過從甚密」，且替他們代筆。諸葛青雲、臥龍生、司馬翎和古龍約為兄弟，曾遠赴台灣中部的苗栗打獵。「臥龍的梟雄、諸葛的霸氣、司馬的深沉，使他感受到『三大』的壓力，也使他悟出要想和『三大』並駕齊驅、一較身手，就必須求變、求新的道理。」

本年度至少有八部作品連載或出版。

《蒼穹神劍》由第一書社開始出版。據聞曾向台灣投稿，遭拒。

六至七月

•《劍毒梅香》由清華印行、國華出版四集。因要求提高稿費未果，毀約斷稿。

《殘金缺玉》在香港《南洋日報》開始連載，一度斷稿。

秋，《劍氣書香》完成並出版一集，斷稿。真善美出版社後請陳非續寫二至八集。

《月異星邪》在香港《新聞夜報》開始連載。

九月廿二日

• 《湘妃劍》在香港《上海日報》開始連載。

十月

• 《湘妃劍》和《孤星傳》開始由真善美出版。

十一至十二月

• 海光出版《遊俠錄》，為該年度唯一殺青的作品。

十二月

• 清華出版社請新崛起的「上官鼎」三兄弟續寫《劍毒梅香》，大為暢銷。

年底，據龔鵬程〈人在江湖〉：「買了一輛車，開著去撞個稀巴爛，臉摔壞了，書也不寫了，等錢用完了再寫。」

一九六一年

• 胡正群〈《名劍風流》創作前後〉：「這時，他的作品雖未見於國內報刊，但香港『新報系』的報紙和『武俠世界』期刊，已刊出了他的小說。」這時古龍也開始了他尋花問柳、酩酊大醉的糜爛生活。

一月

• 華源開始印行《飄香劍雨》。其動筆顯然始於一九六〇年。

二至十二月

• 第一出版《月異星邪》。

二月

• 華源出版《神君別傳》前兩集。林慧峯〈劉兆玄的一段武俠緣〉：「當時，他以『上官鼎』的筆名續寫『劍毒梅香』，出版後大為暢銷。

激得古龍一肚子不服氣，也轉移陣地，再續舊作寫成『神君別傳』，準備還以顏色。但銷路證明，『神君』終不敵『劍毒』，雙包案遂立有勝負之別。」

二月廿四日　•《湘妃劍》在《上海日報》的連載中斷。

春，第一書報社出版《殘金缺玉》。

五月，華源出版《神君別傳》第三集。其後無下文。

夏秋之交，《劍毒梅香》與臥龍生的《絳雪玄霜》在新加坡《星洲日報》同時連載。

十月十六日　•《彩環曲》在《自立晚報》開始連載。

十至十二月　•明祥出版《失魂引》。

十月或十一月　•明祥開始出版《劍客行》。

一九六二年

六月　•春秋出版《彩環曲》。

七月廿三日　•在華僑俱樂部介入舞女之爭，演出全武行。次日登上《徵信新聞報》社會版。

九月十九日　•《彩環曲》在《自立晚報》連載完畢。

十月　•春秋出版《護花鈴》。

一九六三年

•據燕青〈臥龍生亂點鴛鴦譜〉，臥龍生約古龍、鄒郎去宜蘭打水鳥，在宜蘭中學認識了未來的妻子。

又據葉洪生《台灣武俠小說家瑣記》，古龍替諸葛青雲代筆《江湖夜雨

一九六四年

	十年燈》第二集。
一月	•《孤星傳》由真善美出版完畢。
二至四月	•《怒劍狂花》（即《情人箭》）陸續在泰國、香港、新加坡等地開始連載。
三月五日	•於《聯合報》第八版發表現代詩〈荒唐——給愚蠢的我及聰明的狐〉。
四月	•真善美開始出版《情人箭》。
五月	•《大旗英雄傳》在《公論報》開始連載。
七月	•《湘妃劍》由真善美出版完畢。
七至十月	•《大旗英烈傳》（即《大旗英雄傳》）在泰國《世界日報》連載，署名華龍。疑遭盜刊。
九月	•真善美開始出版《大旗英雄傳》。
	•據翁文信〈古龍武俠的轉型創新〉，本年度與鄭月霞同居於瑞芳鎮。另據胡正群〈神州劍氣生海上〉，一九六〇年即已同居。瑞芳在台北縣郊區，瀕山臨海，因煤、金衰竭而沒落，其邊城意象化用於古龍各作品中。鄭氏原為華僑俱樂部的紅牌舞女，藝名莉莉；兩人未登記結婚的理由，是因為古龍逃避兵役而沒有了身分證。
二月	•《大旗英雄傳》在《公論報》連載中斷。
六月	•《浣花洗劍錄》開始在《民族晚報》開連載，並以《紅塵白刃》之名陸續在香港、新加坡、泰國等海外各地連載。
六月	•黨外人士高玉樹當選台北市長。《高玉樹回憶錄》指稱古龍之父熊飛

		（熊鵬聲）為重要助選員：「我起用三個外省籍能說善道的助選員周啟承、俞作人、熊鵬聲和本省籍黨外健將楊玉城、林水泉、宋霖康、李賜卿、謝世輝等人助講，吸取大量的選票。」選後熊鵬聲擔任市長機要。
	八月	・《情人箭》由真善美出版完畢。
	十月	・真善美出版《浣花洗劍錄》。
一九六五年	二月	・春秋開始出版《武林外史》。古龍〈轉變與成型〉：「一直到《武林外史》，我的寫作方式才漸漸有了些轉變，漸漸脫離了別人的，然後就開始寫自己的小說了。」《時報周刊》二五〇期〈古龍的武俠和感情世界〉：「在寫『武林外史』之前，古龍和他的一個好朋友，都有女朋友，四個人經常玩在一起。他的好朋友出國了，他當然得照顧、照顧好朋友的女朋友，偏偏這一照顧，兩個人竟『來電』。」
	二月十六日	・電影《千手神拳》上映，故事取材自《劍毒梅香》。
	七月	・《浣花洗劍錄》在《民族晚報》上的連載中斷。
	十月	・《大旗英雄傳》由真善美出版完畢。
		本年度《名劍風流》由春秋開始出版。胡正群〈《名劍風流》創作前後〉稱出版後聲譽鵲起，與「武壇三劍客」並列。此時與香港邵氏的導演徐增宏訂交，又接受倪匡邀稿，為香港《武俠與歷史》撰寫《絕代雙驕》。倪匡〈小憶古龍〉：「他寫絕代雙驕是一九六五年，二十七歲。」胡正群〈《名劍風流》創作前後〉亦稱《名劍風流》出版時《絕

代雙驕》即已動筆。

・《台灣武俠小說發展史》引用于志宏說法，本年或前一年開始與日本留學生交往，即荻宜〈浪子・書生・古龍〉所稱之千代子。《時報周刊》二五〇期〈古龍的武俠和感情世界〉：「他又認識了一個中、日混血的女孩子，這個女孩子隻身在台灣，她的父母卻派人嚴格監護，幾乎寸步不離。然而，古龍畢竟是古龍，什麼樣的辦法想不出來……兩個人快快樂樂的到花蓮玩一趟回家後，寫下了『流星・蝴蝶・劍』。」

一九六六年 二月

・《絕代雙驕》於香港《武俠與歷史》和台灣《公論報》同步連載。倪匡〈我唯一可以謀生的手段就是寫作〉：「他寫了一段就斷稿，我幫他續了很多。」〈龔鵬程講座：司馬翎——武俠小說的現代化歷程〉：「當年古龍就曾跟我講，他寫《絕代雙驕》，寫到小魚兒被打落山谷，被很多高手追捕。這時候古龍有事情不能寫了，而報社很著急，於是就找倪匡代筆。……結果一寫，寫了十萬字。古龍回來以後，不知道故事發展到哪裡去了，不知從何寫起。於是古龍就說，小魚兒做了一個『夢』，這樣一來，那十萬字就『沒有』了。」

五月

・《浣花洗劍錄》由真善美出版完畢。另簽新約《鐵血傳奇》。

一九六七年 三月

・《鐵血傳奇》由真善美結集出版，分「血海飄香」、「大沙漠」和「畫眉鳥」三部。

五月

・新加坡《南洋商報》開始連載《鐵血傳奇》。

一九六八年

	長子鄭小龍於本年度出生。《武林外史》的結尾反映此事。據鄒郎〈來似清風去似煙〉，他和牛哥夫婦等人決議，送莉莉動手術解決性功能障礙，與古龍順利生下一個兒子。
	知交好友倪匡到台灣與古龍見面。倪匡〈我唯一可以謀生的手段就是寫作〉：「算起來，我和古龍是一九六七年在台灣第一次見面」。據李懷宇〈訪問歷史〉，倪匡表示「古龍當然是最好的朋友。」又薛興國〈古龍點滴〉：「他們常常在夜裡，有七八分酒意的時候，互打長途電話，互訴心中抑鬱。」
三月	・電影小說《邊城》發表於香港《武俠與歷史》。（疑他人掛名作品）
七月	・〈此「茶」難喝——小說武俠小說〉刊載於《文化旗》第九號，是古龍最早的筆戰文章之一，可視為一連串求新求變宣言之起點。
八月	・〈製片？製騙？——且說武俠電影〉刊載於《文化旗》第十號，主張革新武俠電影。同年又協助邵氏導演徐增宏《十二金錢鏢》上映。
	《聯合報》一九八五年四月十日轉述古龍說法，稱母親於十七年前過世，推算為本年度。《多情劍客無情劍》中阿飛對母親的思慕，應當反映了古龍自身的感懷。
	據胡正群〈神州劍氣生海上〉，一九六八至一九七二年與日本女友千代子同居於牯嶺街的三福公寓。
冬季	・《多情劍客無情劍》開始動筆。

一九六九年

一月	•（或一九六八年十二月）《多情劍客無情劍》第一部開始在香港《武俠世界》連載。
二月	•《絕代雙驕》在香港《武俠與歷史》連載完畢，春秋同步出版完畢。春秋本第六十四集有〈後記〉及〈附錄〉，內容為電影故事及介紹，導演為嚴俊，編劇為黃楓，此即一九七一年上映的邵氏電影《玉面狐》。黃楓、諸葛青雲、高寶樹（女）和古龍為八拜之交。
三至十一月	•《借屍還魂》在新加坡《南洋商報》連載，為《鐵血傳奇》的第四個故事。
五月	•春秋開始出版《多情劍客無情劍》第一部，即前廿五章。
夏季	•香港《武俠世界》連載的《多情劍客無情劍》由武林結集出版第一集。
十月	•春秋開始出版《俠名留香》第一個故事，即《借屍還魂》。《俠名留香》係為與真善美買斷之《鐵血傳奇》一名區分。
十月	•春秋開始出版《多情劍客無情劍》第二部。
十一至十二月	•《武俠世界》連載《鬼戀俠情》，即《借屍還魂》。
十一月四至八日	•新加坡《南洋商報》短暫連載《鐵血傳奇》第五個故事《黃衣人與鐵仙姑》，未完。
十二月六日	•《多情劍客無情劍》第一部在香港《武俠世界》連載完畢。冬季，由武林結集出版第二集。
	本年度為邵氏撰寫第一部電影劇本《蕭十一郎》，交由友人徐增宏導演。

一九七〇年	一月廿五日	•小說《蕭十一郎》連載於香港《武俠春秋》創刊號。〈寫在《蕭十一郎》之前〉：「《蕭十一郎》是先有劇本，在電影開拍之後，才有小說的，但《蕭十一郎》卻又明明是由『小說』而改編成的劇本，因為這故事在我心裡已醞釀了很久，我要寫的本來是『小說』，不是『劇本』。……就因為先有了劇本，所以在寫《蕭十一郎》這部小說的時候，多多少少總難免要受些影響」。
	三月五日	•《多情劍客無情劍》第二部在《武俠春秋》開始連載，另稱《鐵膽大俠魂》。
	六月十二日	•《蕭十一郎》於《武俠春秋》連載完畢。
	六月	•《蝙蝠傳奇》於《武俠春秋》開始連載；春秋亦出版《俠名留香》第二個故事《蝙蝠傳奇》。
		年底或次年年初，《流星·蝴蝶·劍》開始在香港《武俠世界》連載。
一九七一年	二月十日	•《鐵膽大俠魂》在香港《武俠春秋》連載完畢。
	二月十七日	•《歡樂英雄》在《武俠春秋》開始連載。龔鵬程〈人在江湖〉轉述古龍意見：「《歡樂英雄》以事件的起迄做敘述單位，而不以時間順序，是他最得意的一種突創」。
	二月	•《蝙蝠傳奇》在《武俠春秋》連載完畢；春秋亦出版完畢。
	三月十七日	•至十一月廿六日，《大人物》在香港《武俠春秋》連載。
	四月	•改編自《絕代雙驕》的電影《玉面俠》由香港邵氏出品，為第一部經

古龍授權，躍登大螢幕的古龍電影。

五月十六日　•《俠名留香》第三個故事《桃花傳奇》在春秋旗下之《武藝》創刊號開始連載。

十月廿二日　•邵氏電影《蕭十一郎》上映。

一九七二年

•本年度武俠市場蕭條，臥龍生轉戰電視製作人，多位名家的創作也開始銳減。

二月九日　•《歡樂英雄》在香港《武俠春秋》連載完畢。

二月十六日　•至十一月廿四日，《風雲第一刀》在《武俠春秋》連載。日後更名為《邊城浪子》。

五月至六月　•春秋出版《俠名留香》廿三至廿七集，又稱「俠名留香後傳」，即《桃花傳奇》。

六至十月　•「七種武器」之一《長生劍》在香港《當代武壇》連載。該刊與《武俠春秋》同屬鶴鳴集團。

九月　•金庸封筆，為旗下《明報》向古龍邀稿，「陸小鳳」系列開始在香港《明報》連載。

十一月　•「七種武器」之二《孔雀翎》開始在《當代武壇》連載。

十二月　•《絕不低頭》開始在《武俠春秋》連載。

同年，據翁文信〈古龍武俠的轉型創新〉，古龍結識葉雪，與鄭月霞母子漸行漸遠。在稗官野史中，葉雪稱為「安娜」或「皇后酒家的小

一九七三年		葉」。或稱即臥龍生求之不得的舞女，而與古龍同居於基隆；或稱否。 ・胡正群〈神州劍氣生海上〉：「三千多家武俠小說出租店，剩下的不到一半……」「香港的《武俠小說週報》、《武俠與歷史》早已停刊，《武俠世界》和《武俠春秋》也全賴台灣作家的作品才得以支撐。」「香港的武俠小說業，此時受到電視台紛紛搶拍武俠劇的影響，市場一蹶不振。金庸寫完《鹿鼎記》之後，將《明報》副刊的地盤讓給了古龍，宣告封筆。香江的武林天下，靠梁羽生一人就獨木難支了。」
	四月十八至廿八日	・金庸首度訪問台灣，和蔣經國見面；盜版金書開始大量印行，對其他武俠作家構成嚴峻考驗。
	春季	・《九月鷹飛》開始在香港《武俠世界》連載。龔鵬程〈人在江湖〉轉述古龍說法：「《九月鷹飛》並不是一部成功的小說……有時寫得太多了，自然免不了會重複」。
	四至六月	・《七殺手》在香港《武俠春秋》連載。
	四月	・「七種武器」之二《孔雀翎》在香港《當代武壇》連載完畢並結集出版。
	五至十一月	・「七種武器」之三《碧玉刀》在《當代武壇》連載。
	五月	・南琪出版社將「陸小鳳」系列更名《大遊俠》，開始出版。
	八月	・《武俠春秋》出版「七種武器」之四《多情環》；十二月始於《當代武壇》開始連載。

一九七四年

秋季	・香港的武林結集出版《九月鷹飛》。同年，次子葉怡寬出生，古龍與其母葉雪結婚（但未登記），遷居永和。《決戰前後》中西門吹雪的新婚反映此事。又薛興國〈古龍點滴〉：「『幽靈山莊』裡，嫁給了幽靈山莊主人的女子，就是他的第一任妻子的化身。」
	・本年度，古龍離棄葉雪母子。據聞曾以暴力相向。
一月十三日	・張宗榮製作的閩南語電視劇《英雄榜》開始上映，古龍作品首度躍登小螢幕。該片改編自《多情劍客無情劍》，作者古龍參與製作。
三月	・「七種武器」之五《霸王槍》開始在香港《當代武壇》連載。
四至九月	・「陸小鳳」系列之五《幽靈山莊》在香港《明報》連載。
四月廿五日	・至六月八日，《天涯・明月・刀》在《中國時報》連載，四十五天即宣告腰斬。曹正文〈在古龍讀書的地方〉：「因文風跳躍，讀者大惑，東方玉等人趁機向老闆施加壓力，報社被迫腰斬古龍，請東方玉另撰連載，此事對古龍刺激頗大。」古龍〈一個作家的成長與轉變〉：「在我這一生中使我覺得最痛苦，受到的挫折最大的便是《天涯・明月・刀》。因為那時候我一直想『求新』、『求變』、『求突破』……」
六月一日	・《天涯・明月・刀》開始在香港《武俠春秋》連載。
九月	・「陸小鳳」系列之六《隱形的人》開始在《明報》連載。
十二月	・「驚魂六記」之一《血鸚鵡》開始在香港《武俠世界》上連載。

一九七五年		・翁文信〈古龍武俠的轉型創新〉稱本年度與梅寶珠結婚。劉亞倫〈身世迷離，玩世不恭——熊大頭古龍這個人〉另稱一九七六年與梅寶珠結婚，由諸葛青雲主婚。當時古龍經警界友人協助而取得了假造的身分證，因而能登記婚姻狀態。 又，國立編譯館開放日本漫畫送審，武俠市場嚴重萎縮，出租店紛紛改置漫畫。
	一月一日	・至六月十一日，《拳頭》在香港《武俠春秋》連載。
	一月廿一日	・《天涯・明月・刀》在《武俠春秋》連載完畢。
	二月	・《隱形的人》在香港《明報》的連載中斷。
	二月	・《血鸚鵡》在香港《武俠世界》的連載中斷，半年後始由黃鷹代筆續完。
	四月	・「七種武器」之五《霸王槍》由武俠春秋結集出版。
	六月廿一日	・《三少爺的劍》在《武俠春秋》開始連載。
	十月	・向華鴻公司提起「大地飛鷹」的電影故事，書面承諾賣出版權。
一九七六年	三月和七月	・邵氏分別推出電影《流星・蝴蝶・劍》和《天涯・明月・刀》，開創古龍原著、楚原導演、狄龍擔綱的輝煌時代。薛興國〈古龍十章〉：「他之所以能有積蓄，買下天母的房子和富貴豪華轎車，完全是拜《流星・蝴蝶・劍》帶來的電影票房數字。」詹宏志〈第一件差事〉：「連不愛看國片的大學生都染上瘋狂，說話也模仿起電影的對白。不用說，本來

已經有點落寞的武俠小說原著作者古龍，一夜之間鹹魚翻身，重新成為最熱門的作家。」胡正群〈神州劍氣生海上〉：「漢麟出版社和桂冠出版社乘機把古龍的小說改變版式精版精印，大受歡迎，為市場掀起再一次高潮。」「過去不屑銷售武俠小說的各大書局，甚至連鐵路、公路車站的小賣部和機場的書廊都爭相銷售。」

春季
- 《白玉老虎》開始在香港《武俠春秋》上連載；冬，由武林結集出版。

三月廿一日
- 《三少爺的劍》在《武俠春秋》上連載完畢，六月結集出版；而武林亦於夏季出版，更名《邊城浪子》。

六月
- 《刀神》（《圓月彎刀》）開始在《武俠春秋》上連載。

九月
- 《碧血洗銀槍》同步在《中國時報》和香港《新報》上開始連載。

十月五日
- 華視推出古裝戲《虎膽》，改編自《白玉老虎》；古龍參與製作。

十月五日
- 《大地飛鷹》開始在《聯合報》上連載。次月於香港《明報》連載。

十一月
- 王羽、古龍應邵峰之邀，分任七海影業公司之正、副總經理。

十二月
- 《刀神》在《武俠春秋》上的連載改由司馬紫煙代筆。

十二月卅一日
- 電影《楚留香》上映，由邵氏出品，楚原導演，狄龍、岳華主演。薛興國〈問「劍」於古龍〉表示，當年台灣、香港、新加坡、泰國、印尼、馬來西亞的十大賣座電影中，古龍原著就占了四部之多。

一九七七年

- 本年度染上肝病。

一月
- 華新（桂冠）經真善美及古龍同意，將《鐵血傳奇》更名《楚留香傳

	奇》並改為大開本新版。三至九月，華新（桂冠）陸續推出新版的《流星·蝴蝶·劍》、《白玉老虎》、《三少爺的劍》、《絕代雙驕》和《多情劍客無情劍》。
二月十七日	·《碧血洗銀槍》在《中國時報》上連載完畢。
四月十七日	·梅寶珠之子熊正達出生。
八月十九至廿二日	·與十九歲女星趙姿菁到北投、石門水庫、台中等地遊玩，投宿新秀閣、芝麻、鴻賓等飯店，被家長在台北世紀大飯店攔截，控以誘拐罪。當時趙氏於台視《絕代雙驕》中飾演鐵萍姑。廿六日，演藝人員評議委員會通過制裁案，新聞局決定收到正式公函之日起，一年內對古龍的劇本不予受理。
九月七日	·古龍「妨礙家庭」案開庭審理。十五日，檢察官因罪證不足不予起訴，僅在道德上稱其可鄙。
九月	·據葉雪之子葉怡寬的說法，其母與古龍協議離婚。此前一年多的時間，與梅寶珠有重婚之嫌。
九月	·邵氏與華鴻爭拍《大地飛鷹》。前者指控古龍違反一九七六年簽訂的五年合約，侵犯其電影改編的優先使用權。
十一月十一日	·疑受趙姿菁事件影響，《大地飛鷹》在《聯合報》上的連載草草結束。
一九七八年	
一月	·漢麟出版社經古龍同意，將《俠名留香》更名《楚留香傳奇續集》出版。
二月	·香港武俠春秋出版《刀神》單行本，五月一日始於《武俠春秋》上連

載完畢。

三月
・《七星龍王》開始在香港《武俠小說週刊》創刊號連載；十一月由武俠圖書雜誌出版社結集出版。

四月
・漢麟出版社經古龍同意，將《刀神》更名《圓月彎刀》出版。

五月六日
・經香港《大成》總編沈葦窗介紹，向知名畫家高逸鴻行拜師禮，筵開二席。

五月
・與邵氏公司握手言歡，賣出《幽靈山莊》、《武當之戰》和《七星龍王》的版權。

六月十六日
・至九月三日，《離別鉤》在《聯合報》上連載；十月由春秋結集出版。

七月二日
・徐克為香港佳視拍攝電視處女作《金刀情俠》上映。該劇改編自古龍《九月鷹飛》，開劇集電影化之先，為香港電視史上的里程碑之一。

九月
・「陸小鳳」系列未竟之作《隱形的人》更名《鳳舞九天》，開始在《民生報》連載。

十月一日
・《英雄無淚》開始在《聯合報》上連載。

一九七九年

・台灣政府於本年度大量放行日本漫畫並對金庸作品解禁，武俠市場受到重大衝擊。

一月
・擬成立寶鵬電影公司，「寶」字取自妻子梅寶珠，「鵬」字取自事業夥伴田鵬。其後定名為寶龍電影事業有限公司，「龍」字取自古龍，由梅寶珠掛名負責人。

四至九月	•《新月傳奇》在《時報周刊》上連載。
四月廿四日	•《英雄無淚》在《聯合報》連載完畢；五月由萬盛出版。
四月	•出任《七巧鳳凰碧玉刀》策劃導演，初次在大螢幕上執導。因此片認識小黃龍（即弟子丁情）。《英雄無淚》皆由寶龍公司參與投資。
五月	•《孔雀王朝》上映，由邵氏出品。該片改編自《武林外史》，導演楚原得到亞洲影展最佳動作片導演。
八月	•《多情雙寶環》開拍，古龍策劃監製，寶龍影業公司參與投資。
八月	•香港麗的電視、無線電視競拍楚留香，赴台爭取古龍支持；前者回港後密集播放古龍的訪談短片。
九月	•一日，麗的電視推出《俠盜風流》，由徐克擔任導演；三日，無線電視推出《楚留香》，主角為鄭少秋。
九月	•寶龍公司投資拍攝《劍氣蕭蕭孔雀翎》，緋聞女友孫嘉林（孫嘉琳）參與演出。
十月	•推薦女性友人張小蘭參與《三尺青鋒刺海棠》的演出。
冬	•香港武林出版《玉劍傳奇》（即《新月傳奇》），早於次年一月漢麟出版的《新月傳奇》。

一九八〇年

一月	•因推薦張小蘭拍戲一事，引發家庭風波。宣佈將闔家環島旅行，彌補感情。
四月至九月	•寶龍公司獨資開拍《楚留香傳奇》（四月十二月首映）和《楚留香與

	胡鐵花》（九月十一月首映），由古龍編劇，林鷹導演，劉德凱飾演楚留香，孫嘉林為基本演員。
十月廿二日	•夜飲吟松閣，因敬酒問題遭友人柯俊雄的食客砍殺手臂，一度性命垂危。雙方一度動用幫派關係圍事，後經牛哥、牛嫂等人居間協調而和解。
十一月	•寶龍公司開拍《劍神一笑》（一九八一年五月廿三日首映）和《再世英雄》（一九八一年十月三日首映），皆由林鷹導演；後者宣稱「科幻武俠片」，由倪匡編劇，前番引發家庭風波的張小蘭亦參與後者演出。
年底	•與梅寶珠離婚。丁情〈古大俠的最後一劍〉：「為了這事，他曾消沉、憂鬱、糜爛過一段很長的日子。那時他最喜歡住的地方是未拆掉的台灣飯店，在那兒開一間大套房，一住就是十天半個月的。這是古大俠最喜歡的喝酒方式……」梅寶珠其後改嫁，其子隨繼父改姓為王。

一九八一年

二月十四日	•至五月二日，《飛刀．又見飛刀》在《聯合報》上連載。丁情〈古龍開山收徒〉：「古大俠離婚了，受傷了。所以，他不能親自寫，只好由他念，由我來寫。」古龍序言〈關於飛刀〉：「現在我腕傷猶未癒，還不能不停地寫很多字，所以我只能由我口述，請人代筆。」
五月	•《劍神一笑》上映。林無愁〈訪古龍談他的《楚留香》新傳〉：「他拍的『劍神一笑』和『再世英雄』賣座不佳。」
七月四日至八月七日	•在新加坡《南洋商報》連載《劍神一笑》，未完。

一九八二年

七月	・萬盛出版《飛刀．又見飛刀》。
十月廿二日	・《風鈴中的刀聲》開始在《聯合報》連載。
十一月	・《劍神一笑》更名《陸小鳳與西門吹雪》，開始在《時報周刊》上連載。
	・本年度，因港劇《楚留香》而成為台灣社會及影藝圈的焦點。十月八日《民生報》第十版標題：「一九八二年是『楚留香』的！」
三月	・抗議中視試播鄭少秋主演的港劇《楚留香》，聲稱侵犯版權。其後達成協議，由中視支付「顧問費」。一九八五年香港《中華日報》于振鵬：「單是三年前港劇《楚留香》在圈內螢光幕播出，古龍就獲得了一千萬元的版稅。」
四月	・《楚留香》正式播出，盛況空前，重燃武俠熱潮，同時引發港劇入侵的疑慮。次月，《楚留香》收視率狂掃落葉，政府協調台視、中視、華視等三台節目部，希望輪流播放，並將《楚留香》移出周日的黃金時段。
五月	・華視與古龍簽兩年製作人合約，原擬推出《七種武器》，其後改為《新月傳奇》，由古龍欽點港星張冲主演楚留香，試圖對抗中視的《楚留香》。台視亦與古龍簽約，請古龍的中學老師趙剛製作《明月天涯》（改編自《武林外史》，後於一九八三年四月二十七日播出）。
五月廿一日	・《風鈴中的刀聲》在《聯合報》上的連載中斷。
五月卅一日	・座車第八次被砸，古龍懷疑和《新月傳奇》將孫嘉林換角一事有關。
六月	・立法委員和監察院紛紛對港劇《楚留香》發表看法。同月五日，華視

		停播《新月傳奇》。
	六月	•《陸小鳳與西門吹雪》在《時報周刊》上連載完畢；七月，萬盛以原名出版《劍神一笑》。
	八月	•完成《楚留香大結局》劇本，交付永宇公司拍攝。該故事並未寫成小說。
	九月十七日	•楚留香系列的《午夜蘭花》開始在《中國時報》連載。
	十月	•抗議華視播出麗的電視港劇《琥珀青龍》抄襲《白玉老虎》。華視聘為演出顧問，並在片頭注明改編之事實，支付版權費。
	十一月	•群龍公司（由寶龍公司改組）與永宇公司合作，開拍《午夜蘭花》。古龍編劇，張鵬翼導演，鄭少秋、林青霞等人演出。
	十二月十一日	•華視播出韋辛製作的《小李飛刀》首集，友人到家中看戲，酩酊大醉。因原著劇情更動過多，主角衛子雲又與其有過節，古龍甚為不滿。
一九八三年		•本年度，大妹熊小雲托倪匡央求古龍原諒父親，未果。
	一月十七日	•《聯合報》引述香港《爭鳴》雜誌報導，廣州海關開始查緝古龍小說。
	一月	•將《蕭十一郎》和《火併蕭十一郎》的電視版權賣給華視，但不准衛子雲參與演出。
	三月廿六日	•《午夜蘭花》在《中國時報》上連載完畢；四月由萬盛出版。
	四月十三日	•《民生報》等媒體報導藝文界聲援牛哥「漫畫清潔運動」，向日本漫

		畫宣戰；古龍、臥龍生、諸葛青雲、高陽、鄒郎等作家均在名單中。
	五月	・抗議鮑學禮導演的電影《風雪神鷹》標榜古龍原著（實為電影《金劍殘骨令》改名重映）；抗議華視《翡翠狐狸》擅自改編並播出。
	七月	・抗議華視《七巧遊龍》抄襲《絕代雙驕》。
	十一月廿八日	・荻宜為《聯合報》「名家書房」到天母家中訪問。〈浪子・書生・古龍〉：「把大部分書籍擺在臥房及儲藏庫裡，他的藏書之豐和包含之繁之廣，令人歎為觀止。目前為止，他藏書少說也有十萬冊，其中包括珍貴的原版和絕版書。」「有絕佳的英文底子，不但網羅海外的英文雜誌，也不放過國內任何一本雜誌。他能速讀，每天至少看三四小時書報」，「他曾跟高逸鴻習畫，心血來潮便鋪平宣紙作畫；而毛筆字，古龍無師」。古龍又向荻宜宣稱念過半年醫學院。
一九八四年	三月	・萬盛出版《風鈴中的刀聲》，結尾係于志宏代筆續完。
	五月十二日	・華視推出古龍劇《陸小鳳》，對抗台視的金庸劇《書劍江山》。該劇由友人沙宜瑞製作，古龍並與衛子雲化敵為友，同意其擔綱主演。
	八月五日	・住家鐵門被畫刻「死定」二字，向警方申請保護。懷疑與特定人士要求劇本被拒有關。
		中秋節前夕，因肝病住進中華開放醫院。丁情〈古大俠的最後一劍〉：「幸好這時他已經交了一位溫柔賢淑的于姓女子，在病中，她細心照顧著古大俠的生活起居。」「出院後，古大俠著實的在家中度過了一段溫

	馨生活，也就在這些日子裡，他寫出了『大武俠時代』的短刀集。」于姓女子指于秀玲。

一九八五年

三月一日	・至八月八日，在《聯合報》連載「短刀集」系列。
四月九日	・《中央日報》頭版刊登一則啟事：「古龍親父熊飛（鵬聲）覓獨子熊耀華到仁愛路四段仁愛醫院訣別，千祈仁人君子緊催古龍立救父命料理人事以盡孝道。」當時熊飛已自東吳大學退休，罹患帕金森症。次子熊小華已過繼他人，因此啟事中稱熊耀華為獨子。
四月十日	・到仁愛醫院短暫探望昏迷中的父親。當時古龍已由圓滾身材轉而骨瘦如柴，未幾即因舊疾復發，住進三軍總醫院。
四至七月	・在《時報周刊》連載「大武俠時代」系列。
五月	・自訴華新出版公司偽造文書一案敗訴，法院認定一九七六年之簽約並無爭議。
六月	・台北法院士林分院裁定欠繳去年所得稅罰金十五萬，向法院提出抗告。
七月廿六日	・至八月廿三日，在《大追擊》雜誌上連載《財神與短刀》。原計劃與《大追擊》合作出版散文集《葫蘆與劍》上、下冊，未出版。
八月	・萬盛出版《獵鷹》，即「大武俠時代」系列之〈獵鷹〉和〈群狐〉。
九月十九日	・由於數日前和演員徐少強拚酒，導致食道大量出血，送往三軍總醫院。
九月廿一日	・傍晚六點六分病逝。
	曹正文〈在古龍讀書的地方〉則引陳曉林說法：「他籌劃的電影公司破

		產，每天給報社寫連載雖說一月也有五萬台幣收入，但他三天兩頭請人喝酒，喝的是XO，每瓶三千台幣，一次要喝好幾瓶。古龍逝世，追悼會很風光，但門口聚集一幫人提刀弄槍，想衝進來討債。」「古龍曾戒了酒，後來又豪飲不已，其實他是以一死來了其心願。」
	九月廿五日	・古龍治喪委員會發出訃告，由摯友倪匡撰文。
	十月八日	・下午一點於台北市第一殯儀館景行廳舉行喪禮，于秀玲以未亡人身分出席。米舒（曹正文）〈記古龍〉：「古龍的追悼會由香港著名作家倪匡主持，在場的作家有諸葛青雲、百里西、高庸、喬奇、吳濤，古龍的弟子丁情與薛興國都披麻戴孝。……鄭莉莉帶著兒子鄭小龍也披麻戴孝，古龍與梅寶珠生下的兒子也參加了葬禮」。梅寶珠當時身在南部，另一前妻葉雪在美國。友人王羽準備四十八瓶XO陪葬，由倪匡帶頭，請古龍好友都到幃幕後面喝酒。
	十月十八日	・葬於台北縣三芝鄉北海明山墓園。
	十月	・玉郎出版社在香港推出《不是集》，為第一部古龍散文集。
	十月	・玉郎出版《賭局、狼牙、追殺》。
	十一月	・萬盛出版《賭局》。
	十二月	・玉郎出版《紫煙、群狐》（紫煙即獵鷹）和《銀雕、海神》。
一九八六年	六月	・萬盛出版丁情的《邊城刀聲》，故事大綱出自古龍。同月，又將他人作品《菊花的刺》標為古龍遺作，謊稱遺稿數萬字，經楚烈整理並補完

		全書。
	八月	・親屬控告台視重拍《新絕代雙驕》係侵權行為，多方人馬亦宣稱持有播映權，新聞局廣電處決定暫緩審核。台視為求息事寧人，給予古龍父親及其家人二十餘萬元。
一九八七年	四月十一日	・寶龍影業公司登記解散。
一九八九年		・前妻梅寶珠過世，其子暫居外婆家。
一九九五年		・珠海出版社在中國大陸推出《古龍作品集》，為第一套較完整的古龍小說集。
一九九七年		・風雲時代開始出版《古龍新編全集》，為台灣第一套古龍小說全集，僅少數佚作如《劍氣書香》、《神君別傳》、《銀雕》和《財神與短刀》未予收入。
一九九九年		・么子認祖歸宗，由王仁達復名熊正達。
二〇〇二年	十一月	・天津百花文藝出版《誰來跟我乾杯？》，為風雲時代授權中國大陸第一本古龍散文集。
二〇〇三年	四月	・親友因著作權鬧上法院。先是，父親熊飛將著作權交由女友張秀碧、古龍遺孀于秀玲處理，分別賣予古龍友人陳曉林、于志宏；但長子鄭小龍賣予另一友人趙震中。鄭、趙、于氏及桂冠公司進入訴訟。
	六月	・婚生子熊正達宣告自己是唯一合法的繼承人，得到古龍友人倪匡、王羽支持。

二〇〇四年	十一月	・透過叔父熊國華鑑定血緣關係，鄭小龍勝訴，以公證方式和熊正達共組著作權管理委員會。同月，古龍次子張怡寬（葉雪之子）向基隆地方法院要求繼父張不池收養關係不成立。
	十一月	・珠海出版社與古龍著作發展管理委員會簽約，在中國大陸獨家出版發行古龍武俠小說。
	十二月	・古龍胞妹熊小雲由夏威夷歸來，主張擁有古龍作品的繼承權，另啟官司。二〇〇五年八月敗訴。
二〇〇五年	五月	・鄭小龍、葉怡寬、熊正達和陳曉林、丁情、施仁毅等人同到三芝鄉掃墓。
	六月	・淡江大學中文系主辦第九屆文學與美學國際學術研討會，主題「一代鬼才：古龍與武俠小說」。
二〇〇六年	八月	・古龍著作管理發展委員會成立，代表人為鄭小龍，葉怡寬、熊正達協助運作。
	八月	・佚作《劍氣書香》上半部在大陸《今古傳奇武俠版》分兩期刊載。
	九月	・新華社報導，古龍為中國最受歡迎的前十名作家之一，於武俠作家中僅次於金庸。
二〇〇七年	十一月	・小說處女作〈從北國到南國〉重新出土，公諸於世。
二〇〇八年	七月	・風雲時代出版古龍散文集《誰來跟我乾杯》。
	九月	・遺作《銀雕》的原始連載重新公諸於世，並獲得友人陳曉林確認。
二〇〇九年	六月	・遺作《財神與短刀》出土。

二〇一〇年	七月	・風雲時代出版佚作《神君別傳》，附於古龍精品集《劍毒梅香》。
二〇一一年	三月	・佚作《邊城》出土，為已知最早的電影小說。
二〇一二年	六月一日	・陳舜儀整理之古龍散文集《笑紅塵》由風雲時代授權時代文藝出版社出版簡體中文版，為目前最完整收錄之版本。（遺作待查）
二〇一六年	五月二十日	・陳舜儀整理之《古龍散文集》由風雲時代授權天地圖書公司出版繁體中文版，為精選集。
二〇一七年	十一月廿日	・程維鈞著作之《本色古龍——古龍小說原貌探究》，由風雲時代出版，為第一本針對古龍全部作品版本完整考證原貌的正式出版品。
二〇一八年	五月	・紀念古龍冥誕八十週年，風雲時代出版文史名家覃賢茂《評傳古龍》、《武學古龍》、《經典古龍》，與資深古龍評論家陳舜儀《小說古龍》。

評傳古龍——這麼精采的一個人【新修版】

作者：覃賢茂
發行人：陳曉林
出版所：風雲時代出版股份有限公司
地址：10576台北市民生東路五段178號7樓之3
電話：(02) 2756-0949
傳真：(02) 2765-3799
編輯：風雲時代編輯小組
美術設計：許惠芳
校對：許德成
圖片提供與說明：許德成
行銷企劃：林安莉
業務總監：張瑋鳳

出版日期：2024年7月新版一刷
版權授權：覃賢茂
ISBN：978-626-7464-26-7
風雲書網：http://www.eastbooks.com.tw
官方部落格：http://eastbooks.pixnet.net/blog
Facebook：http://www.facebook.com/h7560949
E-mail：h7560949@ms15.hinet.net
劃撥帳號：12043291
戶名：風雲時代出版股份有限公司
風雲發行所：33373桃園市龜山區公西村2鄰復興街304巷96號
電話：(03) 318-1378
傳真：(03) 318-1378
法律顧問：永然法律事務所 李永然律師
北辰著作權事務所 蕭雄淋律師
行政院新聞局局版台業字第3595號 營利事業統一編號22759935

國家圖書館出版品預行編目資料

評傳古龍：這麼精采的一個人 ／ 覃賢茂 著. -- 二版. --
臺北市：風雲時代，2024.06 -- 面；公分 --（古龍三部曲；1）
ISBN 978-626-7464-26-7（平裝）
1.古龍 2.傳記

783.3886　　113006874